农产品基础

主　编　张天琪
副主编　李昌茂　杨永杰　胡军珠
参　编　李小丰　尹光红　朱启酒　叶　靖

中国财富出版社

图书在版编目（CIP）数据

农产品基础／张天琪主编．—北京：中国财富出版社，2018.4

ISBN 978－7－5047－6631－1

Ⅰ.①农…　Ⅱ.①张…　Ⅲ.①农产品－物流管理－高等职业教育－教材②农产品－市场营销学－高等职业教育－教材　Ⅳ.①F762②F724.72

中国版本图书馆CIP数据核字（2018）第080966号

策划编辑　寇俊玲　　责任编辑　谷秀莉

责任印制　尚立业　　责任校对　孙丽丽　　责任发行　王新业

出版发行　中国财富出版社

社　　址　北京市丰台区南四环西路188号5区20楼　　邮政编码　100070

电　　话　010－52227588转2048/2028（发行部）　　010－52227588转321（总编室）

010－68589540（读者服务部）　　010－52227588转305（质检部）

网　　址　http://www.cfpress.com.cn

经　　销　新华书店

印　　刷　北京京都六环印刷厂

书　　号　ISBN 978－7－5047－6631－1/F·2876

开　　本　787mm×1092mm　1/16　　版　　次　2018年10月第1版

印　　张　20.75　　印　　次　2018年10月第1次印刷

字　　数　455千字　　定　　价　52.00元

前　言

农产品是关系到人类自身健康的特殊商品，是城乡人民生活的基本需求和保障。目前我国农产品市场已经从短缺阶段发展到极大丰富阶段，消费者对农产品的需求也从单一化的温饱型需求向多元化、个性化的健康型需求转化。这一转变对农产品产前、产中、产后的质量管理提出了更高的要求。而农产品分类、区域分布、商品属性、质量安全等内容是了解农产品的基础。作为特色课程“农产品物流管理”的前置课程，本教材的编写吸收了近年来农产品区域地理、农产品商品学、农产品质量与安全、农产品贸易的相关学科理论研究成果，同时针对物流管理课程体系的设置和高职学生培养要求，构建了四部分内容：第一部分是农产品区域地理（包括项目一和项目二）；第二部分是农产品商品属性（包括项目三和项目四）；第三部分是农产品质量安全（包括项目五和项目六）；第四部分是农产品贸易（项目七）。

本教材定位于农产品物流管理、农产品营销等相关专业，适用于高等职业技术院校专业的学生，也适用于与农产品管理相关的从业人员。本教材重点突出了以下特点：①构架上重点突出农产品区域地理和商品属性、质量安全等特色；②内容编写上注重理论与实践、理论与标准相融合，引用任务驱动模式，以“资料链接”“前沿聚焦”等案例和资料来增强对学生的吸引力；③实训项目及思考题具有较强的实操性和针对性，形式多样；④知识拓展方面则引用了大量现行有效、与农产品相关的法律法规及标准、规划等，以扩充教学内容，增加学生知识面，实现与行业、企业的零距离对接。

本教材编写人员均为高校专业教师和企业一线的管理人员，理论和实践经验丰富。具体分工如下：主编张天琪（项目一、项目二、项目三、项目四）；副主编李昌茂、杨永杰（项目五）、胡军珠（项目七）；参编李小丰（项目五）、尹光红、朱启酒、叶靖（项目六）。张天琪对初稿进行了修改和总纂。

本教材在编写过程中，得到了北京农业职业学院、中国财富出版社及物流管理企业的支持和帮助，参考了已出版的有关教材及许多专家、学者的论著，吸收了他们的许多知识和重要研究成果。在这里，向他们表示衷心的感谢！由于编者水平有限，不足之处在所难免，恳请读者批评指正。

编　者

2018 年 1 月

目　录

项目一　农产品区域地理——农作物篇

学习目标

知识目标：

1. 掌握农业、农产品的相关概念；
2. 了解农业生产、农产品的特点；
3. 熟悉我国粮食、果蔬、经济作物、林产品的生产区域分布和物流情况。

技能目标：

能够利用网络资源收集某类农产品生产统计数据，分析农产品生产区域，并根据产品特性、产地和销地情况提出物流布局的对策、建议。

任务一　农业与农产品概述

案例引入

我国农业发展的挑战与机遇

农业关乎国家食物安全、资源安全和生态安全。大力推动农业可持续发展，是实现“五位一体”战略布局、建设美丽中国的必然选择，是中国特色新型农业现代化道路的内在要求。在我国农业农村经济取得巨大成就的同时，农业资源过度开发、农业投入品过量使用、地下水超采以及农业内外源污染相互叠加等带来的一系列问题日益凸显，农业可持续发展面临重大挑战。

●我国农业面临的挑战

○资源硬约束日益加剧，保障粮食等主要农产品供给的任务更加艰巨。人多地少水缺是我国的基本国情。全国新增建设用地占用耕地年均480万亩，被占用耕地约土壤耕作层资源浪费严重，占补平衡补充耕地质量不高，守住18亿亩耕地红线的压力越来越大。耕地质量下降、黑土层变薄、土壤酸化、耕作层变浅等问题凸显。农田灌溉水有效利用系数比发达国家平均水平低0.2，华北地下水超采严重。我国粮食等主要农产品需求刚性增长，水土资源越绷越紧，确保国家粮食安全和主要农产品有效供给与资源约束的矛盾日益尖锐。

○环境污染问题突出，确保农产品质量安全的任务更加艰巨。工业“三废”和城市生活等外源污染向农业农村扩散，镉、汞、砷等重金属不断向农产品产地环境渗透，全国土壤主要污染物点位超标率为16.1%。农业内源性污染严重，化肥、农药利用率不足1/3，农膜回收率不足2/3，畜禽粪污有效处理率不到一半，秸秆焚烧现象严重。海洋富营养化问题突出，赤潮、绿潮时有发生，渔业水域生态恶化。农村垃圾、污水处理严重不足。农业农村环境污染加重的态势，直接影响了农产品质量安全。

○生态系统退化明显，建设生态保育型农业的任务更加艰巨。全国水土流失面积达295万平方千米，年均土壤侵蚀量45亿吨，沙化土地173万平方千米，石漠化面积12万平方千米。高强度、粗放式生产方式导致农田生态系统结构失衡、功能退化，农林、农牧复合生态系统亟待建立。草原超载过牧问题依然突出，草原生态总体恶化局面尚未根本扭转。湖泊、湿地面积萎缩，生态服务功能弱化。生物多样性受到严重威胁，濒危物种增多。生态系统退化，生态保育型农业发展面临诸多挑战。

○体制机制尚不健全，构建农业可持续发展制度体系的任务更加艰巨。水土等资源资产管理体制机制尚未建立，山、水、林、田、湖等缺乏统一的保护和修复。农业资源市场化配置机制尚未建立，特别是反映水资源稀缺程度的价格机制没有形成。循环农业发展激励机制不完善，种养业发展不协调，农业废弃物资源化利用率较低。农业生态补偿机制尚不健全。农业污染责任主体不明确，监管机制缺失，污染成本过低。全面反映经济社会价值的农业资源定价机制、利益补偿机制和奖惩机制的缺失和不健全，制约了农业资源的合理利用和生态环境保护。

●我国农业发展的机遇

当前和今后一个时期，推进农业可持续发展面临着前所未有的历史机遇。一是农业可持续发展的共识日益广泛。党的十八大将生态文明建设纳入“五位一体”的总体布局，为农业可持续发展指明了方向。全社会对资源安全、生态安全和农产品质量安全高度关注，绿色发展、循环发展、低碳发展理念深入人心，为农业可持续发展集聚了社会共识。二是农业可持续发展的物质基础日益雄厚。我国综合国力和财政实力不断增强，强农惠农富农政策力度持续加大，粮食等主要农产品连年增产，利用“两种资源、两个市场”弥补国内农业资源不足的能力不断提高，为农业转方式、调结构提供了战略空间和物质保障。三是农业可持续发展的科技支撑日益坚实。传统农业技术精华广泛传承，现代生物技术、信息技术、新材料和先进装备等日新月异、广泛应用，生态农业、循环农业等技术模式不断集成创新，为农业可持续发展提供有力的技术支撑。四是农业可持续发展的制度保障日益完善。随着农村改革和生态文明体制改革稳步推进，法律法规体系不断健全，治理能力不断提升，将为农业可持续发展注入活力、提供保障。

"三农"是国家稳定和安全的重要基础。我们必须立足世情、国情、农情，抢抓机遇，应对挑战，全面实施农业可持续发展战略，努力实现农业强、农民富、农村美。

资料来源：《全国农业可持续发展规划（2015—2030年）》。

问题：我国农业面临着哪些挑战与机遇？

知识准备

一、农业

农业是利用动植物和微生物的生物机能，经过人工种植、培育、饲养等生产活动，以获得各种农产品的生产部门。它包括种植业、林业、畜牧业和水产业等部门，亦称第一产业。其中，利用土地资源进行种植生产的部门是种植业；利用土地上水域空间进行水产养殖的是水产业，又叫渔业；利用土地资源培育采伐林木的是林业；利用土地资源培育或者直接利用草地发展畜牧的是畜牧业；对农业景观或者所在地域资源进行开发并展示的是观光农业，又称休闲农业，这是新时期随着人们业余时间的富余而产生的新型农业形式。它们都是农业的有机组成部分。

农业是人类社会最基本的物质生产部门，是国民经济的基础产业，其基础作用主要表现在以下几个方面：①农业是人类赖以生存的衣食之源、生存之本；②农业可为工业尤其是轻工业提供丰富的原料来源，同时可为工业的发展开拓广阔的市场；③农业可为国民经济其他部门的发展提供充足的劳动力；④农业是实现社会主义现代化建设所需资金的重要来源；⑤发展农业物流是现代物流业所关注的重要内容。

二、农业生产的特点

农业生产状况如何，不但直接关系到人们的吃饭问题，而且关系到进一步发展工业和整个国民经济的问题。因此，全国上下必须牢固树立"以农业为基础"的思想，必须充分重视农业在国民经济中的基础作用。农业生产过程是自然再生产与经济再生产的有机结合。作为自然再生产过程，动植物的生长、发育要受到自然环境条件尤其是光、热、水、土等自然因素的影响和制约；作为经济再生产过程，农业生产自始至终都受到人类劳动的定向干预，这是农业生产最本质的特征。与其他物质生产部门相比，农业生产还具有以下4个显著特点：

（一）不稳定性

农业生产对自然条件的依赖性较大，容易受自然因素的影响，特别是在动植物生长、发育的关键时期，若受到灾害性天气的影响，农业生产将会减产歉收，这就导致了农业生产的不稳定性。

（二）季节性

农业生产与太阳能、热量、水分等自然因素的关系非常密切，而这些因素是随季节的变化而变化的，并且呈现出一定的周期性。因此，在不同的季节，农作物会相应地处在不同的生长过程。而农作物各生长阶段时间短促，这就要求在从事农业生产活动时不违农时，在一定季节内按时完成应该完成的农事活动。

（三）地域性

农业生产的一切活动都是在一定的区域进行的，而各地的自然条件、社会经济条件和技术条件都各不相同，致使农业生产在地理分布上呈现出明显的地域差异。这种差异使农业表现出强烈的地域性，这就要求不同地区的农业生产必须因地制宜，合理布局。

（四）综合性

农业是由农、林、牧、渔业组成的多部门产业，其内部各产业之间存在着极其密切的联系。种植业可为畜牧业和水产业提供饲料；畜牧业和水产业又可为种植业和林业提供肥料；而林业又可为种植业、畜牧业、水产业提供良好的生态环境等。各部门相辅相成、互相促进，这就要求农业生产各部门必须有机结合、综合经营、共同发展。

三、农产品及其生产特点

（一）农产品的概念

中国《大百科全书·农业卷》对农产品的解释：广义的农产品包括农作物、畜产品、水产品和林产品；狭义的农产品则仅指农作物和畜产品。《经济大辞典·农业经济卷》将“初级产品”定义为初级产业产出的未加工或只经初加工的农、林、牧、渔、矿等产品。其中，有的直接用于消费，有的用作制造其他产品的原料。初级产品有的是未经加工的原始形态的产品，有的是经过初步加工的产品。法律中相关用语的定义，可以是自然科学的定义，也可以是根据法律所调整的社会关系做出的解释。

《中华人民共和国农产品质量安全法》对农产品的定义：来源于农业的初级产品，即在农业活动中获得的植物、动物、微生物及其产品。

（二）农产品的特点与分类

1. 农产品的特点

农业生产特点决定了农产品具有以下几个方面的特点：

（1）易腐性

农产品一般都是生鲜易腐产品，寿命期短，保鲜困难。

（2）笨重性

农产品的单位价值较小，但体积较大，数量品种较多，所以运输难、成本高。

（3）非标准性

由于对自然条件的可控力不强，农业生产受自然条件影响大，即使按统一标准生产的农产品，质量也会存在一定的差异。

（4）价格不稳定性

农产品的价格在一年、一个季节甚至是一天之内都可能频繁、大幅度地变动。

（5）供给易变性

农产品生产受自然条件影响大，生产周期长，季节性和地域性决定了其供给数量和质量不稳定，易受生产条件及物流条件的影响。

以上农产品特性给农产品物流管理的储存、运输、包装、装卸搬运、配送等均增加了难度。

2. 农产品的分类

按传统和习惯，一般把农产品分为粮油、果蔬及花卉、林产品、畜禽产品、水产品和其他农副产品六大类。

四、我国农业生产的发展概况

21 世纪以来，我国农业农村经济发展成就显著，现代农业加速发展，物质技术装备水平不断提高，农业资源环境保护与生态建设支持力度不断加大，农业可持续发展取得了积极进展。

（一）农业综合生产能力和农民收入持续增长

2016 年，结束了我国粮食产量“十二连增”的局面，但仍算是丰收年。棉油糖、肉蛋奶、果菜鱼等农产品稳定增长，市场供应充足，农产品质量安全水平不断提高。

农民收入持续较快增长，农民收入增长速度连续5年超过同期城镇居民收入增长速度。

资料链接

1985—2016年，我国主要农产品生产情况如表1-1所示。

表1-1　我国主要农产品生产情况　单位：万吨

年份	粮食产量	肉类产量	蔬菜产量	水果产量	水产产量
1985	37910.8	—	—	1163.9	705.2
1990	44624.3	—	19518.9	1874.4	1237.0
1995	46661.8	—	25726.7	4214.6	2517.2
2000	46217.5	6013.9	42399.7	6225.1	3706.2
2005	48402.2	6398.9	56451.5	16120.1	4419.9
2010	54647.7	7925.8	65099.4	21401.4	5373.0
2014	60702.6	8706.7	76005	26142.2	6461.5
2015	62143.9	8625	76918	27375	6699.6
2016	61625	8537.8	80005	28351	6901.3

注：资料来源于《中国统计年鉴（2017年）》。

蔬菜2014—2016年数据来源于《2017—2023年中国蔬菜行业深度调研及投资战略研究报告》。

（二）农业资源利用水平稳步提高

严格控制耕地占用和水资源开发利用，推广实施了一批资源保护及高效利用的新技术、新产品、新项目，水土资源利用效率不断提高。节水灌溉面积由2000年的1638.9万公顷增加到2016年的3284.7万公顷，粮食亩产量由2000年的293千克提高到2016年的363.5千克。在地少水缺的条件下，资源利用水平的提高，为保证粮食等主要农产品的有效供给做出了重要贡献。

（三）农业生态保护建设力度不断加大

国家先后启动实施水土保持、退耕还林还草、退牧还草、防沙治沙、荒漠化治理、草原生态保护补助奖励等一批重大工程和补助政策，加强农田、森林、草原、海洋生态系统保护与建设，强化外来物种入侵预防控制，全国农业生态恶化趋势初步得到遏制，局部地区出现好转。“十二五”期间，中国围绕生态建设推动国土绿化进程，累计完成造林3000万公顷，义务植树126亿株，完成森林抚育4086万公顷，全国森林覆盖率由20.36%提高到21.66%。根据“十三五”规划，中国将开展大规模国土绿化行动，到2020年，中国森林覆盖率将提高到23.04%。

（四）农村生产和人居环境逐步改善

积极推进农村危房改造、游牧民定居、农村环境连片整治、标准化规模养殖、秸秆综合利用、农村沼气和农村饮水安全工程建设，加强生态村镇、美丽乡村创建和农村传统文化保护，发展休闲农业，农村人居环境逐步得到改善。

（五）农业生产结构日趋合理

农业生产结构不合理是我国农业生产中长期存在的问题，集中表现为种植业比重偏高、各部门内部结构不协调、种植业以粮食为主、畜牧业以养猪为主、林业以采伐为主、水产业以捕捞为主等。20多年来，由于各地贯彻落实“决不放松粮食生产，积极发展多种经营”的生产方针，农业生产结构有了很大改善，种植业比重继续下降，畜牧业、水产业比重持续上升。

农业内部结构也趋于合理，单一的粮食结构已发展为粮、经、饲并举。畜牧业不仅发展了养猪业，牛、马、羊等牲畜和家禽养殖也得到了很大发展。林业以营林为主，且加强了林业基地的建设。水产养殖业的发展也十分迅速。但从总体上来看，林、牧、渔业仍为我国农业生产的薄弱环节，还需进一步加强。

（六）农业地区分布逐步趋于合理

中华人民共和国成立以来，为了满足沿海地区工业对农产品原料的需要，我国恢复和发展了东南沿海地区的油料、甘蔗等经济作物的生产，现已形成比较稳定的生产基地；同时，为了配合东北、西北、西南、海南等地新兴工业基地的建设，相应地建立了三江平原、松嫩平原、河西走廊、银川平原等粮食基地，内蒙古自治区和新疆维吾尔自治区的甜菜基地，云南省和海南省的橡胶基地等。我国已基本改变了耕作集中于东南沿海的局面，内陆和边疆地区已能够就近提供粮食和农产品原料。

资料链接

《全国农业可持续发展规划（2015—2030年）》发布

《全国农业可持续发展规划（2015—2030年）》于2015年5月27日正式发布，这是今后一个时期指导农业可持续发展的纲领性文件。综合考虑各地农业资源承载力、环境容量、生态类型和发展基础等因素，该规划将全国划分为优化发展区、适度发展区和保护发展区三大区域，因地制宜，梯次推进，分类施策。

优化发展区包括东北区、黄淮海区、长江中下游区和华南区，是我国大宗农产品主产区，农业生产条件好、潜力大，应坚持生产优先、兼顾生态、种养结合，在确保粮食等主要农产品综合生产能力稳步提高的前提下，实现生产稳定发展、资源永续利用、生态环境友好。适度发展区包括西北及长城沿线区和西南区，农业生产特色鲜明，但水土配置错位、资源环境承载力有限，应坚持保护与发展并重，适度挖掘潜力、集约节约、有序利用。保护发展区包括青藏区和海洋渔业区，在生态保护与建设方面具有特殊重要的战略地位，应坚持保护优先、限制开发，适度发展生态产业和特色产业，促进生态系统良性循环。

资料来源：中华人民共和国农业部，2015－05－28，http：//www.moa.gov.cn/zwllm/ghjh/201505/t20150528_ 4622065.htm。

案例分析

农业关乎国家食物安全、资源安全和生态安全。从案例中可以看出，在我国农业农村经济取得巨大成就的同时，农业可持续发展面临着资源硬约束日益加剧、环境污染问题突出、生态系统退化明显、体制机制尚不健全等重大挑战。同时，当前和今后一个时期，推进农业可持续发展面临着前所未有的历史机遇：一是农业可持续发展的共识日益广泛；二是农业可持续发展的物质基础日益雄厚；三是农业可持续发展的科技支撑日益坚实；四是农业可持续发展的制度保障日益完善。“三农”是国家稳定和安全的重要基础，挑战与机遇并存。我们必须立足世情、国情、农情，抢抓机遇，应对挑战，全面实施农业可持续发展战略，努力实现农业强、农民富、农村美。

任务总结

农业是利用动植物和微生物的生物机能，经过人工种植、培育、饲养等生产活动，以获得各种农产品的生产部门。它包括种植业、林业、畜牧业和水产业等部门，亦称第一产业。与其他物质生产部门相比，农业生产还具有不稳定性、季节性、地域性、综合性 4 个显著特点。农产品，是指来源于农业的初级产品，即在农业活动中获得的植物、动物、微生物及其产品。按传统和习惯，一般把农产品分为粮油、果蔬及花卉、林产品、畜禽产品、水产品和其他农副产品六大类。农业生产特点，决定了农产品具有易腐性、笨重性、非标准性、价格不稳定性、供给易变性等特点。

分组讨论

1. 农业与农产品特点。

2. 我国农业生产成就、挑战与机遇。

业务技能训练一

乡村振兴战略和农业农村发展调研

1. 实训背景资料

中央农村工作会议：实施乡村振兴战略

（原标题：中央农村工作会议在北京举行　习近平作重要讲话）

中央农村工作会议12月28日至29日在北京举行。会议深入贯彻党的十九大精神、习近平新时代中国特色社会主义思想，全面分析“三农”工作面临的形势和任务，研究实施乡村振兴战略的重要政策，部署2018年和今后一个时期的农业农村工作。

习近平在会上发表重要讲话，总结党的十八大以来我国“三农”事业的历史性成就和变革，深刻阐述实施乡村振兴战略的重大问题，对贯彻落实提出明确要求。李克强在讲话中对实施乡村振兴战略的重点任务作出具体部署。汪洋在会议结束时作总结讲话。

会议认为，党的十八大以来，以习近平同志为核心的党中央坚持把解决好“三农”问题作为全党工作重中之重，贯彻新发展理念，勇于推动“三农”工作理论创新、实践创新、制度创新，农业农村发展取得了历史性成就、发生了历史性变革，为党和国家事业全面开创新局面提供了有力支撑。农业供给侧结构性改革取得新进展，粮食生产能力跨上新台阶，新型农业经营主体发展壮大，农村新产业新业态蓬勃发展，农业现代化稳步推进。农村改革取得新突破，农村承包地“三权分置”取得重大进展，农村集体产权制度改革稳步推进，玉米、大豆、棉花等重要农产品收储制度改革取得实质性成效。城乡发展一体化迈出新步伐，农民收入增速连年快于城镇居民，城乡居民基本医疗和养老制度开始并轨，8000多万农业转移人口成为城镇居民。农村公共服务和社会事业达到新水平，农村教育、文化、卫生等社会事业快速发展，农村水、电、路、气、房和信息化建设全面提速，农村人居环境整治全面展开。脱贫攻坚开创新局面，精准扶贫精准脱贫方略落地生效，6600多万贫困人口稳定脱贫，脱贫攻坚取得决定性进展。农村社会焕发新气象，农村党群干群关系更加融洽，社会保持和谐稳定，党在农村的执政基础得到进一步夯实。

会议指出，党的十八大以来，习近平总书记就做好“三农”工作作出了一系列重要论述，提出了一系列新理念新思想新战略，这些新理念新思想新战略是我们党“三农”理论创新的最新成果，是习近平新时代中国特色社会主义思想的重要组成部分，是指导过去5年我国农业农村发展取得历史性成就、发生历史性变革的科学理论，也是实施乡村振兴战略、做好新时代“三农”工作的行动指南，我们要深入学习领会，并深入贯彻到乡村振兴的具体实践中。一是坚持加强和改善党对农村工作的领导，为“三农”发展提供坚强政治保障；二是坚持重中之重战略地位，切实把农业农村优先发展落到实处；三是坚持把推进农业供给侧结构性改革作为主线，加快推进农业农村现代化；四是坚持立足国内保障自给的方针，牢牢把握国家粮食安全主动权；五是坚持不断深化农村改革，激发农村发展新活力；六是坚持绿色生态导向，推动农业农村可持续发展；七是坚持保障和改善民生，让广大农民有更多的获得感；八是坚持遵循乡村发展规律，扎实推进美丽宜居乡村建设。

会议指出，农业农村农民问题是关系国计民生的根本性问题。没有农业农村的现代化，就没有国家的现代化。农业强不强、农村美不美、农民富不富，决定着亿万农民的获得感和幸福感，决定着我国全面小康社会的成色和社会主义现代化的质量。如期实现第一个百年奋斗目标并向第二个百年奋斗目标迈进，最艰巨最繁重的任务在农村，最广泛最深厚的基础在农村，最大的潜力和后劲也在农村。实施乡村振兴战略，是解决人民日益增长的美好生活需要和不平衡不充分的发展之间矛盾的必然要求，是实现“两个一百年”奋斗目标的必然要求，是实现全体人民共同富裕的必然要求。

会议指出，实施乡村振兴战略，是我们党“三农”工作一系列方针政策的继承和发展，是中国特色社会主义进入新时代做好“三农”工作的总抓手。必须立足国情农情，切实增强责任感使命感紧迫感，举全党全国全社会之力，以更大的决心、更明确的目标、更有力的举措推动农业全面升级、农村全面进步、农民全面发展，谱写新时代乡村全面振兴新篇章。

会议指出，实施乡村振兴战略，要全面贯彻党的十九大精神，以习近平新时代中国特色社会主义思想为指导，加强党对“三农”工作的领导，坚持稳中求进工作总基调，牢固树立新发展理念，落实高质量发展的要求，统筹推进“五位一体”总体布局和协调推进“四个全面”战略布局，坚持把解决好“三农”问题作为全党工作重中之重，坚持农业农村优先发展，按照产业兴旺、生态宜居、乡风文明、治理有效、生活富裕的总要求，建立健全城乡融合发展体制机制和政策体系，统筹推进农村经济建设、政治建设、文化建设、社会建设、生态文明建设和党的建设，加快推进乡村治理体系和治理能力现代化，加快推进农业农村现代化，走中国特色社会主义乡村振兴道路，让农业成为有奔头的产业，让农民成为有吸引力的职业，让农村成为安居乐业的美丽家园。

会议提出了实施乡村振兴战略的目标任务和基本原则。按照党的十九大提出的决胜全面建成小康社会、分两个阶段实现第二个百年奋斗目标的战略安排，明确实施乡村振兴战略的目标任务是，到2020年，乡村振兴取得重要进展，制度框架和政策体系基本形成；到2035年，乡村振兴取得决定性进展，农业农村现代化基本实现；到2050

年，乡村全面振兴，农业强、农村美、农民富全面实现。实施乡村振兴战略，要坚持党管农村工作，坚持农业农村优先发展，坚持农民主体地位，坚持乡村全面振兴，坚持城乡融合发展，坚持人与自然和谐共生，坚持因地制宜、循序渐进。

会议强调，走中国特色社会主义乡村振兴道路，一是必须重塑城乡关系，走城乡融合发展之路。要坚持以工补农、以城带乡，把公共基础设施建设的重点放在农村，推动农村基础设施建设提档升级，优先发展农村教育事业，促进农村劳动力转移就业和农民增收，加强农村社会保障体系建设，推进健康乡村建设，持续改善农村人居环境，逐步建立健全全民覆盖、普惠共享、城乡一体的基本公共服务体系，让符合条件的农业转移人口在城市落户定居，推动新型工业化、信息化、城镇化、农业现代化同步发展，加快形成工农互促、城乡互补、全面融合、共同繁荣的新型工农城乡关系。二是必须巩固和完善农村基本经营制度，走共同富裕之路。要坚持农村土地集体所有，坚持家庭经营基础性地位，坚持稳定土地承包关系，壮大集体经济，建立符合市场经济要求的集体经济运行机制，确保集体资产保值增值，确保农民受益。三是必须深化农业供给侧结构性改革，走质量兴农之路。坚持质量兴农、绿色兴农，实施质量兴农战略，加快推进农业由增产导向转向提质导向，夯实农业生产能力基础，确保国家粮食安全，构建农村一、二、三产业融合发展体系，积极培育新型农业经营主体，促进小农户和现代农业发展有机衔接，推进“互联网＋现代农业”加快构建现代农业产业体系、生产体系、经营体系，不断提高农业创新力、竞争力和全要素生产率，加快实现由农业大国向农业强国转变。四是必须坚持人与自然和谐共生，走乡村绿色发展之路。以绿色发展引领生态振兴，统筹山水林田湖草系统治理，加强农村突出环境问题综合治理，建立市场化多元化生态补偿机制，增加农业生态产品和服务供给，实现百姓富、生态美的统一。五是必须传承发展提升农耕文明，走乡村文化兴盛之路。坚持物质文明和精神文明一齐抓，弘扬和践行社会主义核心价值观，加强农村思想道德建设，传承发展提升农村优秀传统文化，加强农村公共文化建设，开展移风易俗行动，提升农民精神风貌，培育文明乡风、良好家风、淳朴民风，不断提高乡村社会文明程度。六是必须创新乡村治理体系，走乡村善治之路。建立健全党委领导、政府负责、社会协同、公众参与、法治保障的现代乡村社会治理体制，健全自治、法治、德治相结合的乡村治理体系，加强农村基层基础工作，加强农村基层党组织建设，深化村民自治实践，严肃查处侵犯农民利益的“微腐败”，建设平安乡村，确保乡村社会充满活力、和谐有序。七是必须打好精准脱贫攻坚战，走中国特色减贫之路。坚持精准扶贫、精准脱贫，把提高脱贫质量放在首位，注重扶贫同扶志、扶智相结合，瞄准贫困人口精准帮扶，聚焦深度贫困地区集中发力，激发贫困人口内生动力，强化脱贫攻坚责任和监督，开展扶贫领域腐败和作风问题专项治理，采取更加有力的举措、更加集中的支持、更加精细的工作，坚决打好精准脱贫这场对全面建成小康社会具有决定意义的攻坚战。

会议强调，实施乡村振兴战略，必须大力推进体制机制创新，强化乡村振兴制度性供给。要以完善产权制度和要素市场化配置为重点，激活主体、激活要素、激活市场，着力增强改革的系统性、整体性、协同性。落实农村土地承包关系稳定并长久不变政策，衔接落实好第二轮土地承包到期后再延长30年的政策，完善承包地"三权分置"制度，完善农民闲置宅基地和闲置农房政策，深入推进农村集体产权制度改革，深化农产品收储制度和价格形成机制改革。深入推进农业农村"放管服"改革，破除一切束缚农民手脚的不合理限制和歧视。要汇聚全社会力量，强化乡村振兴人才支撑。全面建立职业农民制度，加强农村专业人才队伍建设，发挥科研人才支撑作用，鼓励引导工商资本参与农村振兴，鼓励社会各界人士投身乡村建设。要开拓投融资渠道，强化乡村振兴投入保障。建立健全实施乡村振兴战略财政投入保障制度，公共财政更大力度向"三农"倾斜；改进耕地占补平衡管理办法；健全适合农业农村特点的农村金融体系，强化金融服务方式创新，提升金融服务乡村振兴能力和水平。

会议强调，办好农村的事情，实现乡村振兴，关键在党，必须加强和改善党对"三农"工作的领导，切实提高党把方向、谋大局、定政策、促改革的能力和定力，确保党始终总揽全局、协调各方，提高新时代党领导农村工作的能力和水平。各级党委和政府要坚持工业农业一起抓、坚持城市农村一起抓，把农业农村优先发展的要求落到实处，在干部配备上优先考虑，在要素配置上优先满足，在公共财政投入上优先保障，在公共服务上优先安排。要健全党委统一领导、政府负责、党委农村工作部门统筹协调的农村工作领导体制。要建立实施乡村振兴战略领导责任制，实行中央统筹、省负总责、市县抓落实的工作机制。党政一把手是第一责任人，五级书记抓乡村振兴。要加强"三农"工作干部队伍的培养、配备、管理、使用，把到农村一线锻炼作为培养干部的重要途径，形成人才向农村基层一线流动的用人导向，造就一支懂农业、爱农村、爱农民的农村工作队伍。要强化乡村振兴规划引领，制定国家乡村振兴战略规划，部署若干重大工程、重大计划、重大行动。实施乡村振兴战略是一项长期的历史性任务，要科学规划、注重质量、从容建设，不追求速度，更不能刮风搞运动。

会议指出，在中国特色社会主义新时代，乡村是一个可以大有作为的广阔天地，迎来了难得的发展机遇。实现农村振兴，我们有习近平总书记把舵定向，有党中央高度重视、坚强领导、科学决策，有全党全国全社会大力支持、积极参与，有社会主义的强大制度优势，有亿万农民的创造精神，有强大的经济实力支撑，有历史悠久的农耕文明，有旺盛的市场需求。我们必须按照党中央决策部署，坚定信心、咬定目标，苦干实干、久久为功，扎扎实实把乡村振兴战略向前推进。

资料来源：新华网，2017－12－29，20：06：52，http：//money.163.com/17/1229/20/D6RN2A7V002599V3.html。

2. 实训目标

了解中央农村工作会议内容；了解我国实施乡村振兴战略的目标任务和基本原则；根据资料分析乡村振兴战略的重要措施，并提出对农业农村发展的启示。

3. 实训准备

（1）全班学生随机分组，每组成员控制在 3 ~ 5 人。每组推选一名学生作为组长，组长对组内成员进行任务分工和协调。

（2）能够上网的机房或多媒体教室、签字笔、A4 纸、相机（拍照像素高的手机也可）。

4. 实训步骤

（1）利用图书馆、网络收集有关我国在新时期农业农村发展的资料。

（2）各小组对收集的资料进行分类、汇总。

（3）小组讨论，结合技能训练背景资料分析乡村振兴战略的重要措施，并提出对农业农村发展的启示。

（4）各小组选派一名代表陈述分析讨论结果，其他小组参与评价。

（5）教师点评各小组建议内容，给出修改建议。

（6）根据小组评价和修改建议，各小组在组长带领下分工完成分析报告。

（7）各小组建议方案以 Word 文档和 PPT 两种形式提交。

5. 实训效果评价（见表 1 - 2）

表 1 - 2　　实训效果评价

考评内容	考评标准	分值（分）	自我评价（分）	小组评价（分）	教师评价（分）	实际得分（分）
实训完成情况	讨论过程成员的参与程度	10				
	分析内容的针对性	20				
	分析内容的合理性	50				
其他	态度积极、遵守纪律、有团队协作精神	20				
合计		100				

注：实际得分 = 自我评价 ×20% + 小组评价 ×30% + 教师评价 ×50%。

知识拓展

《全国农业可持续发展规划（2015—2030 年）》

任务二 粮食作物产品区域地理

案例引入

北粮南运

北粮南运是东北粮食去库存的主要通道。受多重因素影响，近两年北粮南运出现滞销，对东北粮食去库存带来很大影响。如何进一步疏通北粮南运大通道，缓解东北主产区粮食库存压力，进一步形成符合国情农情的粮食产销新格局，成为国家关注的重点。

●北粮南运格局的形成

北粮南运是20世纪80年代以来形成的。在工业化、城镇化的影响下，长江三角洲和珠江三角洲等传统主产区转变为主销区，粮食生产布局逐渐由南往北发展，黑龙江、吉林、辽宁、内蒙古、山东等13个粮食主产省区，粮食产量占全国总产量的比重达到75%以上。其中，能调出粮食只有黑龙江、吉林、辽宁、内蒙古、安徽、江西等少数几个省区，东北地区成为名副其实的“大粮仓”，粮食源源不断运往全国各地，北粮南运格局悄然形成。

●中粮集团在“北粮南运”中的作用

中粮集团的松原库库区建有4条铁路专用线，其中2条为2008年建设的战略装车点专用线，院内单线有效使用长度1100米，可实现60节火车整装整卸，一次性备载货物420车，同时装卸火车2列。2012年，松原粮库被国家发改委等部门选中作为东北地区铁路散粮车入关试点，由此开启了东北铁路散粮车入关序幕。2013年1月21日，从中粮吉林松原粮库始发的首列铁路散粮专列，抵达华粮集团湖南岳阳城陵矶港口库，实现了铁路散粮专列直达关内运输的历史性突破。在行驶过程中全封闭运行，实现了散装、散运、散卸、散储“四散化”运输，成本和损耗大大减少。

现在，北粮南运铁路散粮专用线建设全面开花。中粮集团已开行5条东北产区至关内销区的散粮直达专列线路，大连北良港是铁海联运重要节点，年港口粮食吞吐能力1200万吨。北良港除开展散粮铁海联运外，重点发展集装箱运输和散粮车直运业务，打通了“难于上青天”的西部走廊，开行疆粮中粮铁运专线，同时开通首列小麦散粮入关专列，以及日照港大豆关内点对点配送线路。从2012年12月首趟散粮入关班列启动至2015年年底，散粮入关43.7万吨。

●辽宁锦州港——开辟陆水联运“黄金水道”

辽宁锦州港是北粮南运物流通道上的一颗明珠，连续13年成为内贸粮装船下水第一港。锦州港的发展，在于拥有得天独厚的区位优势。锦州港背靠东北三省和内蒙古“粮窝子”，汽车运输辐射周边400千米产区，火车运输辐射东北三省一区全境，粮食运到锦州港的物流成本远远低于其他港口。这些因素叠加，形成了锦州港北粮南运的“洼地效应”，使之成为东北玉米交易集散地，港口玉米价格成为东北玉米价格的风向标。

锦州港1990年通航时出港的第一艘船就是运粮船。历经26年，锦州港粮食物流设施不断完善，散粮一次性仓储能力达到80万吨，带动港口外仓储能力110万吨，全部实现“四散化”作业，运输方式以散粮运输和集装箱运输为主。

2001年，锦州港现代粮食物流有限公司就在锦州港与蛇口港之间开辟了一条北粮南运“黄金水道”，之后陆续开通妈湾、漳州、厦门、靖江、黄埔等航线，形成一点多射的航运布局。2010年玉米货运量80万吨左右，2013年达1360万吨，2014年达1560万吨，创历史最高水平，2015年虽然下降到1200万吨，仍然占据辽宁港口玉米下水总量的48%。

陆水联运因为运输成本低廉，在北粮南运中逐渐占据重要位置。目前，辽宁锦州港、营口港、大连港、丹东港、葫芦岛港和正在建设中的盘锦港六大港口是北粮南运重要的出海口，与南方的浙江宁波—舟山港、福建漳州招商局码头、广东黄埔港等遥相呼应，承接南来北往的运粮船。

不过，北粮南运仍然存在物流成本高、信息化滞后、流通效率低等问题，物流体系建设呈现“北重南轻”“主线强支线弱”的情况，长江流域沿线、广西西江沿线、西南地区、西北地区仓储物流设施建设薄弱，成为制约北粮南运物流通道的“最后一公里”。

从东北南下的粮食，一部分进入加工企业，一部分进入各级储备库。2014年国家增加地方储备规模，浙江省增加95%以上，福建省增加80%。随着储备规模的增加，浙江、福建等主销区与主产区一样出现仓容不足的问题，缺乏从东北地区大规模调粮的储存空间，为了满足地方增储需要，它们正加大仓储设施建设力度。可是，南方地区气候潮湿、土地成本高，建设储备粮库成本高、投资大、时间长，要在规定时间内完成与储备粮匹配的粮库有一定难度，需要有关部门从南方粮库建设的实际情况出发，因地施策。

资料来源：国家粮食局门户网站，www. chinagrain. gov. cn，2016－05－05。

问题：北粮南运的目的是什么？目前存在哪些问题？

知识准备

一、粮食作物发展现状

粮食是非常重要的农作物，我国是世界主要产粮国之一。粮食生产在农业中占有举足轻重的地位。粮食作物是人们必不可少的基本生活资料，是人类生存最基本的生活消费品。一个国家的粮食问题，是关系到国计民生的头等大事。农业是国民经济发展的基础，粮食是基础的基础。粮食生产是关系到一个国家生存与发展的永恒主题。“仓廪实，天下安”，粮食是安天下之本。2013 年李克强总理到国家粮食局视察指导粮食工作时强调，要守住、管好天下粮仓，做好“广积粮、积好粮、好积粮”三篇文章，这体现了粮食工作的重要性，也是新一届领导人对“确保国家粮食安全和重要农产品有效供给”重要决策的深刻阐释。

（一）粮食作物概念

粮食作物是对谷类作物（包括稻谷、小麦、大麦、燕麦、玉米、谷子、高粱等）、薯类作物（包括甘薯、马铃薯、木薯等）、豆类作物（包括大豆、蚕豆、豌豆、绿豆、赤小豆等）的统称，亦可称食用作物。粮食作物含有淀粉、蛋白质、脂肪及维生素等。与蔬菜和果树不同的是，粮食作物的种子含水分较少，因此，它们比蔬菜和水果更耐储存。

（二）粮食生产

1. 粮食产量“十二连增”后略有降低

我国粮食生产“十二连增”后略有降低，2016 年粮食总产量达到 61625 万吨，与 2012 年相比，增加 2667 万吨，增长率为 4.5%，但是我国的粮食形势仍然不容乐观，粮食供求“总量基本平衡、结构性紧缺”状况将长期存在，我国粮食安全仍然存在不可低估的风险和隐患。

2. 生产与消费区域性矛盾突出

历史上，除了少数牧区之外，我国各地均有粮食种植，但地区分布很不均衡，粮食结构又各具特色。目前，粮食生产重心北移，北方地区粮食比例逐渐增加，南方地区粮食比例逐渐减少，呈现“北增南降”特征。北方地区如黑龙江、吉林、辽宁、内蒙古、河北、山东、河南 7 个北方产区，粮食产量占全国的比重由 1991 年的 36.2% 提高到 2016 年的 46.7%。南方粮食生产总量持续下降，江苏、安徽、江西、湖北、湖南、四川 6 个南方产区，粮食产量占全国的比重由 1991 年的 36% 下降到 2016 年的 29.2%。粮食生产越来越集中，2016 年粮食产量达到 61625 万吨，其中，13 个粮食主产区的产量占全国总产量的76%。

3. 粮食品种结构性短缺日益凸显，我国进口粮食难度加大

据国家发展和改革委数据显示，2016 年 1—12 月，谷物共进口 2199. 7 万吨，同比减少 32. 8%，进口额 57. 1 亿美元，同比减少 39. 2%。小麦进口 341. 2 万吨，同比增长 13. 5%；玉米进口 316. 8 万吨，同比减少 33. 0%；大麦进口 500. 5 万吨，同比减少 53. 4%；高粱进口 664. 8 万吨，同比减少 37. 9%。同时，受全球耕地和水资源约束，以及气候异常、人口增长、比较成本低等因素影响，全球粮食供求将长期趋紧，我国进口粮食难度加大。

4. 种粮比较效益低，“兼业化”“副业化”趋势加剧

近年来，由于种子、肥料、农药、农用柴油等农业生产资料价格上涨和人工成本上升，农民种粮成本大幅增加，土地“越耕越贵”，农业比较效益下降，与果蔬、药材等特色农产品相比，粮食生产比较优势减弱。同时，随着城镇化的加剧，一些地区粮食生产出现“兼业化”“副业化”的趋势。

（三）粮食消费

1. 人均直接粮食消费量逐渐降低，粮食总消费需求呈现刚性增长

人均原粮消费量（每天食用的主食）逐渐降低。根据统计数据，我国人均原粮消费量城镇人口从 1985 年的 131. 2 千克降低到 2016 年的 111. 9 千克，连续 4 年稳定在 110 千克左右，农村人均原粮消费量从 1985 年的 257. 5 千克降低到 2016 年的 157. 2 千克，如表1 - 3所示。我国粮食产量足够满足人们的原粮需求。但从人均总的消费量来说，随着人口的增加和人们生活水平的提高，城镇化和工业化必将增加粮食总需求，饲料用粮需求剧增，粮食需求总量持续增长。据预测，到 2020 年原粮消费总量将达到 2475 亿千克，占粮食消费需求总量的 43%；饲料用粮需求增加，到 2020 年将达到 2355 亿千克，占粮食消费需求总量的 41%；工业用粮需求将趋于平缓。

资料链接

1985—2016 年我国人均原粮消费情况如表 1 - 3 所示。

表 1 - 3　　我国人均原粮消费情况　　单位：千克/人

区域＼年份	1985	1990	1995	2000	2005	2010	2016
城镇	131. 2	130. 7	97. 0	82. 3	77. 0	81. 5	111. 9
农村	257. 5	262. 1	256. 1	250. 2	208. 8	181. 4	157. 2

数据来源：《中国统计年鉴 2017》。

2. “粮蚀”问题严重

粮食从农田到餐桌，过程长，环节多，每一环节都存在损失、浪费。据国家粮食局测算，我国每年约损失粮食1000亿千克，相当于粮食总产量的20%，我国粮食物流中，仅储藏、运输、加工等环节损失浪费的总量就达到350亿千克以上。运输环节，散粮运输损失比例约为15%；仓储环节，损失比例在8%左右，每年因虫霉鼠雀造成的损失达200亿千克以上；消费环节，舌尖浪费更是令人触目惊心，有关方面估算，每年餐桌浪费食物价值达2000亿元，被倒掉的粮食相当于2亿人一年的口粮。

二、粮食作物的分布

（一）分布特点

除了少数纯牧区之外，我国各县均有粮食栽培，但地区分布很不均衡，粮食组合又各具特色。内蒙古自治区乌拉特中旗—乌审旗一线以东及长城以南、青藏高原以东地区，粮食播种面积和粮食总产量分别占全国的95%和96%；西部地区粮食播种百积不足全国的5%，粮食产量仅及全国的4%。不同的粮食作物分布相对集中，具体如下：

（1）秦岭淮河以南，青藏高原以东地区，以稻谷生产为主，与冬作（小麦、油菜、蚕豆、豌豆、绿肥）进行复种轮作，实行一年两熟或三熟制，粮食耕地复种指数约为195%。

（2）秦岭淮河以北地区，以小麦生产为主，在其偏南的冬麦区，主要和夏作（玉米、谷子、大豆、绿肥）轮作，实行两年三熟或一年两熟制，粮食耕地复种指数约为150%；在其偏北的春麦区，主要与玉米、谷子、马铃薯、豌豆等轮作，以一年一熟制为主，粮食耕地复种指数约为115%。

（3）东北三省大部分地区，以玉米、大豆、高粱、谷子生产为主，和小麦轮作，基本上实行一年一熟制，粮食耕地复种指数低于100%。

（4）西部青藏高寒山区，以青稞、春小麦生产为主，实行轮歇轮作制，粮食耕地复种指数约为95%。

我国九大商品粮基地主要包括：

（1）生产条件和基础好的地区：太湖平原、洞庭湖平原、江汉平原、鄱阳湖平原、成都平原、珠江三角洲。

（2）增产潜力较大的地区：江淮地区。

（3）粮食商品率较高的地区：松嫩平原、三江平原。

2016年我国粮食产量前十产区分布比例如图1－1所示。

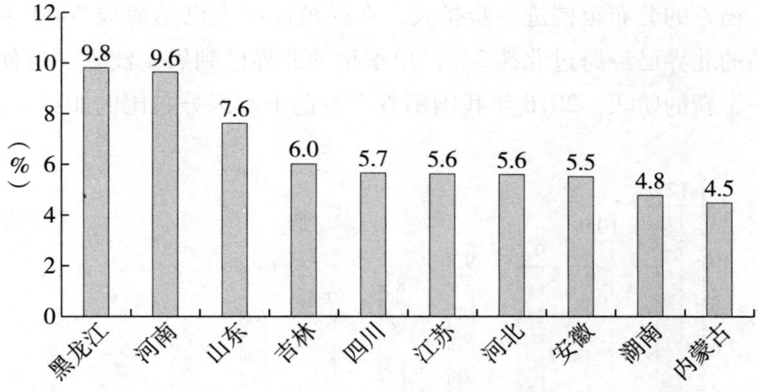

图 1-1 2016 年我国粮食产量前十产区分布比例

资料来源：《中国统计年鉴 2017》。

（二）主要粮食具体分布

1. 稻谷

我国是世界上稻谷生产最早、产量最多的国家。目前，我国稻谷的播种面积和产量均居各类粮食作物之首。稻谷按其品种可分为籼稻、粳稻和糯稻；按其成熟期可分为早稻、中稻和晚稻；按其对土壤和水分的适应性可分为水稻和旱稻。我国以种植水稻为主，水稻是喜温喜湿作物，适宜分布于热量充足、雨水多或灌溉便利的地区。稻谷在我国除了高寒地区或水源缺乏的干旱地区外都有分布，但其分布不均，南方多而集中，北方少而分散。我国稻谷大致可分为以下两大产区：

（1）南方稻谷集中区

本区分布于秦岭淮河以南，青藏高原以东，稻谷播种面积占全国的95%左右。根据其栽培制度、品种类型及分布位置的不同，又可细分为 3 个区：①华南双季稻区：包括两广（广西、广东）、福建、海南、台湾等省、自治区，是我国水热资源最丰富、复种潜力最大的地区。栽培制度一般为双季稻连作，部分纬度较低的地区可一年三季。品种以籼稻为主。②长江中下游单、双季稻区：包括上海、江苏、浙江、安徽、江西、湖南、湖北、重庆及四川东部、河南南部、陕西南部等地区，是我国最大的水稻产区。长江以南多种双季稻，长江以北大多实行单季稻与其他农作物轮作制。籼稻和粳稻均有分布。③云贵高原稻谷区：主要包括云南和贵州。区内地形复杂，气候垂直变化显著，水稻品种也有明显的垂直分布特点：海拔 2000 米左右的地区多种植粳稻，1500 米左右的地区是粳稻和籼稻交错分布区，1200 米以下的地区以种植籼稻为主。

（2）北方稻谷分散区

本区主要分布在东北、华北和西北等水源条件较好的地区，具有大分散、小集中的特点，以种植早熟粳稻为主。青海、西藏虽地处高寒地区，但在一些河谷低地也有稻谷零星分布。

近年来，稻谷的分布范围进一步扩大，在种植高度上已达海拔2400米的云南元江流域；双季稻的北界已经跨过北纬34°；单季稻的北界已到黑龙江省。这使我国稻谷布局发展到了一个新的阶段。2016年我国稻谷产量前十产区分布比例如图1－2所示。

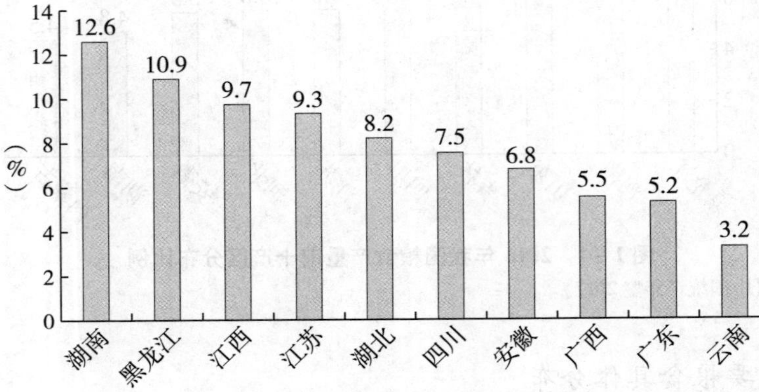

图1－2　2016年我国稻谷产量前十产区分布比例

资料来源：《中国统计年鉴2017》。

2. 小麦

小麦是我国仅次于水稻的第二大主要粮食作物。我国小麦的播种面积和产量仅次于美国、俄罗斯，居世界第三位。

小麦是温带性作物，耐寒耐旱，适应性强，是我国分布最广的粮食作物。根据其耕作制度、栽培方法和品种的不同，我国小麦产区大体可分为3类。

（1）春小麦区

本区主要分布在长城以北及六盘山、岷山和大别山以西地区，包括黑龙江、吉林、辽宁、内蒙古、青海、新疆、西藏等省区及甘肃大部分地区，四川的西北部，陕西、山西、河北等省的北部。大部分地区地处高寒或干冷地带，冬季寒冷，小麦不能安全越冬，只能在春季播种。区内松辽平原和三江平原是我国重要的商品小麦生产基地；黑龙江、内蒙古、甘肃和新疆为小麦的集中产区。

（2）北方冬小麦区

本区主要分布在长城以南，秦岭淮河以北，六盘山以东的广大地区，包括山东、河南两省的全部及河北、山西、陕西和甘肃的南部，江苏和安徽的北部。本区是我国最大的小麦集中产区和消费区，尤以山东、河南、河北和陕西最为重要。近年来，冬小麦逐渐向北、向西推进，在河西走廊和南疆开始种植；海拔4100米的西藏高原地区也有种植。

（3）南方冬小麦区

本区主要分布在秦岭淮河以南，岷山、大别山以东的地区，包括浙江、福建、江西、湖南、湖北、重庆、广东、广西、云南、贵州、海南等省、自治区、直辖市及安徽、江苏等省的南部地区。本区内居民以稻米为主食，小麦商品率高，是我国重要的商品小麦生产基地。安徽、江苏、四川和湖北为该区小麦的主要产地。2016 年我国小麦产量前十产区分布比例如图 1－3 所示。

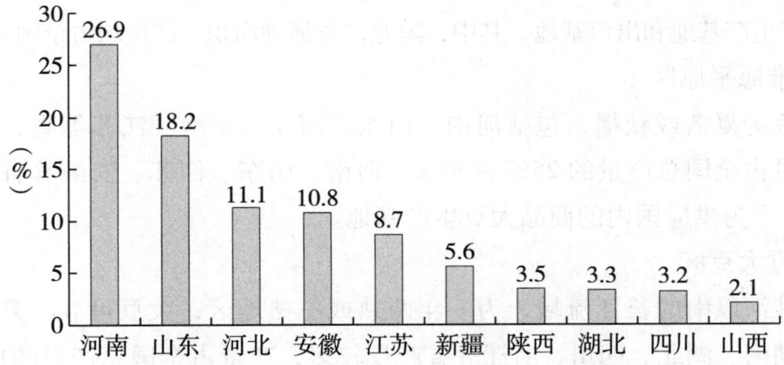

图 1－3　2016 年我国小麦产量前十产区分布比例

资料来源：《中国统计年鉴 2017》。

3. 玉米

玉米适应性强，用途广，产量高，是我国最主要的杂粮，其在我国粮食作物中的地位仅次于水稻和小麦。

玉米喜高温、多湿的气候，土壤以中性土壤和沙性土壤最为适宜。我国玉米种植区分布广泛，主要集中在从大兴安岭经辽宁南部、河北北部、山西东南部、陕西南部、河南西部、湖北北部、四川盆地到贵州和广西的西部、云南西南部的弧形地带，尤以该地带海拔 500 米以下的低山、丘陵、坡地种植最为广泛。

4. 高粱

高粱具有抗旱、耐寒、耐盐碱和喜温的特性，适应性强，分布广泛，是我国重要的杂粮作物之一，集中分布在东北和黄河中下游各省、市、自治区。

5. 谷子

谷子是我国北方地区的传统作物，具有生长期短，需水量小，喜光耐旱等特点。其主要分布在华北平原、黄土高原、松辽平原、内蒙古西部等地区，以山西、陕西、河北、山东、河南等省种植较多。

6. 大豆

大豆原产于我国，栽培历史悠久，至今已有 5000 多年的历史。根据大豆的种皮颜色和粒形，可分为黄大豆、青大豆、黑大豆等。大豆既可榨油，一般大豆的出油率为 16.5%～17.5%，又可供食用，如制作豆浆、豆腐、豆腐皮、腐竹、豆干、百叶、豆芽等，被称为“田中之肉”“绿色牛乳”。大豆在我国各地普遍种植，东北、华北、陕西、四川及长江中下游地区均有出产，以长江流域及西南地区栽培较多。大豆优势产区主要在东北三省和内蒙古东部，常年播种面积达 5000 万亩（1 亩≈666.67 平方米），产量约600万吨，均占全国的一半左右。特别是黑龙江省的大豆，产量最多，其质量也是最优的，因此，黑龙江省被称为“大豆之乡”。

（1）东北平原（包括内蒙古东部）区

该区大豆春播，一年一熟。东北地区大豆产量占全国总产量的55%以上，该地区是我国最大的大豆生产基地和出口基地，其中，黑龙江省播种面积、产量均占全国1/3以上。

（2）黄淮海平原区

该区大豆为夏播或秋播，包括河南、山东、河北、安徽、江苏等省，一般与冬小麦轮作，产量占全国总产量的25%～30%，河南、山东、江苏、安徽等省年产量均在100万吨左右，为供应国内的商品大豆生产基地。

（3）南方大豆区

在秦岭淮河以南的长江流域，为一年两熟或三熟地区，大豆可春、夏、秋、冬播种，其中，湖南、湖北、四川、浙江等省产量较多，产量占全国总产量的10%～15%。华南、西南地区大豆作为补充性作物，种植比较分散，多数冬季种植，产量较低。

7. 薯类

甘薯是喜温作物，并有一定的抗旱能力，适宜种植在疏松沙质的土壤中。在我国，甘薯分布极为广泛，但集中分布在黄河流域、长江流域和珠江流域，以山东省、四川省的产量最多。

马铃薯适合于温凉气候，生长期短，具有抗酸而不耐碱的特性，分布亦很广泛，主要集中在东北北部、内蒙古西部、山西和河北北部及四川北部等气候凉爽地区。

其他各种杂粮作物，一般都具有适应性强、分布广泛的特点。

三、我国主要粮食产品区域物流

粮食生产与消费的地域性决定了粮食物流特征。粮食物流是指粮食从供应地向接收地的实体流动过程，它包含了粮食产后运输、仓储、装卸、包装、配送等环节。目前，产地和销地区域供需格局的变化，使得我国粮食物流环节增多，物流损耗加大，物流效率降低，加大了国家和地方政府保证粮食质量和数量安全的难度。

“十二五”以来，随着我国现代物流业的健康、快速发展和“粮食收储供应安全保障工程”的全面实施，我国粮食物流业发展较快，粮食现代物流体系初步建成。

（一）粮食物流总量快速增长

粮食物流总量由2011年的3亿吨增长到2016年的3.65亿吨，其中，省内粮食物流量由1.5亿吨增长到2亿吨，跨省粮食物流量由1.5亿吨增长到1.65亿吨①。

① 跨省流量为各省从外省调入和流到省外的流量总和，省内流量为各省各种运输方式的流量总和减去跨省流量。

（二）“北粮南运”的粮食物流态势更加突出

2016 年，东北通道粮食年流出量约 5000 万吨，主要品种是玉米、稻谷（大米），主要流向华东、华南、华北、西南和西北地区；黄淮海通道年流出量约 6000 万吨，主要品种是小麦，主要流向华东、华南、西南和西北地区；长江中下游通道年流出量约 2400 万吨，主要品种是稻谷（大米），主要流向华东、华南、西南地区。华东沿海、华南沿海通道年流入量约 4900 万吨；京津通道年流入量约 905 万吨；西南通道年流入量约 2900 万吨；西北通道年流入量约 1800 万吨。

（三）粮食物流节点覆盖面进一步扩大

建成了一批覆盖主要粮食生产和消费区域，具备一定辐射能力和示范作用的物流节点和粮食物流园区，节点的集散功能进一步完善，有力地促进了产销衔接，带动了当地粮食产业的经济发展。

（四）运输方式多元化发展

粮食跨省运输中，2016 年铁路运输占比约 50%，水路运输占比约 40%，公路运输占比约 10%。汽车散粮、内河船舶散粮运输比例稳步提高，散粮火车入关试点逐步开展，集装箱散粮运输快速发展，粮食物流成本进一步降低，粮食流通效率不断提升。

（五）高效粮食物流装备及技术推广应用

集装单元化等粮食物流技术开始应用，多点犁式带式输送机等节粮减损装备逐步推广，公铁水多式联运衔接技术得到提升，有力地支撑了粮食流通的现代化发展。

知识拓展

我国三大粮食作物的物流

1. 水稻（大米）的物流

我国水稻（大米）主产地集中在黑龙江、江苏、安徽、江西、湖北、湖南、广东、广西、四川九省（自治区），这些省区的水稻种植面积约占全国水稻种植总面积的 74.9%。黑龙江省是我国优质大米——珍珠米的主要产地。因为南方人口较为稠密，加上南方都有米食的习惯，所以东北黑龙江、吉林、辽宁产的珍珠米长年大量商流物流到南方各地，表现为“北粮南运”。全国水稻产地也通过商流物流互通有无，满足需求。

2. 小麦的物流

我国的冬小麦主产地为河南、山东、河北、安徽、江苏、四川、陕西、新疆、山西、辽宁、宁夏、甘肃、北京、天津、湖南、湖北、上海、浙江、江西、贵州、重庆、云南等省市区；春小麦主要分布在黑龙江、吉林、辽宁、内蒙古东部、河北、陕西、山西、甘肃、宁夏、青海等省市区。我国小麦物流的特点是从主产地流到非主产地，从北方流到南方。小麦消费需求量大，我国是国际市场上较有影响力的小麦进口国之一，因此，我国小麦长期呈净进口态势。

3. 玉米的物流

我国玉米生产很不平衡，产区主要集中在东北、华北和西北。北方的吉林、辽宁、黑龙江、河南、内蒙古、山西、河北、山东八省区生产了全国70%以上的玉米，尤其是东北地区（含黑龙江省、吉林省、辽宁省和内蒙古自治区东部），产量占全国的三成多。华北地区的河北省、山东省、山西省及河南省四省产量约占全国总产量的30%。吉林省是我国最大的商品玉米产地。长江以南（含长江流域）的15个省市区，玉米产量约占全国玉米总产量的21%。玉米近几年来用于生产生物能源乙醇，需求量大幅上升。我国玉米产区集中在北方，销区在南方，因而形成了我国玉米“北粮南运”的物流格局，大部分玉米运距长达2000千米以上。在空间上，黄淮地区的玉米主要通过铁路销往华东和湖北、四川、云南、贵州等省；东北的玉米主要通过水路销往广东、广西、福建、四川、云南、江苏、浙江、北京、天津、上海等省市区；西北的玉米主要销往四川。全国玉米的其他产地也通过商流物流互通有无，满足需求。

案例分析

从案例中可以看出，由于粮食产销不平衡，我国形成“北粮南运”的物流特征，这使得北粮南运成为东北粮食去库存的主要通道。“北粮南运”仍然存在物流成本高、信息化滞后、流通效率低等问题，物流体系建设呈现“北重南轻”“主线强、支线弱”的情况，长江流域沿线、广西西江沿线、西南地区、西北地区仓储物流设施建设薄弱，成为制约“北粮南运”物流通道的“最后一公里”，使“北粮南运”近两年出现滞销，对东北粮食去库存带来很大影响。因此，如何疏通“北粮南运”大通道，以缓解东北主产区粮食库存压力，形成符合国情农情的粮食产销新格局，是亟待破解的难题。

任务总结

粮食是非常重要的农作物，我国是世界主要产粮国之一。粮食生产，在我国农业中占有举足轻重的地位。粮食作物是对谷类作物（包括稻谷、小麦、大麦、燕麦、玉米、谷子、高粱等）、薯类作物（包括甘薯、马铃薯、木薯等）、豆类作物（包括大豆、蚕豆、豌豆、绿豆、赤小豆等）的统称，亦可称食用作物。粮食作物含有淀粉、蛋白质、脂肪及维生素等。与蔬菜和水果不同的是，粮食作物的种子含水分较少，因此，它们比蔬菜或水果更耐储存。在分布区域上，稻谷大致可分为两大产区：南方稻谷集中区和北方稻谷分散区。小麦是我国仅次于水稻的第二大主要粮食作物，全国大体可分为春小麦区、北方冬小麦区、南方冬小麦区三类小麦产区。玉米的适应性强，用途广，产量高，是我国最主要的杂粮，在粮食作物中的地位仅次于水稻和小麦。高粱、谷子、大豆、薯类等其他粮食作物分布也各有特色。

分组讨论

1. 我国粮食生产与消费现状。
2. 我国主要粮食稻谷、小麦、玉米的分布区域。
3. 我国粮食物流特征。

业务技能训练二

我国粮食物流调研

1. 实训背景资料

我国粮食物流通道及线路建设

根据《粮食物流业“十三五”发展规划》，围绕“一带一路”建设、京津冀协同发展、长江经济带发展三大战略，大力推进东北、黄淮海、长江中下游、华东沿海、华南沿海、京津、西南和西北八大粮食物流通道建设，突出大节点，强化主线路，重点完善和发展“两横、六纵”8条粮食物流重点线路，重点布局50个左右一级节点、110个左右二级节点，推动火车散粮运输系统工程、港口散粮运输提升工程建设，形成节点层次清晰、线路结构优化、通道发展平衡的粮食现代物流格局。

●完善现有八大通道建设

充分整合利用八大通道现有资源，优化物流节点布局，推动粮食物流向主要线路和节点聚集，促进粮食物流规模化运营，实现公铁水多式联运和多种装卸方式的无缝衔接，提升接发效率，深化产区与销区的对接。

○东北通道。重点以东北港口群、战略装车点为支撑，依托重点线路和优势产区（含加工集聚区），完善散粮集并发运设施和集装单元化装卸设施，着力提升铁路散粮（含集装单元化）入关外运能力。对接华南、华东、长江中下游地区，主要发展铁水联运、公水联运和铁路直达运输；对接西南、西北地区，主要推进铁路集装单元化运输。

○黄淮海通道。重点发展散粮火车、铁路集装单元化运输，完善铁路接卸设施，弥补粮食铁路运输短板，进一步推进汽车散粮运输和面粉散装运输，适度发展内河散粮运输，加强大型粮食加工企业物流设施建设，形成多元化运输格局。提升承东启西、连南贯北能力。对接京津地区，发展汽车散粮（含集装单元化）运输；对接西南、西北地区，发展铁路集装单元化运输；对接华东、华南地区，发展散粮火车、铁路集装单元化运输和内河散粮运输。

○长江中下游通道。对接长江经济带发展战略，重点优化沿长江、沿运河节点布局，强化粮食集并能力、江海联运发运能力和海运来粮中转至长江流域的分拨对接能力，逐步推进内河散粮运输船只的标准化，提升水运接发设施的专业化、标准化、集约化水平，促进水水、公水、铁水联运无缝衔接。西南、西北通道重点沿主要铁路干线打造省会城市和区域中心城市粮食物流节点，大力提升粮食接卸及分拨能力。优先发展公路、铁路集装单元化运输，适应多品种、小批量以及多种质量等级运输的要求；推动散粮火车的运行。

○京津通道。重点以京津冀协同发展为契机，以大型粮食企业集团及产业集群为基础，以津冀港口群及京沪、京广、京哈铁路为依托，以非首都功能的疏解及结构布局优化为核心，发展公路、铁路集装单元化运输等多元运输系统，打造区域粮食物流联盟，强化城市配送功能，合理布局城市近郊粮食批发市场，提升粮食应急保障能力。

○华东沿海通道。重点提升粮食海运接卸效率及对接能力，建设战略卸车点，提高散粮火车接卸效率；进一步完善港口接卸疏运系统，提升临港加工集聚区粮食快速疏运能力；推进供应链新型物流组织模式。

○华南沿海通道。重点提升粮食海运接卸效率及对接能力，建设战略卸车点，提高散粮火车接卸效率；发展水水、公水联运，完善珠江、西江等内河散粮疏运系统；推进供应链新型物流组织模式。

●打造“两横、六纵”重点线路

“两横、六纵”8条重点线路的流量约占全国跨省流量的65%。在重点线路上，着力推进“点对点散粮物流行动”，建成一批重点项目和部分中转仓容，发挥集聚产业、稳定物流、带动示范的作用。

○沿海线路。主要连接东北、黄淮海、华东沿海、华南沿海四大通道；主要粮食品种为玉米、稻谷（大米）。发展重点：依托大型沿海港口建设中转设施，发展散粮铁水联运对接；重点发展节点：盘锦、沧州、日照、连云港、盐城、南通、舟山、莆田、厦门、东莞、防城港等。

〇沿长江线路。主要连接华东沿海、长江中下游、西南三大通道；主要粮食品种为稻谷（大米）、玉米和大豆。发展重点：建设水水中转设施，发展散粮江海联运；重点发展节点：苏州、南通、南京、无锡、泰州、镇江、芜湖、武汉、岳阳、重庆、泸州等。

〇沿运河线路。主要连接黄淮海、长江中下游、华东沿海三大通道；主要粮食品种为稻谷、玉米、小麦。发展重点：依托沿运河码头，提升水运物流设施的现代化水平，发展散粮（集装箱）船舶运输；重点发展节点：济宁、徐州、淮安、宿迁、镇江、苏州、嘉兴、阜阳等。

〇沿京哈线路。主要连接东北、京津两大通道；主要粮食品种为稻谷（大米）、玉米。发展重点：建设集装箱散粮发运接卸设施，发展公铁集装箱散粮联运和公路集装箱散粮运输；重点发展节点：佳木斯、齐齐哈尔、绥化、哈尔滨、白城、吉林、长春、通辽、四平、铁岭、抚顺、沈阳、阜新、鞍山、北京、天津等。

〇沿京沪线路。主要连接东北、京津、黄淮海、长江中下游、华东沿海五大通道；主要粮食品种为稻谷(大米)、玉米、小麦。发展重点：依托粮食流量较大的企业，建设“点对点”散粮火车发运接卸设施，逐步推广散粮火车运输；重点发展节点：滨州、济南、徐州、蚌埠、南京、上海等。

〇沿京广线路。主要连接东北、京津、黄淮海、长江中下游、华南沿海五大通道；主要粮食品种为稻谷(大米)、玉米、小麦（面粉)。发展重点：依托粮食流量较大的企业，建设“点对点”散粮火车发运接卸设施，逐步推广散粮火车运输，发展汽车散粮运输和汽车面粉散装运输；重点发展节点：郑州、漯河、荆门、长沙、衡阳、郴州等。

〇沿陇海线路。主要连接黄淮海、西北两大通道；主要粮食品种为大米、小麦(面粉)。发展重点：依托中转量集中的节点，建设集装箱散粮发运接卸设施，发展公铁集装箱散粮联运；重点发展节点：连云港、徐州、商丘、焦作、咸阳、天水、兰州、西宁、格尔木、乌鲁木齐、昌吉、伊宁等。

〇沿京昆线路。主要连接东北、黄淮海、西北、西南、华南沿海五大通道；主要粮食品种为大米、小麦（面粉)、玉米。发展重点：依托中转量集中的节点，建设集装箱散粮发运接卸设施，发展公铁集装箱散粮联运；重点发展节点：襄阳、重庆、广安、广元、德阳、成都、资阳、昆明、曲靖、贵阳、六盘水、南宁等。

资料来源：《粮食物流业“十三五”发展规划》。

2. 实训目标

了解《粮食物流业“十三五”发展规划》内容，分析“十三五”时期我国粮食物流的八大通道和“两横、六纵”重点线路，并在地图上用图表的形式表示出来。

3. 实训准备

（1）全班学生随机分组，每组成员控制在 3～5 人。每组推选一名学生作为组长，组长对组内成员进行任务分工和协调。

（2）能够上网的机房或多媒体教室、纸质地图、签字笔、A4 纸等。

4. 实训步骤

（1）利用图书馆、网络收集有关粮食物流的资料。

（2）各小组对收集的资料进行分类、汇总。

（3）小组讨论，结合技能训练背景资料，分析“十三五”时期我国粮食物流的八大通道和“两横、六纵”重点线路，并在地图上用图表的形式表示出来。

（4）各小组选派一名代表陈述分析讨论结果，其他小组参与评价。

（5）教师点评各小组建议内容，给出修改建议。

（6）根据小组评价和修改建议，各小组在组长的带领下分工完成分析报告。

（7）各小组建议方案以 Word 文档和 PPT 两种形式提交。

5. 实训效果评价（见表 1－4）

表 1－4　　粮食作物实训效果评价

考评内容	考评标准	分值（分）	自我评价（分）	小组评价（分）	教师评价（分）	实际得分（分）
实训完成情况	讨论过程成员的参与程度	10				
	分析内容的针对性	20				
	分析内容的合理性	50				
其他	态度积极、遵守纪律、有团队协作精神	20				
合计		100				

注：实际得分＝自我评价×20%＋小组评价×30%＋教师评价×50%。

知识拓展

《全国粮食生产发展规划（2006—2020 年）》

《粮食行业“十三五”发展规划纲要》

《粮食物流业“十三五”发展规划》

任务三　果蔬产品区域地理

案例引入

全国蔬菜优势区域生产布局

根据《全国蔬菜产业发展规划（2011—2020年）》优势区域生产布局，综合考虑地理气候、区位优势等因素，将全国蔬菜产区划分为华南与西南热区冬春蔬菜、长江流域冬春蔬菜、黄土高原夏秋蔬菜、云贵高原夏秋蔬菜、北部高纬度夏秋蔬菜、黄淮海与环渤海设施蔬菜六个优势区域，重点建设580个蔬菜产业重点县（市、区），提高全国蔬菜均衡供应能力。规划期内，提高全国蔬菜均衡供应和防范自然风险、市场风险的能力。重点县（市、区）的蔬菜播种面积保持基本稳定，单位面积产量和总产量的增幅高于全国平均水平。

●华南与西南热区冬春蔬菜优势区域

包括7个省（区），分布在海南、广东、广西、福建和云南南部、贵州南部以及四川攀西地区，共有94个蔬菜产业重点县（市、区）。本区域冬春季节气候温暖，有“天然温室”之称，1月（最冷月）平均气温≥10℃，可进行喜温果菜露地生产。

○发展目标。94个蔬菜产业重点县（市、区），2020年总产量2600万吨，外销量1600万吨。

○目标市场。“三北”、长江流域及港澳地区冬春淡季市场。

○主要产品与上市期。豇豆、菜豆、丝瓜、苦瓜、西甜瓜、番茄、辣椒、茄子等，华南地区集中在12月—翌年3月上市，西南热区集中在1—4月上市。

●长江流域冬春蔬菜优势区域

包括9个省（市），分布在四川、重庆、湖北、湖南、江西、浙江、上海和江苏中南部、安徽南部，共有149个蔬菜产业重点县（市、区）。本区域冬春季节气候温和，1月平均气温≥4℃，可进行喜凉蔬菜露地栽培，是我国最大的冬春喜凉蔬菜生产基地。

○发展目标。149个蔬菜产业重点县（市、区），2020年蔬菜总产量5600万吨，外销量2800万吨。

○目标市场。“三北”、珠江三角洲和港澳地区冬春淡季市场。

○主要产品与上市期。结球甘蓝、花椰菜、莴笋、芹菜、芥菜、大白菜、萝卜、普通白菜、芥蓝、蒜苗等喜凉蔬菜，集中在11月—翌年4月上市。

●黄土高原夏秋蔬菜优势区域

包括7个省（区），分布在陕西、甘肃、宁夏、青海、西藏、山西及河北北部地区，共有54个蔬菜产业重点县（市、区）。本区域适宜蔬菜生产的多为海拔800米以上的高原、平坝和丘陵山区，昼夜温差大，夏季凉爽，7月平均气温≤25℃，无须遮阳降温设施即可生产多种蔬菜。

○发展目标。54个重点县（市、区），外销量1200万吨；2020年蔬菜总产量2100万吨，外销量1300万吨。

○目标市场。华北、长江下游、华南及港澳地区夏秋淡季市场。

○主要产品与上市期。洋葱、萝卜、胡萝卜、花椰菜、大白菜、芹菜、莴笋、结球甘蓝、生菜等喜凉蔬菜，以及茄果类、豆类、瓜类、西甜瓜等喜温瓜菜，集中在7—9月上市。

●云贵高原夏秋蔬菜优势区域

包括5个省（市），分布在云南、贵州和鄂西、湘西、渝东南与渝东北地区，共有38个蔬菜产业重点县（市、区）。本区域适宜蔬菜生产的多为海拔800~2200米的高原、平坝和丘陵山区，夏季凉爽，有“南方天然凉棚”之称，7月平均气温≤25℃，无须遮阳降温设施即可生产多种蔬菜。

○发展目标。38个重点县（市、区），2020年蔬菜总产量1100万吨，外销量650万吨。

○目标市场。华南、长江下游、华北及港澳地区夏秋淡季市场。

○主要产品与上市期。结球甘蓝、萝卜、大白菜、芹菜、胡萝卜、花椰菜、青花菜、生菜等喜凉蔬菜，以及辣椒、番茄、菜豆、西甜瓜等喜温瓜菜，集中在7—9月上市。

●北部高纬度夏秋蔬菜优势区域

包括4个省（区），分布在吉林、黑龙江、内蒙古、新疆和新疆生产建设兵团，共有41个蔬菜产业重点县（市、区）。本区域纬度较高，夏季凉爽，7月平均气温≤25℃，无须遮阳降温设施即可生产多种蔬菜。

○发展目标。41个重点县（市、区），2020年蔬菜总产量1900万吨，外销量1100万吨。

○目标市场。京津、长江中下游夏秋淡季市场。

○主要产品与上市期。番茄、辣椒、黄瓜、菜豆、大白菜、洋葱等蔬菜，集中在6—10月上市。

●黄淮海与环渤海设施蔬菜优势区域

包括8个省（市），分布在辽宁、北京、天津、河北、山东、河南及安徽中北部、江苏北部地区，共有204个蔬菜产业重点县（市、区）。本区域冬春光热资源相对丰富，距大城市近，适宜发展设施蔬菜生产。

〇发展目标。204个重点县（市、区），2020年蔬菜总产量16300万吨以上，外销量11600万吨。

〇目标市场。除当地市场外，主要销往长江流域和北部沿边地区的冬春淡季市场。

〇主要产品与上市期。番茄、黄瓜、辣椒、茄子、菜豆、西葫芦、西甜瓜、结球甘蓝、芹菜、芦笋、韭菜、食用菌等。日光温室蔬菜集中在10月—翌年6月上市；塑料大棚喜温果菜集中在4—6月和9—11月上市；塑料棚喜凉蔬菜集中在1—3月上市。

资料来源：《全国蔬菜产业发展规划（2011—2020年）》。

问题：根据《全国蔬菜产业发展规划（2011—2020年）》，综合考虑地理气候、区位优势等因素，我国将建立哪些蔬菜优势区域？

知识准备

一、生鲜果蔬生产分布情况

目前，我国生鲜果蔬、茶叶、肉类、禽蛋、水产品等“菜篮子”“果盘子”产品产量已连续多年位居世界首位，人均占有量成倍增长，生产结构更加优化，产业布局更加合理，花色品种更加多样，区域间、季节间的生产波动进一步缩小，市场均衡供给能力大幅提升。

（一）生产情况

我国果蔬生产快速发展，产量平稳增长，是世界上最大的果蔬生鲜农产品生产国和消费国。自20世纪80年代中期果蔬产销体制改革以来，随着种植业结构调整步伐的加快，我国果蔬生产快速发展，产量大幅增长，上市基本均衡，供应状况发生了根本性改变。蔬菜播种面积由2000年的近15237千公顷增加到2016年的22328千公顷左右，面积增加约46.6%；水果种植面积从2000年的8932千公顷增加到2016年的12982千公顷，产量从2000年的6225.1万吨增加到2016年的28351.1万吨。近10年来，蔬菜产品基本处于稳定向上增长状态，常年生产的蔬菜达十四大类150多个品种，逐步满足了人们多样化的消费需求。

（二）分布情况

我国果蔬的生产趋于集约化和规模化，布局日趋合理。以蔬菜为例，产量为全球蔬菜总产量的49%，位居世界第一。从生产布局来看，2016年，我国水果产量达到28351.1万吨，其中，前十省区产区分别为山东、河南、河北、陕西、广西、新疆、广东、湖南、安徽、湖北，产量占全国的66.2%，如表1-5所示。

表1-5　　2016年我国水果前十省区集中产区

地区	产量（万吨）	占全国百分比（%）
山东	3255.4	11.5
河南	2871.3	10.1
河北	2138.5	7.5
陕西	2017.8	7.1
广西	1882.5	6.6
新疆	1790.9	6.3
广东	1717	6.1
湖南	1048.2	3.7
安徽	1043.5	3.7
湖北	1010.4	3.6
合计	18775.5	66.2

注：自2003年起水果产量包括瓜果类产量。

数据来源：《中国统计年鉴2017》。

（三）质量状况

果蔬产品安全日益得到重视，质量显著提高。我国于2002年开始了农产品质量安全追溯体系建设的探索，国务院、农业部、国家质检总局、国家食品药品监督管理总局等部门出台了一系列与农产品质量追溯相关的法律法规，如《生鲜产品跟踪与追溯应用指南》《中华人民共和国农产品质量安全法》等，农产品质量安全工作得到全面加强，生鲜果蔬质量安全水平明显提高。据农业部2017年第四季度全国农产品质量安全例行监测结果，农产品总体合格率为97.8%。其中，生鲜果蔬、水果分别为96.8%、98.7%，农产品质量安全水平总体平稳。在生鲜果蔬质量安全水平提高的同时，商品质量、商品化处理数量、三品认证比例逐年提升，净菜整理、分级、包装、预冷等越来越受到重视，冷链物流越来越规范化，果蔬损耗有所下降。

前沿聚焦

随着物联网等高科技的应用，果蔬生产科技水平不断提高

我国果蔬品种、生产技术不断创新与转化，集约化程度提高，显著提高了产业科技含量和生产技术水平。全国选育各类生鲜果蔬优良品种3000多个，主要生鲜果蔬良

种更新5～6次，良种覆盖率达90%以上；设施生鲜果蔬达5000多万亩，特别是日光温室生鲜果蔬高效节能栽培技术研发的成功，实现了在室外－20℃严寒条件下不用加温生产黄瓜、番茄等喜温生鲜果蔬，其节能效果居世界领先水平；生鲜果蔬集约化育苗技术快速发展，年产商品苗达800多亿株以上。此外，生鲜果蔬病虫害综合防治、无土栽培、节水灌溉等技术也取得了明显进步。

二、果蔬消费情况

果蔬生产在保障城乡居民基本消费需求和提高其生活质量方面发挥了极为重要的作用。果蔬是人类的基本食物来源之一，提供人体健康所必需的维生素、膳食纤维和矿物质，食用果蔬数量影响居民的身体健康。尤其是我国居民有着以鲜食为主、追求舌尖美味和需求量大的传统饮食习惯，决定了果蔬在我国居民膳食结构中具有特殊的重要的地位，其消费量变化如表1－6、表1－7所示。

表1－6　　我国蔬菜人均消费量　　单位：千克/人

指标	1990年	1995年	2000年	2005年	2010年	2016年
城镇居民	138.7	116.5	114.7	118.6	116.1	107.5
农村居民	134.0	104.6	106.7	102.3	93.3	91.5

数据来源：《中国统计年鉴2017》。

表1－7　　我国水果人均消费量　　单位：千克/人

指标	1990年	1995年	2000年	2005年	2010年	2016年
城镇居民	41.11	44.96	57.48	56.69	54.23	58.1
农村居民	5.89	13.01	18.31	17.18	19.64	36.8

数据来源：《中国统计年鉴2017》。

三、生鲜果蔬物流特点分析

（一）果蔬具有易腐性，对物流有高要求

与工业品相比，果蔬具有鲜活易腐、不耐储运、生产季节性强、消费弹性系数小等特征，因此，具有高投入、自然风险与市场风险大等特点，时间上要求物流高效率，以保证其鲜活性。果蔬冷链物流、冷链储运是解决果蔬保鲜流通问题的重要途径，但冷库建设、冷藏车运输有资金、管理、技术、思想意识等方面的要求，管理难度加大，成本与利润很难平衡。冷库建设要辐射周边基地，实现常年满负荷运转，以延长果蔬上市销售时间、稳定市场价格，否则亏损不可避免，同时，冷藏车因其保温要求，使

得运输成本剧增。冷库、冷藏车等因管理不善、技术不过关、成本高而效益低下，冷链体系建设问题，日益成为产业发展新的瓶颈。

（二）果蔬产地区域群和销地城市群集聚，使得物流通量越来越大

根据《全国蔬菜产业发展规划（2011—2020年）》，综合考虑地理气候、区位优势等因素，我国将建立六大蔬菜优势区域，分别为华南与西南热区冬春蔬菜、长江流域冬春蔬菜、黄土高原夏秋蔬菜、云贵高原夏秋蔬菜、北部高纬度夏秋蔬菜、黄淮海与环渤海设施蔬菜六大优势区域，重点建设580个蔬菜产业重点县（市、区），提高全国蔬菜均衡供应能力。根据该规划，2020年六大区域有29600万吨蔬菜需要从产区流向销区，如果以载重6吨冷藏车计算，需要4934万辆车次，物流运输压力巨大，如表1－8所示。

表1－8　　六大区域蔬菜规划总产量及外销流通量　　单位：万吨

区域	2020年总产量	2020年外销量
华南与西南热区冬春蔬菜优势区域（喜温果菜）	2600	1600
长江流域冬春蔬菜优势区域（喜凉蔬菜）	5600	2800
黄土高原夏秋蔬菜优势区域（多种蔬菜）	2100	1300
云贵高原夏秋蔬菜优势区域（多种蔬菜）	1100	650
北部高纬度夏秋蔬菜优势区域（多种蔬菜）	1900	1100
黄淮海与环渤海设施蔬菜优势区域（多种蔬菜）	16300	11600
合计	29600	19050

（三）果蔬生产的季节性、区域性使物流的季节性、区域性特点突出

鲜活果蔬生产对自然条件的依赖性较大，容易受自然因素的影响，特别是在植物生长、发育的关键时期，若受到灾害性天气的影响，农业生产将会减产歉收，这就导致了果蔬生产的不稳定性。同时，果蔬生产与太阳能、热量、水分等自然因素的关系非常密切，而这些因素是随季节的变化而变化的，并且呈现出一定的周期性，因此，在不同的季节，农作物处在不同的生长过程。农业生产的一切活动都是在一定的区域内进行的，而各地的自然条件、社会经济条件和技术条件都各不相同，致使农业生产在地理分布上呈现出明显的地域差异。这些供需不平衡中结构性、季节性、地区性供给过剩突出，导致果蔬物流季节性和区域性的特征更为突出，增加了物流难度。

以水果为例，季节性生产集中上市，滞销问题凸显：山西红枣滞销，无人采收只能喂羊；辽宁苹果难卖，次果用来喂鸡喂猪……各类新闻看起来既令人心酸又令人心惊肉跳。不同的水果滞销的原因可能不同，但一个不争的事实是，近年来，随着农业

种植和管理水平的不断提高，水果产量总体呈持续增加趋势。以苹果为例，据不完全统计，截至2015年年底，全国苹果种植面积超过了4000万亩，产量超过了3000万吨，是有记录以来我国苹果生产历史上最高的一年。产量增加，市场竞争激烈，价格下跌，属于正常现象，但滞销背后反映出的却是水果“产能过剩”、农业深加工能力欠缺、农产品品牌意识差等深层问题。价格的跳水源于价值上的欠缺，只有尊重规律，才能不再“果贱伤农”。

（四）大中城市生鲜果蔬自给能力下降，加剧了对外地果蔬的依赖

随着工业化、城镇化进程的加快，城郊菜地资源不断减少，加之有的城市依赖大市场、大流通解决当地“菜篮子”产品供应的思想严重，放松了对“菜篮子”工程的组织领导，城市消费需求增长与城郊生产能力下降的矛盾加剧，“菜篮子”产品自给率降低，使得果蔬物流量剧增。

（五）果蔬物流成本高，利润薄

果蔬从产地到销地的流通需要经过多个环节，这些环节及相应环节所发生的费用较高。物流费用主要包括以下几个方面：一是产地采购费用，这一环节主要包括配菜费、包装费、装卸费等；二是产地到销地的运输环节费用，其中，燃油费（冷链）在总运费中所占的比重最高；三是往返路费（空车率较高）；四是果蔬进入销地批发市场所发生的费用，主要包括工商管理费等；五是果蔬由批发环节到零售环节所发生的费用；六是损耗费用（果蔬比例20%～30%）。果蔬物流成本占总成本的比例越来越高。

（六）果蔬物流以批发市场为模式的“大流通”格局已形成

自1984年国家允许私人对国家统购、派购以外的生鲜果蔬进行长途贩运后，1985年的上半年，我国在武汉等城市开始实行生鲜果蔬“双放”（放开经营、放开价格）改革试点，生鲜果蔬流通体制改革由此在全国兴起，以生鲜果蔬批发市场为龙头的多元流通主体格局日益形成。自山东寿光建立全国第一家生鲜果蔬批发市场以来，生鲜果蔬市场建设得到快速发展，经营生鲜果蔬的农产品批发市场达2000余家，农贸市场2万余家，覆盖全国城乡的市场体系已基本形成，在保障市场供应、促进农民增收、引导生产发展等方面，发挥了积极作用。据不完全统计，70%的果蔬经批发市场销售，在零售环节经农贸市场销售的占80%，在大中城市经超市销售的占15%，并保持快速发展势头。同时，其他流通业态也快速、健康发展，已基本形成了批发市场和集贸市场、传统业态和新型业态、有形市场和无形市场相互补充、相互衔接的新型农产品流通格局。随着基础设施的完善，交通运输状况的改善，1995年组织实施的全国范围内农产品“绿色通道”的建立，生鲜果蔬产业“大生产”“大市场”“大流通”格局已初

具雏形，市场自我调节能力逐步增强。据统计，2016 年，全国亿元以上农产品综合市场超过 681 家，年成交总额 11099. 7 亿元，亿元以上农产品批发市场年成交总额 9152. 3 亿元，零售市场成交额 1947. 4 亿元。

以北京新发地农产品批发市场为例，每年生鲜果蔬供应来源地历经由南向北再由北向南，生产方式由露地向大棚，再由大棚向露地转换的过程，而山东、河北等传统产地目前市场份额仅为 22% 和 17%，并呈下降趋势，其他大部分生鲜果蔬来自华中、华南、西南和东北，市场生鲜果蔬品种丰富，品种间调剂余缺的空间大。据统计，春节期间 51 个北方大城市共计投放生鲜果蔬超过 20 万吨，有效地抑制了节前生鲜果蔬价格的大幅上涨。

资料链接

我国蔬菜流通发展重点

现代蔬菜流通体系是有效连接生产和消费的桥梁，具有较强的公益性。要提高对农产品批发市场、农贸市场（含社区菜市场）公益性的认识，加大政府投入和政策扶持力度。应重点支持批发市场、零售网点、冷链物流、信息监测体系设施建设，提高组织化程度，促进产销衔接，保障蔬菜流通顺畅，大幅度降低蔬菜腐损率。根据《全国蔬菜产业发展规划（2011—2020 年）》，我国今后蔬菜流通发展重点是：

●健全农产品批发市场体系

蔬菜产销批发市场具有一定的公益性。要在现有基础上，统筹考虑城市人口、蔬菜基地规模、交通区位、物流走向，加快完善以大型销地批发市场为中心，产地蔬菜批发市场为依托的农产品批发市场体系，保障蔬菜供应，稳定市场价格。在蔬菜优势区域核心生产基地根据需要新建和改造一批产地蔬菜批发市场，在大中城市规划布局一批与产地市场相衔接的大型销地批发市场，在交通物流节点规划布局一批集散型批发市场，重点建设冷藏保鲜、加工配送、电子结算、信息与追溯平台、质量安全检测、交易厅棚和废弃物处理等流通基础设施，建成灵敏、安全、规范、高效的蔬菜物流和信息平台。

●增加城市农贸市场和社区菜店等零售网点

全面推进农贸市场、社区菜店基础设施、管理等方面升级改造，重点建设交易厅（棚）、档口、追溯平台、给排水设施等基础设施，积极推进城乡菜市场标准化建设。各地要改造或建设一批公益性农贸市场，在居民社区配建或改造一批公益性社区菜店和标准化菜市场，增加零售网点，降低零售环节经营成本，稳定蔬菜价格。新建城市居住区要严格按照相关规定，配套建设社区菜市场或相应的商业设施，不得随意改变用途。规范发展早市、晚市和周末农贸市场，为流动菜贩、直销菜农提供便利条件，方便居民购买。

●强化产销衔接

大中城市根据本地消费需求，主动与优势产区加强协作，建立蔬菜供应保障基地。引导农产品批发市场向上下游延伸经营链条，与农产品生产基地和零售客户建立直接购销关系，开展对团体、超市的配送服务；支持大型连锁超市与农民专业合作社等开展“农超对接”。着力扩大对接规模，力争“十二五”末，经超市销售的蔬菜比例提高至30%。另外，要进一步引进和规范电子商务交易。协调食品加工企业与主产区建立长期稳定的合作关系，在上市旺季进行深加工，制成腌制蔬菜、脱水蔬菜、速冻蔬菜与保鲜蔬菜等，缓解集中上市压力，增加蔬菜附加值，特别是出现蔬菜“卖难”时尽可能地减少农民的经济损失。

●加强蔬菜冷链物流体系建设

重点加强分级、包装、预冷等设施建设，提高优势产区蔬菜预冷等商品化处理能力；发展保温、冷藏运输，稳定商品质量，减少损耗；完善主销区蔬菜冷链配送设施建设，发展具有集中采购、跨区域配送能力的现代化蔬菜配送中心。鼓励大型农产品批发市场、连锁超市、蔬菜流通企业购置预冷、低温分拣加工、冷藏运输工具、冷藏等冷链设施设备，加大冷库等冷链物流基础设施建设力度，积极培育具有一定规模的专业化蔬菜冷链物流服务企业。

●完善蔬菜流通信息网络平台

与生产信息平台相结合，完善覆盖全国主要批发市场的蔬菜流通信息公共服务平台，规范信息采集标准，健全信息工作机制，加强采集点、信息通道、网络中心相关基础设施建设，定期收集、发布蔬菜价格、供求等信息。大中城市建立蔬菜市场监测预警体系，完善蔬菜信息监测、预警和发布制度。

●培育农产品流通主体

鼓励农产品个体经销商进行企业化改制，引导农产品批发市场和农产品连锁企业建立现代企业制度。积极培育大型蔬菜流通企业，提高蔬菜流通组织化、产业化水平。鼓励依托农民专业合作社，积极培育农民经纪人队伍，提高农民的产品销售规模和议价能力。

●完善大中城市蔬菜储备制度

华北、东北、西北等地区人口在100万以上的大城市（含济南、青岛、淄博、郑州、洛阳等）要建立和完善冬春蔬菜储备制度，在每年秋菜上市到次年春季蔬菜大量上市期间，采取政府给予适当补贴和支持、骨干流通企业实行市场化运作的办法，建立符合当地实际的耐储藏、易周转的蔬菜动态储备，确保储备蔬菜调得进、存得好、销得出，满足冬春季节应急调控需要。其他存在季节性供应紧缺的大中城市，参照上述要求，建立适合本地区的蔬菜储备制度，确保重要的耐储藏蔬菜品种5~7天的动态库存。

资料来源：《全国蔬菜产业发展规划（2011—2020年）》。

案例分析

改革开放以来，蔬菜产业总体保持平稳较快发展，由供不应求到供求总量基本平衡，品种日益丰富，质量不断提高，市场体系逐步完善，总体上呈现出良好的发展局面。从案例中可以看出，根据《全国蔬菜产业发展规划（2011—2020年）》，综合考虑地理气候、区位优势等因素，我国将建立六大蔬菜优势区域，分别为华南与西南热区冬春蔬菜、长江流域冬春蔬菜、黄土高原夏秋蔬菜、云贵高原夏秋蔬菜、北部高纬度夏秋蔬菜、黄淮海与环渤海设施蔬菜六大优势区域，重点建设580个蔬菜产业重点县（市、区），使蔬菜生产布局更为合理。从产地到销地，蔬菜物流存在以下问题：小规模生产使果蔬“身份证”难以实现，物流后质量追溯难；果蔬生产季节性与消费全年性矛盾，物流不畅易陷入“卖难买难”两难境地；产销脱节，运输配送效率低；信息化水平低，信息难以共享；质量安全隐患多；物流成本持续上涨等。

任务总结

目前，我国蔬菜、水果、茶叶、肉类、禽蛋、水产品等“菜篮子”“果盘子”产品产量已连续多年位居世界首位，人均占有量成倍增长。从生产布局看，我国水果总产量2016年达到28351.1万吨，其中，前十省区产区分别为山东、河南、河北、陕西、广西、新疆、广东、湖南、安徽、湖北，产量占全国的66.2%。在《全国蔬菜产业发展规划（2011—2020年）》的指导下，生产基地逐步向优势区域集中，形成了华南与西南热区冬春蔬菜、长江流域冬春蔬菜、黄土高原夏秋蔬菜、云贵高原夏秋蔬菜、北部高纬度夏秋蔬菜、黄淮海与环渤海设施蔬菜六大优势区域，呈现栽培品种互补、上市档期不同、区域协调发展的格局，有效缓解了淡季蔬菜供求矛盾，为保障蔬菜均衡供应发挥了重要作用。生鲜果蔬物流方面，果蔬自身具有的易腐性，使其对物流要求更高；果蔬产地区域群和销地城市群集聚，使物流流通量越来越大；果蔬生产的季节性、区域性使物流的季节性、区域性特点突出，大中城市生鲜果蔬自给能力下降，加剧了对外地果蔬的依赖等。

分组讨论

1. 我国果蔬生产与消费现状。
2. 我国果蔬产量分布区域。
3. 我国果蔬物流特征。

业务技能训练三

当地市场某大宗水果产地及物流现状调研

1. 实训背景资料

教师（或学生）选择当地农产品市场，调研农产品市场某大宗水果产地及物流情况，并查找相关资料，完成实训内容。

2. 实训目标

学生能够根据调研数据和所查资料进行分类整理，分析农产品市场某大宗水果产地和物流情况，分析存在的问题，并提出合理化建议。

3. 实训准备

（1）全班学生分组，每组成员控制在3～5人（每组选择不同的水果种类）。

（2）以组为单位进行资料收集。

（3）教师进行现场指导，体现以学生为主体的教学特色。

4. 实训步骤

（1）收集相关文献资料。

（2）制订实地调研和资料收集方案。

（3）实地调研。

（4）撰写某种大宗水果的产地和物流情况的调研报告。

5. 实训效果评价（见表1－9）

表1－9　　果蔬产品区域地理实训效果评价

考评内容	考评标准	分值（分）	自我评价（分）	小组评价（分）	教师评价（分）	实际得分（分）
实训完成情况	调研方案制订适宜	10				
	组员分工合理	10				
	收集资料丰富	10				
	调查报告分析翔实、观点明确	50				
其他	态度积极、遵守纪律、有团队协作精神	20				
合计		100				

注：实际得分＝自我评价×20%＋小组评价×30%＋教师评价×50%。

知识拓展

《全国西瓜甜瓜产业发展规划（2015—2020年）》

《全国设施蔬菜重点区域发展规划（2015—2020年）》

《全国蔬菜产业发展规划（2011—2020年）》

《全国种植业结构调整规划（2016—2020年）》

任务四　经济作物产品区域地理

案例引入

糖料蔗作物核心基地划分及产能需求

●核心基地基本情况

○广西蔗区。广西区核心基地主要分布在南宁、崇左、来宾、柳州、百色、河池、钦州、北海、防城港、贵港10个市的32个县（市、区）。32个县（市、区）糖料蔗种植面积和产量占广西蔗区的80%左右。该区地处亚热带季风气候区，光照充足，雨量充沛，雨热同季，是我国最适宜种蔗的地区之一。

○云南蔗区。云南省核心基地主要分布在临沧、德宏、保山、普洱、玉溪、文山、西双版纳7个市（州）的21个县（市、区）。21个县（市、区）糖料蔗种植面积和产量分别占云南蔗区的70%～80%。该区属热带和亚热带气候，热量、光照充足，昼夜温差大，是我国糖料蔗糖分水平最高的地区。

●产能任务

○广西蔗区。到2020年，广西蔗区糖料蔗种植面积稳定在1600万亩，产量稳定在8000万吨以上。其中，32个县（市、区）面积1300万亩，产量7150万吨以上。500万亩核心基地产量达到3000万吨。

生产主要制约因素：一是品种单一，新台糖系列品种所占比重近80%，品种退化严重；二是机械化发展滞后，砍蔗劳动力紧缺，采收不及时；三是蔗区灌溉率低，干旱问题严重制约单产提高；四是过量偏施氮肥，影响糖分水平。

主攻方向：引进和自主创新相结合，加快良种推广应用；以机械化收获为突破，推进糖料蔗生产全程机械化；改善蔗田基础设施，提高灌溉率和水资源利用率，重点解决干旱缺水问题；实施蔗叶还田、酒精废液定量还田，培肥地力；大力推广脱毒健康种苗、地膜覆盖、生物防治等技术。

○云南蔗区。到2020年，云南蔗区糖料蔗种植面积稳定在500万亩，产量稳定在2400万吨以上。其中，21个县（市、区）面积400万亩，产量2000万吨。200万亩核心基地产量1200万吨。

生产主要制约因素：一是气候类型多样，地理条件复杂，对品种生态适应性要求高；二是该区以山地蔗田为主，灌溉成本高；三是交通条件不便，原料蔗运距远，运输成本高；四是加工企业规模偏小，精深加工及综合利用滞后；五是社会化服务体系建设滞后。

生产主攻方向：以坡改梯和中低产蔗田改造为重点，因地制宜地发展“五小水利”工程，加强蔗田基础设施建设；推广温水脱毒健康种苗、全膜覆盖等综合农艺措施；整合科技资源，加大科技支撑；培育龙头企业，大力发展精深加工，提高产品附加值。

资料来源：《糖料蔗主产区生产发展规划（2015—2020年）》。

问题：案例中，我国糖料蔗主要分布在哪些地区？生产中存在哪些制约因素？

知识准备

一、我国经济作物

经济作物又称工业原料作物、技术作物，是具有某种特定经济用途的农作物。广义的经济作物还包括蔬菜、瓜果、花卉等园艺作物。经济作物通常具有地域性强、经济价值高、技术要求高、商品率高等特点，对自然条件要求比较严格，便于集中进行专门化生产。我国经济作物主要包括棉花、油料、糖料、烟叶、麻类、药材等，占农作物总播种面积的14.1%，此外，还有茶叶、桑树、水果、橡胶等木本经济作物。我国经济作物产值约占种植业产值的30%。

我国经济作物具有广泛的地理分布特点。全国经济作物的播种遍及各省、市、自治区，生产规模较大的棉花、油料、糖料等分布也很普遍，但地域差异很明显。我国经济作物的南北差异也很大，在热带地区，主要栽培橡胶、咖啡、胡椒、椰子、油棕、香蕉、龙眼、荔枝、菠萝和特种药材等；在亚热带地区，主要栽培甘蔗、茶树、油桐、柑橘等；在温带地区，多种植棉花、苹果、梨、葡萄等，而且温带地区是我国棉花及温带水果的集中产区；中温带地区以种植甜菜为主，是我国甜菜的主产区。

经济作物按其用途分为纤维作物（棉花、麻类、蚕桑）、油料作物（花生、大豆、油菜、芝麻、向日葵、油棕等）、糖料作物（甘蔗、甜菜）、饮料作物（茶叶、椰子、咖啡）、药用作物（人参、当归、田七、甘草、黄连、贝母等）、嗜好作物（烟叶）及热带特有作物（木薯、剑麻）。

经济作物按其所处温度带分为热带经济作物、亚热带经济作物、温带经济作物。

经济作物的种植选择性强，要求集中布局在自然条件适宜的地区。人们根据这些作物的种植选择要求，又可将它们分为选择性特别强、适应性弱型经济作物（如橡胶）；选择性强、适应性弱型经济作物（如甘蔗）；选择性较强、适应性较弱型经济作物（如棉花、花生）；选择性一般、适应性较强型经济作物（如油菜）；选择性不强、适应性强型经济作物（如红麻）。上述经济作物类型中，前3类对自然条件要求较严格，布局时应特别注意选择适合其生长的地区。经济作物除了选择性这一特点外，还有商品性强、技术性强等特点。前者要求集中布局在交通畅达地区，后者要求集中布局在技术条件较高地区。例如，棉花、烤烟、甘蔗、甜菜、黄红麻、茶叶等经济作物，其商品率高达90%；橡胶、药材等，其商品率可达100%。这些作物的产品主要是出卖，就需要把它们布局在交通便捷之处，以避免运输物流的浪费和不便。经济作物的高技术性，则要求栽培者和管理者必须注重科技素质的培养和训练，只有熟知该作物栽培技术，才能产生较高的种植效益。因此，经济作物一般应布局在有丰富种植经验和有较高栽培技术与经济水平的地区。

资料链接

所谓选择性，就是作物对光、热、水、土等自然要素所产生的特殊要求，包括一系列的界限指标，每个指标又分为上限点、适宜点和下限点。例如，棉花生长发育期要求适宜的温度为25℃～30℃，当不足20℃时，棉花就不能成熟；而高于30℃时，棉花生长就会受阻。有的作物对湿度要求比较严格，如茶叶的生长，要求相对湿度达到80%以上。总之，大部分经济作物对自然条件的要求是严格的。

二、我国主要经济作物的分布

（一）纤维作物

纤维作物主要有棉花、麻类和蚕桑。

1. 棉花

棉花原产于印度和阿拉伯地区。我国生产的棉花主要集中分布在以下三大区域：

（1）黄河流域棉区

该区域包括秦岭淮河以北、长城以南、六盘山以东的山东、河北、河南、山西、陕西及北京、天津七省市，产量以山东、河南、河北三省为最多。黄河流域的三大棉花生产地为河北中南部、河南北部、山东西北部。该区域种植棉花历史悠久，自然条件优越，区内地势平坦，秋雨少，日照充足，有利于棉花的生长，是我国最大的棉花产区，种植面积占全国棉田面积的1/2。

（2）西北内陆棉区

该区域包括新疆和甘肃河西走廊地区。该区域地处干旱地区，降水少，光照条件优越，温差大，病虫害少，棉花品质好，是我国第二大产棉区，也是我国优质长绒棉主产区。新疆是世界上最大的彩色棉花产区，也是我国棉花的集中产地，年产量约占全国的60%，占世界的8%左右，正所谓“全球棉花看我国，我国棉花看新疆”。

（3）长江流域棉区

该区域包括湖北、湖南、江西、安徽、江苏、浙江、上海、四川、重庆等省市，以湖北、江苏两省产量最多。该区域种植棉花历史悠久，技术水平较高，劳动力充足，区内纺织业发达，运输条件便利，是全国棉花单产和商品率最高的区域，也是我国第三大产棉区；但该区域秋天雨水多，湿度大，日照较少，影响棉花吐絮，棉花质量不如黄河流域棉区。

2. 麻类

麻类主要有黄麻、红麻、剑麻、苎麻和亚麻。

（1）黄麻

黄麻为一年生草本植物，生长于亚热带和热带。其纤维单根短，必须采用工艺纤维纺纱。黄麻是生产包装用麻袋、麻布、绳索、粗帆布和地毯底布的主要原料。黄麻主要产区在长江以南，以广东、广西、湖南、湖北、浙江、江西、福建、台湾等省区栽培面积比较大。

（2）红麻

红麻又称洋麻，其习性、生长及用途与黄麻十分相近。红麻种植区域辽阔，南起海南岛，北至黑龙江，东起台湾，西达新疆，都有栽培。目前以河南、安徽、四川三省栽培面积最大，其次为湖北、湖南、江西、广西、广东、福建、江苏、浙江等省区。

（3）剑麻

剑麻又叫菠萝麻、龙舌兰麻等，其硬质纤维具有拉力强、耐海水浸、耐磨、富有弹性等特性，可作渔业、航海、工矿、运输用绳索、帆布、防水布等原料。加工后的粕滓可作为纸、酒精、醋等的原料。生产过程中产生的短纤维（包括乱纤维），可制成一般用的绳索、鞋垫、结绳及手提袋等日常用品，也可用作家具的填充物，还可与塑料混合压成硬板制成家具。我国剑麻产区主要集中在广西、广东、福建及海南、云南等地。

（4）苎麻

苎麻，我国为原产地，故称为“中国草”，也称向艺、绿苔、线麻和紫麻，多年生宿根植物。苎麻单纤维较长，可单纤维纺纱。其产地分布在湖南、湖北、四川、安徽、江西、广西、浙江、贵州、河南、陕西、江苏、云南、福建、广东和台湾等省区，以湖南、湖北和四川省为最多。

（5）亚麻

亚麻也称鸦麻，分纤用、油用、纤油两用三类，为一年生草本植物，我国主要产地在黑龙江省。

3. 蚕桑

我国是蚕桑的原产地，是世界丝绸大国，素有“东方丝国”的美称。桑蚕发展离不开桑树，桑树喜温湿，对土壤的适应性较强，在我国分布较广，但最适合的种植区域是亚热带地区，因此，桑树集中分布在太湖流域、四川盆地和珠江流域。太湖流域是我国最大的养蚕基地，产量大，质量全国第一。

柞蚕又称野蚕，以野生的柞树、青冈栎等杂木的嫩叶为食物源，是我国以野外放养形式经营的特种蚕。由于经营粗放，柞蚕茧产量不大，辽东半岛、山东半岛和南伏牛山地区是我国三大柞蚕产地，其中以辽东半岛生产规模最大。

（二）油料作物

油料是指可以加工提取油脂的原料，包括各种油料作物的果实和种子。

油料中含有大量的脂肪，一般含量在40%～50%，最少也在20%左右。我国是一个油料生产大国，常见的油料作物有油菜、花生、大豆、芝麻。其中，大豆含油量较低，属于低油料作物，油菜为中油料作物，花生和芝麻均为高油料作物。随着含油量的增加，各种作物的储藏也变得越来越困难。综合来看，油料作物的储藏工作可以总结为低温、干燥、密闭三个要点。

1. 花生

花生仁出油率在45%～55%，少数品种可达60%左右，其蛋白质含量为25%～30%。花生油是80%不饱和脂肪酸和20%饱和脂肪酸的甘油酯混合物，品质优良，气味清香。现在花生在我国各地均有种植，主要分布于山东、河南、河北、辽宁、江苏、福建、广东、广西、四川等省区，其中以山东省种植面积最大、产量最多。榨油花生优势产区主要包括山东、河南、河北3省，这3个省的花生常年播种面积为3200万亩，年总产量为900多万吨，均占到全国的一半左右。而且，这3个省的花生平均亩产280千克，较全国花生平均亩产高1/4。

2. 油菜

油菜籽出油率一般在30%～45%。我国是世界上生产油菜最多的国家，我国的油菜种植地主要分布在长江三角洲、江汉平原、洞庭湖平原、鄱阳湖平原、太湖流域、黄淮平原、四川盆地等，集中分布在湖北、湖南、江西、安徽、四川等省。油菜优势产区包括长江中下游冬油菜产区、西南冬油菜产区和西北春油菜产区。

（1）长江中下游冬油菜产区

包括江苏、浙江、湖北、湖南、江西、安徽及河南信阳地区。该区域属亚热带季风气候，光照充足，热量丰富，冬无严寒，适宜冬油菜生长。上述地区油菜种植面积达6800万亩，年产量880多万吨，均占到全国的60%左右，是全国油菜种植面积最大、分布最集中的产区。

（2）西南冬油菜产区

包括四川、贵州、云南、重庆、陕西等省市，该区域气候温暖，有效积温高，空气湿润，云雾和阴雨日多，相对湿度大。上述油菜产区种植面积3400万亩，年产量460万吨，均占到全国的30%。

（3）西北春油菜产区

主要包括青海、内蒙古、甘肃、新疆等省区，油菜生产为一年一熟制。该区域油菜播种面积900万亩，年产量100万吨，均占全国的8%。

3. 芝麻

芝麻是我国四大食用油料作物中的佼佼者，产品具有较高的应用价值，分为黑芝麻和白芝麻两种，以黑芝麻更佳。芝麻籽出油率高达50%～60%。芝麻生产主要集中分布在河南、湖北、安徽三省，河北、山西、陕西、广西等省区也较多生产。

4. 向日葵

向日葵种仁可榨油，出油率达35%～45%，亦可炒食，味香可口，有食用型、油用型和兼用型3类。我国向日葵栽培主要分布在5个产区：东北、内蒙古区；华北区；新疆区；黄河河套区；云贵高原区。向日葵生产主要分布在甘肃、宁夏、内蒙古省区，其中，内蒙古自治区是我国最大的向日葵主产地。

5. 棕榈（油棕）

棕榈原产地在西非，油棕果含油量高达50%以上，有“世界油王”之称。一株油棕每年可产油30～40千克，每亩油棕年产油可达100～200千克，若为优良品种，年亩产油可高达600多千克。油棕亩产油量是椰子的2～3倍，花生的7～8倍，所以油棕被人们誉为“世界油王”。我国海南、云南、广东、广西等省区于1926年开始种植油棕。油棕现集中分布在海南和云南的西双版纳。

6. 茶树

茶树原产于澳洲，茶树仁的出油率为50%～60%，茶树油广泛应用于食品、香料调味品、香水业、化妆业及制皂业。茶树油有广谱抗微生物、抑菌、无污染、无腐蚀性、渗透性强、温和抗炎、驱虫、杀螨的功效，对治疗粉刺、痤疮有效，可起到消炎抑菌、止痒的作用。长江以南的广大丘陵山地均可种植，目前主要产地在广西、云南、广东、湖南、江西等省区。

前沿聚焦

河南支持木本油料产业发展，“植物脑黄金”有望亲民

木本食用油有“血液营养素”“植物脑黄金”之称，茶油、核桃油、牡丹籽油的

不饱和脂肪酸含量都超过90%，并且亚油酸和亚麻酸含量高，可有效预防心脑血管疾病，越来越多的人开始认识到木本食用油的营养价值。但是，种植面积小、产量低导致木本食用油的价格一直居高不下，让消费者望而却步。因为供给量小、价格偏高、认知度低，木本食用油一直难以走进普通百姓的厨房。

河南省政府办公厅出台的《关于加快木本油料产业发展的实施意见》，可能会使这种局面得到改观。这是河南省首次全面系统部署木本油料产业发展。核桃、油用牡丹、油茶、杜仲、花椒、元宝枫等树种，都是会长“油”的树，它们的果实、种子叫木本油料，而榨出来的油就是木本食用油。长期以来，河南人的厨房一直被大豆油、花生油、芝麻油等草本食用油占领，大多数人对本土的木本食用油所知甚少，反倒对进口的橄榄油情有独钟。近年来，我国国产食用植物油产量不足国民消费量的40%，广大消费者对进口食用油的依存度明显上升。木本粮油不与粮争地，可以为国家粮油安全系上一道“安全带”。山地、丘陵地区以及黄淮平原沙地都适合核桃、油用牡丹的种植，大别山区更适宜油茶的种植，推广种植木本油料林，不占耕地，还能同时实现生态效益和经济效益，助推农民脱贫致富。

资料来源：河南日报，2016－05－18，http：//www.oilcn.com/article/2016/05/1_75394.html。

（三）糖料作物

1. 甘蔗

甘蔗原产于印度，现广泛种植于热带及亚热带地区，主要用于制糖和造纸。世界上甘蔗种植面积最大的国家是巴西，其次是印度，我国位居第三，古巴、泰国、墨西哥、澳大利亚、美国等也是世界上甘蔗种植面积较大的国家。甘蔗榨糖出糖率为12%～15%。近几年来巴西等国家大量用甘蔗生产生物能源乙醇，从而使甘蔗成为可再生能源的重要原料。我国糖料作物的生产特点是“南蔗北菜”，即南方种植甘蔗，北方种植甜菜，其中，以甘蔗生产规模最大。

蔗糖是我国食糖消费的主体，占食糖消费的90%以上。广西、云南是我国最大的糖料蔗生产基地，种植面积和产量均占全国糖料蔗种植面积和产量的80%以上。我国甘蔗主产区广西、云南等地的自然资源禀赋条件不理想，甘蔗生产仍未摆脱靠天吃饭的局面，其原因：一是规模化和机械化程度低，广西、云南两地的机播率仅为27.1%和7.6%，机收率仅为4.3%和0.3%，糖料种、收等关键环节基本靠人工，劳动效率不高；二是甘蔗品种研发滞后，种植品种单一，亩产水平较低，与全球糖业领先的巴西等国家相比，我国在产业链源头上处于劣势；三是制糖企业产业链短，产品结构单一，加上近两年甘蔗减产严重，制糖成本大幅上升。

2. 甜菜

甜菜为两年生草本植物，是我国的糖料作物之一。甜菜的出糖率为11%～13%。

2016年我国共有8个省区种植甜菜，即新疆、内蒙古、河北、山西、黑龙江、甘肃、辽宁、吉林，主要集中分布在新疆、内蒙古、河北产区，三省区的产量占全国产量的95.6%。

（四）饮料作物

1. 茶叶

我国有18个省区产茶，主要集中分布在浙江、福建、云南、安徽、河南、江西、广西、广东、湖南、湖北、台湾等省区，著名的有浙江杭州龙井、福建铁观音、河南信阳毛尖、云南普洱、广西凌云毛尖、广西横县茉莉花茶（横县是我国最大的茉莉花产地）、江西庐山茶等。

2. 椰子

椰子原产于亚洲东南部、印度尼西亚至太平洋群岛，现广泛分布于亚洲、非洲、大洋洲及美洲的热带滨海及内陆地区，主要分布在南、北纬20°之间，尤以赤道滨海地区分布最多，在南、北纬20°~23.5°也有大面积分布。我国种植椰子已有2000多年的历史，现主要集中分布于海南各地，此外，在台湾南部、广东雷州半岛及云南西双版纳、德宏、保山、河口等地，也有少量分布。

3. 咖啡

咖啡是用经过烘焙的咖啡豆制作出来的饮料，与可可、茶同为流行于世界的主要饮品，咖啡在我国集中分布在海南省。

（五）药用作物

1. 人参

人参为多年生草本植物，味甘、微苦，有大补元气、生津安神、益气健体的作用，生长于吉林长白山脉、辽宁、黑龙江、河北、山西、湖北等地，其中，以吉林长白山产的人参质量和功效最佳。

2. 当归

当归为多年生草本植物，有补血活血、调经止痛、润肠通便的作用，对贫血萎黄、眩晕心悸、虚寒腹痛、肠燥便秘、风湿痹痛、跌打损伤、月经不调等病症有治疗作用。中医称当归为“女科之圣药”。当归主产于甘肃省服县、宕昌县等地，陕西、四川、宁夏、贵州、云南、湖北恩施等地也有出产。

3. 田七（三七）

田七是典型的阴生植物，生长发育的光照条件大致为三成透光七成遮阴，以根及根状茎入药，是名贵中药材，生用可止血化瘀、消肿止痛，是“伤科要药”。田七为云南白药的主要成分，其花、叶也能入药，当茶饮，具有润口、止渴、降血压、降血糖、降血脂等疗效，产地分布在云南、广西、贵州、四川等省区，以云南文山壮族苗族自治州和广西靖西县、那坡县和德保县所产的田七质量为好。

4. 甘草

甘草为豆科多年生草本植物，有补脾益气、调和诸药、止咳祛痰、清热解毒、缓急止痛的作用，可用于治疗脾胃虚弱、倦怠乏力、心悸气短、咳嗽痰多、痈肿疮毒，并有缓解药物毒性和烈性等功效。甘草主产地有甘肃省的河西走廊、内蒙古、新疆、宁夏、陕西、山西、河北及东北三省等。

5. 黄连

黄连又称川连、鸡爪黄连等，有清热燥湿、泻火解毒的作用，可用于治疗湿热、呕吐吞酸、泻痢、黄疸、高热神昏、心烦不寐、血热吐衄、目赤牙痛、痈肿疔疮等，还能外治湿疹、湿疮、耳道流脓等。黄连主产于四川、重庆、湖北三省市，贵州、陕西亦有产，其中，以重庆市石柱县和湖北省来凤县等地产量最大，重庆市石柱县更被称为我国“黄连之乡”，四川的巫溪、城口及湖北房县等地产的黄连质量也较佳。

（六）嗜好作物——烟叶

烟叶原产于南美洲，我国南北各省区广为栽培。烟叶是我国经济作物中一项重要的农产品，是卷烟生产的主要原料，也是我国出口的大宗农产品之一。我国烟叶生产主要集中在云南、河南、贵州、山东等地。

（七）热带特有作物——木薯

木薯原产于美洲热带地区，全世界热带地区广为栽培，其块根可食，可磨木薯粉、做面包、提供木薯淀粉和浆洗用淀粉乃至酒精饮料。近几年来，木薯用于生产生物能源乙醇，成本比玉米和甘蔗低很多，作为可再生生物能源的原料，其前景被看好。我国木薯种植主要集中在广西、广东、海南、云南、福建五省区，其中，广西的木薯产量位居全国第一。目前，我国初步形成了琼西—粤西、桂南—桂东—粤中、桂西—滇南、粤东—闽西南4个木薯种植优势区。

三、我国经济作物产品物流发展

（一）搭建起较为完善的棉花专业供应链

随着国际棉商对我国棉花市场介入程度的不断加深，棉花已成为继大豆之后又一个国内外经营主体直接竞争的大宗农产品，棉花市场上的国际竞争将逐步加剧，行业内的优势企业将担负起整合国内市场、利用国内国际资源与国际棉商进行竞争，保障我国棉花安全、振兴民族棉花产业的重任。

（二）放开食油市场和价格，促进油料加工产品的生产发展和流通改革

我国农业和粮油产业的市场化才刚刚起步，空间极大，如中国粮食加工行业还比较落后，主要的原因是政策性干预较多，价格机制还没有完全符合市场经济的要求，这也是加工企业普遍亏损的重要原因。因此，食用油流通政策不应该把着眼点放在油料收储环节，而应该重视加工环节。

（三）放开食糖经营，促进糖料作物发展

一是尽快启动糖业立法；二是优化食糖管理体制；三是严格管控食糖进口；四是大力打击食糖走私；五是夯实糖业发展基础；六是尽快实施糖料目标价格管理；七是综合施策，支持糖业发展。

（四）对鲜活农产品运输实行“绿色通道”政策

2008 年 10 月召开的党的十七届三中全会，在《关于推进农村改革发展若干重大问题的决定》中进一步提出了“发展农产品现代流通方式，减免运销环节收费，长期实行绿色通道政策，加快形成流通成本低、运行效率高的农产品营销网络”。“绿色通道”的实施，大大推进了鲜活农产品的商流与物流。

2010 年我国又发布《关于进一步完善鲜活农产品运输绿色通道政策的紧急通知》，从扩大鲜活农产品运输“绿色通道”网络、增加鲜活农产品品种、细化“整车合法装载”的认定标准、加强和规范检测工作、健全监督工作机制 5 个方面进行完善。“绿色通道”政策从 2010 年发布到现在，大大提高了流通效率，降低了流通成本，更好地促进了鲜活农产品的流通。

案例分析

广西、云南是我国最大的糖料蔗生产基地，其种植面积和产量均占全国糖料蔗种植面积和产量的 80% 以上，糖业也是两省区重要的支柱产业和农民收入的重要渠道。近年来，受生产条件差、良种研发滞后、品种单一、机械化推进缓慢、灌溉率低、化肥使用不当、运输成本高、人工成本增长较快以及国内外价格波动等多种因素影响，糖料蔗种植效益下滑，市场竞争力下降，糖业发展和蔗农增收受到影响。为此，必须进一步支持糖料蔗主产区改善生产条件，加快良种培育，推进全程机械化，辐射带动其他区域发展，不断提升糖料蔗综合生产能力，促进国内蔗糖产业持续、健康发展和蔗农增收。

任务总结

经济作物又称工业原料作物、技术作物，是具有某种特定经济用途的农作物。广义的经济作物还包括蔬菜、瓜果、花卉等园艺作物。经济作物按其用途分为纤维作物（棉花、麻类、蚕桑）、油料作物（花生、大豆、油菜、芝麻、向日葵、油棕等）、糖料作物（甘蔗、甜菜）、饮料作物（茶叶、椰子、咖啡）、药用作物（人参、当归、田七、甘草、黄连、贝母等）、嗜好作物（烟叶）及热带特有作物（木薯、剑麻）。经济作物通常具有地域性强、经济价值高、技术要求高、商品率高等特点，对自然条件要求比较严格，便于集中进行专门化生产，因此，分布上各有特色。

分组讨论

1. 我国纤维作物、油料作物、糖料作物的分布区域。
2. 我国经济作物的物流现状。

业务技能训练四

当地茶叶市场某类茶叶产地及物流现状调研

1. 实训背景资料

《中国农村统计年鉴 2017》《中国茶业年鉴（2013—2016)》。

2. 实训目标

学生能够根据调研数据和所查资料进行分类整理，分析茶叶市场某类茶叶产地和物流情况。

3. 实训准备

（1）全班学生分组，每组成员控制在 3 ~ 5 人（每组选择不同的茶叶种类)。

（2）以组为单位进行资料收集。

（3）教师进行现场指导，体现以学生为主体的教学特色。

4. 实训步骤

（1）收集某类茶叶的产地和物流资料。

（2）制订实地调研和资料收集方案。

（3）实地调研。

（4）撰写某类茶叶的产地和物流情况的调研报告。

5. 实训效果评价（见表1－10）

表1－10 **经济作物区域地理实训效果评价**

考评内容	考评标准	分值（分）	自我评价（分）	小组评价（分）	教师评价（分）	实际得分（分）
实训完成情况	调研方案制订适宜	10				
	组员分工合理	10				
	收集资料丰富	10				
	调查报告分析翔实、观点明确	50				
其他	态度积极、遵守纪律、有团队协作精神	20				
合计		100				

注：实际得分＝自我评价×20%＋小组评价×30%＋教师评价×50%。

知识拓展

《全国大宗油料作物生产发展规划（2016—2020年）》

《糖料蔗主产区生产发展规划（2015—2020年）》

《中国茶叶产业“十三五”发展规划》

《中药材保护和发展规划（2015—2020年）》

任务五　林业产品区域地理

案例引入

我国影响森林经营的制约因素

进入21世纪以来，林业实施以生态建设为主的发展战略，林业发展步入以生态建设为主的新阶段。我国提出了“严格保护，积极发展，科学经营，持续利用”方针，先后启动实施了天然林保护、退耕还林、京津风沙源治理等林业重点工程，中央财政先后建立了森林生态效益补偿、林木良种、造林、森林抚育等补贴制度，森林经营重点逐步向以森林管护、森林培育为主转移，森林资源总量持续增加。但森林经营仍是林业建设的短板，林地生产潜力远未发挥出来，林地生产力和产出率低、效益不高的问题依然突出。从我国森林经营现状来看，全面科学持续推进森林经营，还存在6个方面的制约因素，需要着力解决。

●造林绿化空间有限，抚育经营严重滞后

一方面，通过实施林业重点工程大规模推进造林绿化，全国容易造林的地方越来越少，造林难度越来越大，成本越来越高，推进越来越难。我国土地资源有限，通过扩大造林面积增加森林资源的空间不足。另一方面，林业建设长期以来“重两头轻中间”，导致过密过疏林分多、密度适宜林分少，纯林多、混交林少，森林结构不合理、质量差，生态功能低。全国现有大面积的中幼龄林抚育严重滞后、历史欠账多，急需加大抚育经营力度，释放林木生长空间。但是，通过森林经营调整优化森林结构、提升森林质量是一个长期过程，短期难以奏效。

●地方政府短期行为严重，经营主体经营意识不强

长期以来一直没有编制执行指导全国和各地的森林经营中长期规划，一些地方短期经营行为严重，甚至存在以低效林改造名义将天然林改造为人工林、毁林造林、破坏森林资源的现象，导致森林生态系统严重退化，给林业建设造成了不利影响。经营主体权责利不清晰，认识不到位，自觉经营、自主经营的意愿不强，积极性不高，“望天长”的现象比较普遍。

●森林经营资金投入不足，政策扶持不到位

中央财政森林抚育补贴规模小、标准低、范围窄，每年安排的森林抚育补贴面积只有350多万公顷，远不能满足全国急需的中幼龄林抚育任务需要。绝大多数地方财政森林抚育补贴政策缺失。除了少数经济发达地区能出台支持政策，大部分地区由于地方财政困难，难以落实配套资金。林业投融资体制改革推进缓慢，社会资本和各种社会主体参与森林经营的机制尚未建立。山区林区经济发展落后，林区职工和林农经济困难，大多无力筹措森林抚育等生产经营资金。森林采伐管理、公益林管理等相关政策与森林抚育经营生产实践不相适应。

●林道等基础设施落后，森林经营条件差效率低

林区道路等营林基础设施建设严重落后，林区路网、森林经营作业道密度低、等级差。目前，全国林区道路网密度平均每公顷只有1.8米，处于较低水平。奥地利、德国的林区道路网密度达到89～100米，美国、澳大利亚、英国等国达到10～30米。德国、日本、美国等发达国家各级政府投入林道等基础设施建设的资金比例达到60%～80%，而我国尚没有专门的资金投入渠道。先进森林经营技术和营林机械设备难以有效推广，经营装备落后、作业工具简单，营林生产作业条件差、成本高、效率低，严重制约了森林经营活动的正常开展和防火防虫应急反应能力。

●专业人才队伍匮乏，森林经营科技支撑不足

森林经营科研、教学、生产等领域专业人才缺乏，各级林业部门特别是基层单位森林经营人才队伍严重断档，专业化队伍建设滞后，难以将先进的森林经营理念和技术有效转变为现实生产力。森林经营数表图表资料缺乏，林地立地质量评价等基础研究薄弱，困难立地造林、低效林改造、森林作业法体系等关键技术研究滞后，尚未建立符合中国国情林情的森林经营理论与技术体系。森林经营实用科研成果转化率、普及率低，技术储备不足，与推进森林多功能经营等先进经营理念、技术要求不相适应。

●森林采伐利用不合理，经营方式简单粗放

长期以来森林经营一直“重两头轻中间”，重视造林绿化增加森林面积和采伐利用木材，忽视森林抚育这个关键环节，可持续经营、多功能经营等科学经营理念尚未牢固树立。一些地方借抚育之名行取材之实、“拔大毛”的思想还很严重。森林采伐利用仍以轮伐、皆伐等为主，经营方式简单粗放；甚至对未成熟林分采取主伐作业，采大留小、采好留坏、急功近利。第八次全国森林资源清查结果表明，全国森林采伐消耗蓄积的64%来自中幼龄林，中幼龄林超强度采伐作业的面积比例高达45%，严重影响了森林的正常生长和质量提升。

资料来源：《全国森林经营规划（2016—2050年）》。

问题：我国森林经营存在哪些制约因素？对此你有何建议？

知识准备

一、我国森林分布

第八次全国森林资源清查（2009—2013年）的结果显示，我国森林面积有22879.17万公顷，森林覆盖率为21.63%，活立木总蓄积为164.32亿立方米，森林蓄积为151.37亿立方米。我国森林面积居世界第五位，森林蓄积列居世界第六位，人工林面积高居世界首位。森林资源变化呈现以下特点：森林面积持续增长，森林蓄积稳步增加，森林质量有所改善，林种结构渐趋合理，非公有制林业成效凸显，以生态建设为主的林业发展战略已初见成效，林业发展后劲较大。可见，我国森林资源呈现出总量持续增加、质量不断提高、结构不断优化的良好发展态势。

森林资源的特点：①再生性。森林本身具有生产能力，是可以更新的资源，如能合理经营利用，可实现森林资源的永续利用。②对自然条件的依赖性比较大。在自然因素的变化中构成森林生产力，森林每年的生长量在原有活立木蓄积量的基础上增长。

③森林一经采伐，其生产力的提高或衰减取决于森林经营的集约程度。④具有保持生态平衡、保护和美化环境、涵养水源、防风固沙、保持水土等多种效益。⑤可利用程度不同。森林分布在广阔的地域上，由于地形、地势、结构、交通运输等条件不同而形成不同的开发利用程度。

我国森林的地区分布很不平衡，呈现出东南部多、西北部少的特点。从省（区、市）来看，森林覆盖率最高的是福建（65.95%），最低的是新疆（4.24%）；森林资源最丰富的是内蒙古，最少的是上海。森林面积前十位占了全国总面积的64.1%，分别为内蒙古、黑龙江、云南、四川、西藏、广西、湖南、江西、广东、陕西。

前沿聚焦

《京津冀协同发展林业生态建设规划（2016—2020年）》通过评审

近日，国家林业局计财司组织召开专家评审会，审议规划院编制的《京津冀协同发展林业生态建设规划（2016—2020年）》。专家组认为，该规划将京津冀林业生态建设划分为京津保核心生态屏障圈、京北高原生态防护区、燕山—太行山水源涵养区、蒙辽防风固沙区、低平原生态修复区和沿海生态防护区6个区域，构建了“一圈五区”的生态安全格局，并对重点生态区域生态建设、水源涵养林和防风固沙林建设、沿海基干生态带建设等重点任务进行了布局，充分反映了京津冀协同发展对林业生态建设的实际需求，是今后一个时期指导区域林业生态建设的重要文件。该规划指导思想明确，总体布局合理，目标切实可行，建设重点突出，保障措施有力，具有科学性、创新性和可操作性。专家组一致同意通过评审。

资料来源：中国林业网，2016－06－01，http：//www. forestry. gov. cn。

资料链接

我国林业“十三五”发展目标与发展格局

“十三五”时期，我国林业要加快推进功能多样化、经营科学化、管理信息化、装备机械化、服务优质化，为到2050年基本实现林业现代化奠定坚实基础。到2020年，我国林业发展的目标和布局如下：

●主要目标

○国土生态安全屏障更加稳固

林业生产力布局进一步优化，生态承载力明显提升，生态环境质量总体改善，生态安全屏障基本形成。天然林、湿地、重点生物物种资源得到全面保护，森林覆盖率提高到23.04%，森林蓄积量增加14亿立方米，湿地保有量稳定在8亿亩，林业自然保护地占国土面积稳定在17%以上，新增沙化土地治理面积1000万公顷。

〇林业生态公共服务更趋完善

绿色惠民、公平共享、服务水平不断增强，优质生态产品和林产品更加丰富。森林年生态服务价值达到15万亿元，林业年旅游休闲康养人数力争突破25亿人次，国家森林城市达到200个以上，人居生态环境显著改善。生态文化更加繁荣，生态文明理念深入人心。

〇林业民生保障更为有力

林业产业转型升级，林业职工和林农收入不断提高，生产生活条件逐步改善，吸纳就业能力不断增强，国内木材储备供应能力显著提高，林业产业总产值达到8.7万亿元，生态补偿脱贫一批。

〇林业治理能力明显提升

林业改革稳步推进，国有林区、国有林场成为绿化国土和林业建设的主力军，集体林业活力进一步释放，科技创新和依法治林进一步增强，基础设施和装备条件进一步改善，人才队伍进一步优化，林业制度体系更加健全。

●发展格局

以国家“两屏三带”生态安全战略格局为基础，以服务京津冀协同发展、长江经济带建设、“一带一路”建设三大战略为重点，综合考虑林业发展条件、发展需求等因素，按照山水林田湖生命共同体的要求，优化林业生产力布局，以森林为主体，系统配置森林、湿地、沙区植被、野生动植物栖息地等生态空间，引导林业产业区域集聚、转型升级，加快构建“一圈三区五带”的林业发展新格局。“一圈”为京津冀生态协同圈，打造京津保核心区并辐射到太行山、燕山和渤海湾的大都市型生态协同发展区，增强城市群生态承载力，改善人居环境，提升国际形象。“三区”为东北生态保育区、青藏生态屏障区、南方经营修复区，作为我国国土生态安全的主体，它们是全面保护天然林、湿地和重要物种的重要阵地，也是保障重点地区生态安全和木材安全的战略基地。“五带”为北方防沙带、丝绸之路生态防护带、长江（经济带）生态涵养带、黄土高原—川滇生态修复带、沿海防护减灾带，作为我国国土生态安全的重要骨架，它们是改善沿边、沿江、沿路、沿山、沿海自然环境的生态走廊，也是扩大生态空间、提高区域生态承载力的绿色长城。

资料来源：《林业发展“十三五”规划》。

二、我国用材林分布

用材林提供常用的林产品，主要包括原木、锯木、胶合板、木制纸浆等。我国用材林的主要自然分布区如下：

（一）东北地区

包括黑龙江、吉林和内蒙古东北部的大兴安岭林区及呼伦贝尔市东部地区。以国有林为主，分布有以东北落叶松为主的寒温带针叶林及以红松和阔叶混交林为主的温带针叶阔叶混交林。东北地区林地面积达3094万公顷，占全国的29.6%；林木蓄积28.9亿立方米，占全国的32%；森林覆盖率为37.6%。该地区人均林地面积0.56公顷，人均蓄积51.9立方米，为全国之首。该地区为我国最大的林业生产基地，每年承担全国木材生产任务的1/3以上。

（二）西南地区

包括四川、云南、甘肃的白龙江林区、西藏东部的昌都和拉萨地区等，大多地处江河流域的上游。该地区以国有林为主，原始林较集中，分布有以云杉、冷杉为主的暗针叶林及云南松林、思茅松林、四川中南部的竹林等。在其南部还分布有热带、亚热带常绿阔叶林。西南地区有林地面积2245万公顷，占全国总面积的19.5%；杯木蓄积35.8亿立方米，占全国的39.7%；森林覆盖率为28.3%。该地区人均林地面积0.17公顷，人均蓄积27.4立方米。

（三）东南、华南丘陵山地

包括浙江、安徽、福建、江西、湖南、广东、广西等省区。该地区主要有马尾松、杉木及多种阔叶树组成的常绿阔叶林和落叶阔叶林，还有多种经济林和竹林。竹林生产集中分布在广西、广东、湖南、湖北、江西、浙江、福建等省区。该区域有林地面积3316万公顷，占全国的28.8%；有林木蓄积12.5亿立方米，占全国的13.8%；森林覆盖率为27.9%。该地区是重要的林业生产基地，但由于人口稠密，全区人均林地面积仅为0.12公顷，与全国平均水平相当；人均蓄积4.4立方米，不足全国平均数的一半。

（四）华北、中原及长江、黄河下游地区

包括北京、天津、上海、河北、河南、山东、江苏等省市。该地区有林地面积451万公顷，占全国的3.9%；有林地蓄积0.7亿立方米，只占全国的0.75%；森林覆盖率为7%。全地区人均林地面积0.02公顷，人均蓄积0.24立方米。

（五）北干旱、半干旱地区

包括新疆、青海、宁夏、甘肃的西部和北部，以及内蒙古和西藏的中部、西部。除阿尔泰山西南坡、天山、祁连山、贺兰山北坡有集中成片针叶林和落叶阔叶林外，绝大部分地区年降水量低于400毫米，乔木林难以生长。该地区是我国森林资源最少的地区，土地面积占全国近一半，仅有林地面积722万公顷，占全国的6.2%；有林木蓄积约4亿立方米，

占全国的4.5%；森林覆盖率为1.4%。人均林地面积0.13公顷，人均蓄积7.2立方米。

我国用材林产品的商流与物流特点，是林产品从主要产地东北林区、西南林区和东南、华南林区流向非林主产地而又急需林产品的华北、中原及长江、黄河下游地区。国内大批量、长距离的林产品商流与物流以铁路火车运输为主，本地区或距离不很远、小批量的一般用公路汽车运输。1998年全国遇到大洪灾以后，我国强调退耕还林、保护生态系统、严禁滥伐，鼓励多利用国外林产品资源，开始大量从国际上采购林产品，从国外购买林产品的商流与物流多用海运或铁路运输。

三、我国经济林分布

（一）果树类

1. 苹果

苹果是我国最主要的大宗水果之一。我国苹果的总产量约占世界苹果总产量的1/3，苹果生产集中分布在陕西、山西、山东半岛、辽东半岛、河北、北京、天津、苏北、皖北、新疆、四川、贵州等地区。我国的苹果品种很多，主要有富士、国光、红星、红玉、红香蕉、黄香蕉、青香蕉、甜香蕉、丹霞、葵花、胜利、赤阳、秋锦、秀水等。

2. 梨子

梨是我国最主要的大宗水果之一，生产集中分布在河北、安徽、山东、江苏、北京、天津、辽宁、山西、陕西、甘肃、云南、四川、新疆等地。著名的有河北鸭梨、山东莱阳梨、北京京北梨、安徽砀山梨、新疆香梨等。

3. 柑橘

柑橘的生产集中分布在广西、广东、湖南、湖北、江西、浙江、福建、重庆、四川等地。著名的有广东潮州椪柑和蕉柑，广东新会甜橙，浙江黄岩蜜橘，四川红橘和锦橙，湖南邵阳蜜橘、金橘，广西沙田柚子、金橘，江西南丰蜜橘等。

4. 葡萄

葡萄的生产集中分布在山东、河北、辽宁、河南、新疆、北京等地。全世界有8000多个品种，我国有500多个品种，著名的有巨峰、先锋、京亚、藤稔、泽香、红地球、乍娜等。

5. 桃子

桃子的生产主要分布在北京、山东、河北、河南、浙江、江苏、陕西、甘肃、新疆等地。著名的有北京和河北的水蜜桃、山东肥城的佛桃、浙江的王露桃等。

6. 香蕉

香蕉的生产集中分布在广西、广东、福建、海南、云南、四川、台湾等省区。以广西南宁的金陵、坛洛和钦州浦北县及广东的中山、高州、化州产量最大。

7. 龙眼（桂圆）

龙眼为果中佳品，加工后成中药桂圆肉，有较好的温补作用。其生产集中分布在广西、广东、福建、海南、云南、四川等省区。以广西和福建的产量最多，品质最好。

8. 荔枝

荔枝自古就被视为水果珍品，生产集中分布在广西、广东、福建、海南、四川、台湾等省区。以广西的灵山县和广东的增城市产量最多，品质最好。

9. 菠萝

菠萝的生产集中分布在广西、广东、海南、福建、云南和贵州南部、台湾等地。以“两广”和海南省区产量为多。

（二）香料类

1. 八角（茴香、大料）

八角是八角树的果实，颜色紫褐，呈八角，形状似星，有甜味和强烈的芳香气味，为常用调料，能除肉中臭气，使之添香，是制作冷菜及炖、焖菜肴不可缺少的调味品。其作用为其他香料所不及，也是加工五香粉的主要原料。其叶、果可蒸制芳香油，称为八角茴香油，是制造甜香酒、啤酒等的食品工业原料，也是制造牙膏、香皂、香水、化妆品的重要原料，还是合成雌激素己烷雌酚的原料。八角是我国的特产，主要产于广西、云南、福建南部、广东西部。广西八角产量占全国的85%以上。我国八角出口量占世界市场的80%以上。

2. 花椒（川椒、秦椒）

花椒分布于我国华北、华中和华南，以四川汶川、陕西韩城及合阳、河南伏牛山、河北太行山、山东、山西等地栽培较为集中。其具有芳香健胃、除湿止痛、杀虫解毒、止痒解腥的功效，可除各种肉类的腥气，能促进唾液分泌，增强食欲。

3. 胡椒

胡椒原产于印度西南海岸的热带雨林。我国于1951年成功从马来西亚引种于海南。1956年后，广东、云南、广西、福建等省区也陆续引种，栽培地区已扩大到北纬25°。胡椒可用来制作香料，可防腐、调味，入药有镇静、散寒、健胃、止痫、消炎、解毒等功效，主治风寒感冒、脘腹冷痛、呕吐腹泻、食欲缺乏等症。

4. 孜然（安息茴香）

孜然是制作咖喱粉的重要原料。印度是世界第一孜然种植大国。新疆是我国孜然的唯一产区，主要产地在巴音郭楞蒙古自治州、吐鲁番、阿克苏等地。孜然为重要的调味品，其气味芳香而浓烈，适宜牛、羊肉类的烹调，可理气开胃、祛风止痛。

（三）其他类

1. 天然橡胶

橡胶属热带雨林乔木，种植地域基本分布于南、北纬15°以内，主要应用于轮胎、胶带、胶管、电线电缆和多数橡胶制品，应用很广。天然橡胶在我国集中分布在海南、广东、云南等地，以海南省产量最多。

2. 油桐树

油桐树是我国特有树种，其性喜温暖湿润，怕干寒，主要分布在长江和珠江流域各省区低山丘陵地带。其中，四川、湖南、贵州、湖北、广西为我国五大桐油产区。其果仁制作的桐油是最好的平性油，具有耐热、耐酸碱、防潮、防腐、防锈等优良性能，用途极为广泛。

我国经济林产品的物流特点是从主产地流向非主产地，从山区和农村流向大中城市消费地。国内一般用公路汽车运输，部分产品商流物流到国际市场的用集装箱汽车运输再转海运。

四、我国防护林分布

防护林是利用森林的防护、绿化、净化、防风固沙、水土保持、涵养水源等功能，以防御自然灾害、维护基础设施、保护生产、改善环境和维持生态平衡等为主要目的的森林群落。根据防护目的和效能，防护林可分为水源涵养林、水土保持林、防风固沙林、农田牧场防护林、护路林、护岸林、海防林、环境保护林等。防护林一般有人工营造和由天然林中划定的（如水源涵养林、水土保持林）两类，严禁砍伐和破坏。营造防护林时必须根据“因地制宜、因需设防”的原则。在我国，由于“三北地区”（东北西部、华北北部、西北一带）风沙危害和水土流失都很严重而建设的大型防护林体系，称为“三北”防护林，它是一项规模大、范围广的国家重点建设工程，包括12个省、市、区的396个县、旗，东西绵延7000多千米，有“绿色万里长城”之称。它对于恢复“三北”地区的自然生态平衡、减缓风沙和水土流失的严重威胁、缓解能源短缺、保障工农业生产和经济建设等，具有十分重要的作用。

案例分析

进入21世纪以来，林业实施以生态建设为主的发展战略，林业发展步入以生态建设为主的新阶段，但森林经营仍是林业建设的短板，林地生产潜力远未发挥出来，林地生产力和产出率低、效益不高的问题依然突出。根据案例分析，从我国森林经营的现状来看，抚育经营严重滞后、经营主体经营意识不强、资金政策扶持不到位、森林经营条件差、从业人才队伍匮乏、森林采伐利用不合理6个方面，严重制约了森林的可持续经营。因此，要以森林经营理论为指导，尊重林业自然规律和经济规律，分类经营，分区施策，创新政策和管理机制，完善科技支撑体系，加强基础能力建设，全面提升森林经营水平，促进培育健康稳定优质高效的森林生态系统，增强森林的供给、调节、服务、支持等功能，持续获取森林生态产品，为建设生态文明和美丽中国、实现中华民族永续发展创造更好的生态条件做出积极贡献。

任务总结

我国森林的地区分布很不平衡，东南部多，西北部少。从省（自治区）来看，森林覆盖率最高的是福建（65.95%），最低的是新疆（4.24%）；森林资源最丰富的是内蒙古，最少的是上海。我国森林面积前十位占了全国总面积的64.1%，分别为内蒙古、黑龙江、云南、四川、西藏、广西、湖南、江西、广东、陕西。

用材林提供常用的林产品，主要包括原木、锯木、胶合板、木制纸浆等。我国用材林主要分布在东北地区、西南地区、东南—华南丘陵山地、华北—中原及长江—黄河下游地区、北干旱—半干旱地区5个自然分布区。经济林主要分布在云南、贵州、山西、陕西、山东、河北、重庆、湖北、河南、湖南等地。防护林是利用森林的防护、绿化、净化、防风固沙、水土保持、涵养水源等功能，以防御自然灾害、维护基础设施、保护生产、改善环境和维持生态平衡等为主要目的的森林群落。根据防护目的和效能，防护林可分为水源涵养林、水土保持林、防风固沙林、农田牧场防护林、护路林、护岸林、海防林、环境保护林等。我国规模大、范围广的国家重点建设工程是“三北地区”（东北西部、华北北部、西北一带）的“三北”防护林，它是因风沙危害和水土流失都很严重而建设的大型防护林体系。

分组讨论

1. 我国森林的分布。
2. 我国用材林的分布。
3. 我国经济林的分布。

业务技能训练五

我国某类林业产品区域分布调研

1. 实训背景资料

《中国统计年鉴（2012—2017）》。

2. 实训目标

学会统计数据的收集与分析，了解我国某类林业产品近5年的分布情况。

3. 实训准备

（1）全班学生随机分组，每组成员控制在3～5人（每组选择不同类林产品）。

（2）能够上网的机房或多媒体教室、签字笔、A4纸、相机。

4. 实训步骤

（1）利用图书馆、网络收集有关统计年鉴的资料。

（2）各小组对收集的资料进行分类、汇总。

（3）小组讨论，结合技能训练背景资料，分析我国近5年某类林业产品分布区域变化。

（4）各小组选派一名代表分析我国近5年某类林业产品分布区域变化，其他小组参与评价。

（5）教师点评各小组建议内容，给出修改建议。

（6）根据小组评价和修改建议，完成分析报告。

（7）各小组分析报告以Word文档和PPT两种形式提交。

5. 实训效果评价（见表1－11）

表1－11　　林业产品区域地理实训效果评价

考评内容	考评标准	分值（分）	自我评价（分）	小组评价（分）	教师评价（分）	实际得分（分）
实训完成情况	讨论过程成员的参与程度	10				
	资料丰富	20				
	分析方案规范、区域分布正确	50				
其他	态度积极、遵守纪律、有团队协作精神	20				
合计		100				

注：实际得分＝自我评价×20%＋小组评价×30%＋教师评价×50%。

知识拓展

《全国优势特色经济林发展布局规划（2013—2020年）》

《全国森林经营规划（2016—2050年）》

《林业发展“十三五”规划》

思考练习题

一、选择题

1. 下列属于农产品的是(　　)。

A. 小麦　　B. 百合　　C. 汇源果汁　　D. 方便面

2. 农业属于(　　)。

A. 第一产业　　B. 第二产业　　C. 第三产业　　D. 第四产业

3. 中国水稻优势区分为(　　)。

A. 东北平原水稻优势区　　B. 黄河流域水稻优势区

C. 东南沿海水稻优势区　　D. 长江流域水稻优势区

4. (　　)既是中国第三大粮食作物，又是重要的饲料和工业原料。

A. 小麦　　B. 稻谷　　C. 大豆　　D. 玉米

5. 下列属于纤维作物，是纺织工业的原料的是(　　)。

A. 棉花　　B. 小麦　　C. 蚕茧　　D. 麻类

6. 我国栽培的油料作物种类繁多，下列属于油料作物的是(　　)。

A. 棉花　　B. 油菜　　C. 花生　　D. 棉籽

7. 我国糖料作物的生产特点是“南蔗北菜”，即南方种植甘蔗，北方种植甜菜，其中，以(　　)生产规模最大。

A. 棉花　　B. 油菜　　C. 甘蔗　　D. 甜菜

8. 桑蚕发展离不开桑树，桑树喜温湿，对土壤适应性较强，在我国分布较广，但最适合的种植区域是亚热带地区，集中分布在太湖流域、四川盆地和珠江流域。(　　)是我国最大的养蚕基地，产量大，质量全国第一。

A. 长江流域　　B. 四川盆地　　C. 珠江流域　　D. 太湖流域

9. 柞蚕又称野蚕，以野生的柞树、青冈栎等杂木的嫩叶为食物源，是我国以野外放养形式经营的特种蚕。由于经营粗放，柞蚕茧产量不大，辽东半岛、山东半岛和南伏牛山地区是我国三大柞蚕产地，以(　　)生产规模最大。

A. 辽东半岛　　B. 南伏牛山地区　　C. 山东半岛　　D. 太湖流域

10. (　　)是我国20世纪70年代从国外引进的，故又称洋麻。

A. 黄麻　　B. 红麻　　C. 苎麻　　D. 亚麻

11. (　　)是中国特产，在国际上有“中国草”之称。

A. 黄麻　　B. 红麻　　C. 苎麻　　D. 亚麻

12. 天然橡胶属热带雨林乔木，种植地域基本分布于南、北纬15°以内，主要应用于轮胎、胶带、胶管、电线电缆和多数橡胶制品，是应用最广的橡胶。我国生产集中分布在海南、广东、云南，以(　　)产量最多。

A. 海南　　B. 广东　　C. 云南　　D. 新疆

13. 用材林分布区域中，林木蓄积最小的是(　　)。

A. 西南地区

B. 东南、华南丘陵山地

C. 华北、中原及长江、黄河下游地区

D. 西北干旱、半干旱地区

14. 八角是中国特产，其中，(　　)八角产量占到全国的85%以上。

A. 云南　　B. 福建　　C. 广东　　D. 广西

15. 印度是世界第一孜然种植大国，(　　)是中国的唯一孜然产区。

A. 云南　　B. 新疆　　C. 广东　　D. 广西

二、判断题

1. 农产品是指来源于农业的初级产品，所以农业生产特点决定了农产品生产的特殊性。(　　)

2. 农产品是指来源于农业的初级产品，如南瓜和南瓜糖等。(　　)

3. 我国糖料作物的生产特点是“南蔗北菜”，即南方种植甘蔗，北方种植甜菜，其中，以甜菜生产规模最大。(　　)

4. 按其对温度适应性的大小，稻谷可分为水稻与旱稻两类。(　　)

5. 按其栽培制度的不同，稻谷可分为单季稻和双季稻等。(　　)

6. 按其品质的差异，稻谷可分为籼稻、粳稻和糯稻。(　　)

7. 按其栽培制度，稻谷可分为早稻、中稻和晚稻。(　　)

8. 双季稻是在同一块稻田里，一年中种植和收获两季水稻的一种稻作制度。(　　)

9. 小麦是越冬作物，是冬收作物。(　　)

10. 我国栽培的油料作物种类繁多，其中，花生、油桐、芝麻、大豆、棉花等生产规模大，产品率高，统称五大油类作物。(　　)

三、名词解释

1. 农业　2. 农产品　3. 经济作物　4. 五大油类作物　5. 用材林

四、简答题

1. 农业生产有哪些特点？

2. 农产品有哪些产品特点？

3. 我国稻谷产区分布区有哪些？

4. 我国小麦如何分区？

5. 经济作物有哪些生产特点？

五、资料题

全国西瓜甜瓜产业布局

西瓜甜瓜在我国果蔬生产和消费中占据重要地位，不仅是带动农民就业增收的高效园艺作物，也是满足城乡居民生活需求的重要时令水果。改革开放以来，我国西瓜甜瓜产业获得长足发展，已成为西瓜甜瓜生产与消费第一大国。目前，我国西瓜甜瓜播种面积已超过麻类、糖料、烟叶、药材等传统经济作物，约占种植业总播种面积的1.5%，其产值约为种植业总产值的6%，在部分主产区达到20%以上。虽然中国西瓜甜瓜产业发展迅速，但仍然存在品质不稳定、产销不平衡等突出问题，在不同程度上制约西瓜甜瓜产业的可持续健康发展。

根据《全国西瓜甜瓜产业发展规划（2015—2020 年）》，确定西瓜甜瓜五大优势区：华南西瓜甜瓜优势区、黄淮海西瓜甜瓜设施栽培优势区、长江流域西瓜甜瓜优势区、西北西瓜甜瓜优势区以及东北西瓜甜瓜优势区，并重点建设西瓜甜瓜产业。

——华南西瓜甜瓜优势区包括广东、广西、海南、福建和西南热区（云南西双版纳和四川攀枝花）。2011 年该区域西瓜甜瓜播种面积 20 万公顷，产量 520 万吨，分别占全国的 9.0% 和 6.3%。主攻方向：以生产反季节冬春西瓜为主，同时发展抗逆性好的优质甜瓜品种，主攻国内高档果品市场；优化品种结构，减少病虫害危害；进一步提高设施化水平，满足市场多元化需求变化；提高产业化程度，塑造地方特色品牌。发展目标：2020 年西瓜甜瓜播种面积稳定在 22 万公顷，优质果率达到 80%。

——黄淮海西瓜甜瓜设施栽培优势区涉及黄河流域、海河流域和淮河流域，主要包括北京、天津、山东三省（市）的全部，以及河北、河南两省的大部。2011 年该区域西瓜甜瓜播种面积 70 万公顷，产量 3400 万吨，分别占全国的 31.9% 和 42.1%。主攻方向：适当控制面积，掌握稳中有降原则，逐步减少中晚熟露地栽培面积，并将部分改成小拱棚半覆盖早熟栽培，使其产品提前上市，以减轻集中上市造成的压力；提高标准化生产水平和组织化、专业化水平，提高农民种植比较效益。发展目标：2020 年西瓜甜瓜播种面积稳定在 80 万公顷，优质果率达到 85%。

——长江流域西瓜甜瓜优势区包括西藏、四川、云南、重庆、湖北、湖南、江西、安徽、江苏、浙江、贵州和上海 12 个省（区、市）。2011 年该区域西瓜甜瓜播种面积 67 万公顷，产量 2000 万吨，分别占全国的 30.4% 和 25.1%。主攻方向：积极发展反季节栽培、设施长季节栽培和异地种瓜等生产方式，延长西瓜甜瓜上市时间，实现周年供应；重点面向大中型城市，开发多样品种，满足多元化需求；全面推进无公害标准化生产，提高产品品质。发展目标：2020 年西瓜甜瓜播种面积稳定在 75 万公顷，优质果率达到 85%。

——西北西瓜甜瓜优势区包括陕西、甘肃、青海、宁夏、新疆和内蒙古西部地区。西北压砂西瓜甜瓜种植有近百年的历史，目前已成为西北干旱地区带动农民脱贫致富增收减灾的新兴绿色产业。2011 年该区域西瓜甜瓜播种面积 35 万公顷，产量 1100 万吨，分别占全国的 15.3% 和 13.6%。主攻方向：改良更新中、老砂地，减轻连作障碍，建设标准化砂田；加强基础设施建设，提高有效灌溉率和水资源利用率；提高技术水平，科学施肥，并进一步筛选培育适合在干旱带种植推广的优良品种；加大压砂西瓜甜瓜产品的宣传和影响，拓宽市场。发展目标：2020 年西瓜甜瓜播种面积稳定在 40 万公顷，优质果率达到 90%。

——东北西瓜甜瓜优势区包括辽宁、吉林、黑龙江和内蒙古呼伦贝尔市、兴安盟、通辽市、赤峰市、锡林郭勒盟（蒙东地区）。2011 年该区域西瓜甜瓜播种面积 17 万公顷，产量 670 万吨，分别占全国的 13.4% 和 12.9%。主攻方向：重点发展特色薄皮甜瓜、西瓜等优质中晚熟品种，加快节水灌溉、抗寒栽培、病虫害综合防治，大力发展设施生产，延长产品货架期；适当增加生产面积，进一步提高西瓜甜瓜单产与质量，提高组织化程度，培育知名品牌。发展目标：2020 年西瓜甜瓜播种面积稳定在 20 万公顷，优质果率达到 85%。

资料来源：《全国西瓜甜瓜产业发展规划（2015—2020 年）》。

问题：根据《全国西瓜甜瓜产业发展规划（2015—2020 年）》，西瓜甜瓜规划出哪五大优势区？各优势区有何特征？

项目二　农产品区域地理——畜禽水产篇

学习目标

知识目标：

1. 掌握生猪、牛、羊等畜产品布局；
2. 了解猪、牛、羊等畜产品物流现状；
3. 掌握禽肉、禽蛋、水产生产、消费与物流区域布局。

技能目标：

能够利用网络资源收集某类农产品生产统计数据，分析农产品生产区域，并根据产品特性、产地和销地情况提出物流布局对策、建议。

任务一　畜肉类产品区域地理

案例引入

我国草食畜牧业发展总体布局

按照依托产业基础、立足发展趋势、统筹资源环境、衔接相关规划的布局原则，“十三五”草食畜牧业总体布局的基本思路：优化发展传统农区和农牧交错区，适度发展北方牧区，保护发展青藏高原牧区，积极发展南方草山草坡地区。

传统农区农作物资源丰富，种养业结合发展基础好。要按照“以畜定草”的原则，优化调整农业结构，逐步建立“粮经饲”三元种植业结构，大力推进“种养结合、农牧循环”的发展模式。积极培育龙头企业、合作社、养殖大户、家庭农牧场等新型经营主体。着力提升畜牧业标准化、规模化、组织化和信息化水平。重点推广标准化养殖综合配套、优质饲草种植与加工、青贮饲料生产、糟渣类饲料贮藏利用、全混合日粮饲喂、精细化分群饲养、规模化集中育肥、废弃物综合处理与资源化利用等技术模式。

农牧交错区饲草料资源丰富，又具备一定放牧条件。要推进粮草兼顾型农业结构调整，挖掘饲草料生产潜力，积极探索“牧繁农育”和“户繁企育”的养殖模式，发挥各经营主体在人力、资本、饲草等方面的优势，实现牧区与农区协调发展，种植户、养殖户与企业多方共赢，重点推广天然草原改良、人工草地建植、优质饲草青贮、全混合日粮饲喂、精细化分群饲养、标准化养殖等技术模式。

北方牧区草场资源丰富，产业基础较好。要围绕“提质、增效、绿色、可持续”的基本方针，引导牧民流转整合草场、牲畜等生产要素，发展家庭农牧场，采用“轮牧＋补饲”的养殖模式走规模化养殖、标准化生产、品牌化经营的产业化发展道路。重点推广天然草原补播、粗饲料加工利用、牧区饲草青贮、划区轮牧、标准化养殖、幼畜早期培育等技术模式。

青藏高原牧区地理位置特殊，生态保护任务艰巨。要以保护草原生态环境为前提，以科学合理利用草地资源为基础，走生态畜牧业的发展道路。通过培育合作社、家庭农牧场等多种经营主体，突出棚圈等基础设施建设，优化配置草场、饲草料地、牲畜等基本生产要素，适度发展高原生态特色畜牧业。重点推广牛羊本品种选育、精料补饲、犊牛全哺乳、藏羊和牦牛育肥、青贮饲料和优质牧草种植等技术模式。

南方草山草坡地区天然草地和农闲田开发潜力大，可利用青绿饲草资源丰富。要大力推广“粮经饲”三元结构种植和标准化规模养殖，推行“公司＋合作社”“公司＋家庭农牧场”的产业化经营模式，因地制宜发展地方优质山羊、肉牛、水牛和兔等产业。要重点推广天然草山草坡改良、混播牧草地建植、高效人工种草、农闲田种草和茴田轮作、南方饲草青贮、南方地区舍饲育肥等技术模式。

资料来源：《全国草食畜牧业发展规划（2016—2020年）》。

问题：我国草食畜牧业发展总体布局中，总体发展思路是什么？

知识准备

一、我国畜牧业发展现状

畜牧业是现代畜牧业和现代农业的重要组成部分。近年来，在市场拉动和政策驱动下，我国畜牧业呈现出加速发展的良好势头，综合生产能力持续提升，标准化规模养殖稳步推进，有效保障了牛羊肉、乳制品等草食畜产品的市场供给。但是，畜牧业生产基础比较薄弱，发展方式相对落后，资源环境约束不断加剧，产业发展面临诸多制约和挑战。

二、我国畜牧业的布局

（一）我国畜牧业区域分布

1. 牧区畜牧业

我国有12个省区的119个县（旗）是牧业地区，这些牧业地区面积约占国土面积的37%。其中，面积较大的有内蒙古、新疆、青海、西藏、甘肃5个省区，天然草场面积占我国草场面积的75%以上。牧区经营的牲畜以绵羊、山羊、牛（包括黄牛、牦牛）、马和骆驼为主。

资料链接

我国五大牧区

（1）内蒙古牧区，草原总面积约88万平方千米，约占全国草场总面积的1/4，适宜放牧各种牲畜。这是我国最大的牧区，优良畜种有三河马、三河牛等。

（2）新疆牧区，在“三山”和“两盆”的周围有大量的优良牧场，天然草场总面积仅次于内蒙古、西藏，居全国第三。优良畜种有新疆细毛羊、阿尔泰大尾羊和伊犁马等。

（3）青海牧区，是我国重要的畜牧业生产基地，有3330多万公顷天然草场，有各类牲畜2300多万头（只），其中，被称为“雪山之舟”的牦牛有500万头，接近全国的一半；绵羊1400多万只，藏系羊所产“西宁毛”驰名中外。主要畜种是牦牛，还出产驰名中外的河曲马。

（4）西藏牧区，全区各类天然草场面积有0.83亿公顷，占全区土地面积的67%，约占全国天然草场面积的26%，是牦牛的主要产区。

（5）甘肃牧区，该区草地面积广，水草质量好，所产河曲马、欧拉羊以品种优良驰名全国。

2. 农区畜牧业

农区畜牧业是指牧区、半农半牧区以外的以农作物栽培为主的地区，该区拥有全国95%以上的农业人口和90%以上的耕地，尤以东北、华北、长江中下游平原、四川盆地和珠江三角洲最为集中，包括河北、山西、江苏、浙江、安徽、福建、江西、山东、河南、湖北、湖南、广东、广西、海南、贵州、云南、陕西、北京、天津及上海20个省市区，以及农牧交错的辽宁、吉林、黑龙江、四川、甘肃、宁夏6个省区的一部分，主要畜禽种类有猪、牛、羊和各种家禽，以舍饲为主，是我国畜产品的主要来源地。

3. 半农半牧区畜牧业

半农半牧区畜牧业是指介于农区和牧区，自然形成的农区和牧区的过渡地带，从大兴安岭斜向内蒙古高原的南侧，连接黄土高原，再斜向康藏高原的东侧。这一地区兼有农区和牧区的某些特点，既有一定的天然草场，又有相当数量的耕地；既放牧较多的牛、羊等牲畜，又饲养一定数量的猪、禽；在收入上，种植业和畜牧业都占有相当比重。

4. 城市郊区畜牧业

城市郊区畜牧业是指伴随城市经济发展，从农区畜牧业分化出来，集约化程度比较高的畜牧业。城市郊区畜牧业主要是为城市提供新鲜的乳、蛋、肉、禽等畜禽产品，一般以饲养奶牛、奶羊、鸡、鸭或养猪为主。

（二）畜肉产品生产区域化布局

经过长期发展，我国逐步形成了一些畜牧业生产优势区域。我国畜牧业生产区域化布局已初步形成，区域化发展的优势正逐步显现。畜牧业产业化组织约占整个农业产业化组织的20%以上，成为农业产业化程度较高的行业。

“十二五”期间，我国生猪生产总量保持稳定。猪肉占肉类总量的64%左右，成为肉类消费的主要来源。目前，我国已形成以长江中下游为中心产区并向南、北两侧逐步扩散的生猪生产带，以中原肉牛带和东北肉牛带为主的肉牛生产带，以西北牧区及中原和西南地区为主的羊肉生产带，以东部省份为主的肉禽生产带和以中原省份为主的蛋禽生产带，以及以东北、华北及京津沪等城市郊区为主的奶业优势生产带。

2016年，我国全年肉类总产量8537.8万吨，比2015年下降1.0%。其中，猪肉产量5299万吨，下降3.4%；牛肉产量717万吨，增长2.4%；羊肉产量459万吨，增长4.2%；禽肉产量1888万吨，增长3.4%。2016年年末生猪存栏43504万头，下降3.6%；生猪出栏68502万头，下降3.3%。2016年我国肉类产品各地区产量分布如表2－1所示。

表2－1　2016年我国肉类产品各地区产量分布

地区	肉类产品（万吨）	占比（%）	地区	肉类产品（万吨）	占比（%）
山东	777.5	9.1	福建	225.6	2.6
河南	697	8.2	重庆	210.8	2.5
四川	696.3	8.2	贵州	199.3	2.3
湖南	529.8	6.2	新疆	161	1.9
河北	457.7	5.4	浙江	118.1	1.4
辽宁	430.9	5.0	陕西	111.7	1.3
湖北	425.2	5.0	甘肃	97.3	1.1

续 表

地区	肉类产品（万吨）	占比（%）	地区	肉类产品（万吨）	占比（%）
广东	415.5	4.9	山西	84.4	1.0
安徽	411.4	4.8	海南	76.3	0.9
广西	411.2	4.8	天津	45.5	0.5
云南	375.6	4.4	青海	36	0.4
江苏	355.6	4.2	宁夏	30.9	0.4
江西	330.9	3.9	北京	30.4	0.4
吉林	260.4	3.1	西藏	27.7	0.3
内蒙古	258.9	3.0	上海	17.4	0.2
黑龙江	231.2	2.7	合计	8537.8	100.0

1. 生猪产业带

生猪生产是农业的重要组成部分，近年来猪肉占整个肉类产量的比重一直稳定在64%左右，是肉类消费的主要来源，是我国城乡居民不可或缺的“菜篮子”产品。长期以来，我国猪肉产量稳居世界第一位，约占世界总量的一半。发展生猪生产，对保障市场供应、增加农民收入、促进经济社会稳定发展，具有重要意义。2016 年我国猪肉前十产区分别为四川、河南、湖南、山东、湖北、云南、河北、广东、广西、安徽，前十产区的猪肉产量占全国猪肉总产量的 64.1%，其中，四川、河南、湖南、山东、云南猪肉产量占全国总产量的四成以上。东北地区由于粮食转化潜力大，正在形成养猪新区。

资料链接

《全国生猪生产发展规划（2016—2020 年）》，综合考虑环境承载能力及各地生产发展基础、环境承载能力、资源禀赋、消费偏好和屠宰加工等因素，将全国划分为重点发展区、约束发展区、潜力增长区和适度发展区 4 个区域，如表 2－2 所示。

表 2－2　《全国生猪生产发展规划（2016—2020 年）》生猪区域划分

区域	包括的地区
重点发展区	河北、山东、河南、重庆、广西、四川、海南
约束发展区	北京、天津、上海等大城市和江苏、浙江、福建、安徽、江西、湖北、湖南、广东等南方水网地区
潜力增长区	辽宁、吉林、黑龙江、内蒙古、云南、贵州
适度发展区	山西、陕西、甘肃、新疆、西藏、青海、宁夏

2. 肉牛产业带

“十三五”规划指出，我国肉牛产业要巩固发展中原产区，稳步提高东北产区，优化发展西部产区，积极发展南方产区。加快推进肉牛品种改良，大力发展标准化规模养殖，强化产品质量安全监管，提高产品品质和养殖效益，充分开发利用草原地区、丘陵山区和南方草山草坡资源，稳步提高基础母牛存栏量，着力保障肉牛基础生产能力，做大做强肉牛屠宰加工龙头企业，提升肉品冷链物流配送能力，实现产加销对接，提高牛肉供应保障能力和质量安全水平。2016 年全国牛肉前十产区分别为河南、山东、内蒙古、河北、吉林、黑龙江、新疆、辽宁、四川、云南，前十产区的牛肉产量占全国牛肉产量的 70.5%，其中，河南、山东、内蒙古和河北四省区的牛肉产量占全国的近四成，其次是东北三省和西部、南方地区。2016—2020 年肉牛产业在中原产区、东北产区、西部产区以及南方产区的布局如表2－3 所示。

表 2－3　　我国肉牛产业布局重点品种（2016—2020 年）

区域	重点品种	主要任务
中原产区	南阳牛、鲁西牛等地方优良品种和西门塔尔牛、夏南牛等培育品种	适度发展母牛繁育，加强肉牛育肥基地建设，着重发展阶段育肥和屠宰加工，加强冷链物流配送体系建设，采取龙头企业、合作社、养殖大户或家庭农牧场的经营模式和种养结合农牧循环的养殖模式，大力提升肉牛产业的组织化程度
东北产区	延边牛、草原红牛等地方品种和辽育白牛、延黄牛等培育品种	加快地方品种改良和培育品种推广，牧区要积极发展舍饲半舍饲养殖围栏育肥，完善配套设备，提高母牛养殖规模和繁殖成活率，农区要推进龙头企业、合作社、养殖大户或家庭农牧场经营模式，加快推进肉牛标准化屠宰和冷链配送
西部产区	秦川牛、牦牛等地方品种	牧区要重点发展天然草地，改良人工放牧场建植，提高防灾减灾能力，实现草畜平衡；半农半牧区要实现由自由放牧向轮牧与圈养结合模式的转变，推广牧繁农育模式，提高适度规模化养殖水平；农区要重点扶持合作社和养殖大户等经营主体，提高饲料资源利用效率，提升产业一体化发展水平
南方产区	云岭牛等培育品种，专门地方肉牛水牛等特色品种	推行龙头企业、合作社和家庭农牧场为主的发展模式，大力发展肉牛舍饲半舍饲低成本育肥和标准化屠宰，推广人工授精阶段育肥、甘蔗梢等副产品利用、农闲田种草、青绿饲草青贮、天然草地恢复、草山草坡改良等技术模式

3. 肉羊产业带

我国肉羊产业新的发展方向是巩固发展中原产区和中东部农牧交错区，优化发展西部产区，积极发展南方产区，保护发展北方牧区。积极推进标准化规模养殖，不断提升肉羊养殖良种化水平，提升肉羊个体生产能力，大力发展舍饲半舍饲养殖方式，加强棚圈等饲养设施建设，做大做强肉羊屠宰加工龙头企业，提升肉品冷链物流配送能力，实现产加销对接，提高羊肉供应保障能力和质量安全水平。2016 年，全国羊肉前十产区分别为内蒙古、新疆、山东、河北、四川、河南、甘肃、安徽、云南、黑龙江，前十产区的羊肉产量占全国羊肉产量的 75.7%，其中，新疆和内蒙古、山东约占全国羊肉产量的 1/4。2016—2020 年我国肉羊产业布局重点品和如表 2－4所示。

表 2－4　2016—2020 年我国肉羊产业布局重点品种

区域	重点品种	主要任务
中原产区和中东部农牧交错区	加大地方肉羊品种杂交改良利用	推行适度规模舍饲养殖，采取龙头企业、合作社经营模式，加强屠宰加工和冷链配送能力建设，推广人工授精、青贮饲料生产、农作物副产物综合利用，规模化育肥与优质肥羔生产等技术
西部产区	加强地方优良肉羊品种保护和改良利用	提高肉羊繁殖率和成活率，推进配合饲料的商品化供给，提高综合生产能力和市场竞争力，推广区域内自繁自育养殖模式和舍饲半舍饲人工草地建植等技术
南方产区	保护、开发当地肉羊良种资源	加快建设肉羊品种改良体系，推进南方草山草坡改良利用，推广牧草和经济作物副产物青贮加工利用，山羊适度规模高床舍饲配套等技术
北方牧区	加强地方优良肉羊品种保护利用	坚持生态优先、因地制宜地推行草原禁牧划区轮牧、草畜平衡等制度，推广标准化暖棚建设、藏羊标准化养殖、标准化屠宰、人工草地建植、天然草地改良等技术

4. 奶牛产业带

我国奶牛产业的发展方向是巩固发展东北及内蒙古产区、华北产区，稳步提高西部产区，积极开辟南方产区，稳定大城市周边产区。重点推进品种改良和生产性能测定，提升荷斯坦牛单产水平，因地制宜发展乳肉兼用牛，强化规模养殖场疫病净化，加快发展全株青贮玉米及优质苜蓿高效生产，推进种养结合与农牧循环，引导奶业企业与奶农建立紧密的利益联结机制，引导乳品企业投资奶源基地建设，加快奶业一体化发展主要集中在东北、华北和大中城市郊区，以内蒙古、黑龙江、河北、河南、山东、陕西、新疆、宁夏、辽宁和山西较多。著名的乳业企业主要有内蒙古的伊利及蒙牛、黑龙江的完达山、北京的三元、上海的光明、广东的雅士利等。2016—2020 年我国奶牛产业布局重点品种如表 2－5 所示。

表 2－5　2016—2020 年我国奶牛产业布局重点品种

区域	重点品种	主要任务
东北及内蒙古产区	以荷斯坦奶牛为主，兼顾乳肉兼用牛发展	引导奶业生产实现规模化、标准化和专业化。发展全株青贮玉米及优质苜蓿高效生产，推进种养结合、循环生态发展
华北产区	以荷斯坦奶牛为主	加快小区改造升级为牧场，重点发展专业化养殖场，提高集约化程度，探索农副饲料资源综合利用新模式，形成种养加一体化产业体系
西部产区	以荷斯坦奶牛为主，发展乳肉兼用牛，兼顾牦牛、奶山羊	着力发展奶牛规模养殖场、家庭农牧场和奶农合作社，提高奶类商品化率，提升价值链，扩大青贮玉米、优质苜蓿等种植。提高优质饲草料供给、保障水平
南方产区	安徽、湖北、福建、广东、四川等新兴区域发展荷斯坦奶牛、娟姗牛，广西、云南等省区鼓励发展奶水牛	采用龙头企业、合作社、家庭农牧场的组织形式，积极发展适度规模养殖场，加大养殖设施设备，改造提升、提高青贮饲料供应水平，推广全日粮饲喂技术，提高奶类生产效率
大城市周边产区	以荷斯坦奶牛为主	大力开展粪污无害化处理和资源化利用，率先实现奶业现代化，稳定奶类生产能力，保障城市乳品供应，重点扶持种业龙头企业，加强高产奶牛核心群培育，建立完善联合育种机制，培育优秀种公牛

三、畜牧业产品物流

根据畜牧业发展“十三五”规划，畜产品产销区对接将更加紧密。畜牧业产品具有以下特征：

（一）物流量巨大

长江三角洲、珠江三角洲和环渤海等经济发达地区产业结构调整步伐加快，第二、第三产业比重提高，畜牧业向内地主产区转移，全国产区、销区更趋明显，同时，随着城市化步伐的加快，销区畜产品调入量逐年增加。我国肉牛、肉羊、生猪优势产区和目标销区分别如表 2－6、表 2－7 和表 2－8 所示。

（二）畜产品物流要求高

畜产品属于鲜活易腐商品，易变质，活体运输更难，随着居民消费结构的变化和对健康的关注，市场对畜产品品质的要求更高。安全卫生的无公害、绿色有机畜禽肉等高端产品，已显示出很好的市场前景。冷鲜肉、分割肉及肉制品的花色品种越来越多，其占鲜肉消费量的比重越来越大，畜产品市场呼唤高质量的物流服务。

表2-6　肉牛产区和目标销区

优势主产区	省（市、区）	目标销区
中原优势区	河北、安徽、山东、河南	“京津冀”“长三角”和“环渤海”经济圈
东北优势区	辽宁、吉林、黑龙江、内蒙古、河北	满足北方地区居民牛肉消费需求，提供部分供港活牛，并开拓日本、韩国和俄罗斯等周边国家市场
西北优势区	陕西、甘肃、宁夏、新疆	西北地区牛肉需求，以清真牛肉生产为主；兼顾向中亚和中东地区出口优质肉牛产品，为育肥区提供架子牛
西南优势区	四川、重庆、云南、贵州、广西	南方市场，建成西南地区优质牛肉生产供应基地

表2-7　肉羊产区和目标销区

优势主产区	省（市、区）	目标销区
中原优势区	河北、山西、山东、河南、湖北、江苏、安徽	本区是肉羊生产和消费的集中区域，重点发展秸秆舍饲肉羊业，主要向北京、天津、上海等大中城市市场提供优质羊肉产品
中东部农牧交错带优势区	山西、内蒙古、辽宁、吉林、黑龙江、河北	以发展高档肉羊生产为主，除满足本区和周边市场需求之外，可向俄罗斯等周边国家出口
西北优势区	新疆、甘肃、宁夏、陕西	本区是传统肉羊生产区域，但不宜继续扩大养殖规模，要重点进行品种优化，发展无污染优质羊肉生产。羊肉生产应以清真产品为主体，在确保本区消费的前提下，以中东和西亚地区市场为主，提高羊肉出口量
西南优势区	四川、云南、湖南、重庆、贵州	以山羊养殖为主，在满足我国南方居民消费的基础上，积极开拓东南亚和南亚羊肉市场

表2-8　生猪产区和目标销区

优势主产区	省（市、区）	目标销区
沿海优势区	江苏、浙江、福建、广东	发展的重点是确保一定的自给率，同时发挥种猪生产优势，建立出口猪基地，增加出口
东北优势区	辽宁、吉林、黑龙江	确保京、津等大中城市的供应，努力扩大对俄罗斯的猪肉出口
中部生猪产区	河北、山东、安徽、江西、河南、湖北和湖南	特点是粮食资源丰富，生猪生产总量大，调出量大，立足于扩大本地市场，确保大中城市销区市场供应
西南生猪产区	广西、四川、重庆、云南、贵州	确保本地区消费

（三）畜产品物流难度大

与工业品不同，畜产品是有生命的动物性产品，在物流过程中包装难、装卸难、运输难、仓储难，需要一些适应畜产品特点的特种物流方式，如冷冻运输、冷藏运输、恒温运输等，这为降低畜产品物流成本提供了空间。

案例分析

畜产品是我国城乡居民重要的"菜篮子"产品，牛、羊肉更是部分少数民族群众的生活必需品。近年来，在市场拉动和政策的引导下，畜牧业综合生产能力持续提升，生产方式加快转变，产业发展势头整体向好。随着经济发展进入新常态，居民消费需求呈现个性化和多样化趋势，创新驱动成为发展新引擎，绿色生产成为主导方向，这些新变化、新趋势对畜牧业的转型升级和可持续发展提出了新的要求。因此，要根据《我国草食畜牧业发展总体布局》规划，在布局上全面贯彻落实党中央、国务院加快农业"转方式，调结构"和推进农业供给侧结构性改革的决策部署，优化发展传统农区和农牧交错区，适度发展北方牧区，保护发展青藏高原牧区，积极发展南方草山草坡地区，不断提高草食畜牧业综合生产能力和市场竞争力，全面促进现代畜牧业的发展。

任务总结

经过长期发展，我国逐步形成了一些畜牧业生产优势区域。我国畜牧业生产区域化布局已初步形成，区域化发展的优势正逐步显现。畜牧业产业化组织约占整个农业产业化组织的20%以上，成为农业产业化程度较高的行业。2016 年，全年肉类总产量8537. 8 万吨。2016 年我国猪肉前十生产区分别为四川、河南、湖南、山东、湖北、云南、河北、广东、广西、安徽，占64. 1%，其中，四川、河南、湖南、山东、云南猪肉产量占全国总产量的四成以上。东北地区由于粮食转化潜力大，正在形成养猪新区。2016 年全国牛肉前十产区分别为河南、山东、内蒙古、河北、吉林、黑龙江、新疆、辽宁、四川、云南，占70. 5%，其中，河南、山东、内蒙古和河北 4 省区的牛肉产量占全国的近四成，其次是东北三省和西南、西北地区。2016 年全国羊肉前十产区分别为内蒙古、新疆、山东、河北、四川、河南、甘肃、安徽、云南、黑龙江，占75. 7%，其中，新疆、内蒙古、山东羊肉产量约占全国的1/4。畜牧业产品物流呈现物流量巨大、物流要求高、物流难度大的特征。

分组讨论

1. 我国畜牧业发展现状。
2. 我国生猪、牛、羊畜产品生产布局。
3. 我国畜产品物流。

业务技能训练一

当地市场畜产品产地和物流现状调研

1. 实训背景资料

教师（或学生）选择当地畜产品市场，调研市场某类畜产品产地和物流情况，并查找相关资料，完成实训内容。

2. 实训目标

学生能够根据调研数据和所查资料进行分类整理，分析当地市场某类畜产品的产地和物流情况。

3. 实训准备

（1）全班学生分组，每组成员控制在3～5人（每组选择不同种类的畜产品）。

（2）以组为单位进行资料收集。

（3）教师进行现场指导，体现以学生为主体的教学特色。

4. 实训步骤

（1）收集某类畜产品的产地和物流相关文献资料。

（2）制订实地调研和资料收集方案。

（3）实地调研。

（4）撰写某类畜产品的产地和物流情况的调研报告。

5. 实训效果评价（见表2－9）

表2－9　畜肉类产品实训效果评价

考评内容	考评标准	分值（分）	自我评价（分）	小组评价（分）	教师评价（分）	实际得分（分）
实训完成情况	调研方案制订适宜	10				
	组员分工合理	10				
	收集资料丰富	10				
	调查报告分析翔实、观点明确	50				
其他	态度积极、遵守纪律、有团队协作精神	20				
合计		100				

注：实际得分＝自我评价×20%＋小组评价×30%＋教师评价×50%。

知识拓展

《全国生猪生产发展规划（2016—2020年）》

《全国草食畜牧业发展规划（2016—2020年）》

任务二　禽肉蛋类产品区域地理

案例引入

荣成禽蛋产品出口创新高

2017年前10个月，荣成禽蛋产品出口388批、1795.31吨，同比分别增长19.40%和12.84%，禽蛋类产品出口数量持续增加，出口量创新高。目前，荣成辖区共有出口禽蛋备案养殖场5家，出口禽蛋加工企业7家，出口产品主要为冻黏粉鹌鹑蛋、鸡蛋排等，主要出口日本等国家和地区。

为有效促进禽蛋产品出口，荣成检验检疫局采取多项举措，加强养殖源头监管，严格动物疫情防控，优化监管模式，助推禽蛋产品出口，促进出口食品农产品贸易健康快速发展。

一是强化备案养殖场监管，严格疫情防控，科学开展出口禽蛋源头风险监控工作，提升源头管理水平。

二是强化出境禽蛋产品流程管理，充分利用中国电子检验检疫系统，合理开展出口禽蛋产品检验，提升出口禽蛋产品验放速度，优化检验检疫监管模式。

三是强化服务意识，提高服务效能，严格落实各项帮扶措施，深入开展企业对外推荐注册工作，不断帮扶企业扩大出口市场。

问题：荣成检验检疫局采取了哪些举措来促进荣成禽蛋产品出口？

知识准备

一、我国家禽资源分布

根据2011年的《中国畜禽遗传资源志·家禽志》，对具有一定特征特性、群体整齐、遗传性能稳定、数量较多、分布较广的资源进行统计，对上报资源进行同种异名合并或补充调查清理后，列入该志的家禽遗传资源共189个，其中，鸡116个、鸭34个、鹅31个、鸽3个、鹌鹑2个、火鸡3个，鸡品种中包括地方品种107个、培育品种4个、引进品种5个，鸭品种中包括地方品种32个、引进品种2个，鹅品种中包括地方品种30个、培育品种1个，鸽品种中包括地方品种2个、引进品种1个，火鸡品种中包括地方品种1个、引进品种2个，鹌鹑为引进品种2个。

我国地方禽种具有丰富的遗传多样性，按其用途主要分为蛋用型、肉用型、兼用型、观赏型和药用型等。例如，蛋大、壳厚、体形较大的大骨鸡；骨细、肉嫩、味鲜的北京油鸡、惠阳胡须鸡；具有滋补药用功能的丝羽乌骨鸡；善飞翔的藏鸡等。

二、家禽肉类产品分布

随着我国广大城乡居民收入水平的提高和城镇化的发展，以及正确舆论的引导，禽肉消费缓步增加，尤其是优质健康的绿色有机家禽产品，所占比重呈较快增长态势。传统的活禽消费将逐渐被冰鲜消费所取代，且10年以内不会有较大变化。

前沿聚焦

据中国农科院农业信息研究所《中国农业发展报告（2015—2024）》预测，未来10年禽肉消费将明显放缓；2015年居民消费基本保持稳定；到2020年，我国城乡居民人均禽肉占有量约为13.9千克；到2024年，人均禽肉占有量将达到14.6千克，比2014年增加1.8千克，年均增长约1.3%，比过去10年下降1.6%。

2016年我国家禽肉类生产产量为1888万吨，增长3.4%，主要集中在东部省区，以山东、广东最多，其次是辽宁、广西、江苏、河南、安徽、河北、湖北、吉林等。从消费量来分析，我国2016年人均禽肉占有量为9.1千克，比2015年的8.4千克增加8.3%。其中，城镇居民年人均禽肉占有量10.2千克，比2015年的9.4千克增加8.5%；农村居民年人均禽肉占有量7.9千克，比2015年的7.1千克增加11.3%；农村居民的消费增长率高出城镇居民3个百分点。

三、禽蛋产业分布

我国国民消费总量保持稳定增长，人均消费增速放缓，但禽蛋消费稳步增长。鸡蛋作为优质的蛋白质来源之一，是我国城乡居民食物消费的重要组成部分。2014年，随着流感疫情影响的消除，居民禽蛋消费信心逐渐恢复，禽蛋消费稳步增长。鸡蛋的主要销售形式仍是未经消毒、分级、保鲜处理的鲜蛋，消费者的消费方式是采用煮、煎等方式熟制后食用，保洁蛋所占市场份额略有增加。

前沿聚焦

2016 年城镇居民禽蛋消费量 10.7 千克，农村居民消费量 8.5 千克，城乡差距依旧明显。据中国农科院农业信息研究所《中国农业发展报告（2015—2024）》预测，2015 年居民消费基本保持稳定；“十三五”期间蛋品消费增速逐渐加快，2020 年将达到 3071.5 万吨，2024 年将达到 3195.8 万吨，其中，禽蛋食用消费 2412.9 万吨，禽蛋加工消费 515.7 万吨。

2016 年我国家禽蛋生产产量为 3094.9 万吨，较 2015 年增长 3.2%。我国禽蛋生产集中分布于长江以北地区，以山东、河南、河北、辽宁、江苏、湖北、四川、安徽、吉林、黑龙江等为最多，前十产区产量占全国产量的 78%，其中，山东、河南、河北占四成。2016 年我国禽蛋产量前十地区分布情况如图 2－1 所示。

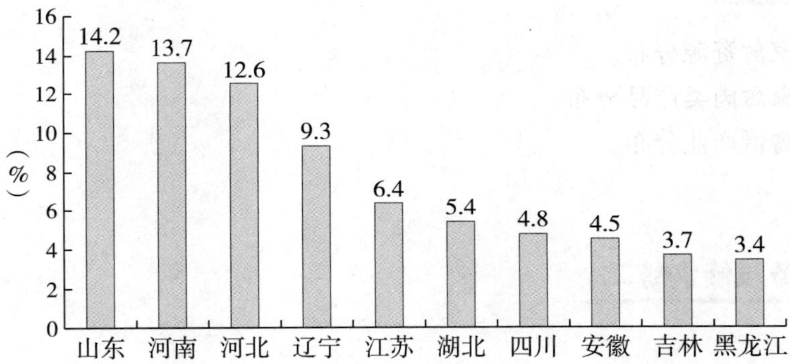

图 2－1　2016 年我国禽蛋产量前十地区分布情况

资料来源：《中国畜牧业统计年鉴 2014》《中国统计年鉴 2016》。

从消费量上分析，2016 年我国人均禽蛋占有量 9.7 千克，比 2015 年的 9.5 千克增加 2.1%。其中，城镇居民年人均禽肉占有量 10.7 千克，比 2015 年的 10.5 千克增加 1.9%；农村居民年人均禽肉占有量 8.5 千克，比 2015 年的 8.3 千克增加 2.4%；农村居民的消费增长率高出城镇居民 1.5 个百分点。

案例分析

案例中，为有效促进禽蛋产品出口，荣成检验检疫局采取多项举措：一是强化备案养殖场监管，严格疫情防控，科学开展出口禽蛋源头风险监控工作，提升源头管理水平；二是强化出境禽蛋产品流程管理，充分利用中国电子检验检疫系统，合理开展出口禽蛋产品检验，提升出口禽蛋产品验放速度，优化检验检疫监管模式；三是强化服务意识，提高服务效能，严格落实各项帮扶措施，深入开展企业对外推荐注册工作，不断帮扶企业扩大出口市场。

任务总结

随着我国广大城乡居民收入水平的提高和城镇化发展，以及正确舆论的引导，我国禽肉、禽蛋消费不断增加，尤其是优质健康的绿色有机家禽产品，所占比重呈较快增长态势。禽类产品生产趋于集中，形成部分优势产区。2016 年我国禽肉类生产产量为 1888 万吨，增长 3.4%，主要集中在东部省区，以山东、广东为最多，其次是辽宁、广西、江苏、河南、安徽、河北、湖北、吉林等。同时，根据《中国统计年鉴 2017》，2016 年我国禽蛋生产产量为 3094.9 万吨，增长 3.2%。我国禽蛋生产集中分布于长江以北地区，以山东、河南、河北、辽宁、江苏、湖北、四川、安徽、吉林、黑龙江等为最多，前十产区产量占 78%，其中，山东、河南、河北占四成。

分组讨论

1. 我国家禽资源分布。
2. 我国家禽肉类产品分布。
3. 我国禽蛋产业分布。

业务技能训练二

当地市场禽肉、禽蛋产品产地和物流现状调研

1. 实训背景资料

教师（或学生）选择当地禽肉、禽蛋产品市场，调研市场某类禽肉、禽蛋产品产地和物流情况，并查找相关资料，完成实训内容。

2. 实训目标

学生能够根据调研数据和所查资料进行分类整理，分析当地市场某类禽肉、禽蛋产品的产地和物流情况。

3. 实训准备

（1）全班学生分组，每组成员控制在 3～5 人（每组选择不同种类的禽肉、禽蛋产品）。

（2）以组为单位进行资料收集。

（3）教师进行现场指导，体现以学生为主体的教学特色。

4. 实训步骤

（1）收集某类禽肉、禽蛋产品的产地和物流文献资料。

（2）制订实地调研和资料收集方案。

（3）实地调研。

（4）撰写某类禽肉、禽蛋产品的产地和物流情况的调研报告。

5. 实训效果评价（见表2－10）

表2－10　　禽肉蛋类产品实训效果评价

考评内容	考评标准	分值（分）	自我评价（分）	小组评价（分）	教师评价（分）	实际得分（分）
实训完成情况	调研方案制订适宜	10				
	组员分工合理	10				
	收集资料丰富	10				
	调查报告分析翔实、观点明确	50				
其他	态度积极、遵守纪律、有团队协作精神	20				
合计		100				

注：实际得分＝自我评价×20%＋小组评价×30%＋教师评价×50%。

任务三　水产品区域地理

案例引入

我国渔业发展的挑战与机遇

●我国渔业发展面临的挑战

“十三五”现代渔业建设的内外部环境都在发生深刻变化。世界经济在深度调整中曲折复苏，全球贸易持续低迷，我国经济发展进入新常态。虽然水产品供给总量充足，但结构不合理，发展方式粗放，不平衡、不协调、不可持续问题非常突出，渔业发展的深层次矛盾集中显现。

○资源环境约束趋紧，传统渔业水域不断减少，渔业发展空间受限。水域环境污染依然严重，过度捕捞长期存在，涉水工程建设不断增加，主要鱼类产卵场退化，渔业资源日趋衰退，珍稀水生野生动物濒危程度加剧，实现渔业绿色发展和可持续发展的难度加大。

○水产品结构性过剩的问题凸显，不适应居民消费结构升级的步伐，渔民持续增收难度加大。大宗品种供给基本饱和，优质产品供给仍有不足，供给和需求不对称矛盾加剧，部分产品价格长期低迷，一些产品价格出现剧烈波动，生产成本持续攀升，渔业比较效益下降。

〇渔业基础设施薄弱，安全隐患难以消除，渔业安全监管任重道远。渔船老破小，渔港旧差少，渔业保险制度建设滞后，渔业安全保障能力仍显不足。自然灾害等影响因素长期存在，渔业安全生产事故时有发生。水产品质量安全风险增多，违规用药依然存在，水环境污染对水产品质量安全带来的影响不容小觑。

〇渔业法规体系仍不健全，渔政执法力量薄弱，“依法治渔”还需强化。现有的渔业法律法规体系难以适应新形势、新任务的需要。电毒炸鱼、涉渔“三无”船舶、“绝户网”屡禁不止。渔政执法体制落后、手段匮乏、装备配备不足，渔政码头和扣船设施建设亟须加强，渔业行政执法人员执法水平有待提高。

〇全球经济形势仍不明朗，海洋资源开发利用斗争愈演愈烈，渔业“走出去”知易行难。欧美日等发达国家经济复苏缓慢，水产品需求不振，贸易保护主义盛行，水产品出口在连续多年快速增长后出现回落。国际海洋权益斗争日趋复杂，公海渔业资源管护措施日益严厉，开发利用门槛不断抬高，涉外渔业风险加大。

●我国渔业发展面临的机遇

展望“十三五”，渔业发展的积极因素不断积累。

〇外部环境持续利好。渔业定位为国家战略产业。大力推进供给侧结构性改革，转方式调结构，为渔业发展提供新动能。加强生态文明建设，推进海洋渔业资源总量管理制度，为渔业发展提供新方向。海洋强国、“一带一路”、京津冀协同发展和长江经济带等战略深入实施，为渔业发展提供新机遇。

〇产业基础更加扎实。经过改革开放30多年发展，我国已成为世界第一渔业生产大国、水产品贸易大国和主要远洋渔业国家。养殖业、捕捞业、加工流通业三大传统产业不断壮大，增殖渔业、休闲渔业两大新兴产业快速发展，为渔业转型升级提供坚实基础。

〇发展空间更加广阔。稻渔综合种养、多营养层级复合生态循环养殖、工厂化循环水养殖、深水大网箱养殖、盐碱水养殖等技术开发与完善，开拓了渔业发展新空间。净水渔业、低碳渔业等技术的提出与应用，拓展了渔业新功能。不同层次的消费需求和渔业的多功能潜力，为拓展渔业发展空间增添巨大带动力。

〇创新驱动不断增强。渔业科技创新、人才培养和技术推广体系逐步完善，产学研结合更加紧密，“互联网+”和物联网技术广泛应用，众创、众筹等新型产业孵化模式层出不穷，为渔业创新发展提供有力支撑。

资料来源：全国渔业发展第十三个五年规划。

问题：面临“我国资源环境约束趋紧，传统渔业水域不断减少，渔业发展空间受限”的挑战，请你从一、二、三产业融合发展角度提出建议。

知识准备

一、水产品生产情况

（一）产量急剧上升，地区分布不均衡，产值不断攀升

我国水产业克服了自然灾害严重、国际金融危机冲击和国内经济环境复杂多变等不利因素，保持了平稳较快发展，成为农业农村经济中重要的支柱产业和富民产业。水产养殖业、捕捞业、加工流通业、增殖渔业、休闲渔业五大产业蓬勃发展，现代渔业产业体系初步建立。我国水产总产量持续增长，在 1985 年仅有 705.2 万吨，2015 年达到 6699.6 万吨，跨越了近 10 倍；2016 年，全国水产品总产量 6901.25 万吨，比 2015 年增长 3%；水产产值不断攀升，海洋捕捞产值 1977.22 亿元，海水养殖产值 3140.39 亿元，淡水捕捞产值 431.15 亿元，淡水养殖产值 5813.18 亿元，水产苗种产值 640.96 亿元。水产总产量分布前十产区分别为山东、广东、福建、浙江、辽宁、江苏、湖北、广西、江西、湖南，占比 81.7%；淡水产品产量前十地区分别为湖北、广东、江苏、江西、湖南、安徽、广西、山东、四川、河南，占比 77.2%；海水产品产量前十产区分别为山东、福建、浙江、广东、辽宁、广西、海南、江苏、河北、上海，占比 99.4%。2016 年我国水产品地区分布情况见表 2－11。

表 2－11　**2016 年我国水产品地区分布情况**

地区	总产量（万吨）	淡水（万吨）	海水（万吨）	地区	总产量（万吨）	淡水（万吨）	海水（万吨）
合计	6901.3	3411.1	3490.2	河南	128.4	128.4	0.0
北京	5.4	4.1	1.4	湖北	470.8	470.8	0.0
天津	39.4	32.5	7.0	湖南	269.6	269.6	0.0
河北	136.9	56.2	80.7	广东	873.8	407.4	466.4
山西	5.2	5.2	0.0	广西	361.8	174.4	187.3
内蒙古	15.8	15.8	0.0	海南	214.6	45.9	168.7
辽宁	550.1	103.1	447.0	重庆	50.8	50.8	0.0
吉林	20.1	20.1	0.0	四川	145.4	145.4	0.0
黑龙江	57.3	57.3	0.0	贵州	29.0	29.0	0.0
上海	29.6	15.4	14.2	云南	74.4	74.4	0.0
江苏	520.7	373.4	147.3	西藏	0.1	0.1	0.0
浙江	604.5	114.3	490.3	陕西	15.9	15.9	0.0

续 表

地区	总产量（万吨）	淡水（万吨）	海水（万吨）	地区	总产量（万吨）	淡水（万吨）	海水（万吨）
安徽	235.8	235.8	0.0	甘肃	1.5	1.5	0.0
福建	767.8	102.5	665.3	青海	1.2	1.2	0.0
江西	271.6	271.6	0.0	宁夏	17.5	17.5	0.0
山东	950.2	155.2	795.0	新疆	16.2	16.2	0.0

资料来源：《中国统计年鉴 2017》。

（二）水产品结构进一步优化，海洋渔业逐渐转向淡水渔业

从生产水域来看，2016 年我国海水产品产量 3490.15 万吨，占 50.6%，淡水产品产量 3411.11 万吨，占 49.4%，淡水资源与海水渔业资源基本持平，水产品市场供给的责任由海洋渔业逐渐转向淡水渔业资源。从水产品品种来看，淡水鱼类、海水贝类和海水鱼类是我国水产品市场供给的主要品种。从数据分析结论来看，鱼类产量最多，达到 4039.9 万吨，产量比重约占水产品产量比重的 60.3%，其中，以淡水鱼类为主，占 44.6%，海水鱼类占 15.7%；其次是贝类，占比 22.8%，其中，海水贝类占 22%，淡水贝类仅占 0.8%；最后是甲壳类，占比 10.6%，其中，海水类占 5.9%，淡水类占 4.7%。因此，发展以淡水鱼类、海水贝类和海水鱼类主要品种为核心的水产产业发展体系，对于保护水产品种质资源、提高渔业产业效益、促进水产业可持续发展具有重要意义。2016 年我国各类水产品产量分布情况见表 2－12。

表 2－12　　2016 年我国各类水产品产量分布情况　　单位：万吨

分类	养殖产量	捕捞产量	海水产量	淡水产量	合计	各产品种类占比（%）
鱼类	2950.3	1089.6	1053.3	2986.7	4039.9	60.3
甲壳类	440.9	271.3	396.1	316.1	712.2	10.6
贝类	1447.4	82.0	1476.9	52.5	1529.4	22.8
藻类	217.8	2.4	219.3	0.9	220.2	3.3
头足类	0.0	71.6	74.3	54.9	71.6	1.1
其他	86.0	43.1	71.6	0.0	129.2	1.9
合计	5142.4	1560.1	3291.4	3411.1	6702.5	100

注：另外，远洋渔业产量 198.75 万吨，同比下降 9.33%，占水产品总产量的 2.88%。

数据来源：《中国统计年鉴 2017》《2016 年全国渔业经济统计公报》。

（三）人工养殖比例扩大，持续推进“以养为主”的生产方式

从生产方式来看，淡水养殖持续成为水产品市场供给的主力。2016 年，我国渔业

产值中（不含苗种），总产值达到11361.94亿元，海水产品与淡水产品的产值比例为45∶55，养殖产品与捕捞产品的产值比例为78.8∶21.2。养殖产量5142.39万吨，同比增长4.14%，捕捞产量1560.1万吨，养殖产品与捕捞产品的产量比例由“十一五”末的71∶29提高到2016年的76.7∶23.3（不包括远洋渔业产量）。全国水产养殖面积8346.34千公顷，同比下降1.40%。其中，海水养殖面积2166.72千公顷，同比下降6.52%；淡水养殖面积6179.62千公顷，同比增长0.53%；海水养殖与淡水养殖的面积比例为26∶74。近年来，我国养殖水产品中淡水与海水养殖情况如表2－13所示。

表2－13　　1985—2016年我国养殖水产品中淡水与海水养殖情况

年份	总量（万吨）	人工养殖产品（万吨）		人工养殖合计（万吨）	人工养殖占比（%）	
		淡水	海水			其中，淡水养殖占比（%）
1985	705.2	237.8	71.2	309.0	43.8	77.0
1990	1237	445.4	162.4	607.8	49.1	73.3
1995	2517.2	940.8	412.3	1353.1	53.8	69.5
2000	3706.2	1308.9	928	2236.9	60.4	58.5
2005	4419.9	1733	1210.8	2943.8	66.6	58.9
2010	5373	2346.5	1482.3	3828.8	71.3	61.3
2015	6699.6	3062.3	1875.6	4937.9	73.7	62.0
2016	6901.25	3179.26	1963.13	5142.4	74.5	61.8

数据来源：《中国统计年鉴2017》《2016年全国渔业经济统计公报》。

（四）以推进渔业供给侧结构性改革为主线，强渔惠渔政策力度不断加大

“十二五”期间，中央渔业基本建设投资达到157.51亿元，财政支持资金达到1290.52亿元，分别比“十一五”期间增长4.15倍和1.54倍。坚持新发展理念，以推进渔业供给侧结构性改革为主线，启动实施以船为家渔民上岸安居工程和渔船更新改造工程，渔业油价补贴政策改革取得重大突破，渔业基础设施条件得到明显改善，渔业重点领域的科技创新和关键技术的推广应用取得成效，基层水产技术推广体系改革稳步推进，公共服务能力不断增强，渔民收入不断增加。2016年据对全国1万户渔民家庭当年收支情况进行调查，全国渔民人均纯收入16904.20元，比2015年增加1309.37元、增长8.40%。

（五）水产品加工占比量加大，贸易额逐年增加

2016年，我国水产品加工企业达到9694个，水产冷库8595座。2635.76万吨水产品用于加工，同比增长15.89%，其中，海水产品2066.37万吨，增长20.67%，淡水

产品569.39万吨，增长1.34%。加工后的水产加工品总量为2165.44万吨，同比增长3.50%，淡水加工产品390.37万吨，增长4.40%，海水加工产品1775.07万吨，增长3.30%。据海关统计，我国2016年水产品进出口总额301.12亿美元，总量827.91万吨，同比分别增长1.69%和2.72%。其中，出口量423.76万吨，增加4.37%，出口额207.38亿美元，增长1.99%；进口量404.15万吨，进口额93.74亿美元，同比分别下降0.97%和增长4.37%。2016年我国水产品贸易顺差113.64亿美元，比2015年同期增加0.13亿美元。

二、水产品消费现状

世界粮农组织最新的报告显示，截至2016年，全球人均年水产品消费量达到20.5千克。根据《中国统计年鉴2017》，我国水产品人均消费量2016年为11.4千克，而2006年这一数据为8.8千克。中国人口基数大，又是水产品消费大国，我国水产品消费存在潜在的巨大市场。2016年我国人口达到138271万人，水产总量6901.25万吨，人均占有量达49.9千克，超过了世界人均占有量，但相对于水产消费大国而言，我国的人均水产品消费量还很有限，人均消费量仍很低，2016年我国水产品人均消费量仅为11.4千克，其中，农村居民人均消费7.5千克。我国水产品消费量变化趋势见表2-14。

表2-14　　我国水产品人均消费量变化趋势　　单位：千克/年

年份	1985	1990	1995	2000	2005	2010	2016
城市居民	7.8	7.7	9.2	11.7	12.6	15.2	14.8
农村居民	1.6	2.1	3.4	3.9	4.9	5.2	7.5
平均	4.7	4.9	6.3	7.8	8.8	10.2	11.4
农村/城镇（%）	20.5	27.3	37.0	33.3	38.9	33.9	50.0

数据来源：《中国统计年鉴2017》。

（一）消费量持续增长，但消费增长速度远远滞后于生产增长速度

在由“温饱”向“小康”生活发展的过程中，中国人的饮食也日益向“享受型”发展，随着收入的提高，粮食的消费越来越少，而高能量、高蛋白的食品特别是水产品类，越来越成为人们消费的主流食品。我国水产品消费增长迅速，城市居民年均消费量从1985年的7.8千克增至2016年的14.8千克，增量90%，农村居民人年均消费量从1985年的1.6千克增长到2016年的7.5千克，增量达369%，全国人均增量达到143%。但是总体来看，水产品生产总量从1985年的705.2万吨增至2016年的6901.25万吨，增量为878%，消费增长速度远远滞后于生产增长速度，生产供大于求。由于价格原因和饮食习惯问题，消费主要集中在青鱼、草鱼、鲢鱼、鲤鱼等大宗养殖品，且

其食用方法简单；对于龙虾、河蟹、贝等相对高档的水产品，我国食用还很少。

（二）生产的区域性，导致消费区域不平衡性

水产品是优良的食物蛋白源，它与谷物类主食食物既有不可替换性又有互补性，同时，与肉蛋类食物还存在替换性。受收入水平、价格以及消费者嗜好的影响，我国水产品弹性系数既不同于其他主食类谷物食物产品，也不同于猪肉、羊肉、牛肉等大宗动物蛋白食物产品。东部及沿海地区水产品丰富，水陆运输便利，水产养殖、捕捞业比较发达。地理上的优势使得东部及沿海地区居民对水产品的消费更多，东、西部城镇居民的水产品人均消费量相差一半还多。这主要是因为，西部内陆地区没有海洋资源，水产品不充裕，主要从畜产品中获取动物蛋白，无论是城镇还是农村地区，中西部地区水产品消费水平都远远低于东部地区。从《中国统计年鉴 2017》可以看出，海南是全国居民人均水产品年消费量最高的省份，达 26.7 千克，其中，城镇居民人均年消费量达 31.5 千克；全国居民人均水产品年消费量最低的是西藏，不到 0.4 千克，其中，农村居民人均年消费量可以忽略不计。2016 年我国分地区居民水产品消费情况见表 2－15。

表 2－15　　2016 年我国分地区居民水产品消费情况

地区	水产品消费量（千克）	地区	水产品消费量（千克）	地区	水产品消费量（千克）
全国	11.4	江西	12.2	河南	4.1
海南	26.7	山东	11.7	云南	3.9
福建	26.6	安徽	11.2	新疆	3.5
上海	25.7	广西	10.5	宁夏	2.8
浙江	23.3	重庆	10	贵州	2.4
广东	22	北京	8.5	山西	2.2
江苏	17.9	黑龙江	8.3	陕西	2.2
天津	16.9	吉林	7.4	甘肃	2.1
湖北	15.8	四川	7.3	青海	2
辽宁	14.8	河北	6	西藏	0.4
湖南	12.3	内蒙古	5.2		

数据来源：《中国统计年鉴 2017》。

（三）城乡居民消费差异显著，但消费差距在逐渐缩小

我国农村居民的收入水平长期以来一直低于城镇居民，而收入水平决定了农村居

民食物结构中以粮食、蔬菜为主，肉、蛋、禽和水产品等动物性食品消费较少。而城镇居民恰恰相反，粮食消费较少，肉、蛋、禽和水产品等动物蛋白消费较多，受此影响，农村居民水产品消费量与城市居民相比要低得多。2016 年城镇居民人均水产品消费量为 14.8 千克，而农村居民仅为 7.5 千克，仅为城市居民人均消费量的 1/2 左右。但农村居民水产品消费量与城市居民水产品消费量的比值在不断增加，二者间的差距在不断缩小。

（四）水产品安全越来越受到关注

近年来，由于生态环境日益破坏，水资源污染形势日益严峻，同时，水产养殖病害多发，不规范用药等导致水产品质量安全事件时有发生，大闸蟹、多宝鱼、桂花鱼、九肚鱼等鱼孔雀石绿事件之后，水产品消费安全成为广大消费者关心的焦点，至今仍令不少消费者心有余悸，成为影响生产发展和消费市场稳定的重要因素。根据 2017 年 2 月国家食品药品监督管理总局发布的部分城市经营环节重点水产品专项检查和抽样检验报告，检测问题较多的大菱鲆（多宝鱼）、乌鳢（黑鱼）、鳜鱼等鲜活水产品 808 批次，检验项目为孔雀石绿、硝基呋喃类代谢物、氯霉素，检验结果合格 739 批次，合格率 91.5%，检出不合格样品 69 批次，其中，孔雀石绿不合格 46 批次，硝基呋喃类代谢物不合格 21 批次，氯霉素不合格 3 批①。这说明水产品合格率较高，需要合理的市场消费引导和食品安全科普，让消费者安全放心消费。

资料链接

全国五大淡水渔业区

根据我国各地淡水渔业发展的自然条件、渔业资源和渔业生产状况的差异，全国淡水渔业可划分为以下 5 个区域：

●长江、淮河流域淡水渔业区

该区江河湖沼塘库密布，且鱼类饵料来源丰富，盛产鲤、鲫、鳊、青、草、鲢、鳙、鳜、鲥、鲚等鱼类。淡水鱼类产量占全国总产量的近 60%，区内已形成以下淡水鱼商品生产基地：①以太湖为中心的长江三角洲水网地区；②洞庭湖区；③洪湖梁子湖区；④鄱阳湖区；⑤巢湖和泊湖区；⑥微山湖东平湖区。长江流域水域面积约占全国淡水面积的 50%，渔业产量占全国淡水渔业总产量的 60%。

该区是我国淡水渔业资源集中度最高的地区，同时又是经济发展迅速的区域。近

① 总局通告经营环节重点水产品专项检查结果，2017 年 03 月 25 日，http：//www.sda.gov.cn/WS01/CL0050/169956.html。

30年来的工业化、4亿多居住人口，已使长江成为工业废水通道和流动垃圾场。水环境污染、水利工程建设，围湖造田、过度捕捞等因素，使长江流域原本丰富的渔业资源及水生哺乳类资源因生存条件恶化而处于严重衰退状态，直接影响了长江渔业经济。

●珠江流域淡水渔业区

该区淡水面积约占全国的17%，气候条件十分有利，鱼类可四季生长。该区主要出产青、鲢、鳙、草等鱼类。该区内的珠江三角洲水网地区是全国淡水鱼单产最高地区，也是最主要的淡水鱼商品生产基地之一。

●黄河、海河流域淡水渔业区

该区淡水面积约占全国的18%，但养鱼不普遍，养鱼水域单位面积产量也较低。该区鱼类产量只占全国的7%，主要出产鲫、鲤、白、鳜等鱼类。

●辽河、黑龙江流域淡水渔业区

该区淡水面积约占全国的12%，产鱼量占全国的5%，有鲫、鲤、白、鲟、鲑等鱼类。

●青海、新疆、西藏内陆渔区

该区淡水面积分散，利用率低，产鱼量甚微。

三、我国的海洋水产品

我国海洋鱼类近2000种，其中，300多种是重要的经济鱼类，60～70种是最为常见而产量又比较高的经济鱼类。我国海洋鱼类具有以下特点：

1. 鱼的种类多

我国海从热带、亚热带到温带，跨越近40个纬度。生活在我国海的鱼类，既有暖水性的，也有暖温水性和温水性的，黄海北部有冷水性鱼类，南海的许多鱼类则与印度洋鱼类相似。我国海洋鱼类的种类位居世界前列。

2. 高产鱼种类少

我国海洋水文气象差异大，季节变化也大，适宜多种鱼类生活，但不能出现巨大产量的单一鱼类群体。

3. 生长快、成熟早、食性复杂

我国近海饵料丰富而广泛，因而缓和了鱼类之间的食饵竞争，有利于鱼类的生长发育。

4. 产卵期交错，产卵场广布

不同的鱼种产卵的时间不一，一年四季都有鱼类产卵。

5. 分布比较集中

我国海的中下层鱼类多为浅海性鱼种，大多栖息在100米等深线以内海区，受大陆架局限，水平洄游范围较小。各种鱼类多集中在大陆架浅海水域，渔产分布比较集中。

（一）海洋鱼产品

我国的海洋鱼产品，主要有带鱼、大黄鱼、小黄鱼、海鲶、鲤鱼、鲸鱼、金线鱼、海鳗、马鲛鱼、鲐鱼、鲱鱼、沙丁鱼、乌鲳、金枪鱼等。

主要渔场如下：

1. 石岛渔场

位于山东石岛东南的黄海中部海域。该渔场地处黄海南北要冲，是多种经济鱼虾类洄游的必经之地，同时也是黄海对虾、小黄鱼越冬场之一和鲤鱼的唯一产卵场，渔业资源丰富，为我国北方海区的主要渔场之一。

2. 大沙渔场

位于黄海南部，地处黄海暖流、苏北沿岸流、长江冲淡水交汇的海域，浮游生物繁茂，是多种经济鱼虾类的越冬和索饵场所，为黄海的优良渔场之一。

3. 吕四渔场

位于黄海西南部，东连大沙渔场，西邻苏北沿岸。由于紧靠大陆，大、小河流带来的营养物质丰富，同时又处于沿岸低盐水系和外海高盐水系的混合区，渔场水浅，地形复杂，为大、小黄鱼产卵和幼鱼索饵、生长提供了良好的条件，成为黄海、东海最大的大、小黄鱼产卵场。

4. 舟山渔场

位于舟山群岛东部，大致在北纬28°～31°、东经125°以西的范围，地近长江、钱塘江的出海口。冷、暖、咸、淡不同水系在此汇合，水质肥沃，饵料丰富，鱼群十分密集，为我国近海最大的渔场，也是世界上少数几个大渔场之一。

5. 闽东渔场

位于北纬25°～27°、东经125°以西的东海南部海区。闽东渔场有金钗溪、七都溪、赤岸溪、怀溪、白马河、霍童溪、北溪、鳌江和闽江诸多溪河注入，又有低温低盐的浙闽沿岸水与高温高盐的台湾暖流分支汇合，营养盐丰富，饵料生物繁盛，成为多种经济鱼虾产卵、索饵和越冬的良好场所。

6. 珠江口渔场

位于北纬21°08′～22°00′，东经112°50′～114°20′，为南海的重要渔场之一。渔场内岛屿众多，渔场地处外海水和珠江冲淡水的交汇区，带来大量的营养物质，可使众多浮游生物繁殖生长，成为生物活动的密集中心，构造了优越的渔场环境。

7. 北部湾北部渔场

位于北纬20°20′～21°30′，东经106°30′～109°50′，北濒广西沿岸，东临雷州半岛，西邻越南，南接北部湾中南部海域。渔场内岛屿较多，来自大陆的九州江、南流江、钦江、北仑河和红河等江河流入北部湾，繁殖生长了大量的浮游生物，形成许多经济鱼类的良好栖息场所。

8. 西沙群岛渔场

西沙海域气候炎热，终年水温很高，为珊瑚的大量生长提供了良好的条件。而珊瑚的丛生，又为鱼类生长、繁殖带来了丰富的饵料基础和优越的栖息条件。西沙群岛周围大多有巨大的礁盘，水浅而清，有着浅水礁盘性鱼类生长的环境；而礁盘外侧，深度骤然增加，属于深水性环境，适合大洋性鱼类生活。

（二）虾蟹水产品

我国近海的虾蟹水产品，产量最多的是对虾、鹰爪虾、白虾、褐虾、龙虾及三疣梭子蟹和青蟹等。对虾是我国近海的特产，体大，长 13～24 厘米，每年冬季在黄海南部越冬，初春成群向北作生殖洄游。渤海是捕捞对虾的主要渔场，秋汛为主要渔期。鹰爪虾小于对虾，长 6～10 厘米，广泛分布于我国沿海，以黄海北部产量最大。白虾体长 5～9 厘米，沿海均有分布，以渤海和黄海较多。褐虾主要生活在黄海，体长小于白虾，一般为 3.5～5.5 厘米，量很大，为重要的捕捞对象。龙虾是经济虾类中个体最大者，体长 30 厘米以上，最重可达 5 千克，只产于南海和东海，广东、福建一带出产的一种我国龙虾，产量最大。三疣梭子蟹又名枪蟹，是我国产量最大的食用蟹，沿海均有分布，但以渤海、黄海、东海较多。青蟹是沿海质量最好的食用蟹，营养丰富，亦能入药，盛产于浙、闽、台、粤、桂等省区。

前沿聚焦

我国远洋渔业区域与产业布局

远洋渔业是战略性产业，是建设“海洋强国”、实施“走出去”战略和“一带一路”倡议的重要组成部分，对保障国内优质水产品供应、保障国家食物安全、促进双多边渔业合作、维护国家海洋权益等具有重要意义。在面临上述严峻挑战的同时，国家不断增强的经济实力、“一带一路”倡议的实施以及国内外水产品市场对优质水产品日益增长的需求等，也为远洋渔业发展提供了新机遇。“十三五”是我国远洋渔业发展的关键转型期，更是我国迈向远洋渔业强国的重要机遇期。因此，在区域与产业布局方面，重点方向为：

●稳定优化公海大洋性渔业

稳定公海渔业捕捞，严控公海渔船规模。暂停审批新建公海作业渔船，严控进口或境外收购二手渔船，加快老旧渔船更新改造。

○金枪鱼渔业。着力提升金枪鱼渔业国际竞争能力，积极参与相关区域渔业管理组织事务，提高履约能力。允许符合条件的企业通过境外收购、并购等方式适当引进带国际配额的金枪鱼围网船，形成与国内水产品加工市场并行和匹配的发展格局。以投资入渔、租赁、“基地+渔船”等合作方式，推进综合渔业基地建设，与大西洋、太平洋、印度洋等有关国家开展长期友好互利合作。积极稳妥开拓拉美国家金枪鱼渔场。

○鱿鱼渔业。优化鱿鱼渔业生产布局，合理调控各海域渔业规模。推进综合渔业基地建设，为我国公海作业渔船提供后勤保障服务。大力推广海上流动公益服务平台建设。积极研究开展捕捞限额试点工作，提高鱿鱼渔业的效益。加强鱿鱼资源中长期预测技术研究。探索建立鱿鱼进出口证明制度和国际鱿鱼指数，以舟山国家远洋渔业基地为平台推进建立中国远洋鱿鱼交易中心。建立健全配套完善的鱿鱼产业体系，打造一批知名鱿鱼品牌和特色综合性产品。积极开展北太平洋公海联合执法。

○中上层鱼类渔业。优化中上层围网渔船生产布局，合理安排太平洋、印度洋、大西洋等海域作业渔船规模。加强秋刀鱼、竹荚鱼、鲐鱼等中上层鱼类资源调查和评估，提升中上层鱼类资源中长期预测技术能力，积极研究开拓新渔场开发。加强秋刀鱼、竹荚鱼、鲐鱼等加工产品研发，努力拓展国内消费市场。积极参与相关区域渔业管理组织事务。

●巩固提高过洋性渔业

控制渔船建设规模，加强项目风险评估和可行性研究，实行项目立项论证。禁止进口二手渔船，严控境外收购渔船，加强老旧渔船更新改造。积极推进与“一带一路”沿线有条件的国家建立政府间合作机制，加强信息共享和技术合作。鼓励开展捕捞、养殖、加工、基础设施建设等相结合的综合渔业合作，提高合作水平，努力融入当地经济与社会发展。

●积极参与极地渔业事务

深入参与南极海洋生物资源养护委员会（CCAMLR）事务，积极稳妥开发南极海洋生物资源，提升履约保障能力。加大资源调查力度，扩展捕捞区域，积极推进极地渔业科学考察船建设。加快南极磷虾捕捞成套装备和产品加工的自主创新与研发，全面提高南极磷虾渔业的综合效益。关注并积极参与北极渔业事务，积极参与北极渔业资源调查与管理研究。

资料来源：《“十三五”全国远洋渔业发展规划》。

四、水产品物流特点

（一）水产品具有鲜活和易腐性，物流复杂，技术要求高

水产品自身的特点是易腐易损，流通半径相较其他产品短；不能够长期存储；季节性非常明显。其鲜活程度是其价值的主要决定指标，因此，其物流环节复杂、技术要求高：一是需要严格的低温冷链技术措施，如运输中的活水运输、冰鲜保障运输、

冷藏车运输等；二是水产品在物流过程中需专业工具进行快速流转；三是水产品物流形式较复杂，不同区域需不同的物流方式；四是根据不同产品交易的特殊性，会产生不同的物流方式，养殖型水产品以鲜活消费形式为主，而捕捞型水产品不仅可以进行鲜活消费，还可以进行冷冻品消费。

（二）水产品生产与消费地理差异大，物流量大

我国水产品资源丰富，多种多样，但产区较为集中，东部沿海区和大江大河流域占全国产量的98%以上，产量高，物流基数大。同时，水产品生产地偏远，一般产地在沿海或内陆水域，这使得水产品市场明显呈现出产地市场集中与销售地市场分散的差异性矛盾，导致物流量大、强度大，增加了物流难度。

（三）多品种，单品批量小

我国水产品资源丰富，品种繁多，各种淡水鱼虾蟹贝等类多达数百种，一些大宗经济水产品亦达百余种，还有冷冻、干制、腌制、罐制、调味品、鱼糜制品、营养保健品等多种加工制品。但就单个水产品种类来讲，饭店或超市等顾客每日需求或订货批量往往只有近百千克。因此，满足小批量订货的需求是水产品物流的一个显著特征。

（四）水产品物流中心迅速向销地等大中城市转移

在上海、广州、天津这样的大城市，国家传统交通网络、现代高速公路、港口建设和航空运输发展集于一体，产品、信息、人才、资金、技术等水产品物流所需要的要素高度集中，具有向全国甚至世界辐射的基础和功能；同时，这些城市商务活动频繁，人们生活水平相对较高，城市自身的水产品消费数量集中且巨大。

（五）水产品流通主体多元化，水产品批发市场已成为整个水产品物流链上的核心节点

水产品市场开放后，渔民、经纪人、贩运商、合作社、流通企业、部分水产协会等纷纷参与水产品流通，流通主体多元化给水产品市场注入了极大的活力。目前已基本形成批发市场、直销配送、代理和个体商贩等营销方式，促进了水产品的流通。

（六）新的流通模式不断涌现

电商专注于海鲜水产品，降低物流风险和物流成本。以冷冻海鲜产品为例，超市里销售的冷冻水产品，至少要通过三四级经销商后才能进入超市，仅仅算上运输成本的话，每经过一个分销商也至少会增加20%的费用。而通过电子商务平台购买的话，消费者可以减少两三层的“倒手”，价格至少会比超市便宜两成。

案例分析

根据案例分析，我国面临“资源环境约束趋紧，传统渔业水域不断减少，渔业发展空间受限”的挑战。从三次产业融合角度来说，提出以下建议。一是推进水产加工业转型升级：积极发展水产品精深加工，加大低值水产品和加工副产物的高值化开发和综合利用，鼓励加工业向海洋生物制药、功能食品和海洋化工等领域延伸；推进水产品现代冷链物流体系平台建设，提升从池塘、渔船到餐桌的水产品全冷链物流体系利用效率，减少物流损失，有效提升产品品质；稳定并发展来料加工产业，提高水产品的附加值。二是加快水产品品牌建设：加强渔业品牌建设，积极推进公共品牌认定，加大品牌保护，提升渔业品牌竞争力；建立和完善水产品品牌评价认定、品牌促进、品牌保护和品牌推广体系，制定科学、合理的评价标准和认定办法，组织开展一系列品牌宣传、推广和保护活动；鼓励水产品企业全方位、多层次地推动自主品牌建设，开展水产品国际认证，培育一批国际竞争力强的自主品牌，提升水产品外贸企业形象和竞争力，扩大出口市场份额；鼓励和支持企业积极参加国内外举办的各种水产品贸易博览会，扩大中国水产品的影响。三是发展新型营销业态：鼓励发展订单销售、电商等销售模式；加强方便、快捷水产加工品的开发研究，拓展水产品功能，引导国内水产品市场消费，推动优质水产品进超市、进社区、进学校、进营房。四是积极发展休闲渔业：加强渔业重要文化遗产开发保护，鼓励有条件的地区以传统渔文化为根基，以捕捞及生态养殖水域为景观，建设美丽渔村；加强休闲渔业规范管理和标准建设，深入开展休闲渔业品牌示范创建活动；大力发展休闲渔船及装备，加强和规范休闲渔船及装备的检验和监督管理；积极培育垂钓、水族观赏、渔事体验、科普教育等多种休闲业态，引导带动钓具、水族器材等相关配套产业发展，推进发展功能齐全的休闲渔业基地，促进休闲渔业产业与其他产业的融合发展。

任务总结

我国水产生产上，生产产量急剧上升，地区分布不均衡，产值不断攀升；水产品结构进一步优化，海洋渔业逐渐转向淡水渔业；人工养殖比例扩大，持续推进“以养为主”的生产方式；以推进渔业供给侧结构性改革为主线，强渔惠渔政策力度不断加大；水产品加工占比加大，贸易额逐年增加。在水产品消费上，消费量持续增长，但消费增长速度远远滞后于生产增长速度；生产的区域性导致消费区域具有不平衡性；城乡居民消费差异显著，但消费差距在逐渐缩小；水产品安全越来越受到关注。我国的海洋鱼产品，主要有带鱼、大黄鱼、小黄鱼、海鲶、鲤鱼、鲸鱼、金线鱼、海鳗、马鲛鱼、鲐鱼、鲱鱼、沙丁鱼、乌鲳、金枪鱼等，主要有石岛渔场、大沙渔场、吕四渔场、舟山渔场、闽东渔场、珠江口渔场、北部湾北部渔场、西沙群岛渔场。水产品物流呈现六大特点：一是水产品的鲜活和易腐性，物流复杂，技术要求高；二是水产品生产与消费地理差异大，物流量大；三是多品种，单品批量小的物流特点；四是水产品物流中心迅速向销地等大中城市转移；五是水产品流通主体多元化，水产品批发市场已成为整个水产品物流链上的核心节点；六是新的流通模式不断涌现。

分组讨论

1. 水产品生产与消费情况。
2. 水产品分布状况。
3. 水产品物流特点。

业务技能训练三

当地市场水产品产地和物流现状调研

1. 实训背景资料

教师（或学生）选择当地水产品市场，调研市场某类水产品产地和物流情况，并查找相关资料，完成实训内容。

2. 实训目标

学生能够根据调研数据和所查资料进行分类整理，分析当地市场某类水产品的产地和物流情况。

3. 实训准备

（1）全班学生分组，每组成员控制在 3 ~5 人（每组选择不同种类的水产品）。

（2）以组为单位进行资料收集。

（3）教师进行现场指导，体现以学生为主体的教学特色。

4. 实训步骤

（1）收集某类水产品的产地和物流相关文献资料。

（2）制订实地调研和资料收集方案。

（3）实地调研。

（4）撰写某类水产品的产地和物流情况的调研报告。

5. 实训效果评价（见表 2 – 16）

表 2 – 16　　　　　　　　　　水产品调研实训效果评价

考评内容	考评标准	分值（分）	自我评价（分）	小组评价（分）	教师评价（分）	实际得分（分）
实训完成情况	调研方案制订适宜	10				
	组员分工合理	10				
	收集资料丰富	10				
	调查报告分析翔实、观点明确	50				
其他	态度积极、遵守纪律、有团队协作精神	20				
合计		100				

注：实际得分 = 自我评价 ×20% + 小组评价 ×30% + 教师评价 ×50%。

思考练习题

一、选择题

1.《全国生猪生产发展规划（2016—2020 年）》，综合考虑各地(　　)、环境承载能力、资源禀赋、消费偏好和屠宰加工等因素，将全国划分为重点发展区、约束发展区、潜力增长区和适度发展区 4 个区域。

A. 生产发展基础　　　　B. 工业基础

C. 旅游基础　　　　D. 经济基础

2.《全国生猪生产发展规划（2016—2020 年）》，将全国划分为重点发展区、(　　)、潜力增长区和适度发展区 4 个区域。

A. 重点发展区　　　　B. 约束发展区

C. 潜力增长区　　　　D. 次重点发展区

3. 我国畜牧业区域分布为(　　)。

A. 牧区畜牧业　　　　B. 农区畜牧业

C. 半农半牧区畜牧业　　　　D. 城市郊区畜牧业

4. (　　)指介于农区和牧区之间，自然形成的农区和牧区的过渡地带。

A. 牧区畜牧业　　　　B. 农区畜牧业

C. 半农半牧区畜牧业　　　　D. 城市郊区畜牧业

5. 我国生猪产业带主要分布于(　　)。

A. 东北地区　　　　B. 长江中下游

C. 华南地区　　D. 华北地区

6. 我国奶牛产业带主要集中在(　　)和大中城市郊区。

A. 东北地区　　B. 长江中下游

C. 华南地区　　D. 华北地区

7. (　　)是牦牛的主要产区。

A. 内蒙古牧区　　B. 新疆牧区

C. 青海牧区　　D. 西藏牧区

8. 根据我国各地淡水渔业发展的自然条件、渔业资源和渔业生产状况的差异，全国淡水渔业可划分为长江、淮河流域淡水渔业区，珠江流域淡水渔业区，黄河、海河流域淡水渔业区，以及(　　)5 个区域。

A. 辽河、黑龙江流域淡水渔业区　　B. 南方内陆渔业区

C. 青海、新疆、西藏内陆渔业区　　D. 北方内陆渔业区

9. (　　)是全国淡水鱼单产最高的地区。

A. 长江、淮河流域淡水渔业区　　B. 珠江流域淡水渔业区

C. 黄河、海河流域淡水渔业区　　D. 青海、新疆、西藏内陆渔业区

10. (　　)饵料丰富，鱼群十分密集，为我国近海最大的渔场，也是世界上少数几个最大的渔场之一。

A. 石岛渔场　　B. 大沙渔场

C. 吕四渔场　　D. 舟山渔场

二、判断题

1.《全国生猪生产发展规划（2016—2020 年）》中，北京地区规划为适度发展区。(　　)

2. 我国新疆和甘肃肉羊产量约占全国肉羊产量的 1/4。(　　)

3. 我国奶牛产业带主要集中在东北、华北和大中城市郊区。(　　)

4. 内蒙古牧区，草原总面积约为 88 万平方千米，大致占全国草场总面积的 1/4，适宜放牧各种牲畜。这是我国最大的牧区，优良畜种有三河马、三河牛等。(　　)

5. 新疆牧区是全国第五大牧区，该区草地面积广，水草质量好，所产河曲马、欧拉羊以品种优良驰名全国。(　　)

6. 我国禽蛋生产集中分布于长江以北地区，以河南、山东、河北、辽宁、江苏、湖北、四川、安徽、吉林、黑龙江为最多。(　　)

7. 珠江流域淡水渔业区是我国淡水渔业资源集中度最高的地区。(　　)

8. 石岛渔场饵料丰富，鱼群密集，为我国近海最大的渔场，也是世界上少数几个最大的渔场之一。(　　)

9. 吕四渔场，位于黄海西南部，东连大沙渔场，西邻苏北沿岸，成为黄海、东海最大的大、小黄鱼产卵场。(　　)

10. “十二五”期间，我国人工养殖比例扩大，已经到了“以养为主”的发展阶段。　（　）

三、简答题

1. 我国畜牧业布局分为哪几个区域？

2. 根据《全国生猪生产发展规划（2016—2020 年）》，哪些地区为约束发展区？

3. 我国分为哪五大淡水渔业区？

4. 我国有哪些主要渔场？

5. 我国特色农产品规划中，选定产品和优势区的依据是什么？

项目三　农产品商品属性——农作物篇

学习目标

知识目标：

1. 掌握粮食、油料油脂、果蔬产品属性相关概念；
2. 了解粮食、油料油脂、果蔬产品特征；
3. 熟悉粮食、油料油脂、果蔬产品商品感官检验指标。

技能目标：

能够根据粮食、油料油脂、果蔬产品感官指标判别产品质量优劣。

任务一　粮食产品属性

案例引入

陈粮“变”新粮

2015 年4 月，有粮商实名举报辽宁、吉林等地一些粮库和粮商相互勾结，用陈粮顶替新粮赚取差价，每吨达700 元。若买2 万吨，差价可达千万元。业内人士称，陈粮“变”新粮早已是行业潜规则。

按照我国中储粮粮食储备收购相关法规和规程的规定，国家每年下达中储粮收购任务，中储粮再把任务分解到各地粮库，各地粮库再委托相关粮商或自行组织收购，这其中各地农发行根据各地收购任务和粮价拨付或贷出收购资金，然后财政、审计、粮食管理部门、农发行、中储粮等再组织验收。

不知道这些陈粮到底“陈”到何种程度，如果经鉴定属于陈化粮，那么就具有极强的致癌性。国家对于陈化粮的监管非常严格，严禁陈化粮流入口粮市场。即使这些陈粮只是隔年粮，还达不到陈化粮的程度，但已经散发霉味，黄曲霉菌（目前所知最强的致癌物）或许也已超标，食用安全隐患无疑也非常大。

资料来源：http：//news. foodmate. net/2015/04/304996. html，2015 - 04 - 19，法制晚报，余明辉。

问题：什么叫陈粮、陈化粮？哪些指标可以检测出大米是否“陈化”？

知识准备

一、基本概念

（一）原粮

原粮也称自然粮，一般是指经过收割、脱粒而尚未碾磨加工的带有皮壳的粮谷，如禾谷类（稻谷、小麦、大麦、燕麦、黑麦、玉米等）、豆类（大豆、蚕豆、豌豆、绿豆等）、薯类（甘薯、马铃薯、木薯等）。

原粮因为其未去的壳对粮食有一定的保护作用，因此，在储藏、运输期间抵御温、湿、虫、霉等不良影响的能力比成品粮更强，有较好的耐储性。另外，粮食种类的不同和收货时间、气候的差异，也会导致作物在储藏期间对外界温湿度的反应能力以及对微生物与害虫的抗御能力不同，这就需要根据不同的特点，因地制宜地采用不同的储藏方式方法，以实现安全储藏。

（二）成品粮

成品粮是指原粮经过去壳加工后的产品。常见的成品粮有大米、面粉。成品粮与原粮相比，其储藏的稳定性变差了，在防潮、防虫、发热、霉变等方面的预防和处理工作中，成品粮对储运工作的要求更加严格。大米、面粉是消费者日常所必需物品，需求量大且供应要有持续性，而很多大米、面粉都是直接出库进行包装或简单的加工处理后就运往消费地销售，因此，在库保管质量的好坏，直接影响着大米、面粉的销量与价格。

二、原粮商品属性

（一）稻谷

1. 稻谷分类

稻谷按其品种可分为籼稻、粳稻和糯稻；按其成熟期可分为早稻、中稻和晚稻；按其对土壤和水分的适应性大小可分为水稻和旱稻。

2. 稻谷特性

（1）不耐高温

稻谷的胶体结构疏松，对高温的抵抗力较弱，在烈日下曝晒或在高温下烘干，都会增加其爆腰率和变色率，降低其食用品质和加工工艺品质。高温对稻谷品质的影响如表 3－1 所示。

表 3－1　　高温对稻谷品质的影响

<table>
<tr><td rowspan="3">水分（%）</td><td colspan="4">脂肪酸含量/（KOH mg/100g 干重）</td><td colspan="3">3 个月后的出米等级（加工成白粳米）</td></tr>
<tr><td rowspan="2">储藏前</td><td colspan="3">3 个月后</td><td rowspan="2">15℃</td><td rowspan="2">25℃</td><td rowspan="2">35℃</td></tr>
<tr><td>15℃</td><td>25℃</td><td>35℃</td></tr>
<tr><td>13.2</td><td>13.8</td><td>21.1</td><td>21.7</td><td>23.7</td><td>上白</td><td>近上</td><td>上中</td></tr>
<tr><td>15.2</td><td>14.6</td><td>22.1</td><td>23.3</td><td>23.3</td><td>上白</td><td>上中</td><td>中</td></tr>
<tr><td>17.2</td><td>16.9</td><td>24.4</td><td>23.5</td><td>44.5</td><td>上中</td><td>中</td><td>中次</td></tr>
<tr><td>19.6</td><td>18.9</td><td>24.6</td><td>46.8</td><td>43.3</td><td>上中</td><td>中次</td><td>次</td></tr>
</table>

（2）易陈化

稻谷即使没有发热，也非高温环境下储藏，随着保管时间的延长，也会出现陈化现象。这是因为稻谷中的淀粉酶和过氧化氢酶均会随着时间的延长而明显下降。有试验表明，稻谷中的过氧化氢酶在经过夏季后活性明显减退，储藏 3 年后的稻谷中的过氧化氢酶活性下降为之前的 1/5，而淀粉酶活性则在储藏 2 年后就降至测不出的程度。

（3）耐储藏

稻谷籽实由内外稃包裹，稃壳外面披有茸毛，有些品种的稻谷稃壳尖端延长为芒，这些特征使得稻谷的粮堆通常较松散，空隙比其他谷物大，因此，稻谷粮堆通气性好。此外，稻谷内外稃坚硬且结合紧密，使得稻谷吸湿性也强于其他谷类。

（4）易发热、结露、生霉、发芽

新收获的稻谷，生理活性强，早、中稻入库后积热难散，在 1～2 周内上层粮温会出现超过仓温 10℃～15℃的发热情况，如果没有及时降温，在气候转换季节，粮堆往往会因为室内外温差较大而出现上层粮食结露现象，导致稻谷生霉和发芽。这种霉变现象，在南方常被称为“气顶霉变”。

（5）散落性差

稻谷表面粗糙，其散落性比一般谷类差。一般稻谷的静止角为33°～45°，这个角度对仓壁压力较小，适宜高堆，能有效地提高仓容利用率。

3. 商品稻谷的质量检验

根据国家标准规定，在商品稻谷的收购、销售、调拨、储存、加工和出口中，商品稻谷的质量主要从以下几个方面来考察：

（1）出糙率

稻谷出糙率是指稻谷脱壳后的糙米占试样的质量分数（其中不完善粒折半计算）。出糙率体现稻谷的主要使用价值。成熟、饱满、壳薄的稻谷，出糙率较高。稻谷的出糙率高低直接反映了稻谷的工艺品质——碾米产量的潜力。一般出糙率高的稻谷，籽粒成熟、饱满，极少受病虫害的影响，因此，加工出米率高，食用品质也较好。

（2）不完善粒

不完善粒是指未成熟粒、虫蚀粒、病斑粒、生芽粒和霉变粒中尚有使用价值的颗粒。

（3）杂质

稻谷中的杂质是指通过20毫米圆孔筛的筛下物，包括泥土、砂石、砖瓦块及其他无机杂质，以及无使用价值的稻谷粒、异种粮粒及其他有机杂质等。

（4）色泽和气味

色泽和气味是指一批稻谷固有的综合色泽和气味的体现。在稻谷国家标准中，要求色泽和气味正常。

（5）黄粒米

黄粒米指胚乳呈黄色，与正常米粒色泽明显不同的颗粒。黄粒米形成的原因是多方面的，微生物作用及粮食陈化中的生化变化等均可引起米粒变黄，黄粒米不仅影响商品的外观品质，而且营养品质差，还可能带有真菌毒素。在国家标准中，黄粒米在稻谷中的含量不得超过1%。

我国稻谷质量检验流程如图3－1所示：

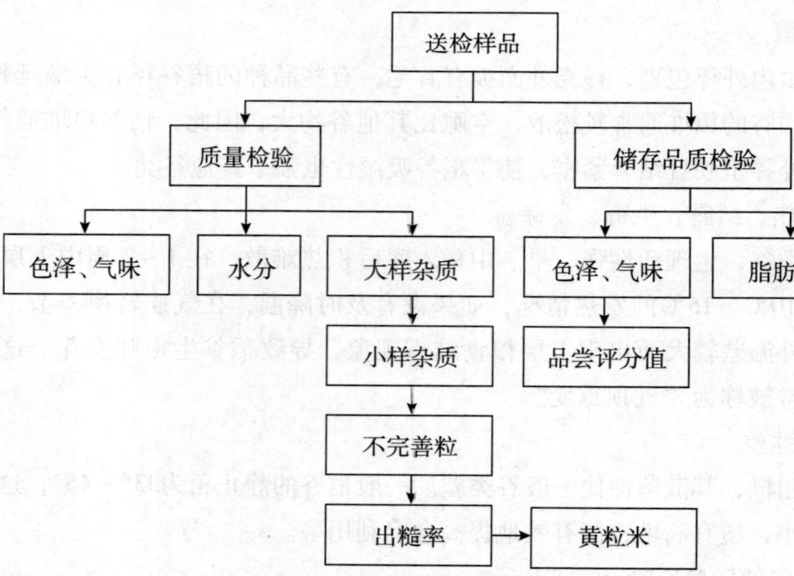

图3－1　稻谷质量检验流程

资料链接

根据 GB 1350—2009 稻谷标准，早籼稻谷、晚籼稻谷、籼糯稻谷及粳稻谷、粳糯稻谷质量指标如表 3－2 和表 3－3 所示。

表 3－2 早籼稻谷、晚籼稻谷、籼糯稻谷质量指标

等级	出糙率（%）	整精米率（%）	杂质含量（%）	水分含量（%）	黄粒米含量（%）	谷外糙米含量（%）	互混率（%）	色泽、气味
1	≥79.0	≥50.0	≤1.0	≤13.5	≤1.0	≤2.0	≤5.0	正常
2	≥77.0	≥47.0						
3	≥75.0	≥44.0						
4	≥73.0	≥41.0						
5	≥71.0	≥38.0						
等外	<71.0	—						

注：“—”为不要求

表 3－3 粳稻谷、粳糯稻谷质量指标

等级	出糙率（%）	整精米率（%）	杂质含量（%）	水分含量（%）	黄粒米含量（%）	谷外糙米含量（%）	互混率（%）	色泽、气味
1	≥81.0	≥61.0	≤1.0	≤14.5	≤1.0	≤2.0	≤5.0	正常
2	≥79.0	≥58.0						
3	≥77.0	≥55.0						
4	≥75.0	≥52.0						
5	≥73.0	≥49.0						
等外	<73.0	—						

注：“—”为不要求

（二）小麦

小麦是非常古老的粮食作物，是人类的主要粮食之一。目前，在全世界所有的粮食作物中，小麦的播种面积和总产量都居第一位。

1. 小麦的分类

小麦是禾本科小麦属，是一年生草本植物。目前栽培的小麦大多属于小麦属中的普通小麦。小麦的种类很多，一般根据其播种期、皮色或粒质进行分类。

（1）按播种期分类

按播种期或播种季节不同，小麦可分为冬小麦和春小麦。冬小麦耐寒性较强，春小麦耐寒性较弱。春小麦一般皮层较厚，颜色深，多为褐色，硬质麦多，面筋含量高，品质较好，但出粉率较低，粉色较差。冬小麦一般皮层较薄，颜色浅，白皮麦多，硬质麦较少，但出粉率较高，粉色较好。我国小麦以冬小麦为主，其播种面积和产量约占全国小麦的 90% 以上。

（2）按麦粒皮色分类

按麦粒皮色分类，小麦可分为红皮麦、白皮麦、花麦三类。红皮小麦的皮层呈红褐色或深红色，白皮小麦的皮层呈乳白色或黄白色，红皮麦与白皮麦相混时为花麦。一般红皮麦皮层较厚，出粉率较低，粉色较差，但筋力较好；白皮麦皮层较薄，出粉率较高，粉色较好，但筋力较差。

（3）按麦粒粒质分类

按麦粒粒质分类，小麦可分为硬质小麦和软质小麦两类。麦粒角质率达 50% 以上的为硬质麦，麦粒粉质率达 50% 以上的为软质麦。硬质麦一般皮色较深，籽粒不如软质麦饱满，但面筋含量较高，品质较好，适于制作面包；软质麦皮色较浅，籽粒较饱满，但面筋含量较低，适于制作饼干和糕点。

我国商品小麦根据冬种、春种小麦的皮色和粒质，可以分为以下六类：

（1）白色硬质小麦：种皮为白色、乳白色或黄白色的麦粒达 70% 以上，硬质率达 50% 以上。

（2）白色软质小麦：种皮为白色、乳白色或黄白色的麦粒达 70% 以上，软质率达 50% 以上。

（3）红色硬质小麦：种皮为深红色或红褐色的麦粒达 70% 以上，硬质率达 50% 以上。

（4）红色软质小麦：种皮为深红色或红褐包的麦粒达 70% 以上，软质率达 50% 以上。

（5）混合硬质小麦：种皮红色、白色互混，硬质率达 50% 以上。

（6）混合软质小麦：种皮红色、白色互混，软质率达 50% 以上。

2. 小麦的特性

（1）耐热性好

小麦的抗温变能力比其他谷类好，小麦的蛋白质和呼吸酶具有较高的抗热性，使得小麦经过一定的高温储藏后也不会影响其加工的面粉品质。我国各地常利用小麦耐高温的特性，采用高温密闭杀虫的方法来防止病虫害。但小麦耐高温的特性与其水分含量有很密切的关系，水分越高，高温后小麦加工的品质就越差，换而言之，即小麦水分含量越低，其耐高温性就越强。

（2）吸湿性强

小麦经过脱粒后，外部没有了保护，而其自身又含有大量亲水物质，因此，极易吸附空气中的水分。在储运期间，小麦很容易受到库内、车内空气湿度的影响而变质。小麦吸湿后，麦粒体积胀大，粒面变粗，容量减轻，散落性降低，淀粉、蛋白质水解，使用价值降低，容易遭受微生物侵害，引起霉变，因而做好防潮、干燥工作，是小麦储运活动中一个非常重要的工作内容。

（3）后熟期长

小麦具有明显的后熟作用和较长的后熟期。所谓的"后熟期"，是指种子离开母体后经过一段时间的储藏达到生理上的完全成熟的时期。一般小麦的后熟期为 2 个月，有的品种也可达 3 个月。后熟期中，小麦呼吸量大。新陈代谢快，会释放出大量的湿热气体，这些气体移动至粮堆上层，便出现了"出汗""乱温"等现象，容易引起粮食的结露、发热、霉变等不良变化。因此，如何安全度过后熟期，是小麦储藏活动特有的一项重要工作。

（4）易受虫害

小麦因为失去了外壳的保护，表面组织疏松、营养物质丰富，更易受到病虫害的侵袭。除少数豆类专食性虫种外，几乎所有的储粮害虫均会对小麦的储藏构成危害。

3. 小麦的质量检验

小麦面粉是中国人的传统主食和主要细粮之一，就全世界而言，小麦面粉是人类最重要的食粮。磨制面粉的主要原料是小麦，因此，面粉加工厂对小麦质量的评定是从硬度、面筋率、色泽、口味和出粉率等方面来加以判断的。不同种类的小麦在这些方面具有不同的特点，因此，在小麦贸易中应明确小麦的类别，在此前提下，通过对以下质量项目的鉴定，来判断小麦质量的等级和优劣：

（1）外观和气味

小麦的外观应鲜明匀整，并具有小麦的正常气味和色泽。进口小麦外观和气味的鉴定，主要在扦样现场进行。如果怀疑样品有异味，可嗅辨；或放入 60℃ ~70℃ 的温水杯，加盖振荡，经 2 ~3 分钟后将水倾倒出来，嗅其气味；必要时可采用化学鉴定法予以确定。

（2）容重

容重指小麦粒在单位容积中的质量，以克/升表示。容重是评定小麦质量的主要指标和重要项目。小麦容重的高低，与小麦各种成分的含量、杂质的种类和含量、外形、种皮厚薄有关。首先，小麦的容重因其成分而异，凡含蛋白质和淀粉多的小麦容重大，故蛋白质和淀粉含量多且充分成熟、新鲜而健全的小麦，容重大于未成熟、陈旧或受过病害或虫蛀的小麦。其次，小麦含水量越高，容重越小。最后，杂质对小麦容重的影响，取决于杂质的种类和含量。体积小而重量大的杂质能增加小麦容重；反之，体积大而重量轻的杂质则会减小小麦容重。杂质越少，对小麦容重的干扰就越小，因此，除去杂质后测定小麦容重更能反映小麦的实际质量情况。

综上所述，小麦容重与其质量和出粉率有密切的关系，因而容重是小麦划分等级的主要指标和计价的重要条件。

（3）水分

小麦的水分含量不仅影响容重，而且对小麦在储运中的质量变化和面粉加工都有很大的影响。小麦含水量过高，不仅不易保管，而且在磨粉时谷皮和胚乳分离困难，不易磨细；水分含量过低，则在磨粉时谷皮易磨碎混入面粉，从而降低面粉质量。因此，各国对小麦含水量均有限量规定。

（4）杂质

杂质不仅能降低小麦的纯度，而且能降低出粉率。石块、金属等矿物杂质能磨损加工机器；草籽、虫尸等有机杂质不利于小麦的储藏；黑穗病麦粒则会影响面粉的色泽、口味和蒸烘质量。因此，目前各国均以杂质作为小麦分级的主要质量指标之一，等级越高，杂质规定限量越严。但各国小麦标准中规定杂质的内容和要求有所差异。我国小麦标准规定小麦杂质包括以下几种：①筛下物，通过直径 1.5 毫米圆孔筛的物质；②矿物质、砂石、煤渣、砖瓦块及其他矿物质；③其他杂质，无使用价值的小麦粒、异种粮粒及其他物质。

（5）不完善粒

不完善粒是我国和国际市场衡量小麦质量的重要依据之一。不完善粒有以下几种：

①热损伤粒。简称热伤粒，主要是在仓储中受热霉腐所致。此种小麦由于受高温的影响，蛋白质的膨胀力降低甚至完全变性，一般带有霉腐味，故许多国家对小麦中热损伤粒的含量规定有严格的限量，如美国在损伤粒项内单独对热损伤粒规定了最高限量。

②不熟粒。一般外形枯萎皱缩，色泽不正，蛋白质和淀粉含量低，不熟粒不仅影响小麦的外观，更重要的是会降低面粉的面筋率。澳大利亚小麦“气候污损粒”中的“干绿粒”即因收获过早而造成的未熟抽干粒。

③冻伤粒。冻伤粒是指在收获期间在田间受严重冻伤而呈暗绿色的麦粒。这种麦粒由于受低温的影响，面筋蛋白质特性激变，磨成的面粉黏性较大，面筋率降低，严重者外形不正，颜色灰黑。澳大利亚小麦“气候污损粒”中的“严重畸形粒”就是因冻害造成的冻伤粒。

④发芽粒。发芽粒是指芽或幼根突破种皮的麦粒。因为这种麦粒中的蛋白质和淀粉已开始发生变化，所以用它碾磨的面粉黏性大、弹性小，面筋品质恶化。

我国小麦标准规定的小麦不完善粒系指虫蚀、病斑、破损、生芽、变质等伤及胚及胚乳的麦粒，其最高限量为 6%，在标准规定的基础上，每超过标准 3%，减价 1%。根据小麦国家质量标准 GB 1351—2008，小麦的质量要求如表 3－4 所示。

表 3－4 小麦质量要求

<table>
<tr><th rowspan="2">等级</th><th rowspan="2">容重
（g/L）</th><th rowspan="2">不完善粒
（%）</th><th colspan="2">杂质含量（%）</th><th rowspan="2">水分（%）</th><th rowspan="2">色泽、气味</th></tr>
<tr><th>总量</th><th>其中，矿物质</th></tr>
<tr><td>1</td><td>≥790</td><td rowspan="2">≤6.0</td><td rowspan="6">≤1.0</td><td rowspan="6">≤0.5</td><td rowspan="6">≤12.5</td><td rowspan="6">正常</td></tr>
<tr><td>2</td><td>≥770</td></tr>
<tr><td>3</td><td>≥750</td><td rowspan="2">≤8.0</td></tr>
<tr><td>4</td><td>≥730</td></tr>
<tr><td>5</td><td>≥710</td><td>≤10.0</td></tr>
<tr><td>等外</td><td><710</td><td>—</td></tr>
</table>

注：“—”为不要求

（三）玉米

玉米又名玉蜀黍、苞米。玉米是古老的作物之一，原产于墨西哥和秘鲁，后广泛分布于世界各地，成为人类的主要粮食作物之一。玉米不仅是重要的粮食，而且是畜牧业饲料，还是轻工业、医药工业原料。

1. 玉米的分类

按粒色或颜色分类是各国广泛采用的玉米分类方法。

（1）黄玉米

黄玉米系指表皮为黄色的玉米。我国玉米标准规定，种皮为黄色、异色粒不超过5%的玉米为黄玉米。美国玉米标准规定，黄玉米是指黄色的玉米，允许含有不超过5%的异色粒，凡黄色、微红色以及黄色带深红色的面积不超过整粒面积50%的玉米，均作为黄玉米，如深红色面积超过整粒面积的50%，则作为异色粒。

（2）白玉米

白玉米系指表皮为白色的玉米。我国玉米标准规定，种皮为白色、异色粒不超过5%的玉米为白玉米。

（3）杂玉米或混合玉米

杂玉米或混合玉米系指各类玉米的混合体。各国包含的内容有所不同。我国玉米标准按粒色和粒质可将玉米分为黄玉米、白玉米、糯玉米（黏性玉米）、杂玉米四类，在前三类玉米中，混入其他类型的玉米超过5%的均为杂玉米。美国标准的混合玉米则是指不符合黄玉米、白玉米规定的玉米，包括顶部呈白色的黄玉米。

2. 玉米的特性

（1）含水量高，成熟度不均

玉米主产区在我国北方，每年收货时已至晚秋，天气转凉，阳光也不再强烈，玉米外层又有苞叶包裹，日照不充分，因此，玉米在收获时均含水量较大，新收获的玉米含水量往往在20% ~35%。另外，玉米的胚部较大且组织疏松，所以玉米胚有很强的吸湿性。其呼吸作用也是小麦的9 ~12 倍，如果不及时处理呼吸作用释放出的水分与热气，玉米很容易发生霉变。因此，玉米的储藏以降水为首要工作任务。

常采用的降水方法：田间扒皮晒穗、通风栅降水、脱粒晾晒、烘干降水等。

采取降水措施时应该注意：①扒皮应本着“熟一块，扒一块”的做法。通常在同一块地上，需要有超过90%的果穗进入蜡熟中、末期才能开始扒皮工作。太早扒皮会影响产量，太迟则会影响降水效果。②扒皮时间不同、含水量不同应分开堆放，避免出现水分不均、干燥不彻底导致的发热、霉变等情况。③在晾晒过程中，应勤翻动，摊薄，以加快水分散发，但由于玉米颗粒含水量高，在翻动过程中还应注意机械损伤。④机械烘干降水操作时要注意烘干温度，温度过高会损坏玉米品质和发芽率，温度过低则达不到降水的目的。

（2）易损伤、吸湿

玉米授粉时间长，顶部和基部授粉时间不一致，导致同一果穗上的顶部与基部成熟度也不尽相同。未成熟的籽粒未经干燥，在脱粒时易受损伤，受损粒则更易吸附空气中的水分和细菌，形成霉变。

（3）胚部脂肪多，易酸败

玉米胚部富含脂肪，在储藏期间胚部易受到虫害侵袭，酸败也首先从胚部开始。有数据表明，随着温度、湿度的提升，胚部与胚乳酸度明显上升，在温度为25℃、湿度为90%的条件下，胚乳酸度为31.0，胚部酸度则高达633.0。

（4）胚部带菌量大，易霉变

玉米营养丰富的胚部给细菌提供了良好的生存环境（见表3－5），遇到湿热条件，细菌便大量繁殖，导致霉变。

表3－5　　不同粮种带菌数比较

	黄曲霉菌		青霉菌		镰刀菌	
	粮食表面	粮食内部	粮食表面	粮食内部	粮食表面	粮食内部
玉米	13.42	25.05	12.38	9.19	36.78	31.06
大米	0.11	1.5	0.16	2.5	1.83	17.8
稻谷	0.08		0.53	23.5	24.62	
小麦	0.04	4.05	0.07	6.46	0.02	10.17

玉米耐储性较差，是较难保管的粮种之一，通常不适宜做长期储藏。玉米具有成熟度不均匀、原始含水量高等特点，另外，玉米的未熟粒和破损粒较多，极易遭受虫霉侵害。玉米胚部大，吸湿性强，呼吸旺盛，据验证，正常玉米的呼吸强度比正常小麦的呼吸强度高 8 ~ 11 倍；玉米胚部含脂肪多，容易酸败，在储藏期间胚部极易遭受虫霉侵害，且胚部带菌量大，玉米胚部吸湿后，在适宜的温度下，霉菌大量生长繁殖，易致霉变，因此，其耐储性较差。

3. 玉米的质量检验

（1）色泽、气味

玉米的色泽和气味是评定玉米质量的重要因素。对玉米颜色的要求，是应具有本品固有的颜色，一是类别颜色，即需具有本类别特有的颜色，如黄玉米应为黄色，白玉米应为白色；二是本类别以外的玉米粒含量多时会影响玉米颜色的纯正，故各国对玉米中的异色粒均有限量规定。

气味正常与否可用于鉴别玉米是否处于完好状态，并可用于鉴别玉米的新鲜度及是否适合人类食用。玉米气味的异常来自两个方面：一是质量发生变化，如发霉或腐坏；二是吸收异味而产生商业上所讨厌的气味，如在我国进口美国玉米的合同中明确规定，玉米如具有肥料味、皮革味、油制品味、黄狼皮味或火烧烟熏味等，均应为美国样品级。

（2）纯粮率和损伤粒

我国玉米依据纯粮率分为三个等级，纯粮率因玉米等级不同而不同。我国玉米的损伤粒是指伤及胚或胚乳的虫蚀粒、病斑粒、霉变粒、冻伤粒等，我国对进口玉米的损伤粒的要求一般参照对方的玉米标准。

（3）杂质

我国玉米标准规定各等级的杂质含量均为 1%，包含筛下物、有机杂质、无机杂质等。

（4）水分

含水量的高低是玉米在流通过程中会否变质的重要因素，故各国对玉米含水量均有限量规定。我国玉米含水量不分级别，均规定统一的限量，例如，一般地区的玉米从一级至三级的含水量均为 14%，而东北、内蒙古、新疆地区玉米的含水量均为 18%。

资料链接

根据玉米国家标准 GB 1353—2009，各类玉米质量要求见表 3 - 6，其中，容重为定等指标，3 等为中等。

表 3－6　　　　各类玉米质量要求

等级	容重（g/L）	不完善粒含量（%）		杂质含量（%）	水分（%）	色泽、气味
		总量	其中，生霉变			
1	≥720	≤4.0	≤2.0	≤1.0	≤14.0	正常
2	≥685	≤6.0				
3	≥650	≤8.0				
4	≥620	≤10.0				
5	≥590	≤15.0				
等外	<590	—				

注：“—”为不要求

前沿聚焦

国家粮食局通告（2017 年第 5 号）

2017 年 9 月 18 日，国家粮食局发布 17 项推荐性行业标准，自 2017 年 9 月 15 日之日起实施。其编号和名称如下：

1. LS/T 1218—2017 中国好粮油 生产质量控制规范
2. LS/T 3108—2017 中国好粮油 稻谷
3. LS/T 3109—2017 中国好粮油 小麦
4. LS/T 3110—2017 中国好粮油 食用玉米
5. LS/T 3111—2017 中国好粮油 大豆
6. LS/T 3112—2017 中国好粮油 杂粮
7. LS/T 3113—2017 中国好粮油 杂豆
8. LS/T 3247—2017 中国好粮油 大米
9. LS/T 3248—2017 中国好粮油 小麦粉
10. LS/T 3249—2017 中国好粮油 食用植物油
11. LS/T 3304—2017 中国好粮油 挂面
12. LS/T 3411—2017 中国好粮油 饲用玉米
13. LS/T 6118—2017 粮油检验 稻谷新鲜度测定与判别
14. LS/T 6119—2017 粮油检验 植物油中多酚的测定 分光光度法
15. LS/T 6120—2017 粮油检验 植物油中角鲨烯的测定 气相色谱法

16. LS/T 6121.1—2017 粮油检验 植物油中谷维素含量的测定 分光光度法

17. LS/T 6121.2—2017 粮油检验 植物油中谷维素含量的测定 高效液相色谱法

资料来源：国家粮食局门户网站，2017－09－18，www.chinagrain.gov.cn。

三、成品粮商品属性

成品粮通常为了满足市场需求而进行短期储藏，但大中城市消费相对集中的地区，为了保证市场供应，需要有足够的成品粮库存。如何保证成品粮储藏安全，并且延缓其变质和陈化，需要仓库进行严格监控，采取一系列措施。

（一）大米

1. 大米分类

大米是稻谷的胚乳部分，稻谷去壳成糙米，糙米除去大部分皮层和胚成大米。根据米粒的去皮或留皮程度，大米可分为不同等级。商品稻米的分类方法与稻谷基本相同，按粒形、粒质分为粳米、籼米、糯米三类，它们分别由粳稻谷、籼稻谷、糯稻谷加工而成。

2. 大米的特性

（1）干燥大米易爆腰

米粒在干燥过程中，内部水分逐渐向外部转移，内外干湿程度不一致，而米粒腰部皮薄，腹面组织松散，当体积收缩程度不同时就会产生爆腰，从而降低大米的食用品质。

（2）无皮层保护，大米的储藏稳定性差

由于没有了颖壳和种皮的保护，大米的胚乳直接与空气接触，胚乳中的营养物质成为细菌繁殖和吸附水气的良好载体，这使得大米更容易吸湿、发生霉变；在高温环境下，大米的呼吸作用比稻谷更强，更易引起粮堆的发热、霉变和湿热无法散发等情况，最终影响大米品质。

3. 大米质量指标

根据大米国家标准 GB 1354—2009，大米的质量主要从以下几方面考察：

（1）加工精度

糙米碾制后，大米背沟和粒面上皮或种皮去皮越多精度越高，食味越好。

我国大米国家标准对加工精度有明确规定：

一级，背沟无皮，或有皮不成线，米胚和粒面皮层去净的占 90% 以上。

二级，背沟有皮，米胚和粒面皮层去净的占 85% 以上。

三级，背沟有皮，粒面皮层残留不超过 1/5 的占 80% 以上。

四级，背沟有皮，粒面皮层残留不超过 1/3 的占 75% 以上。

（2）杂质

杂质是指夹杂在大米粒中的其他物质，包括糠粉、矿物质、带壳稗粒、稻谷粒，以及无使用价值的米粒、异种粮粒等。

（3）碎米

碎米是指长度小于同批试样米粒平均长度3/4，留存在直径1毫米圆孔筛上的不完整米粒；小碎米是指通过直径2毫米的圆孔筛，留存在直径1毫米的圆孔筛上的不完整米粒。

在国际贸易中，常用大米的碎米率代表大米的品质。各国对碎米的定义和含量有不同的规定，因此，出口大米的碎米率限度应按合同和标样加工。大米的感官要求如表3－7所示。

表3－7　　大米的感官要求

项目	要求
色泽	符合应有品种的色泽，呈透明、半透明或白色，有光泽
形状	符合应有品种的粒形
气味	具有新鲜米特有的香气，无异味
滋味	生米无异味，煮熟后有鲜香味
外来杂物	无

资料链接

根据大米国家标准GB 1354—2009，大米质量指标如表3－8所示，其中，加工精度、碎米与其中小碎米、不完善粒、杂质最大限量为定等指标。

表3－8　　大米质量指标

品种		籼米				粳米				籼糯米			粳糯米		
等级		一级	二级	三级	四级	一级	二级	三级	四级	一级	二级	三级	一级	二级	三级
加工精度		对照标准样品检验留皮程度													
碎米	总量（%）≤	15	20	25	30	7.5	10	12.5	15	15	20	25	7.5	10	12.5
	其中，小碎米（%）≤	1.0	1.5	2.0	2.5	0.5	1.0	1.5	2.0	1.5	2.0	2.5	0.8	1.5	2.3
不完善粒（%）≤		3		4	6	3		4	6	3	4	6	3	4	6

续　表

品种		籼米				粳米				籼糯米			粳糯米		
等级		一级	二级	三级	四级	一级	二级	三级	四级	一级	二级	三级	一级	二级	三级
加工精度		对照标准样品检验留皮程度													
杂质最大限量	总量（%）≤	0.25		0.3	0.4	0.25		0.3	0.4	0.25		0.3	0.25		0.3
	糠粉（%）≤	0.15		0.2		0.15		0.2		0.15		0.2	0.15		0.2
	矿物质（%）≤	0.02													
	带壳稗粒（粒/kg）≤	3		5	7	3		5	7	3		5	3		5
	稻谷粒（粒/kg）≤	4		6	8	4		6	8	4		6	4		6
水分（%）≤		14.5				15.5				14.5			15.5		
黄粒米（%）≤		1.0													
互混（%）≤		5.0													
色泽、气味		无异常色泽或气味													

资料链接

新粮、陈粮和陈化粮

根据时间长短和质量优劣，大米可分为新粮、陈粮和陈化粮三种：当年的大米属于新粮；第一次储存期限超过一年的是陈粮；储存后变质的是陈化粮。根据相关规定，不宜直接作为口粮食用的粮食定义为陈化粮。大米是否“陈化”的主要检测指标：脂肪酸值、黏度、品尝评分值和色泽、气味。其中，脂肪酸值、黏度、品尝评分值三项中有一项指标达到“陈化”规定的，即认定为陈化粮。陈化粮需经过严格检测鉴定后才能确定。

根据国家标准 GB/T 15682—2008《粮油检验　稻谷、大米蒸煮食用品质感官评价方法》，大米蒸煮食用品质感官评价如表 3－9 所示。

表 3－9　米饭感官评价内容与描述

评价内容		描述
气味	特有香气	香气浓郁；香气清淡；无香气
	有异味	陈米味和不愉快味
外观结构	颜色	颜色正常，米饭洁白；颜色不正常，发黄、发灰
	光泽	表面对光反射的程度：有光泽、无光泽
	完整性	保持整体的程度：结构紧密；部分结构紧密；部分饭粒爆花
适口性	粘性	粘附牙齿的程度：滑爽、粘性、有无粘牙
	软硬度	白齿对米饭的压力：软硬适中；偏硬或偏软
	弹性	有嚼劲；无嚼劲；疏松；干燥、有渣
滋味	纯正性、持久性	咀嚼时的滋味：甜味、香味及味道的纯正性、浓淡和持久性
冷饭质地	成团性、粘弹性、硬度	冷却后米饭的口感：粘弹性和回生性（成团性、硬度等）

（二）面粉

用小麦加工的面粉，一般是指提取麸皮后的面粉。按蛋白质含量的多少，面粉可以分为高筋面粉、中筋面粉、低筋面粉及无筋面粉。小麦面粉具有以下特性：

（1）吸湿能力强

面粉颗粒细小，极易吸附空气中的水分，吸湿后形成结块或成团，影响面粉质量。另外，水分的聚集也会使得面粉更易被霉菌侵染，发霉变质，不能食用。

（2）热传导慢

面粉细小的颗粒阻碍了其间气体的流动，使面粉的热传导变慢。一方面，面粉发热后降温会比较缓慢；另一方面，面粉升温速度也会比较慢。有数据表明，小麦与面粉同时转入低温仓库，小麦温度降至仓温需 2～3 天，面粉则需 4～6 天。

案例分析

根据时间长短和质量优劣，大米可分为新粮、陈粮和陈化粮三种：当年的大米属于新粮；第一次储存期限超过一年的是陈粮；储存后变质的是陈化粮。根据相关规定，不宜直接作为口粮食用的粮食定义为陈化粮。案例中粮商用陈粮顶替新粮赚取差价，造成了不可替代的风险。因此，国家列定了一系列标准进行检测。检测大米是否陈化的主要检测指标为脂肪酸值、黏度、品尝评分值和色泽、气味。其中，脂肪酸值、黏度、品尝评分值三项中有一项指标达到陈化规定的，即认定为陈化粮。

任务总结

原粮也称自然粮，一般是指经过收割、脱粒而尚未碾磨加工的带有皮壳的粮谷，如禾谷类（稻谷、小麦、大麦、燕麦、黑麦、玉米等）、豆类（大豆、蚕豆、豌豆、绿豆等）、薯类（甘薯、马铃薯、木薯等）等。成品粮通常是为了满足市场需求而进行短期储藏的粮食，主要有大米及小麦面粉。

分组讨论

1. 原粮的商品属性。
2. 稻谷、小麦、玉米的感官鉴别。
3. 成品粮商品属性。

业务技能训练一

大米感官质量鉴别

1. 实训材料

购买不同品质的 5 种大米各 2 千克，查找大米相关感官鉴定资料，完成实训内容。

2. 实训目标

学生能够根据所学知识感官鉴别大米质量，完成实训报告。

3. 实训准备

（1）全班学生分组，每组成员控制在 3 ~5 人。

（2）以组为单位进行调研和资料收集。

（3）教师进行现场指导，体现以学生为主体的教学特色。

4. 实训步骤

（1）收集大米感官鉴别相关文献资料和质量标准。

（2）制订实训方案。

（3）撰写大米产品感官质量调研报告。

5. 实训效果评价（见表 3－10）

表 3－10　　粮食产品实训效果评价

考评内容	考评标准	分值（分）	自我评价（分）	小组评价（分）	教师评价（分）	实际得分（分）
实训完成情况	调研方案制订适宜	10				
	组员分工合理	10				
	收集资料丰富	10				
	调查报告分析翔实、鉴定结果符合要求	50				
其他	态度积极、遵守纪律、有团队协作精神	20				
合计		100				

注：实际得分＝自我评价×20%＋小组评价×30%＋教师评价×50%。

知识拓展

国家标准 GB 1350—2009 稻谷（现行有效）

国家标准 GB 1351—2008 小麦（现行有效）

国家标准 GB/T 15682—2008 粮油检验　稻谷、大米蒸煮食用品质感官评价方法（现行有效）

国家标准 GB 1353—2009 玉米（现行有效）

国家标准 GB 1354—2009 大米（现行有效）

任务二　油料、油脂产品属性

案例引入

四川绵竹一餐馆用“地沟油”烧菜　老板获刑两年

2015 年 9 月 6 日，绵竹市食药监局接到群众投诉举报，称该市东北镇“香正府”

饭店回收餐厨垃圾用于制造使用“地沟油”。接到举报后，食药监局前往该餐馆展开突击检查，并现场查获已制造出锅的“地沟油”，以及用于熬制“地沟油”的餐厨垃圾泊、锅具和大量原料。随即，该餐馆被执法人员查封，涉案人员全部被带走调查。

资料来源：四川在线消息，2016－05－05，http：//www. legaldaily. com. cn/locality/content/2016－05/05/content_ 6614086. htm？ node＝31029。

问题：正常的食用油脂有哪些特征？哪些油被称为地沟油？地沟油有什么危害？

知识准备

一、基本概念

（一）油料

油料是指可以加工提取油脂的原料，包括各种油料作物的果实和种子。油料中含有大量脂肪，一般含量在40%～50%，最低含量也在20%左右。我国是一个油料生产大国，常见的油料作物有油菜、花生、大豆、芝麻。其中，大豆含油量较低，属于低油料作物，油菜为中油料作物，花生和芝麻均为高油料作物。随着含油量的增加，储藏也变得越来越困难。综合来看，油料作物储藏工作可以总结为低温、干燥、密闭三个方面。

（二）油脂

油脂是指从油料中提取出的植物性脂肪。油脂通常可以按用途、商品规格和干燥性质进行分类。按用途可以将油脂分为可食用与不可食用两类；按商品规格可以将油脂分为毛油和精炼油。其中，采用压榨法或浸出法从油料中提取的颜色较深、水杂较多的初始油脂为毛油，一般不能食用。精炼油是毛油经过脱胶、脱酸、脱色、脱臭和脱蜡处理后获得的颜色浅、水杂少的油脂，我们日常使用的食用油均为精炼油。

二、油料作物的普遍特性

（一）易变质

油料作物由于脂肪含量高，受到高温、高湿等环境的影响，其中的不饱和脂肪酸极易被氧化，在储藏期间酸败变质，不易保管。

（二）易发热、霉变

油料作物脂肪含量高，吸热后不易散热，而且有些油料作物如芝麻等，颗粒细小，籽粒中含水量大，收获后生理活动旺盛，稍不注意就会出现“发热”的情况，高温聚集在料堆中不能及时散去，便会发生霉变。

（三）稳定性差，水分集中

油料中的脂肪不含有水分，大部分水分都集中在外围的蛋白质亲水物质中，因此，油料的水分相对集中。高水分含量，使得油料作物稳定性相对较差，易发生各种化学反应，造成作物的品质改变。

（四）不耐高温

油料作物中的脂肪，是热的不良导体，在高温环境下易发生化学反应，使得作物中的脂肪与蛋白质乳化状态被破坏，出现“走油”的浸油现象。

（五）籽粒易破损

柔软、饱满的油料作物籽粒，易受到机械损伤，损伤后的籽粒易吸附水汽结潮，也易受到虫霉侵害。

（六）吸湿性好

大多数油料作物都有着较好的吸湿性，有些油料作物因为籽粒大、缝隙多等特点，也具有较好的降湿性。

三、几种主要的油料作物

（一）大豆

我国是大豆生产大国。大豆在我国有数千年的栽培史，其中含有将近20%的脂肪，属于低油料作物。大豆主要集中种植在我国东北和黄河中下游、淮河流域，南方地区和长江以南比较少见。

1. 大豆的分类

按种皮颜色的不同，大豆可分为黄大豆、青大豆、黑大豆、其他颜色大豆。

(1) 黄大豆

黄大豆又称黄豆，各国的黄大豆又有所不同，我国的黄大豆系指种皮为黄色的大豆，这种大豆的子叶颜色有金黄和淡黄之分。大豆脐色因品种不同而有黑、褐、黄白及灰白之别。东北是我国大豆的主要产区，优良品种很多，该区产的大豆具有粒型整齐、色泽鲜明纯正、品质优良的特征，在国际市场上享有盛誉。美国的黄大豆包括种皮为黄色、绿色或珍珠色，子叶为黄色或白色的大豆。目前各国生产的大豆绝大部分是黄大豆。黄大豆的贸易量也是大豆中最大的。

（2）青大豆

青大豆又称青豆，种皮为绿色。我国的青大豆包括两种：青皮黄仁大豆和青皮青仁大豆。

①青皮黄仁大豆。种皮为淡绿色，子叶为黄色，脐一般为黄褐色，颗粒大小中等。这种大豆的脂肪含量低于黄大豆，而且由于种皮含有叶绿素，可榨取的豆油带绿色，且很难脱色。

②青皮青仁大豆。此种大豆的种皮和子叶均为绿色，故称为双青或里外青。这种大豆的颗粒较大，形状扁圆，脂肪含量低，富含蛋白质，适宜做菜。

美国和巴西因把青皮黄仁大豆列入黄大豆，故这两个国家的青大豆仅指青皮青仁大豆。

（3）黑大豆

种皮为黑色的大豆称为黑大豆。按子叶颜色的不同，黑大豆分为黑皮青仁乌豆、黑皮黄仁大豆两种。

（4）其他颜色大豆

种皮为褐色、茶色、赤色等的大豆均为其他颜色大豆。

2. 大豆的特性

（1）不耐高温

大豆在高温条件下可引起其浸油、赤变、生霉、酸败等反应，发芽率也大大降低，甚至丧失。因此，在晾晒大豆时应非常注意，不可在烈日下长时间曝晒。

（2）抗虫性好

大豆种皮坚硬，散落性好，除印度谷蛾、地中海螟蛾和粉斑螟蛾以外，不受一般虫害影响。

（3）易吸湿、生霉

大豆中蛋白质含量高，约占40%，远在脂肪含量之上。蛋白质中的亲水物质是作物吸湿的主要原因，因此，大豆的吸湿性非常强。有试验表明，当环境温度过高时，大豆的吸湿性可优于玉米和小麦。大豆吸湿后体积膨大，呼吸强度增大，生理活性增加，出现发热情况，易导致霉变。

另外，大豆的安全水分与温度有着密切的联系，随着储藏温度的上升，对大豆安全水分的要求也越来越严格。过夏的大豆一般要求安全水分控制在12.5%以下。对高水分大豆，应进行及时处理，达到安全水平后才可入库。

（4）易浸油、赤变

大豆储藏过程中，温度与水分是导致浸油、赤变的主要因素。当水分超过13%，温度超过25℃时，大豆就会发生赤变反应，进而出现浸油现象，降低加工品质，严重的可使加工出的油脂变质、带毒。

资料链接

大豆储藏一段时间后就可能出现两子叶靠脐部位色泽变红的现象，俗称“红眼”，之后子叶红色加深并扩大，称“赤变”。子叶呈现蜡状透明，称“浸油”。

3. 大豆的质量检验

（1）色泽和气味

质量正常的大豆应具有本品种固有的颜色，大豆皮色不一，这是由种皮部分含有不同的色素所致。黄豆种皮主要的色素成分是黄色素，青豆种皮主要的色素成分则是叶绿素，花大豆主要是花青素，黑大豆主要是黑色素，总之，不同色素会形成大豆种皮的不同颜色，这是我们鉴别不同品种大豆的色泽是否正常的重要依据。质量正常的大豆，还应具有正常大豆的气味。

（2）不完善粒

大豆的不完善粒包括未熟粒、虫蚀粒、病斑粒、破碎粒、生芽粒、冻粒、变质粒等伤及子叶的豆粒。大豆的不完善粒不仅影响大豆的外观，而且会降低大豆的使用价值（含食用价值），也不利于加工和保管，影响大豆制品的成品率和质量。因此，各国对大豆的不完善粒均有限量规定。

破碎粒同样会严重影响大豆外观，也不利于大豆的保管，故各国对其含量均加以限制。我国大豆的破碎粒系指大豆子叶残缺、横断、破裂的豆粒，其含量并入不完善粒，不单独计算。美国大豆的破碎粒系指已破碎掉 1/4 以上而品质未受损伤的大豆颗粒，其最高限量因大豆的等级而异，等级越高限制越严。

（3）杂质

杂质对大豆的质量和商品价值均有很大的影响，不仅能降低大豆的纯度，而且会降低大豆制品的成品率和出油率，故杂质越少质量越佳。大豆杂质包括的内容在各国并不完全相同，这是在大豆贸易中必须引起注意的。我国大豆标准规定，大豆杂质包括下列几种：

①筛下物：筛下物系指通过直径 3 毫米圆孔筛的物质。

②无机杂质：无机杂质包括泥土、砂石、砖瓦块及其他无机物质。

③有机杂质：有机杂质包括无使用价值的大豆粒、异种粮粒及其他有机物质。

（4）水分

大豆的水分主要集中在其中的非脂肪部分，尽管大豆的总含水量并不高，但非脂肪部分的水分却是较高的。因此，大豆的安全水分比一般谷类粮食的安全水分低。大豆含水量一般控制在 14% 以下，超过 15% 即不易保管，故各国对大豆含水量均规定了最高限量。

（5）含油量

供加工大豆油的大豆要求有较高的含油量，故含油量成为评定油用大豆质量和价格的主要依据。在欧洲市场，为了保证大豆含油量符合要求，对达不到合同规定的含油量的大豆制定了罚款办法。我国进口巴西大豆的合同规定大豆含油量为 18.8% 和 19%，以上述含油量为基础，大豆含油量每低 1% 价格按合同扣减 1.5%。

根据 GB 1352—2009 大豆质量国家标准，大豆质量指标应符合以下要求，如表 3-11 所示。

表 3-11　　大豆质量指标

等级	完整粒率（%）	损伤粒率（%）		杂质含量（%）	水分（%）	色泽、气味
		合计	其中，热损伤粒			
1	≥95	≤1.0	≤0.2	≤1.0	≤13.0	正常
2	≥90	≤2.0	≤0.2			
3	≥85	≤3.0	≤0.5			
4	≥80	≤5.0	≤1.0			
5	≥75	≤8.0	≤3.0			

（二）花生

花生带壳的果实称为花生果，脱掉外壳后的果仁称为花生仁。花生仁含油量约为 40%～50%，故花生属高含量油料作物。除了能榨油外，花生仁也是食品工业非常重要的一种原料。虽然花生果有外壳的保护，储藏性更加稳定，花生仁皮薄、肉嫩、含油量高，储藏稳定性较差，但因为花生果的体积大、堆垛性差，储藏起来需要占用大量的仓储空间，所以我国国家粮库一般都以储存花生仁为主。

花生的储藏特性：吸湿性强，不易干燥；易生虫，霉变；易酸败，不耐高温；易受冻等。

根据国家标准 GB/T 1532—2008，花生果、花生仁质量指标如表 3-12、表 3-13 所示，其中，纯仁率、纯质率为定等指标。

表 3-12　　花生果质量指标

等级	纯仁率（%）	杂质（%）	水分（%）	色泽、气味
1	≥71	≤1.5	≤10.0	正常
2	≥69			
3	≥67			
4	≥65			
5	≥63			
等外	<63			

表 3 – 13　　花生仁质量指标

<table>
<tr><th>等级</th><th>纯质率（%）</th><th>杂质（%）</th><th>水分（%）</th><th>整半粒限度（%）</th><th>色泽、气味</th></tr>
<tr><td>1</td><td>≥96</td><td rowspan="6">≤1.0</td><td rowspan="6">≤9.0</td><td rowspan="5">≤10.0</td><td rowspan="6">正常</td></tr>
<tr><td>2</td><td>≥94</td></tr>
<tr><td>3</td><td>≥92</td></tr>
<tr><td>4</td><td>≥90</td></tr>
<tr><td>5</td><td>≥88</td></tr>
<tr><td>等外</td><td><88</td><td>—</td></tr>
<tr><td colspan="6">注："—"为不要求</td></tr>
</table>

（三）油菜籽

油菜主要产区是长江流域各省市，油菜的种子油菜籽含油量可达 35% ~42%，故油菜是一种非常重要的油料作物。但油菜籽皮薄、肉嫩、胚部大、蛋白质含量较高等的特点，使其在储藏保管上有一定的难度。

油菜籽的特性如下：

1. 吸湿能力强，易发霉

油菜籽含有大量蛋白质，蛋白质中的亲水物质容易透过油菜籽的薄皮吸附空气中的水汽，含水量的升高，使得油菜籽生理活动旺盛，出现发热现象，促进霉菌活动，最后导致油菜籽发霉而失去使用价值。

2. 易发芽、发热

油菜籽吸湿返潮后，可以促进其籽粒的发芽，发芽后的油菜籽发热、发霉速度不是用天计算，而是用小时计算。水分在 13% 以上的油菜籽，往往无任何早起迹象，一夜过后温度能升高 10℃以上，籽粒往往全部霉变。油菜籽发热后的温度也比其他绝大多数粮食高，最高时可达 70℃ ~80℃。发热、发霉、发芽后的油菜籽，产油量大幅下降，品质也明显降低，油的质量下降严重，酸价增高，炼耗增大，严重的则不能食用。因此，油菜籽除了留作种子用的以外，其他入库的全应在最短的时间内进行加工，而不适宜长期储藏。

3. 呼吸旺盛，易生虫

油菜籽呼吸活动比其他粮食都旺盛，呼吸活动中散发出的热和水汽更适合害虫生长，因此，油菜籽是较易生虫的作物。

4. 酸价与含油量变化快

油菜籽在储藏期间酸价与含油量容易发生变化，且变化速度很快。以储藏 4 个月的油菜籽为例，酸价可从 1.4 增加至 2.38，含油量则由 41.55% 下降至 40.85%。

根据国家标准 GB/T 11762—2006，普通油菜籽质量指标如表 3 – 14 所示，其中，含油量为定等指标。

表 3－14 **普通油菜籽质量指标**

<table>
<tr><th>等级</th><th>含油量(标准水计)/(%)</th><th>未熟粒(%)</th><th>热损伤率(%)</th><th>生芽粒(%)</th><th>生霉粒(%)</th><th>杂质(%)</th><th>水分(%)</th><th>色泽、气味</th></tr>
<tr><td>1</td><td>≥42</td><td>≤2.0</td><td>≤0.5</td><td rowspan="5">≤2.0</td><td rowspan="5">≤2.0</td><td rowspan="5">≤3.0</td><td rowspan="5">≤8.0</td><td rowspan="5">正常</td></tr>
<tr><td>2</td><td>≥40</td><td rowspan="2">≤6.0</td><td rowspan="2">≤1.0</td></tr>
<tr><td>3</td><td>≥38</td></tr>
<tr><td>4</td><td>≥36</td><td rowspan="2">≤15.0</td><td rowspan="2">≤2.0</td></tr>
<tr><td>5</td><td>≥34</td></tr>
</table>

（四）芝麻

芝麻的种子含油量高，加工方法简单，加工出的油有种特殊的香味，芝麻油是食品加工行业和家庭普遍使用的油品之一。但芝麻种子皮薄、肉嫩、易吸水、含油量大等的特点，使得芝麻堆垛时空隙小、密度大，湿热难以散发。高温下的芝麻易出现酸败、浸油等变化，影响储藏的稳定性。因此，芝麻不适合长期储藏，应尽快完成加工。

四、油脂商品属性

（一）油脂

油脂在储藏特性上与前面所提到的粮食作物均有很大的不同，但温度和水分仍是两个很重要的因素。油脂中含有大量的不饱和脂肪酸，在储藏过程中容易发生氧化反应，氧化反应的结果会使油脂中的游离脂肪酸增高，油脂也便因此失去了原有的味道，产生酸败。在油脂储运工作中，预防和减缓油脂酸败是主要任务。具体来看，油脂储藏有如下特性：

1. 水分高，易致酸败

通常情况下，加工出来的油脂水分含量很低，但在原材料、加工工艺、技术和储运工作管理水平等条件的限制下，有时油脂含有较高的水分。当油脂水分超过0.2%时，油脂的水解作用就会增强，并且游离脂肪酸也会增多，加速油脂的酸败。因此，在油脂储运过程中，应避免淋雨、进水等情况，做好防潮、防水措施。

2. 高温加速氧化

高温可增强脂肪酶的活性，促进微生物生长发育，并分泌蛋白酶、解酯酶，使油脂中不饱和脂肪酸加速氧化分解、酸败变质。温度越高，时间越长，则酸败变质的速度就越快。在储运活动过程中，应尽可能地避免高温带来的储藏不稳定性。

3. 杂质易吸收水分

油脂尤其是毛油中，含有较多的杂质，而大量的杂质易吸收空气中的水分，加快油脂的酸败速度。当各种杂质总量超过0.2%时，油脂的酸败速度就会快速增加。必须要将杂质含量控制在0.2%以下，这样才能长期储藏。因此，油脂的简单除杂也是油脂储藏工作的一部分。常见的除杂方法有自然沉淀法、水化精炼法、碱液精炼法等。

4. 易在空气中氧化

暴露在空气中的油脂，内部的不饱和脂肪酸容易与空气中的氧气结合，使过氧化值与游离脂肪酸增加，并继续分解成低级的短碳链的醛、酮类物质，最终导致油脂酸败。通常油脂的酸败可分为三个阶段：第一阶段是过氧化值过高，游离脂肪酸增多，酸价升高；第二阶段是油脂颜色变深，透明度降低，浑浊度增加，沉淀增多；第三阶段是酸败变苦，产生哈喇味儿，失去食用价值。

资料链接

酸　败

酸败俗称哈喇，指油脂在储藏时由于与空气等作用发生氧化而进一步分解产生异臭味的现象。酸败主要是因为油脂中的不饱和脂肪酸被氧化而生成一部分游离脂肪酸和中等分子量的醛类（如庚醛、壬醛等）。

5. 遇到紫外线和金属物等易加速氧化

与其他粮食作物不同的是，油脂还会受到紫外线和金属物的影响，加速氧化。这是因为紫外线具有较高的能量，有利于油脂中不饱和脂肪酸的氧化活动，促进油脂酸败。当油脂暴露在日光中时，在紫外线的照射下，能形成少量的臭氧。而具有强氧化性的臭氧，又可以与油脂发生反应，加速它的酸败，从而不利于油脂的长期储藏。

除了日光以外，影响油脂储藏稳定性的还有部分金属。金属在化学反应中一般是氧化的促进剂，因此，油脂接触金属后也会加快其氧化反应，促进酸败。在储运过程中，油脂数量少时，应尽量选择塑料桶进行包装，以利于其长期储藏，也方便运输等物流活动。如选择金属包装物，则应选择对氧化反应影响较小的铁制或钢制油桶或油罐。

（二）几种常见的油脂商品属性

1. 大豆油

大豆油是大豆经过加工后获得的油脂，属半干性油，长时间暴露在空气中的豆油会在油面形成不坚固的薄膜。豆油除了食用价值以外，在工业上用途也很广泛。豆油的主体脂肪酸是亚油酸和油酸，亚油酸含量约为52%～65%，油酸含量约为25%～36%。亚油酸是人体必需的脂肪酸，具有重要的生理功能，有降低血脂、软化血管、降低血压、促进微循环的作用，可预防心血管病或减少心血管病的发病率，持别是对高血压、高血脂、心绞痛、冠心病、动脉粥样硬化、老年性肥胖症等具有良好的防治效果。儿童缺乏亚油酸，会导致发育迟缓，皮肤干燥。豆油的消化率达98%，且富含维生素E，是一种很好的食用油脂。

精制豆油呈淡黄色，澄清，透明。深棕色的豆油则是用变质大豆制成的。豆油有一种特殊的豆腥味，气味和滋味可在高温蒸汽脱臭后去掉。但豆油的腥味可能会在储藏期间“回味”。豆腥味是由亚麻酸、异亚油酸及磷脂引起的，采用选择性氢化的方法可以使亚麻酸含量降至最低限度，同时避免异亚油酸的生成，可基本消除豆油的“回味”现象。精制豆油在长期储藏后油色会由浅变深，这种现象称为“颜色复原”，其原因可能与油脂的自动氧化所引起的复杂变化有关。因此，豆油不宜长期储藏。

资料链接

根据大豆油国家标准 GB/T 1535—2017，成品大豆油质量指标见表3-15。

表3-15 成品大豆油质量指标

项目	质量指标		
	一级	二级	三级
色泽	淡黄色至浅黄色	浅黄色至橙黄色	橙黄色至棕红色
透明度（20℃）	澄清、透明	澄清	允许微浊
气味、滋味	无异味，口感好	无异味，口感良好	具有大豆油固有气味和滋味，无异味
水分及挥发物含量（%） ≤	0.10	0.15	0.20
不溶性杂质含量（%） ≤	0.05	0.05	0.05
酸价（以KOH计）（mg/g）≤	0.50	2.0	按照GB 2716执行
过氧化值（mmol/kg） ≤	5.0	6.0	按照GB 2716执行
加热实验（280℃）	—	无析出物，油色不变	允许微量析出物和油色变深
含皂量（%） ≤	—	0.03	
冷冻实验（0℃储藏5.5h）	澄清、透明	—	
烟点（℃） ≥	190	—	
溶剂残留量（mg/kg）	不得检出	按照GB 2716执行	

注1：画有“—”者不做检测。

注2：过氧化值的单位换算：当以g/100g表示时，如5.0mmol/kg = 5.0/39.4g/100g ≈ 0.13g/100g。

注3：溶剂残留量检出值小于10mg/kg时，视为未检出。

2. 玉米油

玉米油又名玉米胚芽油，属于半干性油脂。玉米油的主体脂肪酸为亚油酸和油酸，亚油酸含量约为34%～62%，油酸含量为19%～49%。玉米油本身不含有胆固醇，它对于血液中胆固醇的积累具有溶解作用，故能减少对血管产生的硬化影响。因为含有天然复合维生素E，所以对心脏疾病、血栓性静脉炎、生殖机能类障碍、肌萎缩症、营养性脑软化症均有明显的疗效和预防作用。

精制的玉米油呈橙黄色，清晰透明，具有玉米芳香味，由毛玉米油精制而成，磷脂、甾醇等物质基本除去，已无异味，可以直接食用。毛玉米油的质量与玉米胚芽的质量有着直接的关系，用刚加工分离的新鲜玉米胚芽制成的玉米油，质量好，储藏稳定性也好；用加工一段时间后的霉坏变质的玉米胚芽制成的玉米油，质量差，同时储藏稳定性也不好。因此，加工分离的玉米胚芽应及时制油，以保证玉米油的品质和储藏稳定性。

资料链接

根据玉米油国家标准GB/T 19111—2017，成品玉米油质量指标见表3－16。

表3－16 成品玉米油质量指标

项目	质量指标		
	一级	二级	三级
色泽	淡黄色至黄色	淡黄色至橙黄色	淡黄色至棕红色
透明度（20℃）	澄清、透明	澄清	允许微浊
气味、滋味	无异味，口感好	无异味，口感良好	具有玉米油固有的气味和滋味，无异味
水分及挥发物（%） ≤	0.1	0.15	0.20
不溶性杂质含量（%） ≤	0.05	0.05	0.05
酸价（以KOH计）（mg/g） ≤	0.50	2.0	按照GB 2716执行
含皂量（%） ≤	—	0.02	0.03
烟点（℃） ≥	190	—	

注：画有“—”者不做检测。

一级玉米油的冷冻试验（0℃储藏5.5h）规定澄清、透明；加热试验（280℃）规定无析出物，允许油色变浅或不变。

二级玉米油加热试验（280℃）规定微量析出物，允许油色变浅、不变、变深。

3. 花生油

花生油是从花生仁中提取出的油脂，属于半干性油脂。花生油呈浅黄色，具有浓厚的香味，广泛用于食品加工业。花生油的主体脂肪酸为油酸和亚油酸，其中，油酸含量为50%～70%，亚油酸含量为13%～26%。因为花生油的饱和脂肪酸含量较高，所以在夏季花生油为透明液体，到冬季则凝结为稠厚不透明的半固态或固态状。凝固后的花生油再熔化时容易因受热导致氧化反应加剧，酸价增高，不耐储藏。

资料链接

根据花生油国家标准 GB 1534—2017 规定，压榨成品花生油质量指标如表 3－17 所示。

表 3－17 压榨成品花生油质量指标

项目	质量指标	
	一级	二级
色泽	淡黄色至橙黄色	橙黄色至棕红色
透明度（20℃）	澄清、透明	允许微浊
气味、滋味	具有花生油固有的香味和滋味，无异味	具有花生油固有的气味和滋味，无异味
水分及挥发物含量（%） ≤	0.10	0.15
不溶性杂质含量（%） ≤	0.05	0.05
酸价（以 KOH 计）（mg/g） ≤	1.5	按照 GB 2716 执行
过氧化值（mmol/kg） ≤	6.0	按照 GB 2716 执行
加热实验（280℃）	无析出物，油色不变	允许微量析出物和油色变深
溶剂残留量（mg/kg）	不得检出	

注：溶剂残留量检出值小于 10mg/kg 时，视为未检出。

案例分析

正常食用油脂具有以下特征：水分高，易致酸败；高温加速氧化；杂质易吸收水分；易在空气中氧化；遇到紫外线和金属物等易加速氧化。这些特征使得油脂非常不利于长期储藏。案例中，地沟油是一个泛指概念，是对各类劣质油的统称，一般包括潲水油、煎炸废油、食品及相关企业产生的废弃油脂等。地沟油最早是用来生产肥皂或皂液的。随着能源价格的不断上涨，地沟油成了生产生物柴油的廉价原料。不法商贩为了赚钱，潲水油、煎炸废油等经过过滤、加热、沉淀、分离，将垃圾变身为清亮的“食用油”，最终通过低价销售，重返人们的餐桌。这种被称作“地沟油”的“三无产品”，其主要成分仍然是甘油三酯，却又比真正的食用油多了许多致病、致癌的毒性物质。

任务总结

油料是指可以加工提取油脂的原料，包括各种油料作物的果实和种子。油料中含有大量的脂肪，一般含量在40% ~50%，最低含量也有20%左右。油料作物普遍具有易变质、易发热、易霉变、稳定性差、水分集中、不耐高温、籽粒易破坏、吸湿性好等特性。我国是一个油料生产大国，常见的油料作物有油菜、花生、大豆、芝麻。其中，大豆含油量较低，属于低油料作物，油菜为中油料作物，花生和芝麻均为高油料作物。随着含油量的增加，各种作物的储藏也变得越来越困难。

油脂是指从油料中提取出的植物性脂肪。油脂通常可以按用途、商品规格和干燥性质分类。按用途可以将油脂分为可食用与不可食用两类；按商品规格可以将其分为毛油和精炼油。其中，采用压榨法或浸出法从油料中提取的颜色较深、水杂较多的初始油脂为毛油，一般不能食用。精炼油是毛油经过脱胶、脱酸、脱色、脱臭和脱蜡处理后获得的颜色浅、水杂少的油脂。我们日常食用的食用油均为精炼油。油脂具有水分高、易致酸败、高温加速氧化、杂质易吸收水分、易在空气中氧化等特性。因此，在日常生活中，要根据不同油脂种类的特性、标准中的质量指标进行优劣鉴别。

分组讨论

1. 油料作物的商品属性。
2. 大豆、花生、油菜籽的感官鉴别。
3. 油脂的商品属性。
4. 花生油、大豆油的感官鉴别。

业务技能训练二

食用油感官质量鉴定

1. 实训材料

购买不同品质的5种食用油各1瓶，查找食用油相关感官鉴定资料，完成实训内容。

2. 实训目标

学生能够根据所学知识感官鉴别食用油质量，完成实训报告。

3. 实训准备

（1）全班学生分组，每组成员控制在 3 ~5 人。

（2）以组为单位进行实训和资料收集。

（3）教师进行现场指导，体现以学生为主体的教学特色。

4. 实训步骤

（1）收集食用油感官鉴别相关文献资料和质量标准。

（2）制订实训方案。

（3）撰写食用油产品感官质量实训报告。

5. 实训效果评价（见表 3 –18）

表 3 –18　　油料、油脂产品实训效果评价

考评内容	考评标准	分值（分）	自我评价（分）	小组评价（分）	教师评价（分）	实际得分（分）
实训完成情况	调研方案制订适宜	10				
	组员分工合理	10				
	收集资料丰富	10				
	调查报告分析翔实，鉴定结果基本符合要求	50				
其他	态度积极、遵守纪律、有团队协作精神	20				
合计		100				

注：实际得分 = 自我评价 ×20% + 小组评价 ×30% + 教师评价 ×50%。

知识拓展

国家标准 GB/T 1352—2009 大豆（现行有效）

国家标准 GB/T 1532—2008 花生（现行有效）

国家标准 GB/T 11762—2006 油菜籽（现行有效）

国家标准 GB 1534—2017 花生油（现行有效）

国家标准 GB 19111—2017 玉米油（现行有效）

任务三 果品与蔬菜产品属性

案例引入

水果蔬菜应占据餐盘“半壁江山”

营养是健康的基础。在全民营养周期间，国家卫生计生委、中国记协、中国营养学会于2016年5月16日在京联合启动中国健康知识传播激励计划的果蔬营养与膳食平衡项目，呼吁公众摄入足量蔬菜水果，占到每天餐盘中食物总量的一半。

果蔬中富含人体必需的营养素，蔬菜中富含维生素、矿物质、膳食纤维和植物化学物，水果中则富含维生素C、膳食纤维、钾、镁等。食用蔬菜、水果能够降低脑中风和冠心病风险，还可以降低胃肠道癌症的发生风险。每天“半斤水果一斤菜”，还会降低肉类、油、盐的摄入，促进整个膳食的均衡。

资料来源：京九晚报，2016－05－18，http：//difang. gmw. cn/newspaper/2016－05－18/content_ 112530337. htm。

问题：水果蔬菜为什么应占据餐盘的“半壁江山”？

知识准备

蔬菜和水果，尤其是蔬菜，是人们日常生活中必需的、重要的副食品，它们所含的营养成分对人体有特殊的食用意义，新鲜果蔬富含多种维生素和矿物质，因此，食用果蔬不仅能使人体摄取较多的维生素以预防维生素缺乏症，而且大量的钠、钾、钙等矿物元素的存在使果蔬成为碱性食物，在人体的生理活动中起着调节体液酸碱平衡的作用。

一、蔬菜

（一）蔬菜的分类

1. 按食用器官分类

蔬菜按其供食用的器官可分为根菜类、茎菜类、叶菜类、花菜类、果菜类，以及种子食用苗菜类。

2. 按农业生物学分类

这种分类方法是按蔬菜的农业生物学特性，根据栽培技术和蔬菜的生长发育习性进行分类的，通常可分为根茎类、白菜类、甘蓝类、芥菜类、绿叶菜类、葱蒜类、茄果类、瓜类、豆类、薯芋类、水生菜类、多年生菜类、食用菌藻类等。

（1）根茎类

主要食用其各种形态肥大、肉质的根，如萝卜、根用芥菜、芜菁、辣根、胡萝卜、牛蒡、甜根菜等。

（2）白菜类

主要食用其叶片、叶柄、叶球和嫩梢，如甘蓝类、洋白菜、花椰菜、苤蓝、包菜等。

（3）甘蓝类

最常见的是结球甘蓝（卷心菜或包心菜），其次是花椰菜（花菜或菜花），还有绿花菜（青花菜）、球茎甘蓝（别名苤蓝）、芥蓝、羽衣甘蓝等。

（4）芥菜类

包括根芥菜（又名大头菜，有的为了将它与芜菁甘蓝（洋大头菜）区别开来，叫它本大头菜）、叶芥菜（分为大叶菜、花叶芥（金丝芥、银丝芥）、瘤芥（米陀芥）、分蘖芥（雪里蕻）以及茎芥菜（加工品叫榨菜）、芽芥菜（又叫儿菜））等。

（5）绿叶菜类

主要食用其叶片、叶柄及茎，如菠菜、茴香、苋菜、芹菜、落葵、芹菜、雪里蕻、莴笋等。

（6）葱蒜类

主要食用其茎，如洋葱、大蒜、大葱、韭菜等。

（7）茄果类

主要食用其果实，如茄子、番茄、辣椒、枸杞等。

（8）瓜类

主要食用其瓜果，如甜瓜、冬瓜、丝瓜、瓠瓜、苦瓜、蛇瓜等。

（9）豆类

食用的主要是豆粒、豆荚，如菜豆、豇豆、毛豆、扁豆、蚕豆、豌豆等。

（10）薯芋类

主要食用其块根，如马铃薯、姜、山药、豆薯、草石蚕、甘薯等。

（11）水生菜类

这类蔬菜都是在水中生长，如莲藕、茭白、慈姑、水芹、芡实、菱角等。

（12）多年生菜类

食用部分是茎，如竹笋、芦笋、金针菜、百合等。

（13）食用菌藻类

一种是食用菌类，主要食用其子实体，如蘑菇、香菇、木耳、平菇、口蘑、银耳、猴头、牛肝菌、羊肚菌等；另一种是藻类，如海白菜、海带、裙带菜、鹿角菜、紫菜、石花菜等。

（二）蔬菜特性

1. 商品特性

（1）季节性、区域性

蔬菜的生长具有明显的季节性，一个特定的蔬菜品种往往一年只能生产一季，不合季节的蔬菜往往价格很高。因为蔬菜的生长受气候、光照、土壤等的影响，所以其具有明显的区域性。例如，辣椒主要栽培在我国的西南、西北、中南地区。

（2）多样性

蔬菜由于种类或品种不同，其生产时期、收获时期又有较大的不同，即使是同一品种的不同个体，在品质上也存在明显的差异。因此，在加工蔬菜时，应合理安排收购、储运和加工生产，这样才能获得好的效果。蔬菜的食用方式也很丰富，可做菜、酱、茶、酒、饮料等。

（3）收获后的蔬菜仍具有生命活动

蔬菜收获后，仍然是一个“活”的有生理机能的有机体，仍进行呼吸代谢。因此，蔬菜从收获到流通、储藏、加工处理的各个环节，均易受环境及其他条件影响，发生生理、生化和品质上的变化。若环境不适宜或加工处理不及时，蔬菜在生理活动中必然会消耗体内的成分，逐渐地丧失其新鲜度，引起变质或腐烂，最后营养价值降低，失去其商品价值。

（4）易腐性

新鲜蔬菜一般含水分多，且仍在进行呼吸等生理代谢，因此在运输和储存阶段极易腐烂变质，其主要原因是微生物浸染、机械损伤和蔬菜自身的衰老。

（5）蔬菜的储存、运输特性

因为蔬菜组织结构、生理特点不同，所以蔬菜对储存、运输过程中的环境温度、湿度等条件的要求也不相同。有些蔬菜对温度敏感性较高，若环境温度过低，则会引起低温伤害，从而使蔬菜加工前出现大量的腐烂。一些蔬菜如洋葱、大蒜、萝卜、马铃薯等，经过长期储藏后会生芽。蔬菜的休眠有利于其储藏。掌握蔬菜的最适储藏条件和储藏期，可减少蔬菜在加工前的衰老与品质下降，为蔬菜加工提供最优质的原料。

2. 化学特性

（1）蔬菜中水分的存在状态

蔬菜中的水分存在两种状态：一种是游离水，可溶性物质就溶于这类水中，易蒸发失去；另一种是胶体结合水，不仅不蒸发，即使人工排除也十分困难。蔬菜的生理变化离不开水分，水分的减少可激活蔬菜中的某些酶，使其耐储性和抗病性减弱，常常引起品质劣变，使储藏期明显缩短。

（2）蔬菜中的碳水化合物

一是糖类，主要是葡萄糖、果糖和蔗糖。二是淀粉，蔬菜中的淀粉含量因蔬菜的成熟度不同而异，在未成熟前含量高，随着蔬菜的成熟，淀粉因转化为糖而减少，而糖也可以转化为淀粉。三是纤维素和半纤维素，纤维素在蔬菜中普遍存在，是蔬菜的成分之一。蔬菜中纤维素和半纤维素含量越高，品质越差，但是其耐储性却越强。四是果胶物质，果胶物质是构成细胞壁的主要成分，也是影响蔬菜质地软、硬或绵的程度的重要因素。果胶物质可分为原果胶、果胶和果胶酸三种。

（3）含氮物质

主要有蛋白质、氨基酸等。蛋白质的存在，使得在加工蔬菜汁中常发生泡沫、凝固沉淀等现象，从而影响产品质量。

（4）维生素

一是维生素 A。蔬菜中没有维生素 A，仅有胡萝卜素，胡萝卜素进入人体后可以转化为维生素 A。温度对维生素 A 的影响不大，但干燥加工会破坏一部分胡萝卜素。二是维生素 C，又称抗坏血酸。温度对维生素 C 的氧化影响很大，主要是在高温下氧化酶会受到抑制和破坏，故在蔬菜加工中，烫漂时要求水煮沸后再投入蔬菜。

（5）有机酸

蔬菜中的有机酸是影响蔬菜风味的重要因素，主要有苹果酸、柠檬酸和草酸。除番茄等少数蔬菜含酸量较高外，大多数蔬菜含酸量很低。未成熟的蔬菜果实含有机酸较多，长时间储藏后酸味变淡，含酸量下降的速度与果实的种类和储藏温度等有关。

（6）芳香物质

它们是蔬菜特殊气味的主要来源，也是判断蔬菜成熟度的重要指标之一。蔬菜果实到一定的成熟度后才会有足够的香气。利用冷藏可减少香味的损失。大多数芳香物质都具有杀菌作用，有利于蔬菜的储藏。

（7）单宁

单宁具有收敛性的涩味，对蔬菜及其制品影响很大，与蔬菜风味和色泽有密切关系。在加工过程中，对含单宁的蔬菜，如处理不当，常会引起其变色。单宁遇铁变黑色，与锡长时间共热呈玫瑰色，遇碱则变蓝色。这些特性直接影响着蔬菜制品的品质，有损其外观品质，因此，蔬菜加工所用的工具、器具、容器设备等十分讲究。

（8）糖苷

蔬菜中主要有芥子苷和茄碱苷。芥子苷为十字花科蔬菜的苦味来源，水解后苦味逐渐消失；茄碱苷又名龙葵碱，剧毒且有苦味，存在于马铃薯块茎、番茄和茄子中，在未成熟的块茎及在阳光下暴露而呈绿色的部位和萌芽的芽眼附近，茄碱苷含量显著增加。因此，受光照发绿的马铃薯不能食用，储存时应将其放在低温和避光处。

（9）色素

蔬菜表现出不同的颜色，原因在于其含有色素物质，如叶绿素、类胡萝卜素、花青素和花黄素等。

（10）蔬菜中的植物激素

包括乙烯、生长素、细胞分裂素、矮壮素等，蔬菜果实的生长、发育、成熟和衰老取决于整个激素的含量。例如，细胞分裂素可抑制蛋白质和叶绿素的分解，防止果皮脱落与延迟衰老，保持蔬菜新鲜。

（11）矿物质

蔬菜中80%的矿物质是金属元素，最主要的矿物质有钙、铁、磷等十多种，故蔬菜是碱性食品。含钙量较高且易被人体吸收的蔬菜有胡萝卜、芥菜叶等，而菠菜中的钙含量虽高，但以草酸钙（盐）状态存在（非游离状态），不易被人体吸收。

（12）酶

蔬菜中的酶主要有氧化酶（包括酚酶、维生素C氧化酶、过氧化氢酶及过氧化物酶等）和水解酶（包括果胶酶、淀粉酶、蛋白酶等）两大类，它们是引起蔬菜品质变坏和营养成分损失的重要因素。酶与蔬菜加工的关系主要有两方面：一是要抑制酶的活性，例如，在蔬菜加工中为了避免褐变、防止浑浊蔬菜汁的分层和提高番茄酱黏稠度等，要钝化酶的活性；二是要利用酶的活性，例如，蔬菜的后热、蔗糖的酶促转化和蔬菜汁的澄清等。合理地控制和利用这些酶，是蔬菜储运加工中进行各种处理的基础。

（三）蔬菜的质量检验

1. 根菜类

重点检验的代表性品种是秋大萝卜。该品种多为大型和中型种，其品质好、耐储藏、用途多，经感官鉴别可分出良质、次质和劣质。

（1）良质

色泽鲜嫩，肉质松脆多汁；肉质根部粗壮，大小均匀，无损伤，表皮光滑不开裂，不糠心，不空心；无病虫害；用手弹击时为实心。

（2）次质

肉质松脆多汁，不糠心，不空心，不黑心；无损伤，无病虫害；大小不均匀，形状不匀称；表皮粗糙但不开裂。

（3）劣质

大小不均匀，有损伤；表皮粗糙已开裂；用手弹击时有空心。

2. 茎菜类

茎菜类检验的代表品种是马铃薯。马铃薯既是蔬菜，也是粮食，是世界五大食用作物之一。其味道适中，营养丰富，淀粉含量高，是蔬菜中提供人体热能最多的品种之一。

（1）良质

薯块肥大，大小均匀；皮薄干净，无泥土，无伤疤，无糙皮；无病薯，无虫蚀；

薯块不发芽，不变绿。

(2) 次质

薯块大小不均匀；带毛根或泥土；混有少量病薯、带疤、虫蚀、机械伤的薯块。

(3) 劣质

薯块小而不均匀；有损伤或虫蚀；薯块萎蔫变软；薯块发芽或变绿；有腐烂气味。

3. 叶菜类

叶菜类蔬菜品种多，是市场供应中的主要蔬菜，其个体消费量最多的是大白菜。大白菜在整个蔬菜生产和供应中都占有重要的位置，根据上市时间的早晚，可分为早、中、晚熟品种，中、晚熟品种即窖白菜，是我国冬春供应的主要蔬菜。

(1) 良质

叶色深绿，干爽无泥；根削平，外形整齐，菜棵大小均匀；无黄叶，无烂叶，允许保留四五片较老的绿色外叶；无软腐病，无虫害，无机械损伤。

良质菜的成熟度：一级窖白菜的成熟度达到“八成心”即可，充分成熟的窖白菜反而不耐储藏。

良质菜的水分含量：菜质鲜嫩，或经过适当晾晒，使其外部散失部分水分，使组织变软，可以减少机械损伤，有利于储藏。但晾晒要适度，判定方法是菜直立时外叶垂而不折。

(2) 次质

叶色浅绿干爽；根削平，外形不整齐，菜棵大小不均匀；无软腐病，无机械损伤；其成熟度、水分含量同良质白菜；无烂叶，带有泥土或黄叶。

(3) 劣质

菜棵包心不实，“八成心”以下；外形不整齐，大小不一；外叶有软腐病或机械损伤；根部有泥或有黄叶、烂叶。

4. 果菜类

果菜类蔬菜是我国夏季的主要蔬菜，也可有保护地四季生产，其代表品种为黄瓜和香茄。

(1) 黄瓜

原名胡瓜。

①良质：鲜嫩带白霜，以顶花带刺为品质最佳；瓜条直，均匀整齐，无折断损伤；皮薄肉厚，清香爽脆，无苦味；无病虫害。

②次质：瓜条弯曲不均匀，但无折断损伤，无畸形瓜；瓜条萎蔫不新鲜。

③劣质：颜色近黄或黄色；瓜畸形，并有大肚、尖嘴、蜂腰等；肉质发糠，有苦味；瓜条上有病斑或烂斑。

(2) 番茄

又名西红柿，已成为我国主要蔬菜之一，其果味甜汁多，营养丰富，口味好，既是菜，又是一种大众化的水果。

①良质：表面光滑，颜色均匀，有 3/4 表面呈红色或黄色；果大均匀饱满，果形正，无破裂，允许果肩上部有轻微环状裂痕或放射状裂痕；果肉充实，口味甜酸适口；无筋腐病，无脐腐病，无病虫害。

②次质：表面着色不均匀或果实青，成熟不好；果实变形不圆整，呈长椭圆形；果肉不饱满，有空洞。

③劣质：果形呈不规则的瘤状突起或果脐处与果皮处裂开（脐裂果）；果破裂，有异味；有筋腐、脐腐、日灼等病害或虫害。

二、果品

果品种类繁多，生长发育特性各异。其中，很多特性都与采后成熟衰老变化密切相关，因而对储藏产生一定的影响。

（一）果品的分类

1. 按经营分工和特性分类

（1）水果类

包括苹果、梨、柑橘、香蕉、桃、李、杏、梅、荔枝、龙眼、菠萝、柿子、枣子、葡萄、石榴、西瓜、甜瓜、木瓜、无花果、猕猴桃等。

（2）干果类

以新鲜水果（如葡萄、杏、柿子等）为原料，经晾晒、干燥等脱水工艺加工制成的制品。

2. 按果实构造不同分类

（1）核果类

包括樱桃、杧果、桃、李、梅、杏、橄榄、枣子、杨梅等鲜果。果实均由子房发育而成，又称真果。大都由外果皮、中果皮、内果皮构成：外果皮薄；中果皮肉质为主要食用部分；内果皮木质化，坚硬成核，核中有仁，故称核果。

（2）仁果类

包括枇杷、苹果、梨、山楂、花红、槟子、海棠等鲜果。果实的食用部分由花托等器官发育而成，故称假果，因为内含种子数枚，所以又称仁果。

（3）浆果类

包括葡萄、柿子、杨桃、醋栗、草莓、无花果、番木瓜、石榴、人心果、猕猴桃等鲜果。这类果品的果实浆汁多，故称浆果，大都不耐储运。

（4）坚果类

包括核桃、椰子、板栗、白果、山核桃、香榧、榛子、扁桃（巴旦杏）、松子等干果。这类果实的外果皮和中果皮大部分不能食用，其食用部分是坚硬的果核内的种仁

(子叶或胚乳),故称坚果。

(5) 柑橘类

包括柑、橘、甜橙、柚子、金橘、柠檬等鲜果。这类果实大多由多心皮而具中轴胎座的子房发育而成。外果皮革质,并具油囊,中果皮(包括橘络)比较疏松,内果皮多数呈薄膜状缝合成囊,称瓤瓣或瓤囊,瓤内着生无数肉质化的汁胞和种子,汁胞富含浆液,是主要的食用部分。其中,金橘以食皮为主。

(6) 聚复果类

包括菠萝、菠萝蜜、番石榴、番荔枝、面包果等鲜果。聚复果分复果和聚合果:复果的果实由整个花序发育而成,故又称聚花果,其食用部分是肉质花序轴、子房或花托;聚合果的果实是由聚生在花托上的离生雌蕊所形成的众多小果聚合而成的,其食用部分是果实的种子、果托或浆质假种皮。

(7) 荔枝类

包括荔枝、龙眼等鲜干果。这类果实的形态、特征介于浆果和坚果之间,外有果皮,食用部分为假种皮。

(8) 瓜类

包括西瓜、甜瓜、哈密瓜、白兰瓜等鲜瓜。瓜类的果实在植物学上称为瓠瓜,由子房和花托发育而成,由外果皮、中果皮、胎座组织(瓜瓤)和种子构成。西瓜的外果皮和中果皮淡而无味,瓜瓤味甜而多汁,是主要的食用部分;甜瓜的主要食用部分是中果皮,其胎座组织在成熟时收缩软化,形成空腔。

(9) 草本和水生作物类

包括荸荠、菱、藕、莲蓬、米仁、芡实米等鲜干果。这类果品大都为水生作物的果实和根、茎,果蔗的可食部分也是植株的茎。

(二) 果品特性

1. 商品特性

(1) 生命活性

水果最基本的生物学属性是具有生命活动。新鲜的果品组织鲜嫩,富含水分,需要呼吸,仍然是活的机体。从表面上看,上市的果品似乎停止了生命活动,但实际上仍然进行着复杂的生理、化学和物理变化。同时,随着这些变化,果品的营养成分和食用价值也相应改变。

(2) 明显的季节性、区域性和多样性

水果的生长具有明显的季节性,不适时的水果往往价格很高,如西瓜是夏季的主要水果,价格夏天相对冬天来讲要便宜;水果的生长受气候、光照、土壤等自然和生态环境及生产条件的影响,具有明显的区域性,即使同一品种在不同地区其品质、收获期和价格也有明显的不同,如苹果,西北凉爽的高地,纬度虽低,但海拔较高、日照强、昼夜温差大，更适合苹果生长发育。

（3）易腐性

收获后的水果，富含水分，仍在进行呼吸作用等生理代谢活动。呼吸作用是生命活动的一种重要表现，是在酶的作用下果品细胞组织中的复杂有机物质缓慢地分解为简单的有机物质并释放出能量的过程。这种能量一部分用来维持水果正常的生理活动，一部分以热的形式散发出来，呼吸作用是一种能量消耗的过程。对于某些鲜果来说，果实离株后通过呼吸过程完成后熟作用，使果实的风味和生理特性发生一系列变化，对于改善鲜果的鲜味具有重要意义。

（4）储运特性

储藏果品应采用适宜的低温，以降低果品的呼吸作用。有些热带水果对温度具有较高的敏感性，在储运过程中环境温度过低往往引起低温伤害。例如，产于南方或夏季成熟的果品香蕉、菠萝等，比较适宜于较高的温度储藏；生长于北方又是秋天成熟的苹果、梨等，一般都能耐低温储藏。

资料链接

生产中影响水果储藏与运输的主要因素见表3－19。

表3－19　生产中影响水果储藏与运输的主要因素

影响因素	影响情况
栽培条件	①土壤：土壤的物理、化学性质，土壤肥力、水分和温度变化等对果实的生长和发育都有很大的影响，也间接地影响其品质和耐储性，一般要求土壤酸度为pH6～7
	②气候：气候对果实的生长发育影响极大。气温较高有利于果实的品质提高，光照多不仅有利于苹果等果实花青素和维生素C的增加，而且多数果实也较耐储藏
	③地理条件：果树生长的地理条件对各品种果实的耐储性有很大的影响。相同品种的果实在高纬度地区生长比在低纬度地区生长耐储性要好
树体	①相同种类不同品种：相同种类不同品种果实之间的耐储性差异较大，如晚熟品种表现出较强的耐储性，而早熟品种则常常不耐储藏
	②树龄和树势：如幼树的果实不耐储藏
果实	①果实的大小：果实的大小与耐储性有关，一般大型果实不如中小型果实耐储藏
	②成熟度：果实应在充分成熟时采收，既保证产品质量，也有利于长期储藏
	③细胞数：果实果肉中的细胞数与其品质和耐储性有很大的关系，细胞多则耐储藏

2. 化学特性

（1）色素

水果的色素不仅影响水果的外观，而且有很高的食用价值，评定水果质地的优劣，果品上色是个很重要的指标，因此，生产上也常以色泽作为衡量果品是否可以采收的重要标志。叶绿素是水果呈现绿色的最基本物质；类胡萝卜素包括胡萝卜素和叶黄素，广泛存在于果实中，形成水果的黄、红、橙等颜色。

（2）芳香物质

果品的芳香是决定果品品质的重要因素之一。果实中所含的各种芳香物质，不仅使果实带有浓郁的香味，而且能促进食欲，有助于人体对其他营养成分的吸收。有些挥发油还具有很强的杀菌力，是良好的防腐剂。

（3）味道

决定水果味道的，一个是水果的酸甜度，另一个是水果的绵脆程度。不同品种的果实，同一品种果实的不同成熟度，甜酸风味差异很大，一般用糖酸比值来表示水果的酸甜度，即比值越大甜味越浓，反之酸味增强。选择水果时要注意其成熟度和存放时间（即最佳可食期），过硬或过软都会影响水果的风味。而绵脆取决于水果的果胶含量。使果品呈苦味的物质多是一些糖苷类物质和部分生物碱。在果品原料中含苦味较多的为柑橘类（包括橙子、柠檬和柚子等）和瓜类。

（4）水分

果品中含量最高的是水分，水分充足表明果实鲜嫩、多汁、品质优良；水分含量减少，食用与加工价值也会降低。果实含水过多对储运及加工也不利，这也是鲜果比一般商品难于保存的一个重要原因。

（5）果品中的含氮物质和脂类

一般果品含氮较少，含氮物质对加工有一定影响，氨基酸含量高的果品，加工时温度越高就越易变色。果品中所含的脂类主要是蜡质。核桃中蜡质的含量很多，达60%左右，高于柑橘类、苹果、梨、桃等。蜡质能起到保护果皮、减少水分蒸发和避免微生物侵害的作用。

（6）维生素及矿物质

果品中含有多种维生素，特别是维生素 C 和胡萝卜素，维生素 C 损失的快慢与储藏条件有关，一般在低温中储藏的果品维生素 C 的损失可得到缓和。

水果的营养价值与蔬菜相似，含有多种微量元素。例如，柑橘鲜果中就含有钾、钙、镁、硼、铜、铁、锰、锌，此外，还有含钼、钴等微量元素。

（7）淀粉及酶

许多未成熟的果实中含有淀粉，随着果实的成熟，淀粉逐渐变成糖，这可作为判断果实成熟度或储藏状况的指标；果实在成熟过程中的化学、物理和代谢方面的变化都与酶有关，例如，苹果、香蕉等在成熟时变软是果胶酯酶和多聚半乳糖醛酸酶活动的结果。

（8）植物激素及纤维素

如生长素、乙烯、赤霉素等，在调节和控制果品生长发育过程中起着重要的作用。生长素可防止落果，对果实的保鲜和降低腐烂率有显著效果。乙烯是对果实生理变化起重要作用的一种激素，它可以催熟果实。含纤维素多的果品，质感粗老，它与半纤维素和木质素共同存在，构成“石细胞”，这就是有些梨果肉质粗糙的原因。

（三）果品的感官鉴别

鲜果品的感官鉴别方法主要有目测、鼻嗅、口尝、手摸。其中，目测包括三方面的内容：一是看果品的成熟度和是否具有该品种应有的色泽及形态特征；二是看果形是否端正，个头大小是否基本一致；三是看果品表面是否清洁新鲜，有无病虫害和机械损伤等。鼻嗅则可辨别果品是否带有本品种所特有的芳香味，有时候果品的变质可以通过其气味的不良改变直接鉴别出来，像坚果的哈喇味儿和西瓜的馊味儿等，都是很好的例证。口尝不但能感知果品的滋味是否正常，还能感觉到果肉的质地是否良好，它也是很重要的一个感官指标。手摸则是通过用手触摸果实，通过触摸感知其硬度、外观光洁程度和果皮厚度，从而判定果实品质的优劣。优良的果品（坚果类除外），一般手捏果实软硬适度，果肉丰满紧实，手感光滑。如轻轻按压果皮而果肉下陷变绵，则品质下降：若是桃，则说明果实过熟；若是苹果，则说明果肉松散变绵，品质下降。

下面具体以鲜梨为例进行质量鉴定。

根据鲜梨国家标准 GB/T 10650—2008，鲜梨（适用于鸭梨、雪花梨、酥梨、长把梨、大香水梨、茌梨、苹果梨、早酥梨、大冬果梨、巴梨、晚三吉梨、秋白梨、南果梨、库尔勒香梨、新世纪梨、黄金梨、丰水梨、爱宕梨、新高梨等主要鲜梨品种的商品收购。其他未列入的品种可参照执行）质量等级要求如表 3－20 所示。

表 3－20　鲜梨质量等级要求

项目指标	优等品	一等品	二等品
基本要求	具有本品种固有的特征和风味；具有适于市场销售或储藏要求的成熟度；果实完整良好；新鲜洁净，无异味或非正常风味；无外来水分		
果形	果形端正，具有本品种固有的特征	果形正常，允许有轻微缺陷，具有本品种应有的特征	果形允许有缺陷，但仍保持本品种应有的特征，不得有偏缺过大的畸形果
色泽	具有本品种成熟时应有的色泽	具有本品种成熟时应有的色泽	具有本品种应有的色泽，允许色泽较差

续 表

项目指标	优等品	一等品	二等品
果梗	果梗完整（不包括商品化处理造成的果梗缺省）	果梗完整（不包括商品化处理造成的果梗缺省）	允许果梗轻微损伤
大小整齐度	各等级果的大小尺寸不作具体规定，可根据收购商要求操作，但要求应具有本品种基本的大小。而大小整齐度应有硬性规定，要求果实横径差异 <5mm		
果面缺陷	允许下列规定的缺陷不超过 1 项：	允许下列规定的缺陷不超过 2 项：	允许下列规定的缺陷不超过 3 项：
①刺伤、破皮划伤	不允许	不允许	不允许
②碰压伤	不允许	不允许	允许轻微碰压伤，总面积不超过 0.5cm²，其中，最大处面积不得超过 0.3cm²，伤处不得变褐，对果肉无明显伤害
③磨伤（枝磨、叶磨）	不允许	不允许	允许不严重影响果实外观的轻微磨伤，总面积不超过 1.0cm²
④水锈、药斑	允许轻微薄层总面积不超过果面的 1/20	允许轻微薄层总面积不超过果面的 1/10	允许轻微薄层总面积不超过果面的 1/5
⑤日灼	不允许	允许轻微的日灼伤害，总面积不超过 0.5cm²。但不得有伤部果肉变软的情况	允许轻微的日灼伤害，总面积不超过 1.0cm²。但不得有伤部果肉变软的情况
⑥雹伤	不允许	不允许	允许轻微者 2 处，每处面积不超过 1.0cm²
⑦虫伤	不允许	允许干枯虫伤 2 处，总面积不超过 0.2cm²	干枯虫伤不限，总面积不超过 1.0cm²
⑧病害	不允许	不允许	不允许
⑨虫果	不允许	不允许	不允许

资料链接

鉴别柑橘的质量

柑橘类果品中经济价值较高的有柑、橘、甜橙、柚、柠檬、金橘等。以下仅就这六类柑橘类果品的感官特点分别做介绍：

1. 柑

其感官特点是外观果形较橘子大，且近似于球形，皮为橙黄色，皮质粗厚、表面凹凸不平且不易剥开，橘络较多，瓤汁多而味甜，核为白色，种仁为绿色。

2. 橘

其感官特点是果形小而较扁，皮呈米红色或橙黄色，皮质细薄，较平滑且无坚硬感，瓣与皮容易剥离，果心不实，橘络较少，滋味酸甜，核尖而细。我国橘以温州蜜橘为上品。

3. 甜橙

又名广柑。其感官特点是果形中等，呈圆形或长圆形，皮稍厚而光滑润泽，皮与果肉结合较紧，难以剥离，果心无实，核与种均呈白色（这一点和皮的光滑程度是外部区别甜橙与柑的主要依据），果肉汁多，瓤瓣界限不分明，味酸甜适口，耐储藏。在我国以红江橙为上品。

4. 柚

又名文旦。其感官特点是果形较大，呈不规则圆球或梨形，似葫芦状，皮质粗糙而肥厚（可达1厘米），皮与肉难以分离，成熟时多为黄色或橙色，肉质有白色和粉红色两种，核大而多，汁液少，味酸甜，有时也会稍带苦味，极耐储藏。在我国以沙田柚为上品。

5. 柠檬

其感官特点是个头中等，果形椭圆，两端均突起而稍尖，似橄榄球状。皮肉难以剥离，成熟者皮色鲜黄，具有浓郁的香气，汁液较酸，主要供冲调饮料时调味用，也可用来提取芳香油和柠檬酸。

6. 金橘

其感官特点是形体小，稍呈椭圆，果实个头与核桃相仿，肉质紧密，与外皮不易剥离，一般都带皮食用，核少或无核，颜色由表到里均为橙黄或金黄色，味酸甜，口感细脆，脉络极少，带有柑橘类特有的清香味。

案例分析

根据案例分析，营养是健康的基础。而果蔬中富含人体必需的营养素。蔬菜中富含维生素、矿物质、膳食纤维和植物化学物，水果中则富含维生素C、膳食纤维、钾、镁等，因此，为了达到果蔬营养与膳食平衡，每天必须摄入足量蔬菜水果，占到每天餐盘中食物总量的一半，以降低脑中风、冠心病及胃肠道癌症等疾病发生的风险。

任务总结

果蔬商品品类繁多。蔬菜按其供食用的器官可分为根菜类、茎菜类、叶菜类、花菜类、果菜类，以及种子食用苗菜类。按农业生物学分类通常分为根茎类、白菜类、芥菜类、甘蓝类、绿叶菜类、葱蒜类、茄果类、瓜类、豆类、水生菜类、多年生菜类、食用菜类和食用菌类等。果品生长发育特性各异。按经营分工和特性分类，有水果和干果两大类；按果实构造不同，可分为仁果类、核果类、浆果类、坚果类、柑橘类、聚复果类、荔枝类、瓜类、草本和水生作物九类。

果蔬商品具有季节性、区域性、多样性，收获后的蔬菜具有生命活动、易腐性、储存运输特性等商品特性，含有丰富的营养物质，包括水分、糖类、含氮物质、维生素、有机酸、芳香物质、单宁、糖苷、色素、植物激素、矿物质、酶等，这些物质在收获后不断发生变化，影响果蔬的色香味及营养价值，因此，掌握果蔬原料特性，使其在运输、储藏和加工中变化最小，对保持果蔬最高的商品价值具有重要意义。

分组讨论

1. 蔬菜的商品属性。
2. 蔬菜的质量检验。
3. 果品的商品属性。
4. 果品的感官鉴别。

业务技能训练三

鲜梨感官质量鉴定

1. 实训背景资料

购买某种不同质量的鲜梨 5 千克，查找相关感官鉴定资料，完成实训内容。

2. 实训目标

学生能够根据所学知识感官鉴别鲜梨产品，进行分级整理，完成实训报告。

3. 实训准备

（1）全班学生分组，每组成员控制在 3～5 人。

（2）以组为单位进行调研和资料收集。

（3）教师进行现场指导，体现以学生为主体的教学特色。

4. 实训步骤

（1）收集感官鉴别相关文献资料和质量标准。

（2）制订实训方案。

（3）撰写某鲜梨产品感官质量实训报告。

5. 实训效果评价（见表 3－21）

表 3－21　　果品与蔬菜产品实训效果评价

考评内容	考评标准	分值（分）	自我评价（分）	小组评价（分）	教师评价（分）	实际得分（分）
实训完成情况	实训方案制订适宜	10				
	组员分工合理	10				
	收集资料丰富	10				
	实训报告分析翔实、质量鉴定符合要求	50				
其他	态度积极、遵守纪律、有团队协作精神	20				
合计		100				

注：实际得分 = 自我评价 ×20% + 小组评价 ×30% + 教师评价 ×50%。

知识拓展

国家标准 GB/T 10650—2008 鲜梨

国家标准 GB/T 10651—2008 鲜苹果

思考练习题

一、选择题

1. 下列属于原粮的是(　　)。

A. 稻谷　　B. 大米　　C. 小麦　　D. 面粉

2. 下列属于粮食的是(　　)。

A. 稻谷　　B. 豆类　　C. 薯类　　D. 苹果

3. 下列标准属于行业标准的是(　　)。

A. GB 1350—2009 稻谷

B. GB 1354—2009 大米

C. NY/T 421—2012 绿色食品、小麦及小麦粉

D. QB 1351 水稻

4. 爆腰易出现在(　　)粮食中。

A. 大米　　B. 豆类　　C. 薯类　　D. 面粉

5. 油脂中含有大量的不饱和脂肪酸，在储藏过程中遇到(　　)容易发生氧化反应。

A. 高温　　B. 紫外线　　C. 金属　　D. 空气

6. 玉米胚部脂肪多，易(　　)。

A. 酸败　　B. 油浸　　C. 赤化　　D. 爆腰

7. 油脂按商品规格可以分为(　　)。

A. 毛油　　B. 可食用油　　C. 精炼油　　D. 不可食用油

8. 按(　　)不同，果品可分为仁果类、核果类、浆果类、坚果类、柑橘类、聚复果类和瓜类七类。

A. 实用性　　B. 经济价值　　C. 商品价值　　D. 果实构造

9. (　　)决定了水果的味道。

A. 酸甜度　　B. 绵脆程度　　C. 硬度　　D. 果实构造

10. 果胶物质是构成细胞壁的主要成分，也是影响蔬菜质地软、硬或绵的程度的重要因素，分为(　　)三种。

A. 原果胶　　B. 果胶　　C. 果胶酸　　D. 原孩酸

二、判断题

1. 原粮也称自然粮，一般是指经过收割、脱粒而尚未碾磨加工的带有皮壳的粮谷，如稻谷、小麦、面粉。(　　)

2. 稻谷的胶体结构疏松，对高温的抵抗力较弱，在烈日下曝晒或在高温下烘干都会增加其爆腰率和变色率，降低其食用品质和加工的工艺品质。(　　)

3. 稻谷出糙率是指稻谷脱壳后的糙米质量（其中，不完善粒折半计算）占试样质量的百分率。出糙率体现稻谷的主要使用价值。成熟、饱满、壳薄的稻谷，出糙率较低。(　　)

4. 玉米含水量高，成熟度均匀。(　　)

5. 按用途可以将油脂分为可食用与不可食用两类。(　　)

6. 未成熟的果子，原果胶多坚硬不能食用，随着水果不断成熟，原果胶经过水解转化为果胶，果肉就变得松软了。(　　)

7. 生长素是对果实生理变化起重要作用的一种激素，它可以催熟果实。(　　)

8. 含纤维素多的果品，质感粗老，纤维素与半纤维素和木质素共同存在，构成“石细胞”，这就是有些梨肉质粗糙的原因。(　　)

9. 高温可增强脂肪酶的活性，促进微生物生长发育，并分泌蛋白酶、解酯酶，使油脂中的不饱和脂肪酸加速氧化分解、酸败变质。(　　)

10. 油脂储藏过程中，温度越高，时间越短，则酸败变质的速度越快。（　　）

三、名词解释

1. 原粮　2. 成品粮　3. 油料　4. 大豆赤变　5. 酸败

四、简答题

1. 稻谷的特性有哪些？
2. 小麦的特性有哪些？
3. 油料作物的普遍特性有哪些？
4. 大豆具备哪些特性？
5. 油脂的储藏特性有哪些？
6. 果品具有哪些商品特性？

项目四　农产品商品属性——畜禽水产篇

学习目标

知识目标：

1. 掌握畜禽产品、水产品的相关概念；
2. 了解畜禽产品、水产品的商品特征；
3. 熟悉畜禽产品及水产品的商品感官检验指标。

技能目标：

能够根据畜禽产品、水产品感官检验指标判别产品质量优劣。

任务一　畜禽肉类产品属性

案例引入

农业部综合治理兽药残留超标问题取得积极成效

党的十八大以来，农业部紧紧扭住兽用抗生素这个影响动物源性食品安全的“牛鼻子”，组织各级兽医部门围绕“防风险、保安全、促发展”工作目标，坚持“产管”结合、标本兼治，拿出监管硬措施，打好整治组合拳，深入推进兽用抗生素综合治理，有效防范兽药残留超标风险，有效遏制动物源细菌耐药，取得积极成效。近两年，坚决淘汰安全隐患品种，已禁止洛美沙星、培氟沙星、氧氟沙星、诺氟沙星4种人兽共用抗生素用于食品动物，禁止硫酸黏菌素预混剂用于动物促生长；监测猪肉、鸡肉等主要畜禽产品9类70种兽药残留，总体合格率保持在99%；监测生猪、家禽、奶牛等动物饲养场5种主要细菌对16种兽用抗生素的耐药状况，建立了耐药性数据库；实施检打联动，严格管控产品质量，兽药产品抽检合格率达到97%

以上。

一是稳步推进兽用抗生素专项整治行动。深入开展“兽用抗菌药综合治理”五年行动，与国务院食安办等5部门持续推进畜禽水产品抗生素、兽药残留超标治理专项整治行动。2017年，各地兽医部门共出动执法人员32万余人次，查处违法案件4200余件，吊销兽药生产许可证8个，吊销兽药经营许可证160个，取缔无证经营单位182个，移送公安机关案件10个，罚没款2116余万元。继续实施检打联动制度，抽检兽药产品15815批次，总体合格率97%。推动网络兽药打假，依法查处多起利用淘宝网等网络平台违法经营兽药案件，抓获犯罪嫌疑人7人，涉案金额1176余万元。

二是稳步推进国家兽药基础数据平台建设。按照“五区一园四平台”总体部署，持续完善国家兽药基础数据信息平台，运用大数据、云平台等现代信息技术，推动兽药“二维码”追溯信息系统升级，建成了农资监管领域“第一朵云”。修订《兽药标签和说明书管理办法》等3部规章，夯实了“二维码”监管法制基础，打造了兽药监管利器。2017年，全国兽药监督抽检发现假冒兽药486批次，同比下降61%，“二维码”追溯监管对打击兽药制假售假作用凸显。

三是稳步推进兽用抗生素耐药性控制工作。制定实施《全国遏制动物源细菌耐药行动计划（2017—2020年）》，创新兽用抗生素治理制度措施，重点推动促生长用兽用抗生素退出、完善兽用抗生素应用及细菌耐药性监测网络、兽用抗生素使用减量化示范创建等工作。2017年，完成了喹乙醇、氨苯胂酸、洛克沙胂3种兽药的风险评估和安全再评价，将于近期禁止用于食品动物促生长；成立了全国兽药残留与耐药性控制专家委员会，为兽用抗生素治理提供技术支持。

四是稳步推进兽药行政审批制度改革工作。落实国务院“放管服”改革精神，持续推动兽药行政审批制度改革创新，把好兽用抗生素准入关。确立了“四不批一鼓励”准入原则，即不批准人用重要抗生素、用于促生长的抗生素、易蓄积残留超标的抗生素和易产生交叉耐药性的抗生素作为兽药生产使用，鼓励研制新型动物专用抗生素；研究抗生素替代药物的研发、审批与支持政策，组织制定微生态制剂评审原则；支持中兽药产业发展，鼓励并支持对疗效确切的传统中兽药进行“二次开发”，简化源自经典名方复方制剂的审批程序。

五是稳步推进兽用抗生素科学使用宣传教育。加强兽医从业人员宣传培训，组织开展了“放心兽药进村 科学知识入户”兽药安全使用系列宣传活动。启动了“科学使用兽用抗生素”百千万接力公益行动，充分利用传统媒体和新媒体，广泛宣传安全用药知识，一年内覆盖百个县域、千家养殖企业、万名养殖者，推动形成政府主导、企业参与、社会共治的良好局面。

资料来源：农业部新闻办公室，2018-01-15 18：19，http：//www.moa.gov.cn/xw/zwdt/201801/t20180115_6134988.htm。

问题：在农业部综合治理兽药残留超标问题的过程中，如何实现兽用抗生素耐药性控制，以提高畜肉产品质量安全？

知识准备

畜禽肉类在人们生活中占有重要的地位，它能为人体提供足够的动物性蛋白、脂肪、糖类、维生素等，对人体的生长发育具有重要的生理意义。

一、肉的类别及质量鉴别

（一）家畜肉的类别及感官质量鉴别

1. 家畜肉的类别

（1）猪肉

猪肉在我国肉食消费中所占的比重最大。猪肉的肌肉组织中含有较多脂肪，经加热后味道鲜美。猪肉纤维较细，色泽较淡，结缔组织较少，质量和色泽与猪的年龄、性别、育肥、放血程度、宰前健康状况、产区、部位等有密切的关系。

（2）牛肉

我国供食用的牛肉主要有黄牛肉、水牛肉、牦牛肉、肉用牛肉等。各种牛肉的特点：黄牛肉肉质较为坚实，肥度在中等以上，切面通常呈大理石纹状，肌肉呈棕红色，结缔组织为白色，脂肪为淡黄色至深黄色；老公牛肉呈暗红色，肌肉粗硬而坚韧，肌间脂肪较少；肉用牛肉呈棕红色，肉质较软，结缔组织较少，脂肪呈淡黄色，味道鲜美；水牛肉呈暗深红色，肉纤维粗而松，切面光泽强，呈紫色，脂肪呈白色、干燥而不黏，烹调时不易煮烂，肉质较差；牦牛肉的肉质细嫩，色鲜红，味道鲜美，肌肉切面呈大理石纹状，肉质优于黄牛肉。

（3）羊肉

羊肉在我国肉食消费中所占的比重较小，市场上供应的食用羊肉主要是绵羊肉和山羊肉。山羊肉呈较淡的暗红色，山羊越老其肉色泽越深，山羊肉皮下脂肪很少，有较重的膻味。绵羊肉的肉质比山羊肉坚实，颜色为暗红色，肉纤维细而软，肌间很少夹杂脂肪，经育肥的绵羊，肌间有白色脂肪，脂肪硬而脆，绵羊肉及脂肪的膻味较轻。

（4）兔肉

兔肉呈淡暗红色，略带灰色，肉纤维细而松，肌肉很少夹有脂肪，腹内脂肪呈黄色，味道鲜美。

2. 家畜肉的感官质量鉴别

家畜肉品质的好坏直接影响着肉的营养价值和消费者的身体健康。肉的质量一般可通过感官指标评定，即根据肉的外观、硬度、弹性、气味、脂肪、骨髓、关节和腱、肉汤等来判断和评价肉的新鲜程度。

家畜肉质量的优劣，主要从感官指标、理化指标、寄生虫指标和微生物指标几个方面进行鉴别，在市场上多以感官方法加以鉴别。

（1）外观

新鲜肉的表面有一层微干的外膜，色泽光润，肉的切面为红色，带有各种畜肉特有的色泽，稍湿润但不黏，肉汁透明；次鲜肉表面有一层暗色干皮或黏液，脂肪部分缺乏光泽，浑浊，切面色泽发暗；变质肉表面干燥，呈黑色或很潮湿，发黏，带绿色，常发霉，切面呈暗灰色，肉间汁液很浑浊。

（2）硬度和弹性

新鲜肉的切面致密，有弹性，手指按压后能迅速复原；次鲜肉的断面较软，弹性较小，手指按压后不能立即复原，并且不能全部恢复原状；变质肉质软，无弹性，用手按压后不能复原。

（3）气味

新鲜肉有清淡的自然芳香，具有家畜肉特有的气味；次鲜肉表面有酸气或霉臭气、氨臭气，深层则无这种异味；变质肉表层及深层均有这种异味。

（4）脂肪状况

新鲜肉的脂肪分布均匀，无油腻味、酸败气味和苦味。新鲜猪肉的脂肪呈白色，柔软而富有弹性；新鲜牛肉的脂肪呈白色、黄色或淡黄色，质硬，用手挤压可分裂为碎块；新鲜羊肉的脂肪呈白色，组织紧密，质硬。次鲜肉的脂肪颜色发灰无光泽，用手挤压易粘手，有时有酸败味。变质肉的脂肪呈灰色，有明显的污秽，有黏液和发霉现象，有强烈的油脂酸败味，当肉的分解作用强化时，脂肪会变得很软，呈淡绿色。

（5）骨髓

新鲜肉的管状骨的骨腔内充满骨髓，质硬发黄，断面有光；次鲜肉的骨髓不完全，常脱离骨腔壁，质较软，色暗，呈灰白色或灰色，无光；变质肉的骨髓与骨腔有较大的空隙，骨髓质柔软，色暗淡。

（6）肉汤

新鲜肉经煮沸后，肉汤透明芳香，滋味鲜美，汤面聚集大面积油滴；次鲜肉的汤汁浑浊（冻肉的肉汤有时也发浑），无芳香味，往往有不良的气味，汤面油滴少而小，脂肪往往有酸败味；变质肉的肉汤极浑浊，肉汤中悬浮絮状烂肉屑，有恶臭味，汤面几乎无油滴。

资料链接

国家标准规定的猪肉、牛肉、羊肉感官要求见表4-1至表4-3。

表4-1 猪肉的感官要求

项目	要求
色泽	肌肉色泽鲜红，有光泽；脂肪呈乳白色
组织状态	肉质紧密，有坚实感
气味	具有猪肉固有的气味，无异味

资料来源：《分割鲜、冻猪瘦肉》（GB/T 9959.2—2008）。

表4-2 鲜、冻分割牛肉的感官要求

项目	鲜牛肉	冻牛肉（解冻后）
色泽	肌肉有光泽，色鲜红或深红；脂肪呈乳白色或淡黄色	肌肉色鲜红，有光泽；脂肪呈乳白色或微黄色
粘度	外表微干或有风干膜，不粘手	肌肉外表微干，或有风干膜，或外表湿润，不粘手
弹性（组织状态）	指压后的凹陷可恢复	肌肉结构紧密，有坚实感，肌纤维韧性强
气味	具有鲜牛肉正常的气味	具有牛肉正常的气味
煮沸后肉汤	透明澄清，脂肪团聚于表面，具特有香味	澄清透明，脂肪团聚于表面，具牛肉汤固有的香味和鲜味
肉眼可见异物	不得带伤斑、血淤、血污、碎骨、病变组织、淋巴结、脓包、浮毛或其他杂质	

资料来源：《鲜、冻分割羊肉》（GB/T 17238—2008）。

表4-3 鲜、冻胴体羊肉的感官要求

项目	鲜羊肉	冷却羊肉	冻羊肉（解冻后）
色泽	肌肉色泽浅红、鲜红或深红，有光泽；脂肪呈乳白色、淡黄色或黄色	肌肉红色均匀，有光泽；脂肪呈乳白色、淡黄色或黄色	肌肉有光泽，色泽鲜艳；脂肪呈乳白色、淡黄色或黄色
组织状态	肌纤维致密，有韧性，富有弹性	肌纤维致密、坚实，有弹性，指压后凹陷立即恢复	肉质紧密，有坚实感，肌纤维有韧性

续 表

项目	鲜羊肉	冷却羊肉	冻羊肉（解冻后）
粘度	外表微干或有风干膜，切面湿润，不粘手	外表微干或有风干膜，切面湿润，不粘手	表面微湿润，不粘手
气味	具有新鲜羊肉固有气味，无异味	具有新鲜羊肉固有气味，无异味	具有羊肉正常气味，无异味
煮沸后肉汤	透明澄清，脂肪团聚于液面，具特有香味	透明澄清，脂肪团聚于表面，具特有香味	透明澄清，脂肪团聚于液面，无异味
肉眼可见杂质	不得检出	不得检出	不得检出

资料来源：《鲜、冻胴体羊肉》（GB/T 9961—2008）。

（二）禽肉的类别及质量鉴别

1. 禽肉类别

我国常见的家禽品种有鸡、鸭、鹅、鹌鹑、鸽子等，根据家禽的经济特点，家禽可分为肉用型、卵用型、肉卵兼用型和专用型等。

（1）肉用型

这类家禽以产肉为主，体型较大，体躯宽深而较短，冠较矮小，颈短而粗，腺短骨粗，肌肉发达，外形呈方圆形，羽毛蓬松，动作迟缓，性情温顺，容易育肥，觅食力差，就巢性强，性成熟晚，如白洛克鸡、北京鸭等。

（2）卵用型

以产蛋为主，体型较小，细致紧凑，身子较长，后躯发达，冠髯发达，羽毛紧贴，代谢旺盛，活泼好动，性成熟早，产蛋量多，蛋壳薄，肉质差，如来亨鸡等。

（3）肉卵兼用型

体型介于肉用型和卵用型之间，具有两者的优点，肉质良好，产蛋较多，性情温顺，体质健壮，觅食力强，如桃源鸡、芦花鸡等。

（4）专用型

这类家禽具有特殊的用途，如药用或观赏，主要有乌骨鸡（药用）、长尾鸡和短脚鸡（观赏用）等。

2. 禽肉的类别及质量鉴别

国家规定的食品卫生标准，对白条禽的感官质量做出了以下几个方面的规定：

（1）眼球

新鲜肉的眼球饱满；次鲜肉的眼球皱缩凹陷，晶体稍浑浊；变质肉的眼球凹陷、干缩、晶体浑浊。

（2）色泽

新鲜肉的皮肤色泽较暗，肌肉切面有光泽；变质肉的体表无光泽，头颈部常带暗褐色。

（3）黏度

新鲜肉外表微干或微湿润，不粘手；次鲜肉外表干燥或黏稠，新切面湿润；变质肉外表干燥或黏糊，新切面发黏。

（4）弹性

新鲜肉弹性很好，指压后凹陷立即恢复；次鲜肉弹性较差，指压后凹陷恢复慢，且常不能完全恢复；变质肉没有弹性，指压后留有明显痕迹，凹陷不能恢复。

（5）气味

新鲜肉具有禽肉应有的正常气味；次鲜肉无其他异味，唯腹腔内有令人不快的气味；变质肉的体表及腹腔内均有令人不愉快的气味或臭味。

新鲜肉和次鲜肉可以食用，而变质肉不能食用。

白条禽要求皮肤洁净，无羽毛及血管毛，无擦伤、破皮、污点及溢血。

资料链接

国家标准规定的鲜、冻禽产品感官要求见表4-4。

表4-4　鲜、冻禽产品感官要求

<table>
<tr><th>项　目</th><th>鲜禽产品</th><th>冻禽产品（解冻后）</th></tr>
<tr><td>状态</td><td colspan="2">具有产品应有的状态</td></tr>
<tr><td>色泽</td><td colspan="2">具有产品应有的色泽</td></tr>
<tr><td>气味</td><td colspan="2">具有产品应有的气味，无异味</td></tr>
<tr><td>加热后肉汤</td><td colspan="2">透明澄清，脂肪团聚于液面，具禽类品种应有的滋味</td></tr>
<tr><td>淤血（以淤青面积（S）计）/cm^2</td><td colspan="2"></td></tr>
<tr><td>$S>1$</td><td colspan="2">不得检出</td></tr>
<tr><td>$0.5<S\leq1$</td><td colspan="2">片数不得超过抽样量的2%</td></tr>
<tr><td>$S\leq0.5$</td><td colspan="2">忽略不计</td></tr>
<tr><td>硬杆毛（长度超过12mm的羽毛，或直径超过2mm的羽毛根）/（根/10kg）≤</td><td colspan="2">1</td></tr>
<tr><td>异物</td><td colspan="2">无正常视力可见外来异物</td></tr>
</table>

注：淤血面积指单一整禽或单一分割禽的一片淤血面积。

检验方法是取适量试样置于洁净的白色盘（瓷盘或同类容器）中，在自然光下观察色泽和状态，闻其气味。

资料来源：《鲜、冻禽产品》（GB 16869—2005）和《食品安全国家标准鲜（冻）畜、禽产品》（GB 2707—2016）。

（三）按肉的冷藏保鲜程度分类

按肉的冷藏保鲜程度分类，肉可分为热鲜肉、冷却分割肉和冻结分割肉三大类，这三类肉在整个物流操作过程中有着不同的方法和要求。

1. 热鲜肉

畜禽屠宰后未经人工冷却过程的肉，肌肉的温度通常在38℃～41℃，这种尚未失去生前体温的肉叫热鲜肉。它是我国传统的畜禽肉品生产销售方式，一般是凌晨宰杀、清早上市，从屠宰到出售只有2～4个小时。由于加工简单，长期以来热鲜肉一直占据我国鲜肉市场。

热鲜肉具有生产简单易行，不需要预冷间、冷库、冷藏车等，有利于小规模生产等优点；缺点是由于肉体没有进行冷却处理，微生物得不到抑制，易污染，运输、销售环境差，极不卫生，且由于设备条件简单，不能规模化、集约化生产等，不利于大工业化生产。

2. 冷却分割肉

在低于0℃条件下，将热鲜肉中心温度降为0℃～4℃而不产生冰结晶的肉，称为冷却肉。肉类的冷却就是将屠宰后的胴体吊挂在冷却室内，使其冷却到最厚处的深层温度达到0℃～4℃的过程，其目的是控制微生物繁殖。包装后由冷藏车辆运至没有冷藏陈列货柜的食品超市销售，包装一般采用无毒、耐寒、柔韧性好、透明度高的塑料薄膜，以便于消费者看清生肉的本色。

充气包装所用气体主要为氮气和二氧化碳，能保持肉的氧合肌红蛋白颜色为鲜红。PA/EVOH/PE可热成型、挺度好、阻隔性高，适用于气调包装，也适用于真空包装。气调包装的货架期猪肉大约为14天，真空包装的货架期猪肉为30天左右，牛肉为80天左右。

3. 冻结分割肉

肉中的水分部分或全部变冰的过程叫作肉的冻结，温度通常为－2℃～－18℃。在低于－23℃的环境里，将肉中心温度降低到－15℃，叫冻肉（冻结分割肉）。

需要长期储存和出口、远销的分割肉，经整形、包装后再装箱（盘）低温冻结。分割肉的冻结间大都采用格架式蒸发器加鼓风机装置，也有在强烈吹风冻结间内装有移动货架或吊笼进行冻结的，或者选择卧式平板冻结器进行冻结。冻结间的温度与胴体冻结间温度相同，肉品温度要求为－15℃。采用纸质包装的分割肉冻结时间较长，一般为72小时。目前国内不少肉类加工企业为了缩短时间，采用先装入金属冻盘进行冻结，待冻结完成后再脱盘装入纸箱冻藏的方式。

低温储藏能抑制微生物的生命活动，延缓因组织酶、氧以及光和热的影响而导致的腐败，可以较长时间保持肉的品质，使肉的货架期达到4个月以上。

二、肉的化学成分

无论何种动物的肉，其化学组成都包括水分、蛋白质、脂肪、矿物质和少量的糖类。这些物质的含量，因动物的种类、品种、性别、年龄、个体、畜体部分以及营养状况而异。根据相关资料，几种主要肉类的化学成分如表4-5所示。

表4-5 几种主要肉类的化学成分 单位：克

项目 品种	水分	蛋白质	脂肪	糖类	矿物质
猪肉（肥瘦）	29.3	9.5	59.8	0.9	0.5
猪肉（肥）	6.0	2.2	90.8	0.9	0.1
猪肉（瘦）	52.6	16.7	28.8	1.0	0.9
牛肉（肥瘦）	68.6	20.1	10.2	0	1.1
牛肉（肥）	43.3	15.1	34.5	6.4	0.7
牛肉（瘦）	70.7	20.3	6.2	1.7	1.1
羊肉（肥瘦）	58.7	11.1	20.8	0.8	0.6
羊肉（肥）	33.7	9.3	55.7	0.8	0.5
羊肉（瘦）	67.7	17.3	13.6	0.5	1.0
马肉	75.8	19.6	0.8	—	—
驴肉	77.4	18.6	0.7	—	—
兔肉	77.2	21.2	0.4	1.0	1.0

三、肉在物流过程中的变化

肉类在物流过程中会发生不同变化，掌握这些变化的原理，对进行正确的肉类物流操作和管理具有重要意义。

（一）肉的成熟

肉的成熟是在细胞酶的催化下进行的，肉中糖原含量与成熟过程有密切关系。宰前休息不足或过于疲劳的牲畜，由于肌肉糖原消耗多，成熟过程将延缓甚至不出现，从而影响肉的品质。以生猪为例，屠宰后的生猪胴体随着血液和氧气的供应停止，正常代谢中断，此时肉中糖原的分解是在无氧条件下进行的，糖原无氧分解产生乳酸，这个过程称为产酸的过程。肉尸进入僵硬阶段，此时肉有不正常的气味，并不易煮烂，是口感最差的阶段，但继僵硬之后，肌肉开始酸性反应，肌肉组织柔软嫩化，且口感好，易咀嚼，这个过程称为肉的成熟过程。肉在供食之前，原则上都要经过成熟过程来改进其品质，成熟过程对提高肉的风味来说是完全必要的，成熟肉也易保存①。此外，肉的成熟速度和程度也受环境因素的影响。肉的成熟速度与温度关系最大。但是，用提高温度的方法来促进肉的成熟是危险的，因为不适宜的温度也可促进微生物的繁殖。故一般采用低温成熟的方法，即温度为0℃ ~2℃，相对湿度为86% ~92%，空气流速为0.15 ~0.5m/s，完成时间为三周左右。从开始到第十天左右约96%成熟，因此，十天以后肉的商品价值最高。在3℃的条件下，小牛肉和羊肉的成熟时间分别为3天和7天。因为晾肉间温度、湿度条件大体符合上述要求，所以生产实践中多将晾肉过程和成熟过程放在一起进行。成熟的肉表面会形成一层干燥膜，有阻挡微生物侵入内部的作用。

（二）肉的自溶

在不合理的条件下保存不当，使肉长时间保持较高的温度，会使肉中的组织蛋白酶活性增强，使肉自体分解，这一过程称为肉的自溶②。自溶肉的特征是肌肉松弛，缺乏弹性，暗淡无光泽，呈褐红色。当自溶肉轻度变色、变味时，应将肉切成小块，置于通风处，驱散其不良气味，割掉变色的部分，经高温处理后再食用；当肉因自溶作用已发展到具有明显的异味并变色严重时，则不宜再食用了。

（三）肉的腐败

肉在成熟和自溶阶段的分解产物，为腐败微生物的生长、繁殖提供了良好的营养物质，如肉体继续在常温下存放，肌肉组织中的酶活性增强，组织开始自溶，使肌肉中蛋白质分解，释放出具有臭皮蛋的硫化氢气味，使肌肉外观变成暗绿色，组织结构也因蛋白质分解变得松弛、无弹性，此即为肉体腐败，这种腐败并非完全是由细菌引起的。腐败被认为是变质中最严重的形式。肉类腐败的原因虽然不是单一的，但主要是由微生物造成的。因此，只有微生物污染，并且有微生物发育繁殖的条件，腐败过程才能发生。从解体直到销售的各环节，肉的接触范围相当广泛，即使是设备完善、卫生制度严格的屠宰场，也不可能保证肉尸表面绝对无菌。加工、运输、储藏及销售的卫生条件越差，细菌污染就越严重，肉的耐藏性就越差。

（四）肉的失重

肉的失重是在一定的条件下，经过一定的时间，由血液滴出、水分蒸发、肉汁渗出、肌肉收缩等造成的肉的质量减轻。

---

① 影响猪肉品质的因素，http：//www. sfncc. org. cn/Z_ Show. asp？ArticleID = 1203。

② 怎样认识肉的自溶，http：//nc. mofcom. gov. cn/news/16948261. html。

案例分析

我国是畜禽、水产养殖大国，也是兽用抗菌药物生产和使用大国。兽用抗菌药物在防治动物疾病、提高养殖效益、保障畜禽水产品有效供给中发挥了重要作用。但是，兽用抗菌药物市场秩序不够规范、养殖环节使用不尽合理、从业人员科学用药意识不强、公众对细菌耐药性认知度不高等问题依然存在，加之国家动物源细菌耐药性风险评估和防控体系薄弱，细菌耐药形势日趋严峻。动物源细菌耐药率上升，导致兽用抗菌药物治疗效果降低，迫使养殖环节用药量增加，从而加剧了兽用抗菌药物毒副作用和残留超标风险，严重威胁到畜禽水产品质量安全和公共卫生安全，给人类和动物健康带来隐患。当前亟须构建动物源细菌耐药性控制和残留超标治理体系，提高风险管控能力。农业部在综合治理兽药残留超标问题过程中，制定实施了《全国遏制动物源细菌耐药行动计划（2017—2020 年）》，创新兽用抗生素治理制度措施，重点推动促生长用兽用抗生素退出、完善兽用抗生素应用及细菌耐药性监测网络、兽用抗生素使用减量化示范创建等工作。2017 年，完成了喹乙醇、氨苯胂酸、洛克沙胂 3 种兽药的风险评估和安全再评价工作，将于近期禁止用于食品动物促生长；成立了全国兽药残留与耐药性控制专家委员会，为兽用抗生素治理提供技术支持。这些控制措施积极推进了兽月抗生素耐药性控制工作，使畜肉产品质量安全得到了进一步提升。

任务总结

我国是全球肉类产销总量最多的国家，肉类资源丰富，肉类能为人体提供足够的动物性蛋白、脂肪、糖类、维生素等，对人体的生长发育具有重要的生理意义。根据肉的冷藏保鲜程度，可把肉分为热鲜肉、冷却分割肉和冻结分割肉三大类，这三类肉在整个物流操作过程中有着不同的方法和要求，无论何种动物的肉，其化学组成都包括水分、蛋白质、脂肪、矿物质和少量的糖类，这些物质的含量，因动物的种类、品种、性别、年龄、个体、畜体部分以及营养状况而异。肉类在物流过程中会发生不同变化，包括肉的成熟、肉的自溶、肉的腐败和肉的失重等，掌握这些变化的原理，对进行正确的肉类物流操作和管理有重要意义。

分组讨论

1. 家畜肉的类别及感官质量鉴别。
2. 禽肉的类别及质量鉴别。
3. 肉在物流过程中的变化。

业务技能训练一

猪肉感官质量鉴别

1. 实训材料

购买不同品质猪肉各 1 千克，查找猪肉相关感官鉴定资料，完成实训内容。

2. 实训目标

学生能够根据所学知识感官鉴别猪肉质量，完成实训报告。

3. 实训准备

（1）全班学生分组，每组成员控制在 3 ~ 5 人。

（2）以组为单位进行调研和资料收集。

（3）教师进行现场指导，体现以学生为主体的教学特色。

4. 实训步骤

（1）收集猪肉感官鉴别相关文献资料和质量标准。

（2）制订实训方案。

（3）撰写猪肉产品感官质量调研报告。

5. 实训效果评价（见表 4 – 6）

表 4 – 6　　畜禽肉类产品实训效果评价

考评内容	考评标准	分值（分）	自我评价（分）	小组评价（分）	教师评价（分）	实际得分（分）
实训完成情况	调研方案制订适宜	10				
	组员分工合理	10				
	收集资料丰富	10				
	调查报告分析翔实、鉴定结果符合要求	50				
其他	态度积极、遵守纪律、有团队协作精神	20				
合计		100				

注：实际得分 = 自我评价 ×20% + 小组评价 ×30% + 教师评价 ×50%。

知识拓展

国家标准 GB 16869—2005 鲜、冻禽产品

国家标准 GB/T 9961—2008 鲜、冻胴体羊肉

国家标准 GB/T 17238—2008 鲜、冻分割牛肉

国家标准 GB/T 9959.2—2008 分割鲜、冻猪瘦肉

国家标准 GB/T 2707—2016 食品安全国家标准 鲜（冻）畜、禽产品

任务二 禽蛋产品属性

案例引入

“氟虫腈”这次闹大了，不仅欧洲，韩国也发现了“毒鸡蛋”

欧洲“毒鸡蛋”风波还未平息，又有一个亚洲国家通报发现氟虫腈污染“毒鸡蛋”。2017 年 8 月 14 日，韩国农林水产食品部通报，在以蛋鸡农场为对象进行的残留农药检查中，一家养鸡场检出了违规杀虫剂“氟虫腈”。

为此，韩国政府紧急决定，自 15 日零时起暂停全国饲养 3000 只蛋鸡以上的养鸡场对外发货，实施为期 3 天的全面检查检验，并叫停了该养鸡场已进入市场鸡蛋的流通和销售，将视精密检验结果决定是否回收及销毁。出于对鸡蛋安全的担忧，韩国易买得、Home plus、乐天玛特三大超市决定自 15 日起暂停鸡蛋销售。

资料来源：食品伙伴网，2017 - 08 - 17，http://news.foodmate.net/2017/08/440122.html。

问题：氟虫腈有什么危害？消费者应如何应对此次鸡蛋“氟虫腈”事件？

知识准备

禽蛋及其制品富含人体所需要的动物性蛋白质、脂肪及维生素和矿物质，且各组分质量高，吸收率也高，特别是人脑和神经系统所不可缺少的磷脂的含量比较丰富，因此，蛋品是一种美味的营养食品。

鲜蛋是指没有经过加工研制，蛋体未经破坏的蛋，主要有鸡蛋、鸭蛋、鹅蛋及鹌

鹑蛋等。

一、禽蛋结构

无论何种禽蛋，其基本结构都由三部分组成：蛋壳、蛋白和蛋黄。蛋壳部分位于蛋的最外层，呈硬固状态；蛋黄部分位于蛋的最里层，居中央部位；蛋白部分位于蛋壳部分和蛋黄部分之间。以鸡蛋为例，其结构如图 4－1 所示。

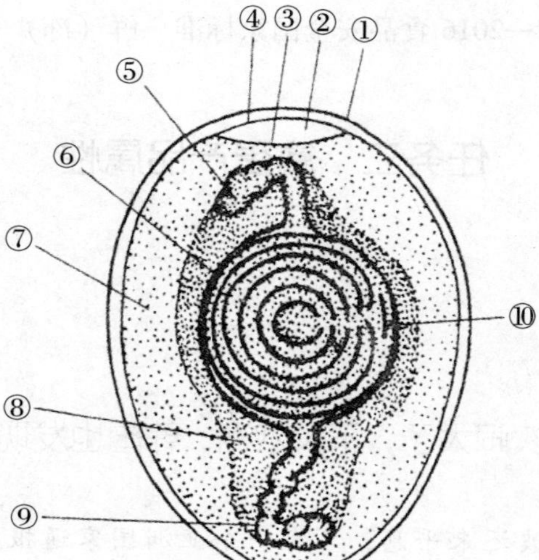

图 4－1　鸡蛋的构造

1—蛋壳；2—气室；3—内壳膜；4—外壳膜；5、10—系带；
6—卵黄；7—稀蛋白；8—浓蛋白；9—胚胎

（一）蛋壳的结构

蛋壳部分由外蛋壳膜、蛋壳、蛋壳膜构成。

1. 外蛋壳膜

鲜蛋蛋壳表面涂布着一层胶质性的物质，叫外蛋壳膜。它是由一种无定形结构、透明、具有光泽的可溶性胶质黏液干燥而成的薄膜，完整的薄膜既能保持蛋的正常呼吸作用，又可阻止外界微生物的侵入，对保证蛋的内在质量起着有益的作用。但此膜易溶于水，脱落或破坏后便失去了闭塞蛋壳气孔的作用。涂膜保鲜方法就是模拟外蛋壳膜的作用，使蛋的存储期得以延长的。

2. 蛋壳

蛋壳是包裹在鲜蛋内容物外面的一层硬壳，其具有固定蛋形状及保护蛋白、蛋黄的作用，但质脆不耐碰或挤压。

蛋壳内层为较薄的乳头状突起，外层为较厚的海绵状结构，有气孔与内外相通。气孔在蛋壳上的分布是不均匀的，一般在蛋的钝端较多（150 个/m^2），尖端较少（100 个/m^2）。

气孔的直径为4μm～40μm，不同种类蛋之间差异较大，鸡蛋气孔较小，鸭蛋和鹅蛋气孔较大。在咸蛋、松花蛋等再制蛋加工中，气孔大小对于盐分、碱量及其他成分向蛋内的渗透速率影响很大，同一溶液中浸泡不同种类的蛋，其产品的品质会参差不齐。

蛋壳属于不可食用部分，蛋壳较厚会使不可食部分比例增加，但蛋壳厚度增加有利于蛋的保藏，有利于收购、运输、加工以及储藏过程中破损率的降低，因此，厚壳蛋受到生产者和加工者的重视。蛋壳厚度受饲养水平特别是饲料中钙含量的影响较大。不同种类禽蛋之间蛋壳厚度也不一样：鹌鹑蛋最薄，一般为0.28mm（0.18mm～0.35mm）；鸡蛋次之，一般为0.36mm（0.22mm～0.42mm）；鸭蛋较厚，一般为0.47mm（0.35mm～0.57mm）；鹅蛋最厚，一般为0.81mm（0.49mm～1.6mm）。

蛋壳表面常表现出不同的颜色，这是由色素物质在蛋壳表面沉积造成的。其色泽与饲料、品种、蛋的种类等相关。

3. 蛋壳膜

在蛋壳内、蛋白外的白色薄膜，叫蛋壳膜，蛋壳膜分内、外两层：外层紧贴在蛋壳里面，称为外壳膜；内层靠近蛋白，称为内壳膜。外壳膜的组织比较粗糙，网状间隙较大，微生物可以直接进入。内壳膜的组织较细，网状间隙较小，微生物不能通过，只有当内壳膜被蛋白酶破坏之后，微生物才能进入蛋内。因此，蛋壳膜具有保护蛋内容物不受微生物侵蚀的作用。

刚产下的蛋接触空气后，蛋内容物遇冷会发生收缩，外界空气的进入，使蛋的钝端蛋白膜和内蛋壳膜分离，形成一气囊，称为气室。新鲜蛋气室小，随放置时间的延长，蛋内水分向外蒸发，气室面积逐渐增大，据此可以判别蛋的新鲜程度。

（二）蛋白的结构

蛋白又称蛋清，是一种白色半透明的黏性半流动体。按其形态蛋白可分为两种，即稀薄蛋白和浓厚蛋白。一般越接近蛋黄的蛋白越浓厚，越接近壳膜的蛋白越稀薄。浓厚蛋白与蛋的质量、储藏、加工关系密切，它是一种纤维状结构，含有溶菌酶。溶菌酶有溶解微生物细胞膜的特性，因此，溶菌酶具有杀菌和抑菌的作用。溶菌酶的含量、活性与浓厚蛋白的含量成正比。新鲜蛋浓厚蛋白含量高，溶菌酶含量多，活性也强，蛋的质量好，耐储藏。随着存储时间的延长，蛋白会发生一系列变化，首先是浓厚蛋白会被蛋白中的蛋白酶分解变成稀薄蛋白，随着溶菌酶的消失，蛋的耐储性降低。因此，陈旧的蛋浓厚蛋白含量低，稀薄蛋白含量高，容易被细菌感染，易成为腐败蛋。可见，浓厚蛋白的多少是衡量禽蛋新鲜程度的重要标志之一。

蛋白中，在蛋黄的两端各有一条浓厚的白色带状物，叫作系带。其一端与蛋大头的浓蛋白相连，另一端与蛋小头的浓蛋白相连。系带的作用是使蛋黄固定在蛋的中央。系带由浓厚蛋白构成，新鲜蛋的系带很粗并有弹性，含有丰富的溶菌酶，随着鲜蛋存放时间的延长和温度的升高，受酶的作用，系带会发生水解，逐渐变细，甚至完全消失，造成蛋黄上浮，出现靠黄蛋和贴壳蛋。因此，系带存在的状况也是鉴别蛋新鲜程度的重要标志之一。

（三）蛋黄的结构

蛋黄呈球形，位于蛋的中央。蛋黄由蛋黄膜、蛋黄内容物和胚胎组成。

1. 蛋黄膜

蛋黄膜是包围在蛋黄内容物外面的透明薄膜，其结构与蛋白膜极为类似，只是更为微细和紧密。蛋黄膜具有收缩和膨胀的能力，起着保护蛋黄和胚胎的作用，同时可防止蛋白和蛋黄混合。但蛋黄膜具有通透性，能允许水分和盐分通过，长期储藏的禽蛋，蛋黄的体积会因蛋白中水分的渗入而逐渐增大，最后导致蛋黄膜破裂，形成散黄蛋。

2. 蛋黄内容物

蛋黄内容物是一种浓稠不透明的黄色乳状液，是蛋中最富营养物质的部分。蛋黄内容物的中央为白色蛋黄层，周围则被互相交替着的深色蛋黄层和浅色蛋黄层所包围。

3. 胚胎

胚胎是漂浮在蛋黄表面的微小白色圆点，直径约 2mm ~ 3mm。胚胎分为受精蛋胚胎和非受精蛋胚胎两种。受精蛋胚胎很不稳定，在适宜的条件下会很快发育，影响蛋的耐储性和质量。

二、禽蛋的化学成分

禽蛋的化学成分主要是水分、蛋白质和脂肪，其次还有矿物质、维生素和糖类。禽蛋各种化学成分含量的多少，受家禽种类、品种、饲料、产蛋期、环境变化等因素的影响，变化较大。一般禽蛋的化学成分如表 4 – 7 所示。

表 4 – 7　不同禽蛋的化学成分（可食部分）　单位:%

禽蛋种类	水分	蛋白质	脂肪	糖类	矿物质
鸡蛋	74.0	12.7	11.0	1.3	1.0
鸭蛋	70.3	12.6	13.0	3.1	1.0
鹅蛋	69.3	11.1	15.6	2.8	1.2
鹌鹑蛋	73.0	12.8	11.1	2.1	1.0

（一）蛋壳的化学成分

蛋壳为不可食部分，占整个蛋重的10% ~13%。蛋壳中有机物约占4%，主要为蛋白质。无机物中主要成分是碳酸钙，约占93%，碳酸镁约占1%，其次是少量的磷酸钙、磷酸镁及色素。

（二）蛋白的化学成分

蛋白的主要成分是水分，含量为85%~88%；其次是蛋白质，含量为11%~13%。蛋白质主要有五类，包括卵白蛋白、伴白蛋白、卵黏蛋白、卵类黏蛋白和卵球蛋白。碳水化合物在蛋白中含量较少，约为1%~3%，主要是葡萄糖，乳糖极少，不存在果糖和蔗糖。蛋白中维生素含量很少，主要为核黄素。蛋白中有脂肪微量，约含0.25%。蛋白中矿物质含量不足1%，主要有钾、钠、钙、镁、磷等。

（三）蛋黄的化学成分

蛋黄占整个蛋重的1/3左右。蛋黄中含干物质约50%，为蛋白中干物质的4倍。蛋黄的组成非常复杂，除含水分约50%外，其余主要成分是蛋白质和脂肪。蛋白质含量约为15%，大部分是脂蛋白质，主要有低密度脂蛋白、高密度脂蛋白、卵黄高磷蛋白和卵黄球蛋白。蛋黄中含有30%~33%的脂肪，其中，甘油三酯占20%，其余10%是以磷脂为主体的复合脂肪及类甾醇等。蛋黄中含有各种色素，因此，蛋黄呈现黄色及橙黄色，蛋黄中的色素主要为叶黄素，其次为玉米黄素，此外，还有胡萝卜素、核黄素等。蛋黄中色素含量的多少与喂养的饲料有密切关系。蛋黄中含有丰富的维生素，有维生素A、维生素B_1、维生素B_2、维生素B_6、维生素D、维生素E、维生素K等。蛋黄中的无机成分以磷最为丰富，占灰分总量的60%，其次为钙。蛋黄中所含的碳水化合物与蛋白类似。

前沿聚焦

李嘉诚人造蛋上市

2014年6月13日，李嘉诚投资1.8亿港元的人造蛋黄酱在香港发售。据称，该产品与真正的鸡蛋有相同的营养价值，但胆固醇含量较低。因为它的价格只是鸡蛋的一半，所以可能为蛋糕行业青睐。消息人士说，“人造蛋”由美国一名年轻人戴崔克发明，它不是母鸡生出来的，而是从数百万种植物中提取养分研发出来的“植物蛋”。亚洲首富李嘉诚斥资1.8亿港元投入该产品，引发市场关注。据悉，人造蛋黄酱产品于6月13日在香港发售，8盎司（237毫升）装售价19.5港元。在香港上市的人造蛋相关产品和鸡蛋有很大的区别，它是一个罐装的或者桶装的液体，口感像豆腐。据了解，“人造蛋”（植物蛋）由美国人工食品开发公司Hampton Creek研发，是由多种容易生长的植物，如豌豆、高粱、葵花籽等混合调配，复制出的味道、营养价值及烹调特性与普通鸡蛋相似的粉剂，它可以代替鸡蛋烹制美食。

资料来源：京华时报，2014-06-20，09：23：50，http：//news.xinhuanet.com/fortune/2014-06/20/c_ 126646824.htm。

三、禽蛋的物理性状

（一）外形

禽蛋的外形一般为椭圆形。蛋的形状用蛋型指数表示，蛋型指数等于蛋的纵径除以蛋的横径。标准形状的鸡蛋，其蛋型指数为1.30～1.35，若大于1.35，则为细长型；小于1.30，则近似球形。一般来说，质量轻的蛋，蛋型指数小，多为球形；而亘量大的蛋，蛋型指数大，多为长的椭圆形。对于不同种类的禽蛋来说，其蛋型指数依次为：鹅蛋>鸭蛋>鸡蛋>鹌鹑蛋。

（二）重量

影响蛋重的因素很多，如种类、品种、产蛋季节、产蛋年龄、饲料条件、初产与经产等。一般单个蛋重，鸡蛋为40～70克，鸭蛋为60～100克，鹅蛋为160～220克，鹌鹑蛋为10～13克。

（三）蛋壳色泽

禽蛋的色泽有白色、褐色、青色、彩色和花斑多种。色泽的产生是色素物质在蛋壳上沉积造成的，受遗传因素影响。鸡蛋的色泽复杂，从白色、浅黄色到褐色，各种颜色均有。鸭蛋为白色或青白色，鹅蛋为白色，火鸡蛋为彩色，鹌鹑蛋为花斑蛋。

（四）蛋内容物的气味

禽蛋内容物一般无明显气味，有时有轻微的腥味，与饲料喂养种类有关。禽蛋煮熟后其蛋白部分无味而有香气。

（五）比重

禽蛋的比重一般为1.080～1.090，蛋的比重与蛋的新鲜程度有关，陈旧的蛋比重逐渐减少，约为1.025～1.060。通过测定蛋的比重，可以鉴定蛋的新鲜度。

（六）耐压度

蛋耐压度的大小与蛋在收购、运输、储藏、加工过程中的破损率有密切关系，蛋的耐压度因蛋的形状、蛋壳的厚薄、蛋种类的不同而异。球形蛋耐压度大，椭圆形蛋耐压度适中，细长形蛋耐压度最小；蛋壳越厚耐压度越大，反之耐压度小。不同禽蛋的耐压度：鹅蛋>鸭蛋>鸡蛋>鹌鹑蛋。

四、禽蛋的质量指标及鉴定

（一）禽蛋的质量指标

禽蛋的质量指标是经营禽蛋时进行质量鉴定和评定等级的主要依据。衡量禽蛋的质量时有下列一些指标：

1. 蛋壳状况

可从三个方面来鉴定：一是清洁度，鲜蛋蛋壳表面应清洁，无粪便、杂草及污物污染；二是完整状况，蛋壳应完整无损，无硌窝、裂纹及流清现象；三是色泽，应具有该品种蛋固有的色泽，表面无光泽或有油光发亮感的均为不正常蛋。

2. 蛋的形状

用蛋型指数来衡量，鸡蛋为1.30～1.35。蛋形不影响食用价值，但关系到种用价值、孵化率和破损率等。用于出口的蛋，蛋形应力求一致或基本一致。

3. 蛋重

蛋的质量是评定蛋的等级、蛋的新鲜度和蛋的结构的重要指标。我国出口的鲜蛋和世界上许多国家一样以质量作为划分等级的标准。外形大小相同的蛋，若质量不同，则轻的表明是陈蛋，这是因为蛋内水分不断蒸发会导致质量变小。蛋的大小不同，其蛋壳、蛋白和蛋黄的组成比例也不相同。

4. 比重

蛋的比重用食盐溶液对蛋的浮力来表示，用盐水漂浮法测定，共分九级。在1000毫升水中加入氯化钠68克为0级（比重1.068），以后每增加4克氯化钠，级别也相应增加一级（比重各增0.004）。各级盐水需经比重计检测和校正，然后将蛋放入不同比重的溶液内至浮为止，就代表该级别的比重。

5. 禽蛋的内部品质指标

（1）气室状况

鲜蛋气室很小，随着气室高度或深度的增大，蛋的质量也相应地降低。

（2）蛋白状况

浓厚蛋白占全部蛋白的50%～60%，无色（有时略带淡黄绿色），透明。灯光透视时，蛋内呈透明状，不会明显见到蛋黄的暗影，这表明浓厚蛋白多，质量优良。

（3）蛋黄状况

灯光透视时，蛋黄应位居蛋的中心，不显露，不移动，看不到蛋黄暗影。打开后蛋黄应明显凸起，呈半球形，若呈扁平形或散黄，则说明蛋的质量较差。

（4）内容物的气味

除有时有轻微的腥味外，应无其他异味。变质蛋则有明显的臭气味。

(5) 系带状况

质量正常的蛋，其系带粗白并有弹性，位居蛋黄两侧，明显可见。如变细并与蛋黄脱离，甚至消失，则表明蛋的质量降低。

(6) 胚胎状况

胚胎应无受热或发育现象。未受精蛋受热后胚胎膨大；受精蛋则最初产生血丝，而后出现树枝状血管。

(7) 微生物发育状况

质量优良的蛋应当无霉菌和细菌发育现象。

(二) 禽蛋的质量鉴定

广义上来说，禽蛋品质鉴定分为完整蛋（带壳蛋）的质量鉴定和蛋液质量鉴定。前者是蛋品厂工作量最大、应用最广的工序，鉴定方法有以下几种：

1. 感官鉴定法

禽蛋的感官鉴定主要是看、听、触、闻四个方面。

(1) 视觉鉴定

即用肉眼观察蛋的大小、蛋壳坚实度、蛋的清洁度、蛋壳颜色、蛋的形状，以及外蛋壳膜是否存在等。出口鲜蛋，应拣出不清洁蛋、蛋壳不完整蛋、畸形蛋，并按大小和颜色不同分开，以便进行光照鉴定和分级。市销商品蛋，主要拣出蛋壳不完整蛋、污壳蛋。原料蛋拣选要求基本同出口鲜蛋。

(2) 听觉鉴定

即以蛋相互碰撞而鉴别蛋壳的完整性，相撞发出“咔咔”声者为蛋壳完整蛋，响声空洞者为裂纹蛋。

(3) 触觉鉴定

蛋在手中有轻感的为次蛋，有沉甸甸感觉的为好蛋。

(4) 嗅觉鉴定

即用鼻闻有无臭味或其他异味。

感官鉴定虽然是一种有科学根据的方法，但必须有一定的经验。因此，禽蛋质量鉴定时感官鉴定经常配合其他方法使用。

2. 气室大小的测定

禽蛋气室的大小与蛋存放时间、存放的温度和湿度有关。存放时间越长或温度、湿度越小，气室则越大。气室大小是测量蛋的新鲜度的指标之一。

气室的测定用气室测定仪进行。气室测定仪用透明的角质板或塑料板制成，其上刻有刻度。

3. 哈夫单位的测定

美国、加拿大等国家已使用哈夫单位测定蛋的品质并用于鲜蛋的分级。哈夫单位的计算是根据蛋白的高度与蛋质量回归关系来计算蛋的新鲜度，其实际是通过蛋白的状况来反映蛋的新鲜程度。使用哈夫单位要比过去测定蛋白乳度或只测定蛋白高度来评定蛋新鲜度更准确。因此，许多国家已把哈夫单位作为评定蛋质量的主要指标，并规定指标范围从100~30，100表示蛋质量最好，30表示最差，一般情况下特级蛋的哈夫单位必须在72以上。

4. 灯光透照法

灯光透照法是我国鲜蛋经营、出口鲜蛋、蛋制品选原料蛋、种蛋选择，以及养禽业中孵化胚胎发育检查等惯用的方法，也是世界各国常用的一种品质鉴定法。此法既准确又行之有效。

此法是根据蛋的透光性，利用不同质量蛋的物理结构及化学成分在光视下产生的具有各自特征的变化，借光透鉴别蛋的质量的方法。如借光可观察蛋壳结构的致密度、气室的大小、蛋白、蛋黄及系带、胚胎等特征，并根据这些特征进行蛋质综合评定。一般将蛋分为以下几类：

（1）一级蛋

照检时，气室不移动，高度不超过7mm，蛋白紧密、透明，蛋黄不移动并位于蛋的中央，光照时不明显而紧密。使蛋壳局部破裂凹下，蛋的石灰质硬壳部破裂，但壳下膜不破，蛋清不流出。

（2）陈次蛋

陈次蛋即存放时间过长或保存温度过高而形成的非新鲜优质的蛋。陈次蛋又包括陈蛋、靠黄蛋和贴壳蛋。

陈蛋是由于在高温低湿条件下存放时间久，蛋内水分蒸发，气室增大形成的。其特征是光照时蛋黄阴影较明显，不在蛋的中央，蛋黄膜松弛，蛋白稀薄。打开后蛋黄扁平，有时很快形成散黄蛋。

靠黄蛋即蛋黄离开中心，靠近蛋壳但还未贴在蛋壳上的蛋。靠黄蛋是陈蛋进一步发展的结果。这类蛋感官上显示出蛋壳无白霜似的外蛋壳膜，透光性差，蛋白稀薄，系带松弛，变细、变稀。当转动蛋时，可看到一个流动性暗红色影子（即蛋黄）已离开中心而上浮靠近蛋壳。

贴壳蛋（又称搭壳蛋）是靠黄蛋进一步发展的结果。根据贴壳的程度不同，可分为红贴壳蛋（轻度贴壳）及黑贴壳蛋（重度贴壳蛋）。轻度贴壳的蛋，只要转动蛋，由于惯性作用，暗影离开蛋壳而成靠黄蛋；重度贴壳的蛋，蛋黄和蛋壳发生严重粘连，开壳后粘壳部分蛋黄膜易被撕破而成为散黄蛋。此类如无异味可食用。

（3）散黄蛋

散黄蛋即蛋黄膜破裂、蛋白和蛋黄有不同程度的混合的蛋。根据散黄的原因不同，可分为机械散黄、细菌散黄和陈蛋散黄。

机械散黄是蛋在运输或搬动过程中因震动而使蛋黄膜破裂导致的。这类蛋照蛋时气室小，透光性较好，内容物呈雾状，蛋白浓厚，蛋白和蛋黄混合不均，打开后无异味，可食用。

细菌散黄是由细菌引起的，蛋白分解酶分解蛋黄膜而形成散黄。此种蛋气室大，透光性差，呈暗红色，打开后有异味，不能食用。

陈蛋散黄的散黄原因是保存时间过长，蛋白水分不断向蛋黄中渗透，蛋黄体积增大，蛋黄膜失去弹性而破裂。光照时的特征类似细菌散黄。这类蛋打开后如无异味可食用，但不能保存。

（4）霉蛋

寄生有霉菌的蛋称之为霉蛋。此类蛋蛋壳表面有灰色感。在灯光下透照，蛋内显示有黑色斑点或斑块，其他部位则与新鲜蛋相同。霉蛋产生的原因，主要是包装材料潮湿或不清洁，或运输途中被雨淋。尤其是在高温高湿的情况下，霉菌极易通过气孔进入蛋内，形成斑点或斑块状菌落。此类蛋如果打开后无异味，除去斑点后可食用。

（5）老黑蛋

又称臭蛋，此类蛋除气室透光外，其他部分全不透光，蛋内容物被深度分解，蛋液呈混浊黑绿色。因为有分解产物——氨及硫化氢，所以有臭味。细菌引起的腐败，所产生的腐毒碱是有毒物质，所以这类蛋不能食用。

（6）异物蛋

新鲜禽蛋内肉眼可见的有形物质主要有蛋清、蛋黄、胚珠、系带、壳膜5种。除此之外，任何有形物质都应视为异物。含有异物的蛋称为异物蛋。这类蛋不能食用。异物分为病理组织类异物和寄生虫或环节动物类异物两大类：病理组织类异物有血斑血块、组织碎块、变性卵黄、气泡等；寄生虫或环节动物类异物有吸虫、蛔虫、水蛭等。

资料链接

国家标准规定的鲜蛋、蛋制品的感官要求见表4－8和表4－9。

表4－8　鲜蛋感官要求

项目	要求	检验方法
色泽	灯光透视时整个蛋呈微红色；去壳后蛋黄呈橘黄色至橙色，蛋白澄清、透明，无其他异常颜色	取带壳鲜蛋在灯光下透视观察。去壳后置于白色瓷盘中，在自然光下观察色泽和状态。闻其气味
气味	蛋液具有固有的蛋腥味，无异味	
状态	蛋壳清洁完整，无裂纹，无霉斑，灯光透视时蛋内无黑点及异物；去壳后蛋黄凸起完整并带有韧性，蛋白稀稠分明，无正常视力可见外来异物	

表 4－9　蛋制品感官要求

项目	要求	检验方法
色泽	具有产品正常的色泽	取适量试样置于白色瓷盘中，在自然光下观察色泽和状态。尝其滋味，闻其气味
滋味、气味	具有产品正常的滋味、气味，无异味	
状态	具有产品正常的形状、形态，无酸败、霉变、寄生虫及其他危害食品安全的异物	

资料来源：GB 2749—2015 食品安全国家标准　蛋与蛋制品。

案例分析

从案例中看出，欧洲“毒鸡蛋”风波不断。氟虫腈，英文通用名为 fipronil，是一种广谱除虫剂，用以消除蚤、虱、蜱、蟑螂及螨等昆虫。目前，欧盟禁止其用于畜禽养殖过程。现时数据显示，实验动物若短期摄取大量的氟虫腈，会对神经系统造成不良影响，但长期摄取氟虫腈，或会导致肝脏、甲状腺及肾脏受损。我国未批准氟虫腈作为兽药，因此其不可用作鸡身杀虫剂。目前，尚没有其他国家或地区获得蛋类的检验检疫准入资格，不能向我国出口，因此，中国境内消费者不必担心欧洲及韩国“毒鸡蛋”造成的健康影响。对于我国国内生产的鸡蛋，不排除部分养殖场和散农户存在违规使用氟虫腈的情况，建议消费者从正规途径购买蛋类产品。

任务总结

禽蛋及其制品富含人体所需要的动物性蛋白质、脂肪，以及维生素和矿物质，且各组分质量高，吸收率也高，特别是人脑和神经系统所不可缺少的磷脂，含量比较丰富，因此，蛋品是一种美味的营养食品。鲜蛋是指没有经过加工研制，蛋体未经破坏的蛋，主要有鸡蛋、鸭蛋、鹅蛋及鹌鹑蛋。无论何种禽蛋，其基本结构均由三部分组成：蛋壳、蛋白和蛋黄。禽蛋的化学成分主要是水分、蛋白质和脂肪，其次是矿物质、维生素和糖类。禽蛋各种化学成分含量的多少，受家禽种类、品种、饲料、产蛋期、环境变化等因素的影响，变化较大。禽蛋的质量指标为蛋壳状况、蛋的形状、蛋重、比重、禽蛋的内部品质指标（气室状况，蛋白状况，蛋黄状况，内容物的滋味、气味，系带状况，胚胎状况，微生物发育状况）等，完整禽蛋的质量鉴定方法有感官鉴定法、气室大小的测定、哈夫单位的测定、灯光透照法等。

分组讨论

1. 禽蛋的结构。
2. 禽蛋的化学成分。
3. 禽蛋的物理性状。
4. 禽蛋的质量指标及鉴定。

业务技能训练二

鸡蛋感官质量鉴别

1. 实训材料

购买不同品质鸡蛋各10个，查找鸡蛋相关感官鉴定资料，完成实训内容。

2. 实训目标

学生能够根据所学知识感官鉴别鸡蛋质量，完成实训报告。

3. 实训准备

（1）全班学生分组，每组成员控制在3~5人。
（2）以组为单位进行调研和资料收集。
（3）教师进行现场指导，体现以学生为主体的教学特色。

4. 实训步骤

（1）收集鸡蛋感官鉴别相关文献资料和质量标准。
（2）制订实训方案。
（3）撰写鸡蛋产品感官质量调研报告。

5. 实训效果评价（见表4-10）

表4-10　禽蛋产品实训效果评价

考评内容	考评标准	分值（分）	自我评价（分）	小组评价（分）	教师评价（分）	实际得分（分）
实训完成情况	调研方案制订适宜	10				
	组员分工合理	10				
	收集资料丰富	10				
	调查报告分析翔实，鉴定结果符合要求	50				
其他	态度积极、遵守纪律、有团队协作精神	20				
合计		100				

注：实际得分=自我评价×20%+小组评价×30%+教师评价×50%。

知识拓展

商务部推荐性标准 SB/T 10638—2011 鲜鸡蛋、鲜鸭蛋分级

任务三 乳品属性①

案例引入

生鲜乳最新安全标准提高了20倍

中国乳品产业有了最高质量标准。2016 年 4 月 21 日，中国农垦乳业联盟 2016 年主席联席会暨农垦乳业发展峰会在哈尔滨召开，光明乳业、三元食品、完达山乳业等 17 家联盟成员单位主要负责人出席，并推出《中国农垦生鲜乳生产和质量标准》。该标准是在《GB 19301—2010〈生乳〉》标准的基础上，根据目前农垦奶牛养殖的实际情况，参照国际通行标准，由联盟内外的专家用将近一年时间，经过反复研究和讨论，在广泛征求各方意见的基础上诞生的。它被称为我国史上最高生鲜乳企业标准。

亮点一：菌落总数的标准提高了 20 倍。

菌数总数从每毫升 200 万 CFU（单位体积中的细菌群落总数）以下到每毫升 10 万 CFU 以下。2010 年，我国颁布 CFU 的《GB 19301—2010〈生乳〉》标准，菌落总数定为每毫升 200 万 CFU 以下。此次《中国农垦生鲜乳生产和质量标准》将菌落总数调整到了每毫升 10 万 CFU 以下。该项指标得到了大大提高，与代表世界先进水平的欧盟和美国的标准一致。

亮点二：体细胞数首次纳入质量标准。

《中国农垦生鲜乳生产和质量标准》首次将体细胞数纳入质量标准，并且该标准也是按照国际最高标准——欧盟的标准来制定的，即每毫升 40 万个以下。该标准要高于美国每毫升 75 万个以下的国家标准。

亮点三：乳蛋白率由 2.8% 提高到 3.0%。

《中国农垦生鲜乳生产和质量标准》基于国内规模化牧场近年的快速发展，尤其是农垦乳业在奶牛品种、饲料组成、饲养管理水平方面的突出优势，将乳蛋白率提高到

① 菌落形成单位（Colony－Forming Units，CFU），指单位体积中的细菌群落总数。在活菌培养计数时，由单个菌体或聚集成团的多个菌体在固体培养基上生长繁殖所形成的集落，称为菌落形成单位，用来表示活菌的数量。菌落形成单位的计量方式与一般的计数方式不同，一般直接在显微镜下计算细菌数量时会将活或死的细菌全部计入，但是 CFU 只计算活的细菌。

3.0%，这个指标已经达到了国际生鲜乳的优质标准，比2010年国家生乳标准的2.8%提高了0.2个百分点。

据了解，蛋白表示生乳营养含量，菌落数意味着生乳的安全系数，体细胞数表明奶牛的健康程度。这三大标准的调整，正好回答了消费者对生鲜乳的营养价值、安全保障、奶源健康与否的关注。中国农垦乳业联盟主席冯艳秋表示，制定和发布与国际标准接轨的《中国农垦生鲜乳生产和质量标准》的根本目的，就是通过标准的制定，进一步提高农垦奶牛养殖水平，生产更多达到或超过世界先进水平的优质生鲜乳，并通过加工工艺的优化，为消费者奉献更多以巴氏杀菌乳为代表的优质、新鲜、营养的乳制品。

资料来源：生鲜乳最新安全标准提高了20倍，2016－04－26，济南日报（济南），http：//news. 163. com/16/0426/12/BLJ0PPL400014AED. html。

问题：乳主要由哪些化学成分组成？为什么要提高乳蛋白、菌落数、体细胞数质量标准？

知识准备

不同来源的乳，如牛乳、羊乳和马乳等，虽然组成成分、含量等有所差异，但主要营养成分的构成基本类似。乳品工业中的大宗原料乳，主要以牛乳为主，部分地区采用羊乳或马乳。乳是一种全价营养食品，它不仅具有人体所需的各种营养，而且极易被人体消化吸收。

牛乳中的大部分成分是水，脂肪在其中呈乳浊液，蛋白在其中呈胶体溶液，而乳糖、无机物等则以真溶液的形式存在。

下面以牛乳为例，介绍乳的化学成分、物理性质及检验等。

一、乳的化学组成

乳的组成十分复杂，其中至少含有上百种化学成分，主要包括水分、脂肪、蛋白质、乳糖、盐类、维生素、酪类及气体等。正常牛乳中各种成分的组成大体上是稳定的. 但也受奶牛的品种、个体、地区、泌乳期、畜龄、挤乳方法、饲料、季节、环境、温度及健康状态等因素的影响而有差异，其中，变化最大的是乳脂肪，其次是蛋白质，乳糖及灰分比较稳定。不同品种的奶牛其乳的组成不尽相同，各成分变化范围如表4－11所示。

表4－11　牛乳的主要化学成分及含量变化范围、平均值　单位：%

成分	水分	总乳固体	脂肪	蛋白质	乳糖	无机盐
变化范围	85.5～89.5	10.5～14.5	2.5～6.0	2.9～5.0	3.6～5.5	0.6～0.9
平均值	87.5	13.0	4.0	3.4	4.8	0.8

（一）乳脂肪

乳脂肪是乳的主要成分之一，在乳中的平均含量为3%～5%。乳脂肪中的98%～99%是甘油三酯，还含有约1%的磷脂和少量的甾醇、游离脂肪酸以及脂溶性维生素等。牛乳脂肪为短链和中链脂肪酸，熔点低于人的体温，仅为34.5℃，且脂肪球颗粒小，呈高度乳化状态，因此，极易被人体消化吸收。乳脂肪还含有人体必需的脂肪酸和磷脂，也是脂溶性维生素的重要来源，其中，维生素A和胡萝卜素含量很高，因而乳脂肪是一种营养价值较高的脂肪。乳脂肪提供的热量约占牛乳所能提供的总热量的一半，其中所含的卵磷脂能大大提高大脑的工作效率。乳脂肪不同于其他脂肪，特点如下：

（1）乳脂肪的短链低级挥发性脂肪酸含量远高于其他动植物油脂，因而乳脂肪具有特殊的香味和柔软的质体，是高档食品的原料。

（2）乳脂肪易受光、氧、热、铜、铁的作用而氧化，产生脂肪氧化味。

（3）乳脂肪易在解脂酶及微生物作用下发生水解，使酸度升高。

（4）乳脂肪易吸收周围环境的气味。

（5）乳脂肪在5℃以下呈固态，11℃以下呈半固态。

（二）乳蛋白质

乳蛋白质含有人体生长发育的一切必需氨基酸和其他氨基酸，其消化率远比植物蛋白质高，可达98%～100%，因而乳蛋白质为完全蛋白质。其本身也是一种能源。牛乳中的酪蛋白具有较强的抗变异能力，能降低癌变发生率。乳蛋白质在牛乳中的含量为2.9%～5.0%，其含有人体所需的全部8种必需氨基酸，且构成比例适当。乳是人类食品中优质蛋白质的极好来源。乳蛋白是乳中主要的含氮物质。牛乳含氮化合物中的95%为乳蛋白质，5%为非蛋白态含氮化合物。

（三）乳糖

乳糖在自然界中仅存在于哺乳动物的乳汁中，一分子乳糖消化可得一分子葡萄糖和一分子半乳糖。半乳糖能促进脑苷脂类和黏多糖类的生成，因而对幼儿智力发育非常重要。牛乳中的乳糖可促进人体对钙和铁的吸收，预防小儿佝偻病、中老年人骨质疏松病等。乳糖还能促进人肠道内有益菌——乳酸菌的生长，抑制肠道内有害细菌的生长，防止肠道内异常发酸造成的中毒，增强肠蠕动，促进排泄，以利于肠道健康。乳的甜味主要由乳糖引起，其甜度约为蔗糖的1/6。乳糖在乳中全部呈溶解状态。

一部分人随着年龄的增长，消化道内会缺乏乳糖酶，不能分解和吸收乳糖，饮用牛乳后会出现呕吐、腹胀和腹泻等不适应症，称为乳糖不耐症。在乳品加工中，可利用乳糖酶将乳中的乳糖分解为葡萄糖和半乳糖，或利用乳酸菌将乳糖转化为乳酸，这样可预防乳糖不耐症。

（四）无机物

牛乳中含有丰富的矿物质，如钙、磷、铁、锌、铜、锰、钼等。牛乳含钙多，而且钙、磷比例合理，吸收率高，是人体钙的最佳来源，能增强骨筋、牙齿的密度和硬度，使骨骼萎缩病症发生率减少一半，促进婴幼儿和青少年的智力发展与生理发育。酪蛋白中含有10%的磷，对促进幼儿的大脑发育至关重要。钾能使动脉血管壁在血流快时保持稳定。锌能提高人大脑的工作效率，促进伤口更快愈合。铁、铜有美容作用，能使皮肤保持光滑和丰满。镁能缓解心脏和神经系统的疲劳。人体必需的22种无机物在牛乳中都存在，其含量随牛的泌乳期及个体健康状态等因素而异。乳中的矿物质大部分以无机盐或有机盐的形式存在。其中，以磷酸盐、酪酸盐和柠檬酸盐存在的数量最多。大部分钠以氯化物、磷酸盐和柠檬酸盐的离子溶解状态存在。而钙、镁与酪蛋白、磷酸和柠檬酸结合，部分呈胶态，另一部分呈溶解状态。磷是乳中磷蛋白、磷脂及有机酸的成分。

乳及乳制品的营养价值在一定程度上受矿物质的影响。就钙而言，因为牛乳中的钙含量较人乳高3~4倍，所以牛乳在婴儿胃内所形成的蛋白凝块相对人乳坚硬，不易消化。牛乳中的铁含量为10~90μg/100mL，而人乳中的铁含量比较少，因此，母乳哺育幼儿时应补充铁。

（五）维生素

牛乳中含有几乎所有已知的维生素，牛乳中的维生素包括脂溶性维生素A、维生素D、维生素E、维生素K和水溶性维生素B_1、维生素B_2、维生素B_6、维生素B_{12}、维生素C两大类。牛乳中的维生素，部分来自饲料中的维生素，如维生素E，有的则要靠奶牛自身合成，如B族维生素可在奶牛的瘤胃中合成。牛乳中维生素的热稳定性各有不同，有的对热很稳定，如维生素A、维生素D、维生素B_2等；有的热敏性很强，如维生素C等，但在无氧条件下加热，其损失会减少。

（六）酶

牛乳中酶的来源有三个：乳腺分泌、挤乳后由微生物代谢生成、由白细胞崩裂生成。牛乳中酶的种类很多，但与乳品生产有密切关系的主要为水解酶和氧化还原酶两大类，它们可改变乳在储存过程中的风味及理化性质，影响乳制品的生产和质量。

乳中的酶来源于母牛乳房，或来源于微生物代谢产物。前者是乳的正常成分，称为原生酶；后者称为细菌酶，酶的种类及含量因细菌性质及含量多少而异。乳中有几种酶被用于控制和检验乳的质量，其中，最重要的是过氧化物酶、过氧化氢酶、磷酸酶和脂解酶。

（七）其他成分

除上述成分外，乳中还含有水分及少量的有机酸、气体、色素、免疫体、细胞成分、风味成分和激素等。

二、乳的物理性质

牛乳的物理性质与乳的产品质量有密切关系。如果牛乳的色、香、味不好，则很难制造出品质优良的奶油。因此，了解鲜牛奶的物理性质十分有必要。

（一）色泽

正常鲜牛乳的色泽为乳白色或淡乳白色。这是由牛乳中含有的酪蛋白磷酸钙络合物微粒子和乳脂肪球等微粒物质对光的反射及折射形成的。牛乳中的胡萝卜素、叶黄素使乳略带淡黄色。维生素 B_2则使乳清呈荧光性绿色。胡萝卜素不能在牛体内合成，而是由饲料转移到乳中的，一般青草、青贮饲料、胡萝卜、南瓜、甜菜叶等饲料中都含有它。叶黄素同样是由饲料转入乳中的。乳黄素是水溶性色素，存在于乳清中，呈微黄绿色。上述物质的含量随饲料成分的变化而有差异。因此，牛乳颜色的深浅也将随之有所变化。

（二）气味和滋味

气味和滋味是人们鉴别食品香味和滋味的两种办法。正常新鲜的牛乳应有一种天然的乳香味，其香味芬芳、平和、自然，不强烈，此香味来源于乳脂肪中挥发性脂肪酸。但人们发现，刚挤出的牛乳酸度不高，却有一种臭味，此味并不是牛乳的天然味，而是由外来因素引起的，如奶桶洗涤不干净或牛舍空气不清洁等，这与乳脂肪酸可溶性、挥发性的特征有关。

牛乳香味的浓淡，取决于乳脂肪的含量。如制造奶油时，用全脂乳分离出稀奶油和脱脂乳。稀奶油香味比全脂乳更浓郁，脱脂乳则淡而无味。其原因是乳脂肪中的挥发性酸均转移到稀奶油中了。如果鲜牛乳不及时妥善保管，那它的香味会逐渐消失，其消失程度与乳温有关。如加热时乳香味强烈，冷却时微弱，故对刚挤出的牛乳应及时冷却，及时加工或储藏，以保持乳的原有香味。对于稀奶油，也是如此。

新鲜牛乳具有纯净的甜味，这来源于乳中的乳糖。含脂肪量高的融化奶油和含蛋白质最高的干酪素，就不如牛乳甜。其原因是这些产品中的乳糖含量极少，不可显示甜味。牛乳稍带咸味，这是由于乳中含有氯离子。乳还有极微的苦味，这与蛋白质中的某些氨基酸有关，但不影响乳的甜味。乳的甜味对奶油没有多大影响。乳糖是水溶性的，而不是脂溶性的，如要提高奶油的保藏期，应设法去掉乳糖，使其含量尽可能地降低，因为它是一种良好的细菌培养剂。

（三）酸度

牛乳的酸度是衡量牛乳新鲜度的主要指标之一。牛乳酸度的增高，使乳的热稳定性下降，即遇热时易引起乳中蛋白质的变性凝固。当酸度增高至一定程度后，乳即自行变性凝固。因此，对牛乳的酸度应加以控制。牛乳酸度的来源，主要是自然酸度及微生物发酵产生的酸度。

1. 自然酸度

牛乳从乳房内挤出时所具有的酸度称为自然酸度。其中，来源于蛋白质的为4～5°T，来源于二氧化碳气体的为1～2°T，来源于酸性盐（磷酸盐、柠檬酸盐）的为10～120°T。牛乳中非脂肪干物质含量越高，自然酸度就越高。

2. 微生物发酵产生的酸度

牛奶挤出后，在放置的过程中，因微生物的作用，分解乳糖，产生乳酸，使牛乳酸度升高，这种酸度称为发酵酸度。

（四）相对密度

正常牛乳在15℃时相对密度为1.028～1.034，平均值为1.031。脱脂乳在15℃时相对密度为1.034～1.040。牛乳在挤奶后1小时内相对密度最低，其后逐渐上升，上升速度依牛乳储藏温度不同而异。这种现象产生的原因，可能与乳中蛋白质水合作用的变化有关。另外，牛乳的相对密度会因为加水而降低，反之，也会由于加脱脂乳或分离出脂肪而增高。

通过牛乳相对密度的大小，可以粗略地判断牛乳的内在质量和卫生质量，杜绝掺水。因此，牛乳相对密度的测定，是牛乳收购工作中极为重要的一环。牛乳相对密度通常用牛乳比重计（又称乳稠计）来测定，其测定方法如下：将牛乳充分搅拌均匀，取样约200毫升，沿玻璃量筒壁徐徐倒入量筒，避免产生气泡，然后将乳稠计轻轻插入量筒内的牛乳中心，使其徐徐下沉，切勿与量筒壁相接触，静置2～3分钟后读取牛乳液面的刻度，以牛乳液面的月牙形上部尖端部位为准，同时用温度计测定牛乳的温度。

如果牛乳的温度不是乳稠计的标准温度，则需根据温度校正表进行校正。一般牛乳的温度越接近于乳稠计的标准温度，其测定结果越准确，否则测定误差较大。测定乳的相对密度时，应注意以下事项：

（1）大多数物体是热胀冷缩的，当牛乳温度增高时，乳脂肪球和蛋白质等受热膨胀，溶液容积膨胀，故相对密度升高；反之，温度下降时相对密度降低。

（2）乳的相对密度与非脂肪干物质的含量有关。如脱脂乳相对密度的平均值为1.035，含有乳蛋白的乳清的相对密度为1.027，没有乳蛋白的乳清的相对密度为1.025。

（3）乳的相对密度与脂肪含量多少有关，脂肪含量高则乳的相对密度低，脂肪含量低则乳的相对密度高。

（4）测定时间也很重要，刚挤出的牛乳不能测定，因溶解于乳中气体的影响，数据会偏低，需等待1～2小时后再测定。

（五）冰点和沸点

1. 冰点

冰点又称凝固点。在常压下，任何一种液体均因其溶质的存在而使其冰点较纯水低。溶质含量高的牛乳中的溶质是由乳糖和盐类组成的，相对稳定。因牛乳的冰点变化范围较小，乳的冰点一般为 -0.53℃ ~ -0.57℃，平均值为 -0.55℃。如果向牛乳中添加其他添加物如水，则冰点的变化很灵敏，掺水会使牛乳的冰点上升，由此可检查牛乳是否掺水。同时，还可计算牛乳的掺水率，求出掺水量。

影响牛乳冰点的因素：

（1）牛乳经 70℃以上消毒（熟乳），其中一部分可溶性盐类会变成不溶性盐类，致使乳的冰点增高。

（2）向乳中掺水，可使冰点增高，因此，测定冰点可检查乳中是否掺水。向乳中掺水 1% 可使冰点升高 0.0055℃。

（3）测定冰点的牛乳要以正常牛乳为准，酸度高于 20°T 的牛乳不能测定，因为乳中的乳糖和矿物质成分已经改变。

2. 沸点

牛乳的沸点，理论上约比水高 0.16℃，在 100℃加热时，因离子化的增加，沸点升高，在一个标准大气压下为 100.16℃。这也与乳中的乳糖、矿物质量有关。乳越浓缩，其沸点越高。

（六）黏度

牛乳的黏度取决于干物质的含量及各组成成分的物理状态和温度等因素。在 20℃时，一个大气压下水的黏度为 0.001005Pa·s，通常按 0.001Pa·s 计；牛乳的黏度为 $1.62\times10^{-3}\sim2.5\times10^{-3}$Pa·s，平均黏度为 2.06×10^{-3}Pa·s。

乳的黏度受乳中干酪素、乳脂肪的影响较大，其次是乳蛋白与矿物质。此外，还受温度、乳中总干物质含量、乳加热温度的影响。

（1）乳中干酪素与钙结合成盐，均匀地充满整个乳液，在温度升高时开始膨胀，黏度降低；反之，则黏度升高。

（2）乳中的脂肪球，在温度低时开始收缩，即从液态变为半固态，以致黏度升高；当温度升高时，黏度反而降低。

（3）总干物质含量少时乳的黏度低，如脱脂乳平均黏度为 0.135Pa·s，全脂乳平均黏度为 1.75×10^{-3}Pa·s。

（4）乳的加热温度超过 80℃时黏度降低，因为乳中的乳蛋白和白蛋白开始沉淀。

在正常的牛乳成分范围内，非脂肪固体含量一定时，随着含脂率的增高，该牛乳的黏度也增高。当含脂率一定时，随着非脂乳固体含量的增加，该牛乳的黏度也增高。

初乳、末乳和病牛乳的黏度都比正常乳高。在乳制品如均质乳、炼乳、冰激凌和稀奶油等的生产上，都会遇到黏度问题，如随着均质压力的增高，均质乳的黏度直线上升。此外，乳的黏度还受温度的影响，60℃左右均质乳黏度上升更加显著。

（七）表面张力

在日常生产和生活中，经常看到乳滴或水滴呈球状，其原因是液体表面分子受到内部分子的吸引力而趋向内部，从而使液体表面呈收缩趋势，这种使液体表面收缩的趋势，叫作表面张力。牛乳的表面张力首先随温度的变化而变化，温度升高则表面张力降低。此外，牛乳的表面张力依牛乳中含脂率的变化而变化，含脂率升高则牛乳的表面张力降低。

（八）电导率

牛乳的电导率与其成分特别是氯离子和乳糖含量有关。当乳中氯离子含量升高或乳糖含量减少时，该乳的电导率增大。正常牛乳的电导率在20℃时为0.005S（西门子），一般为0.003～0.005S，超过0.006S认为是病牛乳。电导率的测定是检验乳房炎的一种简便、快速的方法，使用专用的电导测定仪可直接检测电导率。

三、乳的腐败变质

乳和乳制品是微生物的良好培养基，因此，牛乳被微生物污染后若不及时处理，乳中的微生物就会大量繁殖，分解糖、蛋白质和脂肪等，产生酸性产物、色素、气体及有碍产品风味和卫生的小分子产物与毒素，从而导致乳品出现酸凝固、色泽异常和风味异常等腐败变质问题，降低乳制品的品质与卫生状况，甚至使其失去食用价值。因此，在乳品工业生产中，要严格控制微生物污染和繁殖。

四、生鲜牛乳质量要求及质量标准

（一）感官要求

以无公害牛乳为例，按照国家无公害生鲜牛乳要求，生鲜牛乳生产，感官要求应符合表4－12的规定。

表4－12　无公害生鲜牛乳感官要求

项目	要求	检验方法
色泽	呈乳白色或微黄色	取适量试样置于50毫升烧杯中，在自然光下观察色泽和组织状态，闻其气味，用温开水漱口，品尝滋味
滋味、气味	具有乳固有的香味，无异味	
组织状态	均匀一致液体，无凝块，无沉淀，无正常视力可见异物	

（二）理化指标

理化指标应符合无公害生鲜牛乳理化指标要求，具体如表4－13所示。

表4－13　　无公害生鲜牛乳理化指标要求

项目	指标	检验方法
冰点[a,b]/（℃）	－0.500～－0.560	GB 5413.38
相对密度/（20℃/4℃）　≥	1.027	GB 5413.33
蛋白质/（g/100g）　≥	2.8	GB 5009.5
脂肪/（g/100g）　≥	3.1	GB 5413.3
杂质度/（mg/kg）　≤	4.0	GB 5413.30
非脂乳固体/（g/100g）　≥	8.1	GB 5413.39
酸度/（°T）		
牛乳[b]	12～18	GB 5413.34
羊乳	6～13	

注：[a]挤出3小时后检测。

[b]仅适用于荷斯坦奶牛。

（三）微生物指标检验

如细菌总数、大肠菌群数、芽孢数等污染物限量，应符合《食品安全国家标准　食品中污染物限量》（GB 2762—2017）规定。

（四）农药残留限量和兽药残留限量

农药残留限量和兽药残留限量，应符合《食品安全国家标准　食品中农药最大残留限量》（GB 2763—2016）的规定。

前沿聚焦

乳制品消费方式发生新变化　标准化生产最受关注

除了喝什么好，喝什么安全也是人们谈论最多的一个话题。“三聚氰胺事件”之后，消费者对国产乳制品的信心下降，在第十四届中国国际奶业展览会暨乳业合作大会上，无论是行业专家还是乳品企业，都将质量可追溯视为赢得消费终端的最佳路径。

家住上海的张女士在黑龙江的牧场中指定购买了一头名叫小花的奶牛产出的牛奶，她可以通过网络来监控小花的整个生活和产奶过程，如果有一天小花生病了，张女士还可以通过网络暂停订奶，等它病好了再继续订购。"将产品各项数据信息采集上来，纳入追溯系统，消费者能够查询到整个生产各个阶段信息，就像网上购物查物流信息一样。"北京中搜正源科技有限公司技术总监陈育新介绍，目前该公司针对1号店、当当等电商平台构建的可追溯平台已经上线。

除了打造溯源系统，建设让整个奶业生产遵循的严格质量标准也是行业发展的重要举措。在不久前召开的中国农垦乳业联盟2016年主席联席会暨农垦乳业发展峰会上，号称"中国乳业最严标准"的《中国农垦生鲜乳生产和质量标准》公布。专家表示，生鲜乳新标准的出台，有利于消费者直观地对比品质，真正实现优质优价。

"过去中国消费者对中国的乳品行业不信任，在这种情况下，实行全产业链的监管模式，是改变整个行业形势的重要手段。"北京三元食品股份有限公司奶粉事业部总经理吴松航说，"生产性的企业要建立健全全产业链模式。消费者对优质产品的选择能够带动所有的企业向优秀企业看齐，同时带动奶牛养殖业向更高的方向发展。"

资料来源：人民日报，2016－05－03，http：//news. xinhuanet. com/fortune/2016－05/03/c_ 128951724. htm。

案例分析

乳品业是现代农业和食品工业的标志性产业，也是社会高度关注的产业，乳品质量安全工作更是加强食品安全工作的代表和突破口。乳的组成十分复杂，其中含有至少上百种化学成分，主要包括水分、脂肪、蛋白质、乳糖、盐类、维生素、酪类及气体等。在生鲜乳标准制定中，乳蛋白表示生乳营养含量，菌落数意味着生乳的安全系数，体细胞数则表明奶牛的健康程度，因此，从案例中可以看出，这三大指标标准的调整，正好回答了消费者对生鲜乳的营养价值、安全保障、奶源健康与否的关注。

任务总结

不同来源的乳，如牛乳、羊乳和马乳等，虽然组成成分、含量等有所差异，但主要营养成分的构成基本类似。乳品工业加工的大宗原料乳，主要以牛乳为主，部分地区采用羊乳或马乳。乳是一种全价营养食品，它不仅具有人体所需的各种营养，而且极易被人体消化吸收。乳的组成十分复杂，至少含有上百种化学成分，主要包括水分、脂肪、蛋白质、乳糖、盐类、维生素、酪类及气体等。牛乳的物理性质与乳的产品质量密切相关，主要包括色泽、气味和滋味、酸度、相对密度、冰点和沸点、黏度、表面张力、电导率等。乳和乳制品是微生物的良好培养基，因此，牛乳被微生物污染后若不及时处理，乳中的微生物就会大量繁殖，导致乳品出现酸凝固、色泽异常和风味异常等腐败变质问题，降低乳制品的品质与卫生状况。生鲜乳的质量主要从感官指标、理化指标、微生物指标、农药残留限量和兽药残留限量方面进行鉴别。

分组讨论

1. 乳的化学组成。
2. 乳的物理性质。
3. 乳的腐败变质。
4. 生鲜牛乳质量要求及质量标准。

业务技能训练三

生鲜牛乳感官质量鉴别

1. 实训材料

购买不同品质生鲜牛乳，查找生鲜牛乳相关感官鉴定资料，完成实训内容。

2. 实训目标

学生能够根据所学知识感官鉴别生鲜牛乳质量，完成实训报告。

3. 实训准备

（1）全班学生分组，每组成员控制在 3 ~ 5 人。

（2）以组为单位进行调研和资料收集。

（3）教师进行现场指导，体现以学生为主体的教学特色。

4. 实训步骤

（1）收集生鲜牛乳感官鉴别相关文献资料和质量标准。

（2）制订实训方案。

（3）撰写生鲜牛乳产品感官质量调研报告。

5. 实训效果评价（见表 4－14）

表 4－14　　乳品实训效果评价

考评内容	考评标准	分值（分）	自我评价（分）	小组评价（分）	教师评价（分）	实际得分（分）
实训完成情况	调研方案制订适宜	10				
	组员分工合理	10				
	收集资料丰富	10				
	调查报告分析翔实、鉴定结果符合要求	50				
其他	态度积极、遵守纪律、有团队协作精神	20				
合计		100				

注：实际得分＝自我评价×20%＋小组评价×30%＋教师评价×50%。

知识拓展

NY/T 1172—2006 生鲜牛乳质量管理规范

NY/T 2798.9—2015 无公害农产品 生产质量安全控制技术规范 第 9 部分：生鲜乳

GB 2762—2017 食品安全国家标准 食品中污染物限量

GB 2763—2016 食品安全国家标准 食品中农药最大残留限量

任务四　水产品属性

案例引入

食药监总局抽查鲜活水产品　使用孔雀石绿等禁药问题仍较突出

据食药监总局网站消息，2017 年 11 月，国家食品药品监督管理总局在部分城市继续组织开展了经营环节鲜活水产品抽检监测，在批发市场、集贸市场、超市等 344 家水产品经营单位，随机抽检了大菱鲆（多宝鱼）、乌鳢（黑鱼）、鳜鱼等鲜活水产品 607 批次，检验项目为孔雀石绿、硝基呋喃类代谢物、氯霉素。

检验结果合格的样品 541 批次，合格率 89.1%；检出不合格样品 66 批次，其中，孔雀石绿不合格样品51批次，硝基呋喃代谢物不合格样品15批次。这反映了鳜鱼、乌鳢（黑鱼）等鲜活水产品养殖过程中违规使用孔雀石绿、硝基呋喃等禁用药物的问题仍然比较突出。

针对抽检监测中发现的不合格产品，国家食品药品监督管理总局已责成相关省、直辖市食品药品监督管理局对经营不合格水产品的经营单位进行立案调查、依法处理，涉嫌刑事犯罪的及时移交公安机关调查，追究刑事责任。

国家食品药品监督管理总局要求各地食品药品监督管理部门严格按照《国务院办公厅关于进一步加强农药兽药管理　保障食品安全的通知》（国办发明电〔2017〕10号），进一步做好畜禽水产品抗生素、禁用化合物及兽药残留超标专项整治工作，加强专项检查和监督抽检，严厉打击水产品质量安全违法违规行为。

资料来源：千龙网，2017－11－13，http：//finance. sina. com. cn/roll/2017－11－13/doc－ifynrsrf4300278. shtml。

问题：孔雀石绿有什么危害？为什么孔雀石绿在水产品中使用率高？消费者应如何防范？

知识准备

水产资源亦称渔业资源，广义上指水域资源，水生经济动物、植物资源，以及从事水产业的劳动力资源和服务于水产业的科技人员与水产业的物质装备资源；狭义上仅指水域资源和水生经济动物、植物资源。我国的沿海和内陆水域辽阔，水产资源非常丰富，而且品种繁多，但水产资源的分布是不均匀的，不同水域的资源密度不同，水产种类组成也不一样。一般初级生产力高的水域，其水产资源的密度较大；大陆架海区的水产资源密度比深海要高；涌升流海区的水产资源密度比非涌升流海区要高。因为许多水产种类有明显的昼夜垂直移动和季节洄游习性，同时不同生长发育阶段对环境的要求也不同，所以水产种类分布场所常有很大的变化。不同种类水产品的储藏保鲜及保活主要技术大体相同，但细节上根据各自的特点有所差别。

一、常见水产品的种类及特性

水产资源种类繁多，主要类别有鱼类、甲壳动物类、软体动物类、藻类和哺乳类等。鱼类是水产资源中数量最大的类群，全世界有两万多种，我国有记录的约2800余种，但主要捕捞鱼类全世界仅100多种。水产品是海洋和淡水渔业生产的动、植物及其加工产品的统称。本书所指的水产品主要以水生动物类水产品为主。主要的水生动物类产品有以下几大类：

（一）鱼类

鱼类隶属脊椎动物门鱼纲，无论是海水鱼类还是淡水鱼类，其肌肉中的蛋白质含量都很丰富，同畜禽肉不相上下，而且脂肪含量较少，肌肉组织柔软疏松，容易消化吸收，同时，还含有丰富的矿物质和维生素。但鱼肉含水分较多，鱼皮较薄，鳞片容易脱落，在捕捞、运输过程中鱼体极易遭受损伤，加之鱼体表面的黏液又是细菌极好的培养基，附着于体表的细菌从外伤处侵入鱼体，或从鳃、眼膜、口及其他部位进入体内，大量繁殖，致使鱼肉逐渐腐败，且鱼体内酶的活力较强，这更加速了鱼肉腐败的进程。鱼体的含水量与含脂量有一定的关系。根据脂肪含量的高低，鱼类可划分为少脂鱼类（脂肪含量在1%以下）、中脂鱼类（脂肪含量为1%～5%）、多脂鱼类（脂肪含量为5%～15%）、特多脂鱼类（脂肪含量在15%以上）四种类型。通常含脂量低的鱼类含水量就高，淡水鱼含脂量一般较海水鱼低，因而也更易腐败，所以淡水鱼加工利用的手段和方法与海水鱼不尽相同。在实际应用中，不仅鱼肉可以加工，有的鱼的鱼卵、鱼鳔、鱼鳍等可加工成鱼子酱、鱼肚、鱼翅等名特食品，鱼的废弃物还可加工成鱼粉、鱼露。

（二）虾类

虾类隶属节肢动物门甲壳纲。虾类肌肉的主要化学成分与鱼类大致相同，蛋白质含量较一般鱼类稍高，无机盐含量丰富，钙、磷和糖原含量高，但脂肪较少，水分较多，比鱼类更易腐败变质，需要及时冷藏保鲜。虾类个体较小，容易干燥，最适宜加工成虾米、虾皮等干制品。虾类体表甲壳中含有10%～25%的甲壳素，经化学处理提纯以后，可用作木材的胶合剂和人造纤维的原料。

（三）蟹类

蟹类隶属节肢动物门甲壳纲。蟹类肌肉的主要化学成分与虾类近似，无机盐中钙、磷含量较高，尤以钙的含量最为丰富。蟹类碳水化合物含量特别高，脂肪也比虾类和一般鱼类丰富。因为蟹类含水量较大，喜腐食，胃肠充塞度高，所以死后也比鱼类更易腐败变质，需要及时冷藏保鲜。除加工成冻制品外，还可加工成别具特色的醉蟹、蟹酱等风味食品。同样，蟹类体表甲壳中也含有甲壳素，可广泛用作纺织、印染、木材等工业的原料。

（四）贝类

贝类隶属软体动物门腹足纲和瓣鳃纲。贝类肌肉中的蛋白质和脂肪含量比鱼类稍低，但维生素和无机盐含量丰富，糖原含量高，人体所必需的氨基酸的含量较高，因而许多贝类都有滋补的作用。贝类含水量较高，容易腐败变质，也需及时冷藏保鲜。

由于个体较小，最宜加工成各种干制品，如干贝、淡菜等。贝类不仅有食用价值，还有药用价值，如鲍壳和珍珠等，都是名贵的中药材。此外，贝类的外壳中含有大量的碳酸钙，用贝壳加工成的贝壳粉，不仅可作为工业上制造碳酸钙的原料，还被广泛用作肥料和畜禽饲养的补充饲料。有些贝类如珍珠贝、帆蚌、褶纹冠蚌等，可通过插片培育珍珠，作为药用原料或用于外贸出口。

（五）乌贼类

乌贼类隶属软体动物门头足纲。乌贼类营养价值丰富，属高蛋白食品，也是名贵的滋补品，有养血滋阴、益胃通气的功能。乌贼类多进行生干品加工，枪乌贼加工的生干品俗称鱿鱼干，乌贼加工的生干品俗称墨鱼干，均是著名的海珍品。此外，乌贼类的生殖腺干品也是名贵食品。乌贼类的背骨（海鳔蛸）可以入药，有和胃抑酸、收敛止血的功效。乌贼类的墨汁还是高级绘画原料。

（六）海胆类

海胆类隶属棘皮动物门海胆纲，主要有马粪海胆、光棘球海胆、紫海胆等。海胆食品加工系指其生殖腺加工。海胆的卵巢和精巢，经冰鲜或盐渍加工成的海胆酱或海胆黄，均是久享盛誉的美味佳肴。海胆生殖腺营养价值高，蛋白质的氨基酸组成也很全面，国外特别是日本，需求量大，我国绝大部分这类加工品均供出口。

（七）海参类

海参类隶属棘皮动物门海参纲，主要有刺参、梅花参、绿刺参、辐肛参等。海参体壁富有肌肉，蛋白质丰富，并含有较多的糖原和人体必需的许多矿物质，营养十分丰富，有补肾益精、养血除湿功能，是名贵的滋补食品。海参多加工成干制品销售，加工的下脚料海参肠还可制成腌制品出口。

（八）海蜇类

海蜇类隶属腔肠动物门钵水母纲。海蜇肉质坚韧，有丰富的营养和独特的风味，并有治疗高血压、哮喘及抑制癌症发展的功效。海蜇的伞盖体部可加工成海蜇皮，页状口腕部可加工成海蜇头，均是消费者喜爱的食品。由于海蜇含水量大，加工过程中需用盐和明矾脱水防腐。

（九）龟鳖类

龟鳖类隶属脊椎动物门爬行纲。龟鳖类肉味鲜美，蛋白质含量高，有人体必需的多种营养成分，是著名的滋补佳品，并有较高的药用价值。龟鳖类除鲜活销售外，也加工成冷冻制品或龟鳖粉出口。

二、水产品在存储过程中品质的变化

鱼肉与畜禽兽肉相比，肉浆较多，肌肉纤维细致。一般化学组成与水分含量多少有关，水分含量多一些，其蛋白质和脂质就少一些，但并不影响其营养成分的品质。

（一）水产品的化学组成

一般来说，鱼肉的含水量大约为50%～80%。鱼肉含水量少的则脂质含量就高，含水量多的则脂质含量就低。一般红色的肉，水分和脂质之和为80%左右；蛋白质含量为20%左右；糖分则非常少，不到1%；灰分最多可达1%。软体动物、甲壳类、棘皮动物的含水量有所增加，蛋白质和脂质含量则有所减少。牡蛎、大虾的糖分特别是肝糖含量高。海参的特点则是灰分含量高。但即使是同一种类的鱼肉，由于季节、饵料、产卵等情况和鱼体部位以及年龄的不同，其化学成分也会有明显的不同，如表4－15、表4－16、表4－17所示。把脂质储存在肌肉中的红色鱼类有金枪鱼、松鱼、秋刀鱼、沙丁鱼、青花鱼等，各部位的脂质含量可达30%，而相对来说，其水分含量就特别少。脂质含量若少于1%，则肌肉中的含水量便有增加的趋势。而鲨鱼、鳕鱼、鲽鱼等和许多无脊椎动物，其肌肉中的水分也很多，则其脂肪含量就有减少的趋势。

表4－15　远东拟沙丁鱼和鳕鱼的血江肉和普通肉的一般成分①　单位：质量分数%

鱼类	部位	水分	蛋白质	脂肪	灰分
远东拟沙丁鱼	血红肉	70	15.9	12.8	1
	普通肉	72	23.1	2.9	1.4
鳕鱼	血红肉	77.8	18.6	2.5	1.1
	普通肉	78.4	19.9	0.5	1.3

表4－16　几种鱼类血红肉占全部肌肉的百分比

鱼种	血红肉所占比例（%）	鱼种	血红肉所占比例（%）
沙丁鱼	23.7	白斑星鲨	6.9
鲽鱼	18.1	鲅鱼	4.5
鲐鱼	15.4	白鲢	7.2

表4－17　常见鱼虾贝类肌肉的化学组成　单位：质量分数%

种类	水分	蛋白质	脂肪	灰分	碳水化合物
大黄鱼	81.5	16.7	0.8	1	+

① 质量分数（mass fraction）指溶液中溶质质量与溶液质量之比。

续 表

种类	水分	蛋白质	脂肪	灰分	碳水化合物
小黄鱼	79	17.2	2.1	1.4	+
带鱼	70.3	20.7	8.7	1.1	+
鲳鱼	76.1	16.6	5.6	1.2	0.5
海鳗	76.4	18.7	2.5	1.2	0.1
鲐鱼	68.1	19.3	10.9	1.1	0.1
真鲷	76.4	19	3.4	1.2	+
鲣鱼	70.4	25.8	2	1.4	0.4
鳕鱼	82.3	15.7	0.4	1.2	+
金枪鱼	68.7	28.3	1.4	1.5	0.1
比目鱼	78	19.1	1.2	1.6	0.1
竹荚鱼	75	20	3	1.3	0.1
鳗鲡	61.1	16.4	21.3	1.1	0.1
鲅鱼	72.6	19.7	6.6	1.1	—
鲇鱼	77.3	18.3	2.3	1.4	—
青鱼	74.5	19.5	5.2	1	+
白鲢	76.2	18.6	4.8	1.2	+
鳙鱼	83.3	15.3	1	1	+
鲤鱼	79	13	1.6	1.1	+
鳊鱼	74	18.5	6.6	1	+
蛤仔	85.4	10	1.3	1.2	2.1
鲍鱼	73.4	23.5	0.4	2	0.7
牡蛎	79.6	10	3.6	1.7	5.1
蛤蛎	84.4	11	0.6	2.2	1.8
文蛤	84.8	10	1.2	1.5	2.5
乌贼	80.3	17	1	1.2	0.5
对虾	77	20.6	0.7	1.5	0.2
海参	91.6	2.5	0.1	4.3	1.5

注："+"表示微量，"—"表示未检测。

（二）水产品（鱼类）死后变化

鱼死后很快就会发生变化，这些变化错综复杂，大体分为死后僵硬、自溶作用及腐败三个过程。

1. 死后僵硬

鱼体死后肌肉发生僵硬的现象称为死后僵硬，导致这一现象的主要原因是，糖原在无氧条件下酵解产生乳酸，使三磷腺苷（ATP）的生成急剧下降，而 ATP 又不断分解产生磷酸并释放一定的能量，这样由于乳酸和磷酸的形成，导致鱼肌 pH 值下降，而当 ATP 下降到一定程度时，肌原纤维发生收缩而导致肌肉僵硬，当 ATP 逐渐消耗，能量释放完后，肌肉僵硬也就结束了。在肌肉僵硬期间，原料的鲜度基本不变，只有在僵硬期结束后，才进入自溶作用和腐败变化阶段。鱼肌僵硬出现的时间和持续的时间均比畜禽类动物快和短，因此，如果渔民捕获的鱼类能推迟开始僵硬的时间，并延长其持续僵硬的时间，则可使原料的鲜度保持较长时间。

影响僵硬的因素包括以下几个方面：

（1）鱼种

僵硬的开始和持续时间与机体内糖原含量的多少有一定的关系，不同鱼种糖原的含量不一样，一般中上层洄游性鱼类比定着性鱼类开始进入僵硬的时间早，并且持续的时间较短。牙鳕在冰藏条件下 1 小时就开始僵硬，大头鳕在冰藏条件下 2 ~ 8 小时开始僵硬，鲈鲉经过 22 小时才开始僵硬，这三种鱼在相同条件下僵硬持续的时间分别为 19 小时、18 ~ 57 小时、98 小时。同样，如鲐鱼等生命力很强、活动旺盛的鱼类，会在死后更短的时间进入僵硬期。另外，在同种鱼中，个体小者死后僵硬也较快。

（2）鱼的生理条件

捕获之前营养状况不良的鱼或在产卵之后的鱼，从死后到开始僵硬这个过程较短，持续的时间也短。此外，鱼被捕获前能量消耗较大者，由于糖原分解较多，死后也会较快地进入僵硬期，如先捕获入网者或死前挣扎疲劳程度较强者，死后进入僵硬较快，僵硬期也较短。同样，对捕获物处理不当，如强烈地翻弄或使鱼体损伤，都会加快其僵硬。因此，鱼体捕获后应予以立即击毙或低温冷藏处理，以降低能量消耗带来的不利因素，延缓僵硬期的到来。

（3）温度

死后的储藏温度是决定鱼体开始僵硬时间及持续僵硬时间的重要因素。一般而言，温度越低，僵硬开始和持续的时间也就越长。表 4 - 18 为鲽鱼在不同温度条件下测得的僵硬情况数据。

表 4 - 18　　鲽鱼在不同温度下的僵硬情况

鱼体温度（℃）	开始僵硬时间（h）	僵硬持续时间（h）
35	0.1 ~ 0.2	0.5 ~ 0.7
15	2	16
10	4	36
-1	35	84

鱼体在僵硬前进行速冻比在僵硬后再速冻更能使僵硬持续的时间延长，有利于保鲜期的延长。假如在僵硬之前将鱼煮熟，则其组织质地会非常软且口感呈糊状；而在僵硬中将鱼煮熟，则其组织坚韧；如在僵硬结束之后将鱼煮熟，则肉质会变得紧密、多汁而富弹性。

(4) 致死方法

迅速致死的鱼比剧烈挣扎后疲劳致死的鱼进入僵硬期迟，僵硬持续时间长，有利于保藏。

2. 自溶作用

鱼体经过一定时间的僵硬期后就会解僵变软，在鱼体内组织蛋白酶的作用下，鱼肌中的成分逐渐发生变化，蛋白质分解成肽，肽分解成氨基酸，因此，非蛋白氮含量明显增加，游离氨基酸可增加8倍之多，此时，肌肉组织变软，失去弹性，pH值比僵硬期有所上升。这些特点，为细菌的生长繁殖提供了良好的条件，鱼体的鲜度也随之开始下降，因此，必须采取有效的保鲜措施，否则鱼体将很快进入腐败阶段。

影响自溶作用速度的因素有鱼种、pH值、盐类和温度等。

对于兽类肉，需经过僵硬之后进入自溶作用即所谓成熟时才可食用。与此相反，鱼肉比兽类肉柔软而富含浆汁，细菌易侵入而致腐败，故鱼肉在僵硬期食用其新鲜度最好。

3. 腐败

随着自溶作用的进行，黏着在鱼体上的细菌已开始利用体表的黏液和肌肉组织内的含氮化合物等营养物质生长繁殖，至自溶作用的后期，pH值进一步上升，达到6.5～7.5，细菌在最适合的pH值条件下生长繁殖加快，并进一步使蛋白质、脂肪等成分分解，使鱼肉腐败变质。因此，腐败与自溶作用之间并无十分明显的分界线。

腐败阶段的主要特征是鱼体的肌肉与骨骼之间易于分离，并且会产生腐败臭等异味和有毒物质。具有代表性的腐败产物主要是氨和胺类。氨的产生一是来源于尿素的分解，二是来自氨基酸的脱氨反应。而胺类则主要是氨基酸在细菌脱羧酶的作用下产生的相应产物，如组氨酸产生组胺，赖氢酸产生尸胺，色氨酸产生色胺，精氨酸产生腐胺，蛋氨酸、胱氨酸和半胱氨酸分解后能产生硫化氢、甲硫醇、乙硫醇等物质，酪氨酸产生苯酚和甲苯酚，色氨酸还能分解产生吲哚和甲基吲哚。此外，含有较多氧化三甲胺（TMAO）的海产胆贝类在死后经组织还原酶和细菌还原酶的作用，会形成三甲胺（TMA）。以上这些物质均有恶臭味，甚至有些还有毒性，食用后会引起体质过敏甚至中毒，因而在食品卫生上必须予以特别重视。

影响鱼贝类腐败速率的主要因素是温度和鱼种。

(1) 温度

温度对腐败阶段中酶的活性和微生物的生长有明显的影响，在0℃～25℃的温度范围内，温度对微生物生长繁殖的影响大于对酶活性的影响，温度的下降对微生物的抑制能力明显大于酶活性的失活。许多细菌在低于10℃的温度条件下是不能繁殖的，当温度下降至0℃时，甚至嗜冷菌的繁殖也会很缓慢，因此，采用低温储存是延长鱼贝类货架期的最有效方式，而不同温度下的货架寿命，可用腐败的相对速率（*RRS*）来表示：

在温度 *T* 时腐败的相对速率（*RRS*）= 温度在0℃时保持的时间 ÷ 在温度 *T* 时保持的时间

不同海产品的腐败相对速率如表 4－19 所示，一般情况下温度对腐败相对速率的影响在新鲜鱼类方面是相似的。

表 4－19　海产品储存在不同温度下的货架期和腐败相对速率

种类	0℃		5℃		10℃	
	货架寿命/天	*RRS*	货架寿命/天	*RRS*	货架寿命/天	*RRS*
蟹腿	10. 1	1	505	1. 8	2. 6	3. 9
鲑鱼	11. 8	1	8	1. 5	3	3. 9
乌鲂	32	1	—	—	8	4
包装大头鳕	14	1	6	2. 3	3	4. 7

（2）鱼种

不同鱼种的腐败速率不一样，一般地说，个体小的鱼比个体大的鱼易腐败；含脂量高的鱼种比含脂量低的鱼种易腐败；圆筒形鱼种比扁平形鱼种易腐败；鱼体死后肌肉 pH 值高者比低者易腐败；洄游性鱼类比底栖性鱼类易腐败。此外，一些栖息在热带的鱼在同样的条件下冰藏，其货架寿命比温带鱼要长。这些特点可能与细菌群落的组成和生理学上的差异、组织蛋白酶的最适 pH 值的不同，以及鱼肌化学成分的差别有密切的关系。

三、水产品的质量要求

（一）水产品质量要求

根据《食品安全国家标准　鲜、冻动物性水产品》（GB 2733—2015）的规定，鲜、冻动物性水产品必须满足以下质量要求：

1. 感官要求（见表 4－20）

表 4－20　鲜、冻动物性水产品感官要求

项目	要求	检验方法
色泽	具有水产品应有色泽	取适量样品置于白色瓷盘上，在自然光下观察色泽和状态，嗅其气味
气味	具有水产品应有气味，无异味	
状态	具有水产品正常的组织状态，肌肉紧密、有弹性	

2. 理化指标（见表 4－21）

表 4－21 鲜、冻动物性水产品理化指标

项目	指标	检验方法
挥发性盐基氮[a]／（mg/100g）		GB 5009. 228
海水鱼虾 ≤	30	
海蟹 ≤	25	
淡水鱼虾 ≤	20	
冷冻贝类 ≤	15	
组胺[a]／（mg/100g）		GB/T 5009. 208
高组胺鱼类[b] ≤	40	
其他海水鱼类 ≤	20	

注：[a]不适合于活体水产品。

[b]高组胺鱼类，指鲐鱼、鲹鱼、竹荚鱼、鲭鱼、鲣鱼、金枪鱼、秋刀鱼、马鲛鱼、青占鱼、沙丁鱼等青皮红肉海水鱼。

3. 微生物指标检验

如细菌总数、大肠菌群数、芽孢数等污染物限量，应符合《食品安全国家标准 食品中污染物限量》（GB 2762—2017）规定。

4. 农药残留限量、兽药残留限量及添加剂要求

农药残留限量和兽药残留限量，应符合《食品安全国家标准 食品中农药最大残留限量》（GB 2763—2016）规定。添加剂要求，应符合《食品安全国家标准 食品添加剂使用标准》（GB 2760—2014）规定。

5. 贝类毒素限量

根据《食品安全国家标准 鲜、冻动物性水产品》（GB 2733—2015）中水产品贝类毒素的限量规定，鲜、冻动物性水产品贝类毒素限量如表 4－22 所示。

表 4－22 鲜、冻动物性水产品贝类毒素限量

项目	限量	检验方法
麻痹性贝类毒素（PSP）／（MU/g） 贝类 ≤	4	GB/T 5009. 213
腹泻类贝类毒素（PSP）／（MU/g） 贝类 ≤	0. 05	GB/T 5009. 212

6. 其他要求

贝类、淡水蟹类、龟、鳖、黄鳝等活体加工，其冷冻品应在活体状态下清洗（宰杀或去壳）后冷冻。冷冻动物性水产品应储存在 -18℃或更低的温度下，禁止与有毒、有害、有异味物品同库储存。

（二）水产品感官鉴定方法

以鱼类水产品为例，鱼类的品质检验应根据鱼鳞、鱼眼的状态，鱼肉的松紧程度，表皮上和鳃中所分泌的黏液量、黏液的外形和气味，以及鱼肉组织形态判断。

1. 鱼鳃的状态

新鲜的鱼，鱼鳃的色泽鲜红或粉红，鳃盖紧闭，黏液少且呈透明状，没有臭味；不新鲜的鱼，鳃呈灰色或苍灰色；腐败的鱼，鳃呈灰白色，有黏液。

2. 鱼眼的状态

新鲜的鱼，眼澄清透明，并且很完整，向外稍凸出，周围没有因充血而发红的现象；不新鲜的鱼，眼多少有点塌陷，色泽灰暗，有时由于内部溢血而发红；腐败的鱼，眼球破裂，并且位置移动。

3. 鱼鳞和表皮状态

新鲜的鱼，表皮上黏液少，体表清洁，鱼鳞紧密完整而有光泽；不新鲜甚至腐败的鱼，表皮黏液量增多，鱼鳞色泽发暗，鳞片松动。

4. 鱼的组织状态

新鲜的鱼，鱼肉组织紧密而有弹性，用手指按压一下凹陷处立即平复，鱼的肛门周围呈圆坑形，硬实发白，肚腹不膨胀；不新鲜的鱼，肉质松软，肉与骨易脱离，指压时凹陷部位难以复原，鱼的肛门突出，同时，肠内立刻充满因细菌活动而产生的气体并使肚腹膨胀，有臭味。

（三）理化判断法

水产品新鲜度可通过计算其中的细菌数来判断其腐烂程度，这种判断法称为细菌判断法。其标准大致为：1 克肌肉中含活菌数 105 以下为新鲜；105 ~106 为稍腐烂；106 以上为腐烂。但这种方法操作复杂，要测出结果需要较长的时间，故实用性差。此外，还有物理的或化学的方法：前者即物理方法，是通过鱼的硬度和电传导程度、鱼肉抽出液的黏度以及 pH 值和流动双折射等方面的测定来判断其新鲜程度，但由于不同鱼的品种、个体、部位等差别很大，故不是很实用；后者即化学方法，是经常采用的比较精确的一种方法，它是通过对挥发性碱基态氮素、三甲胺、二甲胺、有机酸、还原性物质，以及胺态氮等的测定来判断鱼肉新鲜程度的。

资料链接

鱼毒①

鱼毒又称鱼肉毒素，它实际上是一类物质，误食后平时主要表现为鱼肉中毒。人吃了以有毒海藻为饲饵或吞吃过有毒海藻或植物的小鱼的鱼后会引发鱼肉中毒；也有由鱼体自身产生的毒素引起鱼肉中毒的。一些人食鱼后中毒的初发症状是口唇、舌、咽喉有刺痛感，继而这些部位出现麻木；另一些人开始的症状是恶心、呕吐、口中有金属味、口干、腹绞痛、腹泻、头痛、打寒战、发烧和周身肌肉痛，后至全身无力，日趋严重，直至不能走路，但死亡率不高。

鱼毒大都是些脂溶性物质，一般烹调不能破坏其毒性，干燥也不会使其失去活性。经初测，其中一种鱼肉毒素的实验分子式为 $C_{35}H_{65}NO_8$，Mr_{627}。最烈性的鱼毒是河豚毒，它是由河豚鱼的生殖腺、肝等组织产生的神经毒素，重症患者可在 24 小时内死亡。

案例分析

案例中的孔雀石绿是一种三氯甲烷型绿色染料，也是杀菌剂，易溶于水，养殖户常用它来预防鱼类的水霉病、鳃霉病、小瓜虫病等。由于孔雀石绿具有高毒素、高残留和致癌、致畸、致突变等副作用，我国农业部公告第 235 号《动物性食品中兽药最高残留限量》和我国《食品中可能违法添加的非食用物质和易滥用的食品添加剂名单（第五批）》，明确规定所有食品禁止使用孔雀石绿。但是，因为鱼在运输过程中鱼鳞容易脱落，而掉鳞会引起鱼体霉烂，鱼很快会因此死亡，有些不法商贩为了提高运输过程中鱼的存活率，铤而走险使用孔雀石绿。由于孔雀石绿具有高残留性，使用过孔雀石绿的鱼体表颜色呈浅蓝色，有些经浓度较大孔雀石绿溶液浸泡过的鱼甚至会呈青草绿色，消费者通过观察鱼鳍、鱼鳃可以辨别。一般情况下，鱼鳃呈鲜红色且不会附有脏物，但孔雀石绿溶液浸泡过的鱼鳃因失血过多而发白，或因出血而带有淤血，呈紫红色。使用孔雀石绿后的鱼即使死亡后鱼鳞也会闪闪发光，颜色较为鲜亮，仿佛刚死一般，消费者很难从外表分辨，这大大增加了死鱼出售的概率。消费者在食用水产品之前要尽量浸泡，这样即使鱼经过了孔雀石绿溶液的浸泡，也可以稀释，从而减轻对人体的毒害。在食用方法上，应尽量煮透、蒸透再吃。

① 鱼毒，百度百科，http：//baike. baidu. com/view/1307363. htm。

任务总结

我国沿海和内陆水域辽阔，水产资源非常丰富且品种繁多，水产资源的分布是不均匀的，不同水域的水产资源密度不同，种类组成也不同。水产资源种类繁多，主要的类别有鱼类、虾类、蟹类、贝类、乌贼类、海胆类、海参类、海蜇类、龟鳖类。以鱼类为例，鱼肉与畜禽兽肉相比，其肉浆较多，肌肉纤维细致。一般来说，鱼肉的含水量大约为50% ~80%；蛋白质含量为20%左右；糖分含量非常少，不到1%；灰分含量最多可达1%。鱼死后很快就会发生变化，这些变化错综复杂，大体分为死后僵硬、自溶作用及腐败三个过程。影响僵硬的因素有鱼种、鱼的生理条件、温度、致死方法；影响自溶作用速度的因素有鱼种、pH 值、盐类和温度；腐败与自溶作用之间并无十分明显的分界线，影响鱼贝类腐败速率的主要因素是温度和鱼种。鱼类的品质检验应根据鱼鳞、鱼眼的状态，鱼肉的松紧程度，表皮和鳃所分泌的黏液量、黏液的外形和气味，以及鱼肉组织形态来判断。

分组讨论

1. 常见水产品的种类及特性。
2. 水产品的化学组成。
3. 水产品在存储过程中的品质变化。
4. 水产品的质量要求及感官鉴别。

业务技能训练四

冰冻水产品质量调研

1. 实训背景资料

教师（或学生）选择当地农产品市场或超市，调研市场冰冻水产品质量情况（感官鉴别），并查找相关资料，完成实训内容。

2. 实训目标

学生能够根据调研数据和所查资料进行分类整理，分析市场冰冻水产品质量情况与存在的问题，并提出合理化建议。

3. 实训准备

（1）全班学生分组，每组成员控制在3 ~5 人（每组选择不同的冰冻产品种类）。

（2）以组为单位进行资料收集。

（3）教师进行现场指导，体现以学生为主体的教学特色。

4. 实训步骤

（1）收集相关文献资料。

（2）制订实地调研和资料收集方案。

（3）实地调研。

（4）撰写市场冰冻水产品质量情况调研报告。

5. 实训效果评价（见表 4－23）

表 4－23　　水产品实训效果评价

考评内容	考评标准	分值（分）	自我评价（分）	小组评价（分）	教师评价（分）	实际得分（分）
实训完成情况	调研方案制订适宜	10				
	组员分工合理	10				
	收集资料丰富	10				
	调查报告分析翔实、观点明确	50				
其他	态度积极、遵守纪律、有团队协作精神	20				
合计		100				

注：实际得分 = 自我评价 ×20% + 小组评价 ×30% + 教师评价 ×50%。

知识拓展

GB 2733—2015 食品安全国家标准　鲜、冻动物性水产品

GB 2761—2017 食品安全国家标准　食品中真菌毒素限量

思考练习题

一、选择题

1. 蛋壳部分由（　　）构成。

　A. 外蛋壳膜　　B. 蛋白膜　　C. 蛋壳　　D. 蛋壳膜

2. 蛋白又称蛋清，是一种白色半透明的黏性半流动体。按其形态可分为两种，即（　）。

　A. 稀薄蛋白　　B. 浓厚蛋白　　C. 球蛋白　　D. 卵蛋白

3. 系带由(　　)构成，新鲜蛋的系带很粗并有弹性，含有丰富的溶菌酶，随着鲜蛋存放时间的延长和温度的升高，受酶的作用，系带会发生水解，逐渐变细，甚至完全消失。

A. 稀薄蛋白　　B. 浓厚蛋白　　C. 球蛋白　　D. 卵蛋白

4. 蛋黄由(　　)组成。

A. 蛋黄膜　　B. 蛋黄内容物　　C. 蛋白膜　　D. 胚胎

5. 蛋壳为不可食部分，占整个蛋重的10%～13%。蛋壳中有机物约占4%，主要为(　　)。

A. 蛋白质　　B. 脂肪　　C. 胆固醇　　D. 糖类

6. 一般质量轻的蛋蛋型指数小，多为球形，而质量大的蛋蛋型指数大，为长的椭圆形。对于不同种类的禽蛋来说，其蛋型指数最大的是(　　)。

A. 鹅蛋　　B. 鸭蛋　　C. 鸡蛋　　D. 鹌鹑蛋

7. 蛋壳越厚耐压度越大，反之耐压度越小。不同禽蛋的耐压度最小的是(　　)。

A. 鹅蛋　　B. 鸭蛋　　C. 鸡蛋　　D. 鹌鹑蛋

8. 影响鱼贝类腐败速率的主要因素是(　　)。

A. 温度　　B. 含水量　　C. 含脂量　　D. 鱼种

二、判断题

1. 新鲜肉的管状骨的骨腔内充满骨髓，质硬发黄，断面有光。(　　)

2. 根据家禽的经济特点，可将家禽分为肉用型、卵用型、肉卵兼用型和专用型等。(　　)

3. 腐败过程被认为是变质中最严重的形式。(　　)

4. 新鲜蛋气室大，随放置时间延长，蛋内水分向外蒸发，气室面积逐渐增大，据此可以判别蛋的新鲜程度。(　　)

5. 一般越接近蛋黄的蛋白越稀薄，越接近壳膜的蛋白越浓厚。(　　)

6. 陈旧的蛋浓厚蛋白含量低，稀薄蛋白含量高，容易被细菌感染，易成为腐败蛋。可见，浓厚蛋白的多少是衡量禽蛋新鲜程度的重要标志。(　　)

7. 一般质量轻的蛋蛋型指数大，多为球形，而质量大的蛋蛋型指数小，为长的椭圆形。(　　)

8. 蛋的比重与蛋的新鲜程度有关，陈旧的蛋比重逐渐减少。(　　)

9. 球形蛋耐压度大，椭圆形适中，细长形最小；蛋壳越厚耐压度越大，反之耐压度小。不同禽蛋的耐压度：鹅蛋 > 鸭蛋 > 鸡蛋 > 鹌鹑蛋。(　　)

10. 鱼肌僵硬出现的时间和持续的时间均比畜禽类动物慢和短。(　　)

11. 在同种鱼中，个体大者死后僵硬较快。(　　)

12. 对捕获物处理不当，如强烈地翻弄或使鱼体损伤，都会延缓其僵硬。(　　)

13. 不同鱼种其腐败速率不一样，一般来说，个体大的鱼比个体小的鱼易腐败。（　　）

14. 含脂量高的鱼种比含脂量低的鱼种不易腐败。（　　）

15. 新鲜的肉弹性很好，指压后凹陷会缓慢恢复。（　　）

三、简答题

1. 家畜肉的质量鉴别指标有哪些？
2. 禽肉的类别及质量鉴别指标有哪些？
3. 热鲜肉的优缺点有哪些？
4. 画出肉的变化过程。
5. 禽蛋的质量鉴别指标有哪些？
6. 鱼类的感官鉴定指标有哪些？

项目五　农产品标准与产品认证

学习目标

知识目标：

1. 掌握农产品标准的相关概念；

2. 了解农产品检验、分级要点；

3. 熟悉无公害农产品、绿色农产品、有机农产品认证管理规范及流程。

技能目标：

1. 能根据标志图案识别无公害农产品、绿色农产品、有机农产品；

2. 能根据所学知识识别标准类别；

3. 能根据农产品产品认证相关资料编制无公害农产品、绿色农产品、有机农产品认证实施方案。

任务一　农产品标准与分级

案例引入

水产品质量安全治理成效显著

党的十八大以来，各级渔业部门坚决贯彻落实习近平总书记“四个最严”和“让人民群众吃上绿色、安全、放心的水产品”的指示要求，始终把水产品质量安全作为重大政治任务抓紧抓好。按照坚决打赢水产品质量安全提升的硬仗的要求，坚持产管并重，坚持严字当头，坚持常抓不懈，履职尽责，扎实推进质量安全主体责任和监管责任落实，保持了水产品质量安全水平稳定向好的势头，2017 年产地监测合格率 99.7%，连续 5 年产地监测合格率保持在 99% 以上，市场监测合格率由 2009 年的

88.7%提高到2017年第四季度的97.3%。

○为确保水产品质量安全，各级渔业部门坚持做好“产出来”和“管出来”两方面工作。在“产出来”方面，实施水产养殖转型升级工程，推进水产健康养殖示范场创建活动，开展国家级稻渔综合种养示范区创建，推广使用循环水、零用药等健康养殖技术模式，鼓励水产品“三品一标”产品认证，推进水产品质量安全可追溯试点建设。在“管出来”方面，强化产地监管职责，加大推动生产者主体责任落实，加强监管体系和检测体系建设，坚持检打联动，不断加强产地水产品质量安全监督抽查力度，做到阳性样品查处率100%。

○加强监督抽查、专项整治和检打联动，始终保持对违法用药的高压态势。2013年以来，中央财政每年安排产地水产品监督抽查专项经费3500万元左右，用于养殖水产品和苗种等监督抽查工作，共抽检样品50000余个，连续5年合格率保持在99%以上，没有发生重大水产品质量安全事件。按照国务院食品安全办等5部门印发的《畜禽水产品抗生素、禁用化合物及兽药残留超标专项整治行动方案》和《农业部关于加强2016年农产品质量安全执法监管工作的通知》要求，连续开展“三鱼两药”专项整治，五年来共检测三鱼、孔雀石绿和硝基呋喃类代谢物样品分别为2500个、24000个和10000个，2017年合格率分别达到99.5%、99.8%、99.7%。坚持检打联动，超标样品查处率100%，要求各地按照有关规定进行查处，2014—2016年，农业部组织对超标样品地区进行了专项执法督查。据统计，近年来，各地每年用于水产品质量安全监管经费约3亿元，抽检样品15万多个，出动执法人员10万人次。

○推进标准化健康养殖和用药指导培训，坚持综合施策和源头治理。标准化健康养殖是确保水产品质量安全的根本前提。多年来，农业部大力推进标准化健康养殖，目前共有国家和行业标准900多项，地方标准1918项。截至2017年，全国创建水产健康养殖示范场6129家，全国渔业健康养殖示范县29个，水产品“三品一标”总数达到1.27万个，占农产品总数的12%，其中，无公害水产品1.15万个，绿色水产品655个，有机水产品379个，地理标志水产品173个。坚持开展水产养殖规范用药科普下乡活动，全国共有30余个省（区、市）参与该项活动，各级推广机构和大专院校科研机构每年10000多名专家和技术人员广泛参与，举办各类技术培训班4000余次，接受技术培训的渔民达25万多人次。推动禁止养殖区、限制养殖区和养殖区划定，从养殖环境源头上保障水产品质量安全。开展水产品质量安全示范县建设和水产品质量安全可追溯试点工作，为县域内整体推进水产品质量安全工作和水产品质量安全全程监管以及追踪溯源积累了经验。

○完善贝类产品监测，加强贝类划型和预警管理。贝类是我国重要水产品，深受广大消费者喜爱，消费量大。同时，贝类风险隐患也大，极易引起急性中毒甚至死亡。农业部高度重视贝类产品质量安全，是我国水产品中唯一单独制定管理办法的品种，每年年初都专门召开会议进行部署，年终专门针对监测中的问题专题研究。每年安排

700 多万元用于贝类产品监测，每年抽检贝类样品近4000 个，加强对贝类中重金属铅、镉、多氯联苯、毒素等监测预警，特别是对重点时段、重点区域和重点品种加强监测，确保能及时发现问题，根据监测结果及时发布预警，采取暂时性关闭采捕区域等紧急管理措施。2017 年各地对65. 8 万公顷贝类养殖区进行了划型，其中一类养殖区63. 1 万公顷，占95. 9%，二类养殖区2. 7 万公顷，占4. 1%，我国海水贝类养殖环境总体较好，贝类质量安全水平明显提升。

资料来源：农业部新闻办公室，2018 - 01 - 15，http：//www. moa. gov. cn/xw/zwdt/201801/t20180115_ 6134985. htm。

问题：标准化在我国农产品质量管理中有什么作用？在水产品管理中标准化工作取得了哪些成效？

知识准备

标准化既是社会生产发展的产物，又是推动社会生产发展的手段；既是实现现代化生产的必要条件，又是实现专业化生产的重要条件。任何一个国家要想实现现代化、社会化的大生产和科学管理，都离不开标准化工作。从一定意义上来说，标准化水平是衡量和反映企业乃至国家现代化水平的重要标志。

一、标准与标准化的相关概念

根据《标准化工作指南　第 1 部分：标准化和相关活动的通用术语》（GB/T 20000. 1—2014），相关概念如下：

（一）标准化

标准化是指为了在一定范围内获得最佳秩序，对现实问题或潜在问题制定共同使用和重复使用的条款的活动。活动主要包括编制、发布和实施标准的过程。标准化的主要作用在于为了其预期目的改进产品、过程或服务的适用性，防止贸易壁垒，并促进技术合作。

（二）标准化对象

标准化对象是指需要标准化的主题，如产品、过程或服务等，标准化可以限定在任何对象的特定方面，例如，可对鞋子的尺码和耐用性分别进行标准化。

（三）标准

标准是指为了在一定的范围内获得最佳秩序，经协商一致制定并由公认机构批准共同使用和重复使用的一种规范性文件。标准宜以科学、技术和经验的综合成果为基础，以促进最佳的共同效益为目的。

（四）国际标准

国际标准是指由国际标准化组织或国际标准组织通过并公开发布的标准。

（五）区域标准

区域标准是指由区域标准化组织或区域标准组织通过并公开发布的标准。

二、标准分类

标准化工作是一项复杂的系统工程，是为适应不同要求而构成的一项庞大而复杂的系统。为便于应用，可以从不同的角度和属性对标准进行分类。

（一）从标准级别来分

根据《中华人民共和国标准化法》，我国标准分为国家标准、行业标准、地方标准和企业标准四级，这四级是按标准统一的范围或适用范围、审批发布的权限来区分的。

1. 国家标准

国家标准是指由国家标准机构通过并公布的标准。国家规定，行业标准、地方标准、企业标准不得与国家标准相抵触。国家标准的对象或领域，是在全国范围内协调统一的经济、技术、科学、管理等方面中的重复性事物和概念。按照标准化对象或领域的不同，国家标准分别属于不同的种类，如技术标准、管理标准、服务标准等，代号为“GB”。

2. 行业标准

行业标准是指由行业机构通过并公开发布的标准。行业标准针对的对象或领域主要是某些专业范围内的经济、技术、科学及管理中的重复性事物和概念。行业标准的对象或领域是除了国家标准外需要在专业范围内协调统一的事项。

3. 地方标准

地方标准是在国家的某个地区通过并公开发布的标准，代号为“DB”。

4. 企业标准

企业标准是由企业通过并供该企业使用的标准。它规定了重要的产品性能方面的技术指标及有关的技术要求。企业制定出各标准是为企业生产建设和管理经营需要服务的，必须严格执行，代号为“QB”。

知识拓展

国家标准化管理委员会

国家标准化管理委员会是国务院授权履行行政管理职能，统一管理全国标准化工作的主管机构。国务院有关行政主管部门和有关行业协会也设有标准化管理机构，分工管理本部门本行业的标准化工作。中国是 ISO 的正式成员，代表中国的组织为中国国家标准化管理委员会。国家标准化管理委员会的英文名称是 Standardization Administration of the People's Republic of China，简称 SAC。

（二）从标准属性来分

1. 强制性标准

强制性标准主要是保障人体健康、人身及财产安全的标准和法律、行政法规规定强制执行的标准。对不符合强制标准的产品，禁止生产、销售和进口。为使我国强制性标准与 WTO/TBT 规定衔接，其范围要严格限制在国家安全、防止欺诈行为、保护人身健康与安全、保护动物植物的生命和健康，以及保护环境五个方面。

2. 推荐性标准

推荐性标准是指导性标准，基本上与 WTO/TBT 对标准的定义接轨，即由公认机构批准的、非强制性的，为了通用或反复使用，为产品或相关生产方法提供规则、指南或特性的文件，代号为“GB/T”。

（三）从标准性质来分

1. 技术标准

技术标准是指对标准化领域中需要协调统一的技术事项制定的标准，主要规定的是事物的技术性内容。

2. 管理标准

管理标准是指对标准化领域中需要协调统一的管理事项制定的标准，主要是规定人们在生产活动和社会生活中的组织结构、职责权限、过程方法、程序文件以及资源分配等事宜，它是合理组织国民经济，正确处理各种生产关系，正确实现合理分配，提高生产效率和效益的依据。

3. 工作标准

工作标准是指对标准化领域中需要协调统一的工作事项制定的标准，它是针对具体岗位而规定人员和组织在生产经营管理活动中的职责、权限，对各种过程的定量定性要求，以及活动程序和考核评价要求等。

（四）从标准化对象和作用来分

1. 基础标准

基础标准是指在一定范围内作为其他标准的基础并普遍使用，具有广泛指导意义的标准。例如，名词、术语、符号、代号、标志、方法等标准。

2. 产品标准

产品标准是指为保证产品的适用性，对产品必须达到的某些或全部特性要求所制定的标准。它包括品种、规格、技术要求、试验方法、检验规则、包装、标志、运输和储藏要求等。

3. 方法标准

方法标准是指以试验、检查、分析、抽样、统计、计算、测定、作业等各种方法为对象制定的标准。

4. 安全标准

安全标准是指以保护人和物的安全为目的制定的标准。

5. 卫生标准

卫生标准是指为保护人的健康，对食品、医药及其他方面的卫生要求制定的标准。

6. 环境保护标准

环境保护标准是指为保护环境和有利于生态平衡，对大气、水体、土壤、噪声、振动、电磁波等的污染管理、监测方法及其他事项制定的标准。

四种标准的分类如图 5－1 所示。

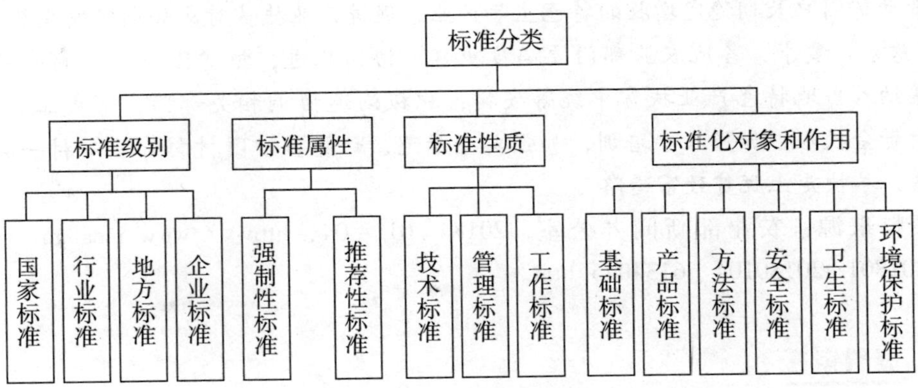

图 5－1　四种标准的分类

三、农产品标准

农产品标准是对农产品的质量、规格以及与质量有关的各个方面所做的技术规定、准则。在进行农产品收购、调拨、储运以及销售的整个商品化过程中，应当严格执行国家对农产品制定的质量、规格标准。农产品标准除了质量标准、环境标准、卫生标准、包装标准、储藏运输标准、生产技术标准以外，还包括添加剂的使用标准、农产品中黄曲霉毒素的允许量标准和农药残留量标准等。农产品标准将会随着科技的进步和市场需求的变化不断增删、不断完善。我国将农产品大致分为普通农产品、绿色农产品、无公害农产品和有机农产品几类，不同农产品的生产标准各不相同。

前沿聚焦

农业部印发《关于深入实施贫困村“一村一品”产业推进行动的意见》深入实施贫困村“一村一品”产业推进行动

2018年1月4日，农业部印发《关于深入实施贫困村“一村一品”产业推进行动的意见》（以下资料内容中简称《意见》），要求各地充分发挥“一村一品”在产业扶贫精准脱贫中的重要作用，助力贫困地区脱贫攻坚。

《意见》指出，发展“一村一品”有利于贫困村发挥资源优势、实现错位发展，有利于贫困村培育主导产业、实现规模经营，有利于贫困村培养新型农民、激发内生动力，有利于贫困村壮大集体经济、增强发展活力，是贫困地区立足资源禀赋，挖掘资源优势，因地制宜发展特色产业促进脱贫致富的重要途径。

《意见》强调，要切实按照中央脱贫攻坚决策部署，重点围绕选准做强特色产业、培育新型经营主体、打造特色知名品牌、推动产业融合发展、强化利益联结机制五个方面，支持引导有一定资源禀赋和产业基础的贫困村，通过发展“一村一品”加快培育能带动贫困户长期稳定增收的特色主导产业，促进产业扶贫对象如期实现脱贫。

《意见》要求，各地农业部门要高度重视、协同推进，把贫困村“一村一品”产业发展纳入当地特色产业扶贫中统筹安排，积极沟通协调相关部门，形成工作合力。要加大资金投入，加强人才培训，加强典型示范，让更多贫困村向着“一村一品”方向发展，尽快走上脱贫致富道路。

资料来源：农业部新闻办公室，2018－01－04，http://www.moa.gov.cn/xw/zwdt/201801/t20180104_6134045.htm。

资料链接

“一村一品”

“一村一品”是指在一定区域范围内，以村为基本单位，按照国内外市场需求，充分发挥本地资源优势，通过大力推进规模化、标准化、品牌化和市场化建设，使一个村（或几个村）拥有一个（或几个）市场潜力大、区域特色明显、附加值高的主导产品和产业。实践证明，发展“一村一品”是贫困地区立足资源禀赋，挖掘资源优势，因地制宜发展特色产业，促进脱贫致富的重要途径。发展“一村一品”，可以让贫困村充分发挥自身农业资源和自然生态的比较优势，开展差异竞争，实现“人无我有、人有我优、人优我特”，将资源优势转化为产业优势、产业优势转化为经济优势。发展“一村一品”，可以使贫困村集中要素投入，实行整村推进、整体开发，一村带多村、多村连成片，推进农业生产专业化、规模化，做大做强地方特色和区域优势产业，强化脱贫攻坚的产业支撑。发展“一村一品”，能引导农民立足本地，认识自我，发现自我，并在开发特色产品的过程中学到先进的种养技能、加工技术与营销技巧，增强市场经济观念和合作理念，提高自我发展的能力。发展“一村一品”，依托贫困村特有的资源优势，可以在山区优先兴建养殖基地、在林区优先兴建林木基地、在库区优先兴建水果基地、在湖区优先兴建水产品基地，增强村级集体经济实力。

四、农产品检验

农产品检验是根据标准对农产品的质量进行科学鉴定以判断其质量高低、使用价值的大小。农产品检验的宗旨：坚持为生产服务，促进农产品生产的发展和农产品质量的提高；坚持为消费者服务，保护消费者的经济利益和身体健康；坚持为市场服务，贯彻国家按质论价政策，进行公平交易和公平竞争，促进市场经济健康有序发展。农产品检验与标准相互联系，密不可分。任何一种产品标准的制定，都必须以大量的检验结果、正确的检验数据为依据。标准发布后，要确定其产品的质量和分等划级，又必须依据标准中规定的质量指标，通过检验来确定。

农产品的检验方法一般分为感官检验和理化检验两大类。感官检验在农产品检验中使用十分广泛，其优点是快速简便，有一定的准确性，无须专门仪器、设备，其对于农产品新鲜度、成熟度、色香味的判断，都具有实际价值。理化检验是利用各种仪器设备、器械和化学试剂来鉴定农产品的质量。与感官检验法相比较，其结果较准确，能用具体数值表示，并且可以用来测定农产品的成分、结构和性质。随着现代科学技术的发展，农产品检验必须向科学化、仪器化和快速、少损或无损的方向发展。

五、农产品分级

农产品分级（Classification of Agriculture Products），是指按农产品商品质量的高低划分农产品商品等级。它是生产者能否将产品投入市场的重要依据，也是经营者进行质量比较和定价的基础。农产品分级应根据事先制定的质量标准进行。

（一）分级的目的和意义

农产品收获以后应该经过一系列商品化处理再进入流通环节，分级的主要目的是使农产品商品化。通过分级可区分农产品的质量，为其使用性和价值提供参数、等级标准，在销售中农产品等级可作为一个重要的工具，给生产者、收购者和流通渠道各环节提供贸易信息。等级标准是评定产品质量的技术准则和客观依据，分等分级有助于生产者和经营者在产品上市前做好准备工作和标价。等级标准还能够为优质优价提供依据，能够以同一标准对不同市场上销售的产品的质量进行比较，有利于引导市场价格及提供信息，有助于解决买方和卖方赔偿损失的要求和争论。分级不仅可以贯彻优质优价的政策，还可以促进农产品管理技术的改进，推动农产品生产良性化发展。通过分级，剔除伤、病虫害农产品，不仅可以减少储运中的损失，还可以减轻一些病虫害的侵染传播。总之，分级是农产品生产、销售及消费之间互相促进、互相监督的纽带，是农产品商品化的必要环节，是提高农产品质量及经济效益的重要措施。

（二）各类农产品分级

1. 粮食的分级

粮食的原始品质主要取决于粮食品种、完善粒状态、杂质和水分。不同的粮食品种，由于其成分不同、品质不同，用途也不同。即使是同一品种，由于完善粒及杂质的比例不同，其耐储性能及加工出的产品质量也不同。因此，为了保障加工产品质量的一致性及更好地进行粮食营销，有必要对收购的粮食进行分级分等，分别管理。不同粮食品种的分级依据不同的标准执行。

资料链接

根据《GB 1351—2008 小麦》，小麦质量分级规定如表 5－1 所示。

表 5－1　各类小麦质量要求

<table>
<tr><th rowspan="2">等级</th><th rowspan="2">容重（g/L）</th><th rowspan="2">不完善粒（%）</th><th colspan="2">杂质（%）</th><th rowspan="2">水分（%）</th><th rowspan="2">色泽、气味</th></tr>
<tr><th>总量</th><th>其中，矿物质</th></tr>
<tr><td>1</td><td>≥790</td><td rowspan="2">≤6.0</td><td rowspan="6">≤1.0</td><td rowspan="6">≤0.5</td><td rowspan="6">≤12.5</td><td rowspan="6">正常</td></tr>
<tr><td>2</td><td>≥770</td></tr>
<tr><td>3</td><td>≥750</td><td rowspan="2">≤8.0</td></tr>
<tr><td>4</td><td>≥730</td></tr>
<tr><td>5</td><td>≥710</td><td>≤10.0</td></tr>
<tr><td>等外</td><td><710</td><td>—</td></tr>
</table>

注：“—”为不要求。其中，容重为定级指标，3 等为中等。

2. 果蔬的分级

果蔬的分级方法有人工分级和机械分级两种。目前我国普遍采用的果蔬分级方法是人工分级。

（1）人工分级

人工分级有两种，一是单凭人的视觉判断，按果蔬的颜色、大小将产品分为若干级。用这种方法分级的产品，容易受人心理因素的影响，往往偏差较大。二是用选果板分级，选果板上有一系列直径大小不同的孔，根据果实横径和着色面积的不同进行分级。按这种方法分级的产品，同一级别果实的大小基本一致，偏差较小。人工分级能最大限度地减轻果蔬的机械损伤，但工作效率低，级别标准有时不严格。

（2）机械分级

采用机械分级，不仅能够消除人为的心理因素的影响，更重要的是可以显著提高工作效率。各种选果机械都是根据果实直径大小进行形状选果，或者根据果蔬的不同质量进行质量选果，或是按颜色分选设计制造。我国目前果蔬的商品化处理与发达国家相差甚远，只在少数外销商品基地才有选果设备，绝大部分地区使用简单的工具，按大小或质量人工分级，逐个挑选、包装，工作效率低。有些内销的产品甚至不进行分级。

水果分级标准因种类、品种而异。我国目前的做法是在果形、新鲜度、颜色、品质、病虫害和机械伤等方面已符合要求的基础上再按大小进行手工分级，即根据果实横径的最大部分直径将水果分为若干等级。

资料链接

根据《GB/T 10651—2008 鲜苹果》，鲜苹果质量分为三个等级，各质量等级要求如表 5－2 所示。

表 5－2　鲜苹果质量等级要求

项目	等级		
	优等品	一等品	二等品
果形	具有本品种应有的特征	允许果形有轻微缺点	果形有缺点，但仍保持本品基本特征，不得有畸形果
色泽	红色品种的果面着色比例的具体规定参照附录 A；其他品种应具有本品种成熟时应有的色泽		
果梗	果梗完整（不包括商品化处理造成的果梗缺省）	果梗完整（不包括商品化处理造成的果梗缺省）	允许果梗轻微损伤

续 表

项目	等级		
	优等品	一等品	二等品
果面缺陷	无缺陷	无缺陷	允许下列对果肉无重大伤害的果皮损伤不超过4项
①刺伤（包括破皮划伤）	无	无	无
②碰压伤	无	无	允许轻微碰压伤，总面积不超过$1.0cm^2$，其中最大处面积不得超过$0.3cm^2$，伤处不得变褐，对果肉无明显伤害
③磨伤（枝磨、叶磨）	无	无	允许不严重影响果实外观的磨伤，面积不超过$1.0cm^2$
④日灼	无	无	允许浅褐色或褐色，面积不超过$1.0cm^2$
⑤药害	无	无	允许果皮浅层伤害，面积不超过$1.0cm^2$
⑥雹伤	无	无	允许果皮愈合良好的轻微雹伤，总面积不超过$1.0cm^2$
⑦裂果	无	无	无
⑧裂纹	无	允许梗洼或萼洼内有微小裂纹	允许不超出梗洼或萼洼的微小裂纹
⑨病虫果	无	无	无
⑩虫伤	无	允许不超过2处$0.1cm^2$的虫伤	允许干枯虫伤，总面积不超过$1.0cm^2$
⑪其他小疵点	无	允许不超过5个	允许不超过10个
果锈	各本品种果锈应符合下列限制规定		
①褐色片锈	无	不超出梗洼的轻微锈斑	轻微超出梗洼或萼洼之外的锈斑
②网状浅层锈斑	允许轻微而分离的平滑网状不明显锈痕，总面积不超过果面的1/20	允许平滑网状薄层，总面积不超过果面的1/10	允许轻度粗糙的网状果锈，总面积不超过果面的1/5
果径（最大横切面直径）/mm 大型果	≥70		≥65
果径（最大横切面直径）/mm 中小型果	≥60		≥55

注：苹果达到成熟时，应符合基本的内在质量要求，本标准给出了当前商品量较大的几个品种的果实硬度和可溶性固形物的质量指标供参考，详见附录B。

案例分析

随着农业供给侧结构性改革的不断推进和人民生活水平的不断提高，农产品质量、安全问题越来越被广大消费者所关心和重视，广大消费者对农产品消费安全的呼声越来越高。但由于长期以来片面追求数量和分散、粗放的农产品生产经营方式，有些生产者使用违禁农药，不合理使用化肥，导致农产品有害物质残留问题比较突出，不但威胁消费者安全，而且破坏生态环境。解决这些问题的根本措施，就是通过并推行农业标准化。标准化的健康养殖是确保水产品质量安全的根本前提。要不断提高农民科学合理用药、用肥的能力和自觉性，用标准规范农业生产、加工行为。同时，标准化生产与加工技术的推广，也为农产品质量监管提供了标准支撑，使农产品质量安全监管主体明确、环节清晰、依据充分，提高了监管效能。而重中之重的工作，就是完善农业标准化体系，提高标准质量。

案例中，在水产品质量管理方面，我国推进标准化健康养殖和用药指导培训，坚持综合施策和源头治理，取得了积极成效。农业部大力推进标准化健康养殖，目前共有国家和行业标准 900 多项，地方标准 1918 项。坚持开展水产养殖规范用药科普下乡活动，举办各类技术培训班4000 余次，接受技术培训的渔民达25 万多人次。推动禁止养殖区、限制养殖区和养殖区划定，从养殖环境源头上保障水产品质量安全。开展水产品质量安全示范县建设和水产品质量安全可追溯试点工作，为县域内整体推进水产品质量安全工作和水产品质量安全全程监管，以及追踪溯源积累了经验。水产养殖标准化的推行，为我国水产健康养殖的持续发展提供了有力保障。

任务总结

标准化是指为了在一定范围内获得最佳秩序，对现实问题或潜在问题制定共同使用和重复使用的条款的活动。标准是指为了在一定的范围内获得最佳秩序，经协商一致制定并由公认机构批准，共同使用和重复使用的一种规范性文件。标准化工作是一项复杂的系统工程，标准为适应不同要求从而构成了一个庞大而复杂的系统。为便于应用，可以从不同的角度和属性对标准进行分类。

农产品标准是对农产品的质量、规格以及与质量有关的各个方面所作的技术规定、准则。在进行农产品收购、调拨、储运以及销售的整个商品化过程中，应当严格执行国家对农产品制定的质量、规格标准。农产品检验是根据标准对农产品的质量进行科学鉴定，以判断其质量高低、使用价值的大小。其检验方法一般分为感官检验和理化检验两大类。农产品分级是指按农产品商品质量的高低划分商品等级。它是生产者能否将产品投入市场的重要依据，也是经营者便于质量比较和定价的基础，另外，分级应根据事先制定的质量标准进行。

分组讨论

1. 标准的分类。
2. 标准的目的和作用。
3. 农产品标准的分级。
4. 农产品检验的分类。

业务技能训练一

农产品标准类别的识别

1. 实训背景资料

根据某农产品标准分类，查找相对应的标准（每类查找1~2个），完成实训内容。

2. 实训目标

学生能够根据所查标准目录资料进行分类整理，了解标准分类。

3. 实训准备

（1）全班学生分组，每组成员控制在3~5人。

（2）以组为单位进行资料收集。

（3）教师进行现场指导，体现以学生为主体的教学特色。

4. 实训步骤

（1）制订实训计划，组员分工明确。

（2）收集与标准有关的法律法规。

（3）根据某农产品标准分类查找对应的相关标准（每类查找1~2个）。

（4）撰写实训报告。

5. 实训效果评价（见表5-3）

表5-3　农产品标准与分级实训效果评价

考评内容	考评标准	分值（分）	自我评价（分）	小组评价（分）	教师评价（分）	实际得分（分）
实训完成情况	实训计划制订适宜	10				
	组员分工合理	10				
	收集资料丰富	10				
	实训报告规范，标准分类准确	50				

续　表

考评内容	考评标准	分值（分）	自我评价（分）	小组评价（分）	教师评价（分）	实际得分（分）
其他	态度积极、遵守纪律、有团队协作精神	20				
合计		100				

注：实际得分 = 自我评价 ×20% + 小组评价 ×30% + 教师评价 ×50%。

知识拓展

《中华人民共和国农业法》

《中华人民共和国商标法》

《中华人民共和国产品质量法》

《中华人民共和国反不正当竞争法》

《中华人民共和国标准化法》

《中华人民共和国食品卫生法》

《中华人民共和国消费者权益保护法》

《中华人民共和国食品安全法》

任务二　无公害农产品认证

案例引入

无公害农产品是如何生产出来的

平谷区的大兴庄镇绿都峪口兴合养殖有限公司，是一家生产无公害鲜鸡蛋的企业，占地40亩，5栋现代化鸡舍养殖着5万只蛋鸡，每年可生产160吨无公害鲜鸡蛋。公司严格按照无公害生产要求进行生产，生产的全过程都有详细记录，包括蛋鸡的引进和淘汰的时间、数量、去向，蛋鸡哪天得了病，用了哪些药，病死鸡如何进行处理等，做到了鸡蛋全程可追溯。

在北京地区，这样管理规范的现代化无公害畜产品生产企业在京郊共有249家，不过要取得无公害畜产品认证，需要把好“四道关”。

第一关是基地选址。为保证养殖场不受到外界影响，养殖过程不影响周边环境，无公害畜产品生产基地除生产规模要符合要求外，还必须远离受工业“三废”及农业废弃物、生活垃圾污染的区域，也要远离公路主干线及居民区。

第二关是生产管理。养殖场要根据自身生产情况，制订相应的质量控制措施和生产操作规程，明确无公害畜产品各生产环节的具体要求，涵盖生产、消毒、免疫、防疫、诊疗、饲料和兽药使用、无害化等养殖的全过程，保证在发现问题时能实现全程质量追溯。

第三关是基础设施。无公害畜产品的生产对养殖场的基础设施有严格的规定。比如，基地大门口需建消毒池和人员消毒通道，基地生产及环境设施应能够满足养殖场生产需要、畜禽生长需求，并确保舍内环境符合相关标准要求，养殖过程中产生的粪便和污水需进行无害化处理和资源化利用等。

第四关是监管。据了解，无公害畜产品认证机构定期到获证基地进行监督检查，按照无公害生产要求对基地的生产过程进行督导。此外，认证机构还对养殖场舍内的环境质量进行抽检，及时发现养殖环境中威胁畜产品安全的隐患。

资料来源：2016 - 05 - 26，14：29，芦晓春，农民日报，http：//www. moa. gov. cn/fwllm/qgxxlb/qg/201605/t20160526_ 5151037. htm。

问题：无公害农产品的生产首先需要企业严格执行法律法规，对政府来说，应如何加强对无公害农产品的监管呢？

知识准备

一、无公害农产品的概念

广义上的无公害农产品包括有机农产品、自然食品、生态食品、绿色食品、无污染食品等。这类产品在生产过程中允许限量、限品种、限时间地使用人工合成的安全的化学农药、兽药、肥料、饲料添加剂等，这样做符合国家食品卫生标准，但比绿色食品标准要宽。无公害农产品是保证人们对食品质量安全的最基本需要，是最基本的市场准入条件，普通食品都应达到这一要求。无公害农产品的质量要求低于绿色食品和有机食品。

根据《无公害农产品管理办法》（农业部、总局令 2002 年第 12 号），无公害农产品是指产地环境、生产过程和产品质量符合国家有关标准和规范的要求，经认证合格获得认证证书，并允许使用无公害农产品标志的未经加工或者初加工的食用农产品。无公害农产品的定位是保障消费安全、满足公众需求。

资料链接

无公害食品行动计划

为适应我国农业发展新阶段的要求，全面提高农产品质量安全水平，进一步增强农产品国际竞争力，维护消费者合法权益，保护农业生态环境，促进农业可持续发展和农民收入增加，根据中共中央、国务院关于加强农产品质量安全工作、加快实施“无公害食品行动计划”的要求和全国“菜篮子”工作会议精神，农业部决定，在北京、天津、上海和深圳四城市试点的基础上，从2002年开始，在全国范围内全面推进“无公害食品行动计划”，目的是通过建立健全农产品质量安全体系，对农产品质量安全实施从“农田到餐桌”全过程监控，有效改善和提高我国农产品质量安全水平，基本实现食用农产品无公害生产，保障消费安全，质量安全指标达到发达国家或地区的中等水平。

二、无公害农产品标志及管理

根据《无公害农产品标志管理办法》，无公害农产品标志及管理必须符合以下规定：

（一）无公害农产品标志的基本图案、规格和颜色

1. 基本图案

无公害农产品标志图案由麦穗、对勾和无公害农产品字样组成。其中，麦穗代表农产品，对勾表示合格，金色寓意成熟和丰收，绿色象征环保和安全。无公害农产品标志基本图案如图5－2所示。

图5－2 无公害农产品标志

2. 规格

无公害农产品标志规格分为五种，其规格、尺寸（直径）如表5－4所示。

表5－4 无公害农产品标志规格及尺寸

规格	1号	2号	3号	4号	5号
尺寸（直径mm）	10	15	20	30	60

3. 颜色

无公害农产品标志的标准颜色由绿色和橙色组成。

4. 种类

无公害农产品标志有五个种类：刮开式纸质标志加贴在无公害农产品或产品包装上；锁扣标志应用于鲜活类无公害农产品上；捆扎带标志用于需要进行捆扎的无公害农产品上；揭露式纸质标志直接加贴于无公害农产品或产品包装上；揭露式塑质标志加贴于无公害农产品内包装或产品外包装上。

（二）无公害农产品标志管理

（1）获得无公害农产品认证资格的认证机构（以下简称认证机构），负责无公害农产品标志的申请受理、审核和发放工作。

（2）凡获得无公害农产品认证证书的单位和个人，均可以向认证机构申请无公害农产品标志。

（3）认证机构应当向申请使用无公害农产品标志的单位和个人说明无公害农产品标志的管理规定，并指导和监督其正确使用无公害农产品标志。

（4）认证机构应当按照认证证书标明的产品品种和数量发放无公害农产品标志，认证机构应当建立无公害农产品标志出入库登记制度。无公害农产品标志出入库时，应当清点数量，登记台账；无公害农产品标志出入库台账应当存档，保存时间为 5 年。

（5）认证机构应当将无公害农产品标志的发放情况每 6 个月报农业部和国家认监委。

（6）获得无公害农产品认证证书的单位和个人，可以在证书规定的产品或其包装上加施无公害农产品标志，用以证明产品符合无公害农产品标准。印制在包装、标签、广告、说明书上的无公害农产品标志图案，不能作为无公害农产品标志使用。

（7）使用无公害农产品标志的单位和个人，应当在无公害农产品认证证书规定的产品范围和有效期内使用，不得超范围和逾期使用，不得买卖和转让。

（8）使用无公害农产品标志的单位和个人，应当建立无公害农产品标志的使用管理制度，对无公害农产品标志的使用情况如实记录并存档。

（9）无公害农产品标志的印制工作应当由经农业部和国家认监委考核合格的印制单位承担，其他任何单位和个人不得擅自印制。

三、无公害农产品认证条件

无公害农产品由产地认定和产品认证两个环节组成。

（一）无公害农产品产地应当符合的条件

（1）产地环境符合无公害农产品产地环境的标准要求。

（2）区域范围明确。

（3）具备一定的生产规模。

（二）无公害农产品的生产管理应当符合的条件

（1）生产过程符合无公害农产品生产技术的标准要求。

（2）有相应的专业技术和管理人员。

（3）有完善的质量控制措施，并有完整的生产和销售记录档案。

（三）其他条件

（1）从事无公害农产品生产的单位或者个人，应当严格按规定使用农业投入品。禁止使用国家禁用、淘汰的农业投入品。

（2）无公害农产品产地应当树立标示牌，标明范围、产品品种、责任人。

四、无公害农产品产地认定及产品认证流程

（一）无公害农产品产地认定流程

省级农业行政主管部门根据《无公害农产品管理办法》的规定，负责组织实施本辖区内无公害农产品产地的认定工作。认定流程如图5－3所示。

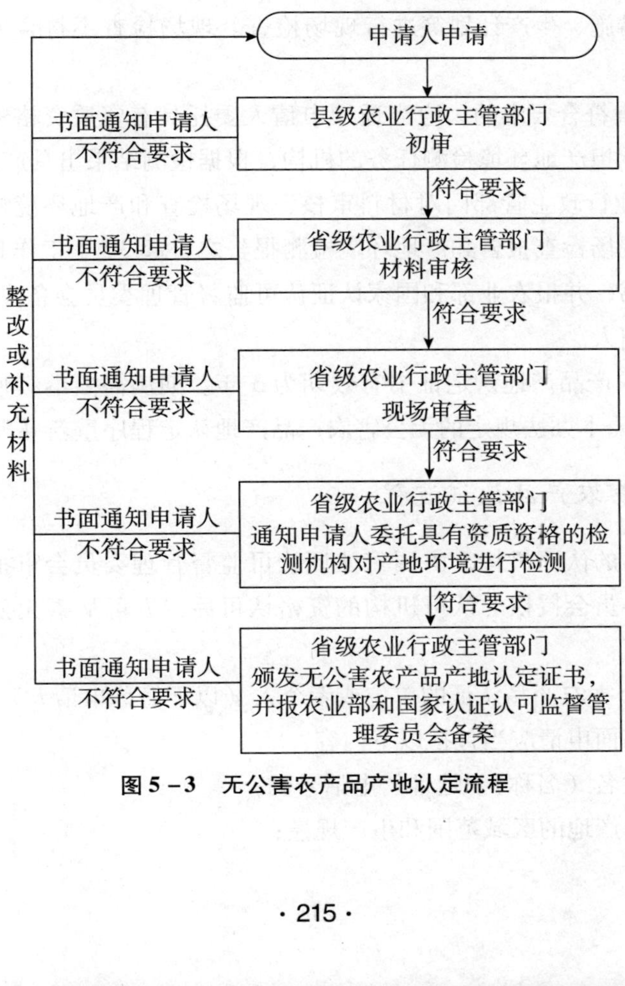

图5－3 无公害农产品产地认定流程

（1）申请无公害农产品产地认定的单位或者个人（以下简称申请人），应当向县级农业行政主管部门提交书面申请，书面申请应当包括以下内容：

①申请人的姓名（名称）、地址、电话号码；

②产地的区域范围、生产规模；

③无公害农产品生产计划；

④产地环境说明；

⑤无公害农产品质量控制措施；

⑥有关专业技术和管理人员的资质证明材料；

⑦保证执行无公害农产品标准和规范的声明；

⑧其他有关材料。

（2）县级农业行政主管部门自收到申请之日起在10个工作日内完成对申请材料的初审工作。申请材料初审不符合要求的，应当书面通知申请人。

（3）申请材料初审符合要求的，县级农业行政主管部门应当逐级将推荐意见和有关材料上报省级农业行政主管部门。

（4）省级农业行政主管部门自收到推荐意见和有关材料之日起在10个工作日内完成对有关材料的审核工作，符合要求的，组织有关人员对产地环境、区域范围、生产规模、质量控制措施、生产计划等进行现场检查。现场检查不符合要求的，应当书面通知申请人。

（5）现场检查符合要求的，应当通知申请人委托具有资质资格的检测机构对产地环境进行检测。承担产地环境检测任务的机构，根据检测结果出具产地环境检测报告。

（6）省级农业行政主管部门对材料审核、现场检查和产地环境检测结果符合要求的，应当自收到现场检查报告和产地环境检测报告之日起30个工作日内颁发无公害农产品产地认定证书，并报农业部和国家认证认可监督管理委员会备案。不符合要求的，应当书面通知申请人。

（7）无公害农产品产地认定证书有效期为3年。期满需要继续使用的，应当在有效期满90日前按照本办法规定的无公害农产品产地认定程序重新办理。

（二）无公害农产品认证流程

无公害农产品的认证机构，由国家认证认可监督管理委员会审批，并获得国家认证认可监督管理委员会授权的认可机构的资格认可后，方可从事无公害农产品认证活动。认证流程如下：

（1）申请无公害农产品认证的单位或者个人（以下简称申请人），应当向认证机构提交书面申请，书面申请应当包括以下内容：

①申请人的姓名（名称）、地址、电话号码；

②产品品种、产地的区域范围和生产规模；

③无公害农产品生产计划；

④产地环境说明；

⑤无公害农产品质量控制措施；

⑥有关专业技术和管理人员的资质证明材料；

⑦保证执行无公害农产品标准和规范的声明；

⑧无公害农产品产地认定证书；

⑨生产过程记录档案；

⑩认证机构要求提交的其他材料。

（2）认证机构自收到无公害农产品认证申请之日起，应当在15个工作日内完成对申请材料的审核。材料审核不符合要求的，应当书面通知申请人。

（3）符合要求的，认证机构可以根据需要派员对产地环境、区域范围、生产规模、质量控制措施、生产计划、标准和规范的执行情况等进行现场检查。现场检查不符合要求的，应当书面通知申请人。

（4）材料审核符合要求的或者材料审核和现场检查符合要求的（限于需要对现场进行检查时），认证机构应当通知申请人委托具有资质资格的检测机构对产品进行检测。承担产品检测任务的机构，根据检测结果出具产品检测报告。

（5）认证机构对材料审核、现场检查（限于需要对现场进行检查时）和产品检测结果符合要求的，应当在自收到现场检查报告和产品检测报告之日起30个工作日内颁发无公害农产品认证证书。不符合要求的，应当书面通知申请人。

（6）认证机构应当自颁发无公害农产品认证证书后30个工作日内将其颁发的认证证书副本同时报农业部和国家认证认可监督管理委员会备案，由农业部和国家认证认可监督管理委员会公告。

（7）无公害农产品认证证书有效期为3年。期满需要继续使用的，应当在有效期满90日前按照本办法规定的无公害农产品认证程序重新办理。在有效期内生产无公害农产品认证证书以外的产品品种的，应当向原无公害农产品认证机构办理认证证书的变更手续。

（8）无公害农产品产地认定证书、产品认证证书格式由农业部、国家认证认可监督管理委员会规定。

农业部和国家认证认可监督管理委员会（以下简称国家认监委）对全国统一的无公害农产品标志实行统一监督管理。县级以上地方人民政府农业行政主管部门和质量技术监督部门，按照职责分工依法负责本行政区域内无公害农产品标志的监督检查工作。

案例分析

无公害农产品是产地环境、生产过程、产品质量符合国家有关标准和规范的要求，经认证合格获得认证证书并允许使用无公害农产品标志的未经加工或初加工的食用农产品。对农产品实施认证是推动农产品质量安全的重要抓手，目的是确保农产品符合保障人的健康、安全的要求，满足大众消费。加强无公害农产品监督管理，是各级农业部门的法定职责。一是明确职责，强化监管。各级农业部门必须依据相关法规和标准对无公害农产品的生产、销售和标志使用等进行监督管理，推进无公害农产品认证与监管的有机衔接，规范无公害农产品生产销售行为，严格查处违法行为，提升无公害农产品的公信力和影响力。二是加强对无公害农产品的产地监管。获得《无公害农产品产地认定证书》的单位，应当在获证产地树立产地标示牌，标明范围、产品品种、责任人，接受社会监督。各级农业部门要加强对无公害农产品产地的监督检查，对检查中发现的问题，及时出具书面整改意见，对问题严重、整改不到位的，提请省农委撤销其无公害农产品产地认定证书。三是严格无公害农产品生产监督指导。切实加强无公害农产品获证主体生产规范性监督检查，全年检查获证主体数量不低于当年有效获证主体的20%。检查要重点关注产地环境、投入品管理、落实生产操作规程、执行生产记录制度等方面情况，指导督促获证主体按标准生产、合理用药，切实落实禁限用规定和间隔（休药）期、生产档案记录等制度，强化生产者主体责任。对无公害农产品生产企业、农民专业合作经济组织未建立或者未按照规定保存农产品生产记录的，或者伪造农产品生产记录的，依法严肃处理。四是加强无公害农产品质量监督抽查。对于当地主导产业、风险隐患大的获证产品，要加大抽检频次和覆盖面，抽检产品数量应不低于当年有效获证产品的20%。针对风险监测发现或社会反映强烈的问题，以及在重点时节、重要节日等关键时点，要及时跟进专项监测或应急检测。无公害农产品质量监督抽查情况实行零报告制度。五是强化无公害农产品标志使用管理。加大标志推广力度，指导提醒获证主体在标志征订有效期内及时申订防伪标志并规范使用。加大无公害农产品2016版新标志宣传推介，普及新标志防伪查询方式。

任务总结

根据《无公害农产品管理办法》（农业部、总局令2002年第12号），无公害农产品是指产地环境、生产过程和产品质量符合国家有关标准和规范的要求，经认证合格获得认证证书并允许使用无公害农产品标志的未经加工或者初加工的食用农产品。无公害农产品的定位是保障消费安全、满足公众需求。无公害是保证人们对食品质量安全最基本的需要，是最基本的市场准入条件，普通食品都应达到这一要求，无公害农产品的质量要求低于绿色食品和有机食品。无公害农产品标志及管理必须依照《无公害农产品标志管理办法》执行。无公害农产品由产地认定和产品认证两个环节组成，其中，产地认定必须符合无公害农产品产地环境的标准要求，产品生产过程必须符合无公害农产品生产技术的标准要求，产地认定及产品认证流程必须按照国家相关规定执行。

分组讨论

1. 无公害农产品标志及管理。
2. 无公害农产品认证条件。
3. 无公害农产品产地认定及产品认证流程。

业务技能训练二

无公害农产品认证实施方案编制

1. 实训背景资料

根据某农产品实地调研资料，查找无公害农产品认证相关资料，完成实训内容。

2. 实训目标

学生能够根据所查资料进行分类整理，了解无公害农产品认证要求及认证流程。

3. 实训准备

（1）全班学生分组，每组成员控制在3～5人。

（2）以组为单位进行资料收集。

（3）教师进行现场指导，体现以学生为主体的教学特色。

4. 实训步骤

（1）制订实训计划，明确分工。

（2）收集无公害农产品认证相关法律法规。

（3）收集某产品无公害认证相关标准。

（4）撰写无公害农产品认证实施方案。

5. 实训效果评价（见表5－5）

表5－5　无公害农产品认证实训效果评价

考评内容	考评标准	分值（分）	自我评价（分）	小组评价（分）	教师评价（分）	实际得分（分）
实训完成情况	实训计划制订适宜	10				
	组员分工合理	10				
	收集资料丰富	10				
	方案合理，实施性强	50				
其他	态度积极、遵守纪律、有团队协作精神	20				
合计		100				

注：实际得分＝自我评价×20%＋小组评价×30%＋教师评价×50%。

知识拓展

《无公害农产品管理办法》

《无公害农产品标志管理办法》

任务三　绿色农产品认证

案例引入

大兴安岭：林区转型瞄准“舌尖上的绿色”

美丽富饶的大兴安岭，是国家生态安全重要保障区，在这片天蓝水净“最敢叫响纯天然无污染的地方”，蕴藏着丰富的森林资源，独具特色的食用菌、山野菜，越橘、蓝莓、刺玫果、山葡萄等野生浆果遍布林间。这里地广人稀，农业开发晚，土壤肥沃且没有污染，使得开发生态食品具有得天独厚的生态优势和资源优势。

在一系列绿色生态食品产业龙头的带领下，大兴安岭“三品一标”认证总量迅速扩大，产品质量稳定可靠，综合效益明显增强。截至目前，在国家对绿色有机食品认证提高门槛的情况下，全区获得“三品一标”产品达105个，其中，有机食品31个、绿色食品10个、无公害产品认证59个、国家地理标志产品5个。

资料来源：黑龙江省人民政府网站，2016－05－27，10：00：33，http：//news.hexun.com/2016－05－27/184097379.html。

问题：什么叫“三品一标”？对消费者来说执行“三品一标”有什么意义？

知识准备

绿色农产品可持续发展原则的要求是，生产的投入量和产出量保持平衡，既要满足当代人的需要，又要满足后代人同等发展的需要。绿色农产品在生产方式上对农业以外的能源采取适当的限制，以更多地发挥生态功能的作用。

一、绿色农产品概念及分级

（一）绿色农产品与绿色食品

绿色农产品（Green Agriculture Products）是遵循可持续发展原则，按照特定生产方式生产，经专门机构认定、许可使用绿色农产品食品标志的无污染的农产品。根据农业部公布的《绿色食品标志管理办法》，绿色食品是指产自优良生态环境、按照绿色食品标准生产、实行全程质量控制并获得绿色食品标志使用权的安全、优质的食用农产品及相关产品。绿色农产品按照绿色食品要求进行核定和贴标。

（二）分级

绿色食品分A级绿色食品和AA级绿色食品两种。A级绿色食品是指在生态环境质量符合规定标准的产地生产，生产过程中允许限量使用限定的化学合成物质，按特定的生产操作规程生产、加工产品，产品质量及包装经检测、检查符合特定标准，并经专门机构认定，许可使用A级与AA级绿色食品标志的产品。AA级绿色食品（等同有机食品）是指在生态环境质量符合规定标准的产地生产，生产过程中不使用任何有害化学合成物质，按特定的生产操作规程生产、加工产品，产品质量及包装经检测、检查符合特定标准，并经专门机构认定，许可使用A级与AA级绿色食品标志的产品。

1. A级绿色食品标准

（1）环境质量标准

A级绿色食品的环境质量评价标准与AA级绿色食品相同，但其评价方法采用的是综合污染指数法。绿色食品产地的大气、土壤和水等各项环境监测指标的综合污染指数均不得超过1。

（2）生产操作规程

A级绿色食品在生产过程中允许限量使用限定的化学合成物质，其评价标准采用《绿色食品农药使用准则》《绿色食品肥料使用准则》及有关地区的《绿色食品生产操作规程》的相应条款。

（3）产品标准

采用农业部A级绿色食品产品行业标准（NY/T 268至NY/T 292）。

（4）包装标准

A级绿色食品包装评价采用有关包装材料的国家标准《食品安全国家标准 预包装食品标签通则》（GB 7718—2011）、农业部发布的《绿色食品标志营销形象设计应用规范手册》《绿色食品标志使用证书管理办法》及其他有关规定。A级绿色食品标志与标准字体为白色，底色为绿色。

资料链接

绿色食品标准体系结构框架如图5-4所示。

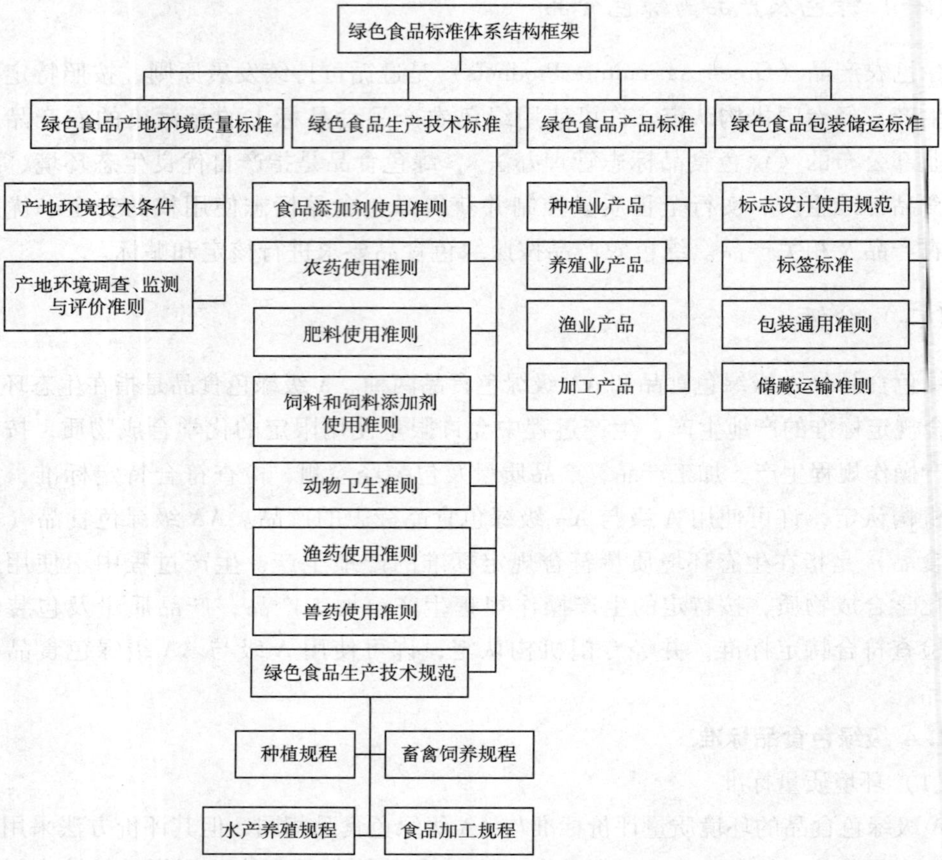

图5-4　绿色食品标准体系结构框架

2. AA级绿色食品标准

（1）环境质量标准

绿色食品大气环境质量评价，采用《环境空气质量标准》（GB 3095—2012）中所列的一级标准；农田灌溉用水评价，采用《农田灌溉水质标准》（GB 5084—2005）；养殖用水评价，采用《渔业水质标准》（GB 11607—1989）；加工用水评价，采用《生活饮用水卫生标准》（GB 5749—2006）；畜禽饮用水评价，采用《地表水环境质量标准》（GB 3838—2002）中所列三类标准；土壤评价，采用该土壤类型背景值的算术平均值加2倍标准差。AA级绿色食品产地的各项环境监测数据，均不得超过有关标准。

（2）生产操作规程

AA级绿色食品在生产过程中禁止使用任何有害化学合成肥料、化学农药及化学合成食品添加剂。其评价标准采用《绿色食品农药使用准则》《绿色食品肥料使用准则》

及有关地区的《绿色食品生产操作规程》的相应条款。

（3）产品标准

AA 级绿色食品中各种化学合成农药及合成食品添加剂均不得检出，其他指标均应达到农业部 A 级绿色食品产品行业标准（NY/T 268 至 NY/T 292）。

（4）包装标准

AA 级绿色食品包装评价采用有关包装材料的国家标准《食品安全国家标准 预包装食品标签通则》（GB 7718—2011）、农业部发布的《绿色食品标志营销形象设计应用规范手册》《绿色食品标志使用证书管理办法》及其他有关规定。AA 级绿色食品标志与标准字体为绿色，底色为白色。

二、绿色食品标志

绿色食品标志是由绿色食品发展中心在国家工商总局商标局正式注册的质量证明标志。它由三部分构成，即上方的太阳、下方的叶片和中心的蓓蕾，象征自然生态；颜色为绿色，象征生命、农业、环保；图形为正圆形，意为保护。AA 级绿色食品标志与字体为绿色，底色为白色；A 级绿色食品标志与字体为白色，底色为绿色。绿色食品标志整个图形描绘了一幅明媚阳光照耀下的和谐生机，告诉人们绿色食品是出自纯净、良好生态环境的安全、无污染食品，能给人们带来蓬勃的生命力，如图 5－5 所示。

A级绿色食品标志　　AA级绿色食品标志

图 5－5　绿色食品标志

三、绿色食品标志使用申请与核准

（一）产品条件

申请使用绿色食品标志的产品，应当符合《中华人民共和国食品安全法》和《中华人民共和国农产品质量安全法》等法律法规规定，在国家工商总局商标局核定的范围内，并具备下列条件：

（1）产品或产品原料产地环境符合绿色食品产地环境质量标准；

（2）农药、肥料、饲料、兽药等投入品使用符合绿色食品投入品使用准则；

（3）产品质量符合绿色食品产品质量标准；

（4）包装储运符合绿色食品包装储运标准。

（二）生产单位条件

申请使用绿色食品标志的生产单位（以下简称申请人），应当具备下列条件：

（1）能够独立承担民事责任；

（2）具有绿色食品生产的环境条件和生产技术；

（3）具有完善的质量管理和质量保证体系；

（4）具有与生产规模相适应的生产技术人员和质量控制人员；

（5）具有稳定的生产基地；

（6）申请前三年内无质量安全事故和不良诚信记录。

（三）申请提交材料

申请人应当向省级工作机构提出申请并提交下列材料：

（1）标志使用申请书；

（2）资质证明材料；

（3）产品生产技术规程和质量控制规范；

（4）预包装产品包装标签或其设计样张；

（5）中国绿色食品发展中心规定提交的其他证明材料。

（四）申请核准流程

凡想从事绿色食品生产并获得绿色食品标志的单位或个人，应按图 5－6 所示的程序办理绿色食品认证流程：

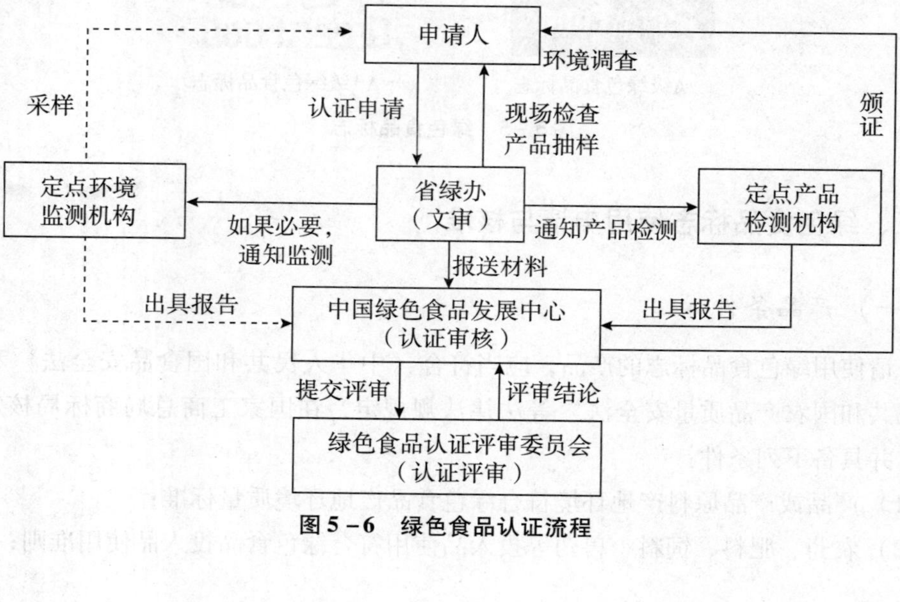

图 5－6　绿色食品认证流程

知识拓展

中国绿色食品发展中心

中国绿色食品发展中心成立于1992年，是负责全国绿色食品开发和管理工作的专门机构，隶属农业部，与农业部绿色食品管理办公室合署办公。内设办公室、认证审核处、标志管理处、质量监督处、科技标准处、计划财务处、市场信息处等部门。现有36个省级工作机构，并在全国定点委托了60个绿色食品产品质量检测机构，65个绿色食品产地环境监测机构。

（1）申请人应当向省级工作机构提出申请并提交材料。省级工作机构应当自收到申请之日起10个工作日内完成材料审查：符合要求的，予以受理，并在产品及产品原料生产期内组织有资质的检查员完成现场检查；不符合要求的，不予受理，书面通知申请人并告知理由。

现场检查合格的，省级工作机构应当书面通知申请人，由申请人委托符合《绿色食品标志管理办法》第七条规定的检测机构对申请产品和相应的产地环境进行检测；现场检查不合格的，省级工作机构应当退回申请并书面告知理由。

（2）检测机构接受申请人委托后，应当及时安排现场抽样，并自产品样品抽样之日起20个工作日内、环境样品抽样之日起30个工作日内完成检测工作，出具产品质量检验报告和产地环境监测报告，提交省级工作机构和申请人。检测机构应当对检测结果负责。

（3）省级工作机构应当自收到产品检验报告和产地环境监测报告之日起20个工作日内提出初审意见。初审合格的，将初审意见及相关材料报送中国绿色食品发展中心。初审不合格的，退回申请并书面告知理由。省级工作机构应当对初审结果负责。

（4）中国绿色食品发展中心应当自收到省级工作机构报送的申请材料之日起30个工作日内完成书面审查，并在20个工作日内组织专家评审。必要时，应当进行现场核查。

（5）中国绿色食品发展中心应当根据专家评审的意见，在5个工作日内作出是否颁证的决定。同意颁证的，与申请人签订绿色食品标志使用合同，颁发绿色食品标志使用证书并公告；不同意颁证的，书面通知申请人并告知理由。

（6）绿色食品标志使用证书是申请人合法使用绿色食品标志的凭证，应当载明准许使用的产品名称、商标名称、获证单位及其信息编码、核准产量、产品编号、标志使用有效期、颁证机构等内容。绿色食品标志使用证书分中文、英文版本，具有同等效力。

（7）绿色食品标志使用证书有效期为 3 年。证书有效期满，需要继续使用绿色食品标志的，标志使用人应当在有效期满 3 个月前向省级工作机构书面提出续展申请。省级工作机构应当在 40 个工作日内组织完成相关检查、检测及材料审核。初审合格的，由中国绿色食品发展中心在 10 个工作日内作出是否准予续展的决定。准予续展的，与标志使用人续签绿色食品标志使用合同，颁发新的绿色食品标志使用证书并公告；不予续展的，书面通知标志使用人并告知理由。标志使用人逾期未提出续展申请，或者申请续展未获通过的，不得继续使用绿色食品标志。

四、标志使用管理

（一）标志使用人在证书有效期内享有的权利

（1）在获证产品及其包装、标签、说明书上使用绿色食品标志；

（2）在获证产品的广告宣传、展览展销等市场营销活动中使用绿色食品标志；

（3）在农产品生产基地建设、农业标准化生产、产业化经营、农产品市场营销等方面优先享受相关扶持政策。

（二）标志使用人在证书有效期内应当履行的义务

（1）严格执行绿色食品标准，保持绿色食品产地环境和产品质量稳定可靠；

（2）遵守标志使用合同及相关规定，规范使用绿色食品标志；

（3）积极配合县级以上人民政府农业行政主管部门的监督检查及其所属绿色食品工作机构的跟踪检查。

（三）其他规定

（1）未经中国绿色食品发展中心许可，任何单位和个人不得使用绿色食品标志。禁止将绿色食品标志用于非许可产品及其经营性活动。

（2）在证书有效期内，标志使用人的单位名称、产品名称、产品商标等发生变化的，应当经省级工作机构审核后向中国绿色食品发展中心申请办理变更手续。

产地环境、生产技术等条件发生变化，导致产品不再符合绿色食品标准要求的，标志使用人应当立即停止标志使用，并通过省级工作机构向中国绿色食品发展中心报告。

五、监督检查

（1）标志使用人应当健全和实施产品质量控制体系，对其生产的绿色食品质量和信誉负责。

（2）县级以上地方人民政府农业行政主管部门应当加强绿色食品标志的监督管理

工作，依法对辖区内绿色食品产地环境、产品质量、包装标志、标志使用等情况进行监督检查。

（3）中国绿色食品发展中心和省级工作机构应当建立绿色食品风险防范及应急处置制度，组织对绿色食品及标志使用情况进行跟踪检查。

省级工作机构应当组织对辖区内绿色食品标志使用人使用绿色食品标志的情况实施年度检查。检查合格的，在标志使用证书上加盖年度检查合格章。

（4）标志使用人有下列情形之一的，由中国绿色食品发展中心取消其标志使用权，收回标志使用证书，并予公告：

①生产环境不符合绿色食品环境质量标准的；

②产品质量不符合绿色食品产品质量标准的；

③年度检查不合格的；

④未遵守标志使用合同约定的；

⑤违反规定使用标志和证书的；

⑥以欺骗、贿赂等不正当手段取得标志使用权的。

标志使用人依照前款规定被取消标志使用权的，三年内中国绿色食品发展中心不再受理其申请；情节严重的，永久不再受理其申请。

（5）任何单位和个人不得伪造、转让绿色食品标志和标志使用证书。

（6）国家鼓励单位和个人对绿色食品和标志使用情况进行社会监督。

（7）从事绿色食品检测、审核、监管工作的人员，滥用职权、徇私舞弊和玩忽职守的，依照有关规定给予行政处罚或行政处分；构成犯罪的，依法移送司法机关追究刑事责任。

承担绿色食品产品和产地环境检测工作的技术机构伪造检测结果的，除依法予以处罚外，由中国绿色食品发展中心取消指定，永久不得再承担绿色食品产品和产地环境检测工作。

（8）其他违反本办法规定的行为，依照《中华人民共和国食品安全法》《中华人民共和国农产品质量安全法》和《中华人民共和国商标法》等法律法规处罚。

案例分析

无公害农产品、绿色食品、有机农产品和农产品地理标志统称“三品一标”。“三品一标”是政府主导的安全优质农产品公共品牌，是当前和今后一个时期农产品生产消费的主导产品。纵观“三品一标”发展历程，虽有其各自产生的背景和发展基础，但都是农业发展进入新阶段的战略选择，是传统农业向现代农业转变的重要标志。对消费者来说，发展“三品一标”是适应公众消费的必然要求。伴随我国经济发展步入新常态和全面建设小康社会进入决战决胜阶段，我国消费市场对农产品质量安全的要求快速提升，优质化、多样化、绿色化日益成为消费主流，安全、优质、品牌农产品市场需求旺盛。保障人民群众吃得安全、优质，是重要的民生问题，“三品一标”涵盖安全、优质、特色等综合要素，是满足公众对营养健康农产品消费的重要实现方式。

任务总结

绿色农产品是遵循可持续发展原则，按照特定生产方式生产，经专门机构认定、许可使用绿色农产品食品标志的无污染的农产品。绿色食品，是指产自优良生态环境，按照绿色食品标准生产，实行全程质量控制并获得绿色食品标志使用权的安全、优质的食用农产品及相关产品。按照绿色食品要求进行核定和贴标。绿色食品分 A 级绿色食品和 AA 级绿色食品两种。

分组讨论

1. 绿色农产品标志及管理。
2. 绿色农产品认证条件。
3. 绿色农产品认证流程。

业务技能训练三

绿色农产品认证实施方案编制

1. 实训背景资料

根据某农产品实地调研资料，查找绿色农产品认证相关资料，完成实训内容。

2. 实训目标

学生能够根据所查资料进行分类整理，了解绿色农产品认证要求及认证流程。

3. 实训准备

（1）全班学生分组，每组成员控制在 3 ~5 人。

（2）以组为单位进行资料收集。

（3）教师进行现场指导，体现以学生为主体的教学特色。

4. 实训步骤

（1）制订实训计划，明确分工。

（2）收集绿色农产品认证相关法律法规。

（3）收集绿色农产品认证相关资料。

（4）撰写绿色农产品认证实施方案。

5. 实训效果评价（见表5－6）

表5－6 绿色农产品认证实训效果评价

考评内容	考评标准	分值（分）	自我评价（分）	小组评价（分）	教师评价（分）	实际得分（分）
实训完成情况	实训计划制订适宜	10				
	组员分工合理	10				
	收集资料丰富	10				
	方案合理，实施性强	50				
其他	态度积极、遵守纪律、有团队协作精神	20				
合计		100				

注：实际得分＝自我评价×20%＋小组评价×30%＋教师评价×50%。

知识拓展

绿色食品标志使用证书管理办法

绿色食品颁证程序

任务四 有机农产品认证

案例引入

热卖的“有机花菜”到底是不是有机食品

下馆子吃饭，您一定点过或者注意过一道名叫“干锅有机花菜”的菜。采访时，一些市民和蔬菜经营人员说，可能就是饭店这道名叫“干锅有机花菜”的菜，成就了今天销售火爆的“有机花菜”。

早在几年前，这种长得松散的花菜，曾被包上保鲜膜展示在一些高档饭店的点菜柜，旁边标上“有机花菜”4个字和令人咂舌的价格，一度成为菜品中的“贵族”。当时，市民很难在菜市场买到真正的有机花菜，只有一些专门为饭店配菜的蔬菜销售摊点可能会销售。而真正的有机花菜，一千克卖到20多元，价格太高，市民难以接受。

如今，随着市场认知度的提高、种植面积的增加，蔬菜只要被冠上“有机”二字，就能在农贸市场赚足风头。凡是和“有机”搭上边的都好卖，还卖得贵，比如，有机黄瓜、有机番茄、有机娃娃菜等。

其实，松散的“有机花菜”与有机蔬菜无关。现在农贸市场销售的“有机花菜”其实只是花菜的一个品种，叫花球松散型花椰菜，简称松花菜，它是花菜的一个品种，但与有机蔬菜没有一点儿关系。那么，市民如何辨别有机蔬菜呢？有机蔬菜的价格会比普通蔬菜高出几倍，但并非贵的就是有机的，最好的识别办法就是看食品包装上是否有“有机食品认证”标志。

资料来源：2015 - 12 - 08，09：18：05，焦作晚报，http：//www. ofcc. org. cn/index. php？optionid = 676&auto_ id = 1192。

问题：何为有机食品？如何识别有机食品？

知识准备

一、基本概念

（一）有机食品

有机食品是指来自有机农业生产体系，根据有机农业生产要求和相应标准生产加工，并且通过合法的有机食品认证机构认证的农副产品及其加工品。

（二）有机农业

按照生产标准，有机农业在生产过程中不使用有机化学合成的肥料、农药、生长调节剂和畜禽饲料添加剂等物质，而是采取一系列可持续发展的农业技术，协调种植业和畜牧业的关系，促进生态平衡、物种的多样性和资源的可持续利用。例如，采用有机肥满足作物营养需求的种植业，采用有机饲料满足畜禽营养需求的养殖业。

（三）有机农产品

有机农产品（Organic Agriculture Products）是根据有机农业原则和有机农产品生产方式及标准生产、加工出来的，并通过有机食品认证机构认证的农产品。它的原则是，在农业能量的封闭循环状态下生产，全部过程都利用农业资源，而不是利用农业以外的能源（化肥、农药、生产调节剂和添加剂等）影响和改变农业的能量循环。有机农产品是纯天然、无污染、安全营养的食品，也可称为“生态食品”。

有机农产品执行的是国际有机农业运动联盟（IFOAM）的"有机农业和产品加工基本标准"。有机农产品在我国尚未形成消费群体，产品主要用于出口。虽然我国也发布了一些有机农产品的行业标准，但我国的有机农产品执行的标准主要是出口国要求的标准。目前，欧盟、美国、日本、澳大利亚、加拿大、墨西哥、阿根廷、韩国等都已制定了有机农业及产品生产、加工准则性的标准。有机农产品的标准集中在生产加工和储运技术条件方面，而无环境和产品质量标准。

知识拓展

有机食品、绿色食品、无公害食品的关系

有机食品、绿色食品、无公害食品是一组与食品安全和生态环境相关的概念。

有机食品以不使用人工合成的化学物质为手段，利用一系列可持续发展的农业技术，减少生产过程对环境和产品的污染，并在生产中建立一套人与自然和谐的生态系统，以促进生物多样性和资源的可持续利用。有机农业生产以在生产中不使用人工合成的肥料、农药、生长调节剂和畜禽饲料添加剂等物质，不采用基因工程获得的生物及其产物为手段，遵循自然规律和生态学原理，采取一系列可持续发展的农业技术，协调种植业和养殖业的关系，促进生态平衡、物种的多样性和资源的可持续利用。有机食品是来自有机农业生产体系，根据有机农业生产要求和相应标准生产加工的，并通过合法的有机食品认证机构认证的一切农副产品，包括粮食、蔬菜、水果、奶制品、畜禽产品、水产品、蜂产品、调料等。

绿色食品通过产前、产中、产后的全程技术标准和环境、产品一体化的跟踪监测，严格限制化学物质的使用，保障食品和环境的安全，促进可持续发展，并采用证明商标的管理方式，规范市场秩序。

无公害农产品符合国家食品卫生标准，但比绿色食品标准要宽。无公害农产品是保证人们食品质量安全的最基本的需要，是最基本的市场准入条件，普通食品都应达到这一要求。无公害农产品的质量要求低于绿色食品和有机食品。

二、有机产品标志图案

有机产品标志分为两种，一般来说一个农场在申请有机产品认证后产品要有 1～3 年的转换期才能正式获得有机产品认证，在这 1～3 年内农场要完全按照有机产品认证标准进行生产，但其产品不能叫有机产品，只能叫"有机转换产品"，只能使用相应的有机转换标志。

“中国有机产品标志”“中国有机转换产品标志”的主要图案由三部分组成，即外围的圆形、中间的种子图形及其周围的环形线条，如图 5－7 所示。

图 5－7　中国有机转换产品及有机产品标志

（一）外围圆形

标志外围的圆形形似地球，象征和谐、安全，圆形中的“中国有机产品”和“中国有机转换产品”字样为中英文结合方式，既表示中国有机产品与世界同行，也有利于国内外消费者识别。

（二）种子图形

标志中间类似种子的图形，代表生命萌发之际的勃勃生机，象征了有机产品是从种子开始的全过程认证，同时昭示有机产品就如同刚刚萌生的种子，正在中国大地上茁壮成长。

（三）种子周围环形

种子图形周围圆润自如的线条象征着环形道路，与种子图形合并构成汉字“中”，体现出有机产品植根于中国，有机之路越走越宽广。同时，处于平面的环形又是英文字母“C”的变体，种子形状也是“O”的变形，意为“China Organic”。

（四）国家有机产品标志的着色

绿色代表环保、健康，表示有机产品给人类的生态环境带来完美与协调（有机产品标志的外圈及“C”环）。橘红色代表旺盛的生命力（有机产品及有机转换产品标志中间种子形状），表示有机产品对可持续发展的作用。“中国有机转换产品”认证标志中的外圈及“C”环代表肥沃的土地，表示有机产品在肥沃的土壤上不断发展。

三、有机产品标志的印制和发放要求

根据国家质检总局要求，为加强有机产品认证标志（以下简称有机标志）的印制和发放管理，有利于施行监督检查，防范假冒和滥用标志，维护有机产品认证机构的权益，对有机标志的印制、发放等问题要求如下：

（1）根据《中华人民共和国认证认可条例》和《有机产品认证管理办法》，中国国家认证认可监督管理委员会（以下简称国家认监委）依法对有机标志的印制和发放实施监督检查，根据有机标志的使用情况确定印刷和发放管理方式。

（2）委托印制单位承印有机标志的认证机构，必须是按照《中华人民共和国认证认可条例》的规定依法设立的、经国家认监委批准的有机产品认证机构。各有机产品认证机构在委托印制和签订印制合同时，应当在印制合同中注明国家认监委的批准文件及文号。

（3）各有机产品认证机构应注意选择信誉好、质量可靠并符合本通知规定条件的印制单位承印有机标志。同时，应当将本机构确定的有机标志印刷厂家名称、地址、联系方式和签订的印刷合同（复印件）及有机标志的样品（各种规格的实物，每种规格不少于10枚）报国家认监委备案。

（4）各有机产品认证机构应当建立有机标志的发放登记制度及出入库台账，并存档保存备查。

（5）承担有机标志印刷业务的印制单位，应当具备以下基本条件：

①经工商行政管理部门依法注册登记，具有合法的营业证明；

②获得公安、新闻出版等相关管理部门发放的许可证明；

③有与其承印有机标志业务相适应的技术、设备和仓储保管设施等条件；

④掌握标志的防伪技术和辨伪能力；

⑤健全的管理制度；

⑥符合国家有关规定的其他条件。

（6）印制单位应当根据《有机产品认证管理办法》有关式样、色标和规格的规定，印制有机标志，不得擅自改变式样、颜色和规格。

（7）印制单位应当建立有机标志的出入库登记制度，建立和施行出入库台账并存档。非正品和残次品应当及时销毁并如实登记，不得散失。

有机标志应符合以下要求：

①有机标志应当在有机产品认证证书限定的产品范围、数量内使用。

②获证单位或者个人可以将有机标志印制在获证产品标签、说明书及广告宣传材料上，并可以按照比例放大或者缩小，但不得变形、变色。

③在获证产品或者产品最小包装上加施有机标志的同时，应当在相邻部位标注有机产品认证机构的标志或者机构名称，其相关图案或者文字应当不大于有机标志。

④未获得有机产品认证的产品，不得在产品或者产品包装及标签上标注“有机产品”（“ORGANIC”）“有机转换产品”（“CONVERSION TO ORGANIC”）和“无污染”“纯天然”等其他误导公众的文字表述。本条的监管执法可参考《关于有机产品认证标志标注有关问题的通知》（国认注〔2005〕41号）。

⑤按有机产品国家标准生产并获得有机产品认证的产品，方可在产品名称前标志“有机”，在产品或者包装上加施中国有机产品认证标志并标注认证机构的标志或者认

证机构的名称。

有机配料含量等于或者高于95%并获得有机产品认证的加工产品，方可在产品名称前标志“有机”，在产品或者包装上加施中国有机产品认证标志并标注认证机构的标志或者认证机构的名称。

有机配料含量等于或者高于95%并获得有机转换产品认证的加工产品，方可在产品名称前标志“有机转换”，在产品或者包装上加施中国有机转换产品认证标志并标注认证机构的标志或者认证机构的名称。认证机构的标志不能含有误导消费者将有机转换产品作为有机产品的内容。

有机配料含量低于95%、等于或者高于70%的加工产品，可在产品名称前标志“有机配料生产”，并应注明获得认证的有机配料的比例。

有机配料含量低于70%的加工产品，只能在产品配料表中将某种获得认证的有机配料标志为“有机”，并应注明有机配料的比例。

四、有机农产品认证机构

（1）有机产品认证机构应当依法设立，具有《中华人民共和国认证认可条例》规定的基本条件和从事有机产品认证的技术能力，并取得国家认监委确定的认可机构（以下简称认可机构）的认可后，方可从事有机产品认证活动。

境外有机产品认证机构在中国境内开展有机产品认证活动的，应当符合《中华人民共和国认证认可条例》和其他有关法律、行政法规以及本办法的有关规定。

（2）从事有机产品认证的检查员应当经认可机构注册后，方可从事有机产品认证活动。

（3）从事与有机产品认证有关的产地（基地）环境检测、产品样品检测活动的机构（以下简称有机产品检测机构），应当具备相应的检测条件和能力，并通过计量认证或者取得实验室认可。

（4）国家认监委对符合《有机产品认证管理办法》第七条规定的有机产品认证机构予以批准。

国家认监委定期公布符合本办法第七条和第九条规定的有机产品认证机构和有机产品检测机构的名录。不在目录所列范围的认证机构和产品检测机构，不得从事有机产品的认证和相关检测活动。

知识拓展

国家认监委

国家认监委全称中国国家认证认可监督管理委员会。中国国家认证认可监督管理委员会（中华人民共和国国家认证认可监督管理局）（Certification and Accreditation Administration of the People's Republic of China，CNCA），为国家质量监督检验检疫总局管理的事业单位。国家认证认可监督管理委员会是国务院授权的履行行政管理职能，统一管理、监督和综合协调全国认证认可工作的主管机构。国家认监委直属单位有国家认监委机关服务中心、国家认监委信息中心、国家认监委认证认可技术研究所；国家认监委管理单位有中国认证认可协会、中国合格评定国家认可中心、中国信息安全认证中心、中国检验认证集团公司、中国检验有限公司（香港）。

五、有机农产品认证流程

（1）有机产品认证机构实施有机产品认证，应当依据有机产品国家标准。出口的有机产品，应当符合进口国家或者地区的特殊要求。

（2）有机产品认证机构，应当公开有机产品认证依据的标准、认证基本规范及规则和收费标准等信息。

（3）有机产品生产、加工单位和个人或者其代理人（以下统称申请人）可以自愿向有机产品认证机构提出有机产品认证申请。申请时，应当提交下列书面材料：

①申请人名称、地址和联系方式；

②产品产地（基地）区域范围，生产、加工规模；

③产品生产、加工或者销售计划；

④产地（基地）、加工或者销售场所的环境说明；

⑤符合有机产品生产、加工要求的质量管理体系文件；

⑥有关专业技术和管理人员的资质证明材料；

⑦保证执行有机产品标准、技术规范和其他特殊要求的声明；

⑧其他材料。

申请人不是有机产品直接生产者或者加工者的，还应当提供其与有机产品的生产者或者加工者签订的书面合同。

（4）有机产品认证机构应当自收到申请人书面申请之日起10日内完成申请材料的审核，并作出是否受理的决定；对不予受理的，应当书面通知申请人，并说明理由。

（5）有机产品认证机构受理有机产品认证后，应当按照有机产品认证基本规范、规则规定的程序实施认证活动，保证有机产品认证等过程的完整、客观、真实，并对认证过程作出完整记录，归档留存。

（6）有机产品认证机构应当按照相关标准或者技术规范的要求及时作出认证结论，并保证认证结论的客观、真实。有机产品认证机构应当对其作出的认证结论负责。

（7）对符合有机产品认证要求的，有机产品认证机构应当向申请人出具有机产品认证证书，并允许其使用中国有机产品认证标志；对不符合认证要求的，应当书面通知申请人，并说明理由。

(8) 按照有机产品国家标准在转换期内生产的产品，或者以转换期内生产的产品为原料加工的产品，证书中应当注明“转换”字样和转换期限，并应当使用中国有机转换产品认证标志。

(9) 有机产品认证机构应当按照规定对获证单位和个人、获证产品进行有效跟踪检查，保证认证结论能够持续符合认证要求。

(10) 有机产品认证机构不得对有机配料含量（指质量或者液体体积，不包括水和盐）低于95%的加工产品进行有机认证。

(11) 生产、加工、销售有机产品的单位及个人和有机产品认证机构，应当采取有效措施，按照认证证书确定的产品范围和数量销售有机产品，保证有机产品生产和销售数量的一致性。

有机产品认证流程，如图5-8所示。

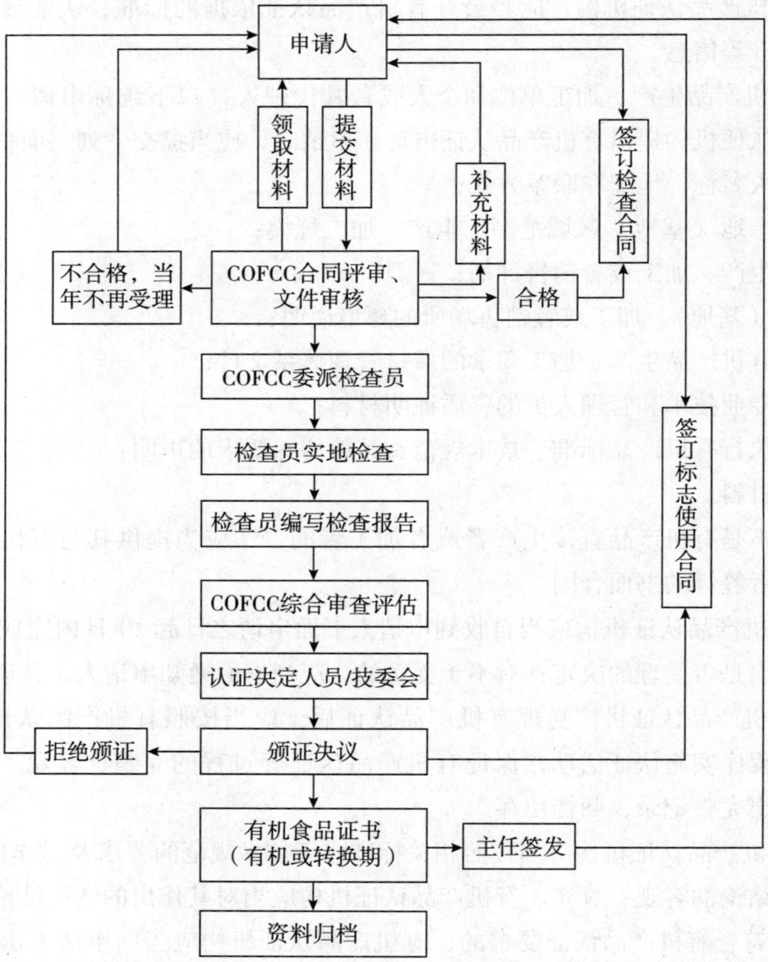

图5-8 某认证机构有机产品认证流程

注：COFCC是某有机产品认证中心简称。

六、有机产品证书管理

（1）有机产品认证证书有效期为一年。

（2）获得有机产品认证证书的单位或者个人，在有机产品认证证书有效期内，发生下列情形之一的，应当向有机产品认证机构办理变更手续：

①获证单位或者个人发生变更的；

②有机产品生产、加工单位或者个人发生变更的；

③产品种类变更的；

④有机产品转换期满，需要变更的。

（3）获得有机产品认证证书的单位或者个人，在有机产品认证证书有效期内，发生下列情形之一的，应当向有机产品认证机构重新申请认证：

①产地（基地）、加工场所或者经营活动发生变更的；

②其他不能持续符合有机产品标准、相关技术规范要求的。

（4）获得有机产品认证证书的单位或者个人，发生下列情形之一的，认证机构应当及时作出暂停、撤销认证证书的决定：

①获证产品不能持续符合标准、技术规范要求的；

②获证单位或者个人发生变更的；

③有机产品生产、加工单位发生变更的；

④产品种类与证书不相符的；

⑤未按规定加施或者使用有机产品标志的。

对于撤销的证书，有机产品认证机构应当予以收回。

案例分析

案例中的有机农产品是根据有机农业原则和有机农产品生产方式及标准生产、加工出来的，并通过有机食品认证机构认证的农产品。它的原则是，在农业能量的封闭循环状态下生产，全部过程都利用农业资源，而不是利用农业以外的能源（化肥、农药、生产调节剂和添加剂等）影响和改变农业的能量循环。有机农产品是纯天然、无污染、安全营养的食品，也可称为“生态食品”。

真正的有机蔬菜配备有机食品认证证书，还有商标和标志等，口头称呼的“有机”往往是不规范的，本案例中的“有机花菜”其实就是对消费者的误导。有机产品经过 20 多年的发展，从一个概念到一个标志，从一个标志到一个产品，从一个产品到一个产业，开辟了一片新领域，走出了一片新天地。2017 年，中央一号文件明确提出，要引导企业争取国际有机农产品认证，加快提升国内绿色、有机农产品认证的权威性和影响力。党和国家的重视为我国有机食品事业发展奠定了良好的政策环境。

任务总结

有机农产品是根据有机农业原则和有机农产品生产方式及标准生产、加工出来的，并通过有机食品认证机构认证的农产品。有机农产品执行的是国际有机农业运动联盟的“有机农业和产品加工基本标准”。有机产品标志分为“中国有机产品标志”“中国有机转换产品标志”，只有在正式获得有机产品认证后才叫有机产品，在转换期只能使用相应的有机转换标志。相关机构应根据《中华人民共和国认证认可条例》和《有机产品认证管理办法》进行有机产品认证、贴标和监督管理。

分组讨论

1. 有机产品标志的印制和发放要求。
2. 有机农产品认证流程。
3. 有机产品证书管理要求。

业务技能训练四

有机农产品认证实施方案编制

1. 实训背景资料

根据某农产品实地调研资料，查找有机农产品认证相关资料，完成实训内容。

2. 实训目标

学生能够根据所查资料进行分类整理，了解有机农产品认证要求及认证流程。

3. 实训准备

（1）全班学生分组，每组成员控制在3~5人。

（2）以组为单位进行资料收集。

（3）教师进行现场指导，体现以学生为主体的教学特色。

4. 实训步骤

（1）制订实训计划，明确分工。

（2）收集有机农产品认证相关法律法规。

（3）收集有资质的有机认证公司资料。

（4）撰写有机农产品认证实施方案。

5. 实训效果评价（见表5－7）

表5－7　　有机农产品认证实训效果评价

考评内容	考评标准	分值（分）	自我评价（分）	小组评价（分）	教师评价（分）	实际得分（分）
实训完成情况	实训计划制订适宜	10				
	组员分工合理	10				
	收集资料丰富	10				
	方案合理，实施性强	50				
其他	态度积极、遵守纪律、有团队协作精神	20				
合计		100				

注：实际得分＝自我评价×20%＋小组评价×30%＋教师评价×50%。

知识拓展

《中华人民共和国认证认可条例》

《有机产品认证管理办法》

CNAS－SC 22：2014 实施有机产品认证的认证机构认可方案

GB/T 19630.1—2011 有机产品　第1部分：生产

GB/T 19630.2—2011 有机产品　第2部分：加工

GB/T 19630.3—2011 有机产品　第3部分：标志与销售

GB/T 19630.4—2011 有机产品　第4部分

思考练习题

一、选择题

1. 区域标准是由区域标准化组织或(　　)组织通过并公开发布的标准。

　A. 国际标准　　B. 区域标准　　C. 企业标准　　D. 国家标准

2. 下列属于标准化内容的有(　　)。

　A. 编制标准　　B. 发布标准　　C. 规范性文件　　D. 实施标准

3. 下列属于标准概念所规定的内容的有(　　)。

　A. 编制标准　　B. 发布标准　　C. 规范性文件　　D. 实施标准

4. 根据标准级别，标准分为(　　)。

　A. 国家标准　　B. 行业标准　　C. 地方标准　　D. 企业标准

5. 下列代表国家标准的是(　　)。

A. GB　　B. NY　　C. DB　　D. QB

6. 下列代表推荐性标准的有(　　)。

A. GB　　B. GB/T　　C. GB/T 2530　　D. QB

7. 为使我国强制性标准与 WTO/TBT 规定衔接，其范围要严格限制在国家安全、防止欺诈行为、(　　)等几个方面。

A. 保护人身健康与安全　　B. 保护动植物的生命和健康

C. 保护环境　　D. 保护经济利益

8. (　　)是指在一定范围内作为其他标准的基础并普遍使用，具有广泛指导意义的标准，如名词、术语、符号、代号、标志、方法等标准。

A. 基础标准　　B. 产品标准　　C. 方法标准　　D. 卫生标准

9. (　　)是指以保护人和物的安全为目的而制定的标准。

A. 基础标准　　B. 安全标准　　C. 方法标准　　D. 卫生标准

10. (　　)是指为保护环境和有利于生态平衡，对大气、水体、土壤、噪声、振动、电磁波等环境质量、污染管理、监测方法及其他事项制定的标准。

A. 基础标准　　B. 安全标准

C. 环境保护标准　　D. 卫生标准

11. 根据中共中央、国务院关于加强农产品质量安全工作、加快实施“无公害食品行动计划”的要求和全国“菜篮子”工作会议精神，农业部决定，在北京、天津、上海和深圳四城市试点的基础上，从(　　)开始，在全国范围内全面推进“无公害食品行动计划”。

A. 2000 年　　B. 2002 年　　C. 2008 年　　D. 2010 年

12. 无公害农产品标志图案由(　　)组成。

A. 麦穗　　B. 外围环

C. 对勾　　D. “无公害农产品”字样

13. 无公害农产品标志有(　　)。

A. 刮开式标志　　B. 锁扣标志

C. 捆扎带标志　　D. 揭露式标志

14. 无公害农产品标志使用中，活鸡一般采用(　　)。

A. 刮开式标志　　B. 锁扣标志　　C. 捆扎带标志　　D. 揭露式标志

15. 无公害农产品产地认定证书有效期为(　　)。期满需要继续使用的，应当在有效期满 90 日前按照规定的无公害农产品产地认定程序重新办理。

A. 2 年　　B. 3 年　　C. 4 年　　D. 5 年

16. 绿色食品分 A 级绿色食品和 AA 级绿色食品两种。(　　)是指在生态环境质量符合规定标准的产地生产、生产过程中允许限量使用限定的化学合成物质的食品。

A. A 级绿色食品　　B. AA 级绿色食品

C. 有机农产品

17. 某些绿色食品标志上“R”表示的意思是(　　)。

A. AA 级农产品

B. 符合产品质量要求

C. 绿色食品标志

D. 由绿色食品发展中心在国家工商总局商标局正式注册

18. 绿色食品标志是由绿色食品发展中心在国家工商总局商标局正式注册的质量证明标志。它由三部分构成，即(　　)。

A. 麦穗　　B. 下方的叶片

C. 中心的蓓蕾　　D. 上方的太阳

19. 下列图片中，表示 AA 级绿色食品的是(　　)。

A

B

C

D

20. (　　)是保证人们对食品质量安全最基本的需要，是最基本的市场准入条件，普通食品都应达到这一要求。

A. AA 级绿色农产品　　B. A 级绿色农产品

C. 有机农产品　　D. 无公害农产品

21. 有机配料含量(　　)并获得有机产品认证的加工产品，方可在产品名称前标志“有机”，在产品或者包装上加施中国有机产品认证标志并标注认证机构的标志或者认证机构的名称。

A. 低于 95%、等于或者高于 70%

B. 等于或者高于 95%

C. 有机配料含量低于 70% 的加工产品

D. 等于或者高于 90%

22. 有机产品认证证书的有效期为(　　)。

A. 1 年　　B. 2 年　　C. 4 年　　D. 5 年

23. 有机产品生产、加工单位和个人或者其代理人，可以自愿向(　　)提出有机产品认证申请。

A. 省级农业主管部门　　B. 县级农业主管部门

C. 有机产品认证机构　　D. 农业部

24. 获得有机产品认证证书的单位或者个人，在有机产品认证证书有效期内，发生下列(　　)情形之一的，应当向有机产品认证机构申请办理变更手续。

A. 获证单位或者个人发生变更的

B. 有机产品生产、加工单位或者个人发生变更的

C. 产品种类变更的

D. 有机产品转换期满需要变更的

25. 获得有机产品认证证书的单位或者个人，发生下列(　　)情形之一的，认证机构应当及时做出暂停、撤销认证证书的决定。

A. 获证产品不能持续符合标准、技术规范要求的

B. 获证单位或者个人发生变更的

C. 产品种类与证书不相符的

D. 未按规定加施或者使用有机产品标志的

二、判断题

1. 标准化既是社会生产发展的产物，又是推动社会生产发展的手段。从一定意义上来说，标准化水平是衡量和反映企业乃至国家现代化水平的重要标志。(　　)

2. 区域标准是由国际标准化组织或国际标准组织通过并公开发布的标准。(　　)

3. 标准化是指为了在一定范围内获得最佳秩序，对现实问题或潜在问题制定的共同使用和重复使用的条款。(　　)

4. 国家标准是指由国家标准机构通过并公布的标准。行业标准、地方标准、企业标准不得与国家标准相抵触。(　　)

5. 国家标准是指由国家标准机构通过并公布的标准，属于强制性标准。(　　)

6. 方法标准是指为保证产品的适用性，对产品必须达到的某些或全部特性要求所制定的标准，包括品种、规格、技术要求、试验方法、检验规则、包装、标志、运输和储存要求等。(　　)

7. 安全标准指为保护人的健康，对食品、医药及其他方面的卫生要求制定的标准。(　　)

8. 方法标准指以试验、检查、分析、抽样、统计、计算、测定、作业等各种方法为对象制定的标准。(　　)

9. 使用无公害农产品标志的单位和个人，应当在无公害农产品认证证书规定的产

品范围和有效期内使用，不得超范围和逾期使用，但可以买卖和转让。（ ）

10. 使用无公害农产品标志的单位和个人，应当建立无公害农产品标志的使用管理制度，对无公害农产品标志的使用情况如实记录并存档。（ ）

11. 无公害农产品标志的印制工作只要有印刷条件的单位都可印制。（ ）

12. 从事无公害农产品生产的单位或者个人，应当严格按规定使用农业投入品。禁止使用国家禁用、淘汰的农业投入品。（ ）

13. 申请无公害农产品产地认定的单位或者个人，应当向认证机构提交书面申请。（ ）

14. AA级绿色食品指在生态环境质量符合规定标准的产地生产、生产过程中允许限量使用限定的化学合成物质的食品。（ ）

15. 有机食品以不使用人工合成的化学物质为手段，利用一系列可持续发展的农业技术，减少生产过程对环境和产品的污染，并在生产中建立一套人与自然和谐的生态系统，以促进生物多样性和资源的可持续利用。（ ）

16. 按有机产品国家标准生产的产品，即可在产品名称前标志“有机”。（ ）

17. 有机配料含量低于95%、等于或者高于70%的加工产品，可在产品名称前标志“有机生产”，并应注明获得认证的有机配料的比例。（ ）

18. 有机配料含量低于70%的加工产品，可在产品名称前标志“有机”，并应注明有机配料的比例。（ ）

19. 国家认监委对符合《有机产品认证管理办法》第七条规定的有机产品认证机构予以批准。不在目录所列范围之内的认证机构和产品检测机构，不得从事有机产品的认证和相关检测活动。（ ）

20. 境外有机产品认证机构在中国境内开展有机产品认证活动的，应当符合《中华人民共和国认证认可条例》和其他有关法律、行政法规，以及本条例的有关规定。（ ）

三、名词解释

1. 农产品分级　2. 无公害农产品　3. 绿色农产品　4. 有机农产品

四、简答题

1. 为什么要进行农产品分级？

2. 机械分级有哪些优缺点？

3. 用图示格式写出标准是如何进行分类的。

4. 目前我国关于有机产品认证的主要法律、法规、标准有哪些？

5. 说说无公害农产品标志基本图案组成及图案和颜色表示的意义。

项目六　农产品质量安全与体系认证

学习目标

知识目标：

1. 掌握农产品质量安全、HACCP 的相关概念；
2. 了解农产品质量安全危害的主要来源及特点；
3. 了解 HACCP 与 GMP、SSOP、ISO 9000、ISO 22000 的相互关系；
4. 熟悉 HACCP 的基本原理；
5. 了解实施 HACCP 体系的必备条件；
6. 掌握 HACCP 计划的制订、实施步骤。

技能目标：

1. 能够根据案例资料对农产品质量危害来源进行识别；
2. 能够根据实际调研情况分析 HACCP 企业管理中存在的问题，并提出合理化建议；
3. 能够根据相关案例资料制订 HACCP 计划实施方案。

任务一　农产品质量安全概述

案例引入

东兴检验检疫局退运274吨“毒”花生仁

从广西出入境检验检疫局获悉，东兴检验检疫局连续对2批次274吨进口花生仁做出退运处理，退运原因为黄曲霉毒素 B_1 超标和严重霉变。

黄曲霉毒素 B_1 是已知的化学物质中致癌性最强的一种，对人和动物具有强烈的毒性，一般烹调加工温度下难以破坏，被世界卫生组织划定为一类致癌物。国家质检总局规定，黄曲霉毒素 B_1 是大部分食品的必检项目之一，根据国家标准《食品安全国家标准 食品中真菌毒素限量》（GB 2761—2017）要求，花生仁中黄曲霉毒素 B_1 允许量为≤20μg/kg。

东兴检验检疫局在边民互市区查验现场对申报入境的一批121吨花生仁进行集中查验时，发现该批花生仁霉变非常严重，大部分颗粒不完整、碎粒较多，查验人员当即扣检该批花生仁并抽样送检。根据实验室的检测报告，该批花生仁的黄曲霉毒素 B_1 含量为171.34μg/kg，严重超标，检验检疫人员依法对该批花生仁做出了退运处理决定。东兴局再次对一批153吨感官检验严重霉变的花生仁做出了退运处理决定。

东兴检验检疫局加强对进境花生仁的查验力度，实行连续抽检10批合格方可恢复原定抽检比例，连续抽检期间产品需库存待检验结束、结果合格再放行等严格监管措施，确保进口食品质量安全。检验检疫部门也提醒相关食品进口企业高度关注进口食品质量问题，对运输、保管等要有详细措施，签订合同时要有明确的说明，尽量避免造成不必要的损失。

资料来源：国家食品质量安全网，2015-05-22，15：06：01，http：//www.nfqs.com.cn/index.asp。

问题：案例中花生仁质量安全问题来源于哪种危害来源？黄曲霉毒素有哪些危害？

知识准备

在当今世界，无论是发达国家还是发展中国家，都面临着农产品质量安全问题。发达国家的主要问题在于，新技术、新工艺、新材料在农业中应用而产生的污染，其中，生物污染占很大比重。经济快速增长的发展中国家，则面临着化学污染和生物污染的双重挑战。

一、农产品质量安全的内涵

（一）农产品质量安全

质量是满足明确和隐含需要的能力和特性的总和，农产品的质量主要是指农产品的外观和内在品质，如营养成分、色香味、口感、加工性能等。安全是防范潜在的危害，农产品的安全主要是指防范农药残留、兽药残留、重金属污染等对人、动植物和环境的危害。

农产品质量安全中质量安全的概念在不同的场合有不同的理解，第一种是把质量安全作为一个词组，既包含质量又包括安全，是农产品安全、优质、营养等要素的综合体，这个概念被我国现行的国家标准和行业标准所采纳；第二种是指质量中的安全，安全性是农产品的质量特性之一；第三种是指质量和安全的组合，即质量和安全是两个独立的词组，将农产品的安全品质同农产品的其他品质区分开来。

本书根据目前我国现行标准所普遍采纳的解释，将质量安全作为一个整体概念。农产品质量安全，是指农产品质量符合保障人的健康、安全的要求，以及农产品内在品质和外观满足储运、加工、消费、出口等方面的能力。

（二）农产品质量安全水平

农产品质量安全水平是指农产品符合规定的标准或要求的程度。一般来说，农产品质量安全水平是一个国家或地区经济社会发展水平的重要标志之一。当前提高农产品质量安全水平，主要就是提高防范农产品中有毒有害物质对人体健康可能产生的危害的能力。

（三）农业投入品

农业投入品是指在农产品生产过程中使用或添加的物质，包括农药、兽药、农作物种子、水产苗种、种畜禽、饲料和饲料添加剂、肥料、兽医器械、植保机械等农用生产资料产品。农业投入品的使用与农产品质量安全水平密切相关。

（四）农产品质量安全管理

保障农产品质量安全，一靠生产，二靠监管。本书所研究的农产品质量安全管理包括两个层面的管理活动，一是政府宏观层面的监管，二是生产者微观层面的管理。

政府监管是指有关行政主管部门为保障农产品消费安全和产业健康发展，依据有关法律法规，对农产品生产环节所开展的监督管理活动，以及对农产品生产者和消费者进行的培训和教育，包括实施执法检查、监督抽检等。

生产管理是指生产者在追求自身利益最大化的前提下，按照有关法规和规范要求，对于实施农业标准化生产技术、保障农产品质量安全而做出的一系列决策反应，包括使用低毒安全农业投入品、落实休药期管理等。

政府监管和生产管理二者相互作用，生产者管理行为很大程度上取决于政府监管，而政府监管的最终目的也是通过规范生产管理活动来保障农产品质量安全。

二、农产品质量安全危害的主要来源

农产品在生产过程中混入某些对人体健康有害的物质称为农产品污染。污染农产品的物质称为污染物：有害物质除少量来源于天然动植物原料本身外，主要来源于外界环境污染、各种添加剂；农产品加工过程中产生或加入的有害物质，如酒中的甲醛、烧烤制品中的杂环胺；各种情况下食品成分发生的异常变化，如脂肪酸败。农产品质量安全的危害主要来源于三大类：①物理性危害，包括固体杂质、放射性污染等；②化学性危害，包括农药、重金属、食品添加剂、其他有害化学物质等；③生物性危害，包括微生物、寄生虫及虫卵、昆虫等。

（一）物理性危害

物理性危害是指由物理性因素对农产品质量安全产生的危害，形成的主要原因是在农产品生产过程中操作不规范，在农产品中混入有毒有害杂质，导致农产品受到污染。物理性危害包括任何在农产品中发现的不正常的有潜在危害的外来物，物理性危害与化学性危害和生物性危害相比，其特点是消费者往往看得见。因而，其也是消费者经常表示不满和投诉的事由。物理性危害包括碎骨头、碎石头、铁屑、木屑、头发、蟑螂等昆虫的残体、碎玻璃以及其他可见的异物。物理性危害不仅会造成食品污染，而且时常损害消费者的健康，此类危害可以通过规范操作来加以预防。

（二）化学性危害

化学性危害是指在生产、加工、保鲜、运输等过程中不合理使用化学合成物质而对农产品质量安全产生的危害，常见的有农药、兽药、非法添加剂等残留。化学性危害是目前很多发展中国家（包括中国）农产品质量安全管理的重要内容，此类危害可以通过标准化生产进行有效控制。

1. 农药污染

农药是现代农业生产不可或缺的生产资料，据统计，每年通过使用农药防治农作物病虫害而挽回的粮食损失约占粮食总产量的15%～20%。但作为一种被人为大规模投入环境的有毒物质，农药在发挥保障农业生产作用的同时，如果使用不当，极易造成农产品中农药残留超标和产地环境污染。在我国，农药污染一直是农产品质量安全的主要问题之一，根据农业部2001—2003年对农产品质量安全的例行监测结果，全国主要城市的蔬菜中农药残留平均合格率不足80%。2005年，我国因农药导致的食物中毒事件占全国中毒事件的16%，排在食物中毒致病因素的首位。近几年来，农药污染问题有所缓和，但是风险隐患仍然比较大，根据农产品质量安全风险分析结果，蔬菜农药污染仍旧是当前我国种植业生产中面临的最主要的质量安全风险隐患。

2. 化肥污染

化肥在带来作物增产的同时，也会产生污染，给农产品质量安全带来一系列问题。比如，过量施用氮肥会使作物体内硝酸盐累积量增高，亚硝酸盐可以致癌，对人畜产生危害。此外，化肥中含有的其他污染物，如砷、铅、铬等重金属，随化肥施用进入土壤，降低农产品品质，对环境造成污染，也会危害农产品质量安全。

3. 兽药污染

随着兽药用量逐年增加，兽药残留问题逐渐成为国际社会关注的热点。目前兽药污染主要包括激素类药物和抗生素的残留。长期摄入残留有激素的动物性食品，会影响人体的激素水平，甚至有致癌的危险。抗生素使用方式不当，不仅损害畜禽健康，影响畜产品品质，而且会对人体健康产生危害。抗生素残留可引起人体病原菌对多种抗生素产生抗药性，造成机体肠道正常菌群失调，同时会使抗生素过敏体质的人出现过敏反应。

前沿聚焦

农业部再禁3种兽药用于食品动物

2018年1月11日，农业部再出重拳，发布公告第2638号文件，停止在食品动物中使用喹乙醇、氨苯胂酸、洛克沙胂3种兽药。为保障动物产品质量安全，维护公共卫生安全，农业部近几年不断加大兽药风险评估和安全再评价工作力度，近3年共禁止了8种兽药用于食品动物，即2015年禁止洛美沙星、培氟沙星、氧氟沙星、诺氟沙星4种人兽共用抗菌药物用于食品动物，2017年禁止非泼罗尼用于食品动物，这次禁止喹乙醇、氨苯胂酸、洛克沙胂3种兽药用于食品动物。此外，2016年还禁止硫酸黏菌素预混剂用于动物促生长。

资料来源：农业部新闻办公室，2018－01－19，http://www.moa.gov.cn/xw/zwdt/201801/t20180119_6135358.htm。

4. 非法添加剂污染

近年来，由添加剂等化学物质的违法添加所导致的农产品质量安全事件越来越多，人类长期接触这些化学物质后可能产生毒性反应（包括致畸、致癌等）。在我国，生产者整体素质相对较低，对化学物质的毒害性认识不够，一些不法生产经营者受利益驱使，在生产过程中违法添加有毒有害化学物质，比如，瘦肉精、苏丹红、三聚氰胺等，造成了农产品质量安全事件的发生，给消费者身体健康带来危害，同时也影响了相关产业的健康发展。

5. 洗消剂

洗消剂是一个常被忽视的食品安全危害。问题产生的原因：①使用非食品用的洗消剂，造成对农产品的污染；②不按科学方法使用洗消剂，造成洗消剂在食用农产品及用具中的残留。例如，有些餐馆使用洗衣粉清洗餐具、蔬菜或水果，造成洗衣粉中的有毒有害物质如增白剂等对农产品及餐具的污染。

6. 其他化学性危害

化学性危害情况比较复杂，污染途径较多，上面讲的是一些常见的、主要的化学性危害，除此之外，还有滥用机械润滑油等其他化学性危害。

（三）生物性危害

生物性危害是指自然界中各类生物因子对农产品质量安全产生的危害，如致病性细菌、病毒以及某些毒素等。生物性危害具有较大的不确定性，控制难度大，需要采取综合治理措施。生物性危害是目前很多发达国家农产品质量安全管理面临的突出问题。

1. 细菌污染

在生物性危害中，细菌污染是涉及面最广、影响最大、问题最多的一种污染，很多农产品质量安全问题都是由生物性因素引起的。生物性污染最主要的是致病性细菌问题，以往一些常见的细菌性食物中毒目前尚未得到有效控制，如沙门氏菌、金黄色葡萄球菌、肉毒杆菌等。近年来，新的细菌性食物中毒也在不断出现，如大肠杆菌、李斯特氏菌等。因此，控制细菌污染是解决农产品生物性危害的主要内容。

2. 真菌毒素污染

真菌广泛存在于自然界中，其产生的毒素致病性强，随时都有可能污染农产品，从而产生农产品质量安全问题。此外，真菌广泛应用于食品工业，新菌种的使用、菌种的变异以及已使用的菌种是否产生危害等问题也值得关注，霉菌可以破坏食品的品质，有的产生毒素，造成严重的食品安全问题。例如，黄曲霉毒素、杂色曲霉毒素可以导致肝损伤，并具有很强的致病作用。

资料链接

什么是黄曲霉毒素

黄曲霉毒素是生长在食物及饲料中的黄曲霉和寄生曲霉代谢的一组化学结构类似的产物，特曲霉也能产生黄曲霉毒素，但产量较少，目前已分离鉴定出的黄曲霉毒素有17种，主要是黄曲霉毒素B_1、B_2、G_1、G_2以及由B_1和B_2在体内经过羟化而衍生成的代谢产物M_1、M_2等。黄曲霉毒素的基本结构为二呋喃环和香豆素，B_1是二氢呋喃氧杂萘邻酮的衍生物，含有一个双呋喃环和一个氧杂萘邻酮（香豆素），前者为基本毒性结构，后者与致癌性有关。B_1的毒性（其毒性比氰化钾毒性高）及致癌性极强且耐热（B_1的分解温度为268℃左右，一般烹调加工破坏很少），在天然污染的食品中以B_1最为多见。

黄曲霉毒素的分布

黄曲霉毒素主要存在于霉变的花生、谷物、果仁和大米等食物中；在水中的溶解范围为10~20毫克/升，可大量溶解于氯仿、甲醇、二甲基亚砜等中等极性的有机溶剂中，不溶于已烷、石油醚和乙醚；易被碱或强氧化剂破坏；进入人体后主要经消化道吸收，大部分分布在肝脏、肾脏，少部分分布在血液、肌肉、脂肪组织，其在人体内的代谢过程主要为羟基化作用、去甲基作用和环氧化作用。

3. 病毒性污染

病毒非常微小，不仅肉眼看不见，而且在光学显微镜下也很难看见，只有使用电子显微镜才能察觉到。病毒对食品的污染不像细菌那么普遍，但一旦发生，后果非常严重。

近年来流行的“疯牛病”“禽流感”等都是由病毒引起的动物疫病，如果控制不好，很容易通过接触动物或食用动物产品而感染人类，从而引发农产品质量安全事件。

疯牛病即牛脑海绵状病，简称BSE。1986年11月将该病定名为BSE，首次在英国报刊上报道。这种病波及世界上很多国家，如法国、爱尔兰、加拿大、丹麦、葡萄牙、瑞士、阿曼和德国。

禽流感全名鸟禽类流行性感冒，是由病毒引起的动物传染病，通常只感染鸟类，少见情况会感染猪。禽流感病毒高度针对特定物种，但在罕有情况下会跨越物种障碍感染人。自从1997年在中国香港发现人类也会感染禽流感之后，此病症引起了全世界卫生组织的高度关注。其后，禽流感一直在亚洲地区零星暴发，但从2003年12月开始，禽流感开始在东亚多国——主要是越南、韩国、泰国暴发，并造成多名病人丧生，如今远至东欧等多个国家亦有案例。

资料链接

陕西截获非法入境宠物饲料　检出疯牛病潜在传染源

2018年1月11日，陕西出入境检验检疫局从2017年截获的非法进境宠物饲料中抽样4批次送检，经检验，全部检出牛源性成分阳性，该饲料有传播疯牛病等疫情的风险。

动物源性饲料是某些烈性人畜共患病的潜在传染源，例如，牛源性成分可传播世界一类动物疫病疯牛病，已有美国、英国、德国、西班牙、加拿大、日本等十余个国家发生过疯牛病，中国未在此列。此次检出牛源性成分的宠物饲料分别来源于日本、德国两个疯牛病发生国。根据《中华人民共和国禁止携带、邮寄进境的动植物及其产品名录》规定，动物源性饲料属禁止携带、邮寄类产品。2017年陕西出入境检验检疫局驻邮局办事处共截获宠物饲料33批，共计631件271.54千克，来源于美国、德国、加拿大、日本、西班牙等国，多数由鸡肉、牛肉、动物肝脏等原材料制成。

近年来，随着“海淘”的兴起，部分宠物爱好者选择为爱宠购买境外宠物饲料，却忽视了其中的风险。未经检验检疫宠物饲料，可能存在传播疯牛病、羊痒病、禽流感、口蹄疫及其他疫病疫情的风险，也有检出沙门氏菌、黄曲霉毒素、孔雀石绿、结晶紫等有害物质的案例。因此，宠物爱好者在选购境外宠物用品时，应选择正规渠道进口的相关产品。跨境邮寄时应事先了解相关的检验检疫法规，避免为自身健康及公众生命财产安全带来隐患。

资料来源：中国日报网，2018 - 01 - 11，http：//sh. qihoo. com/pc/2s21qkfkr1o? sign = 360_ e39369d1。

4. 寄生虫污染

目前，在一些国家和地区，生吃水产品以及一些其他动物肉类的行为比较普遍，这使得人们患寄生虫病的危险性大大增加，部分地区的食物源性寄生虫发病率也逐年增加。在寄生关系中，寄生虫的中间宿主具有重大的食品安全意义。畜禽、水产是许多寄生虫的中间宿主，消费者食用了含有寄生虫的畜禽和水产品后，就可能感染寄生虫。例如，吸虫中间宿主是淡水鱼、龙虾等节肢动物，生吃或烹调不适会使人感染吸虫。

三、农产品质量安全危害的特点

（一）危害的直接性

农产品质量安全状况主要是指其对人体健康造成的危害程度，大多数农产品一般都直接食用或加工后食用，受到物理性、化学性和生物性污染的农产品均可能直接对人体健康和生命安全产生危害，引起急性中毒或不良反应。

（二）危害的隐蔽性

农产品质量安全的水平仅凭感观往往难以辨别，需要通过仪器设备进行检验检测，有些甚至还需要进行人体或动物试验才能确定。受到科技发展水平等条件的制约，部分农产品质量安全参数或指标的检测难度大、检测时间长，因此，农产品质量安全状况难以及时准确判断，危害具有较强的隐蔽性。

（三）危害的累积性

通常情况下，农产品的危害对人类生命和健康的影响是慢性的、长期的，比如，农药、重金属残留的影响都需要较长时间才能显现。还有一些未经安全评价的转基因食品，其对人类健康是否有影响、有什么影响，都需要经过一定的时期才能体现出来。

资料链接

转基因食品

通过基因工程技术将一种或几种外源性基因转移到某种特定的生物体中并使其有效地表达出相应的产物（多肽或蛋白质），此过程叫转基因。以转基因生物为原料加工生产的食品就是转基因食品。

根据转基因食品来源的不同，可分为植物性转基因食品、动物性转基因食品和微生物性转基因食品。

从世界上最早的转基因作物（烟草）于1983年诞生，到美国孟山都公司转基因食品研制的延熟保鲜转基因西红柿1994年在美国获批上市，转基因食品的研发迅猛发展，产品品种及产量也成倍增长，作为一种新兴的生物技术手段，它的不成熟和不确定性，使得转基因食品的安全性成为人们关注的焦点。

根据国际农业生物技术应用服务组织（ISAAA）此前发布的《2016年全球生物技术/转基因作物商业化发展态势》报告：转基因作物在21年的商业化进程中，种植面积从1996年的170万公顷迅速上升到2016年的1.851亿公顷（编者注：27.75亿亩），实现了110倍的增长。转基因作物扩展到除了四大作物（玉米、大豆、棉花和油菜）外，还有已经上市的甜菜、木瓜、茄子和马铃薯，以及2017年将要上市的苹果。另外，公共研究机构进行的包括水稻、香蕉、马铃薯、小麦、鹰嘴豆、木豆、芥菜和甘蔗在内的研究，已经进入评估晚期。2016年，全球26个国家种植了转基因作物，其中包括19个发展中国家和7个发达国家。发展中国家种植的转基因作物占总面积的54%，而发达国家占46%。四大转基因作物中，转基因大豆的种植面积最大，为9140万公顷，占全球转基因作物总种植面积的一半。从全球单个作物的种植面积来看，2016年转基因大豆的应用率为78%，转基因棉花的应用率为64%，转基因玉米的应用率为26%，转基因油菜的应用率为24%。

资料来源：新华社，2016年全球转基因作物种植面积达1.851亿公顷，2017-05-04，http://www.xinhuanet.com/fortune/2017-05/04/c_1120919617.htm。

（四）危害产生的多环节性

农产品“从农田到餐桌”，要经过农业产地环境、农业投入品使用、收割屠宰、储藏运输、保鲜、包装等多个环节，供应链条长，运用技术复杂，每个环节均有可能对农产品产生污染，引发质量安全问题。

（五）危害影响的传递性

农产品的同质性及经验品、信任品的特性，导致一旦个别农产品出了质量安全问题，消费者往往会“一棍子打死”，对所有这类产品都不再信任。这是因为在信息不对称的情况下，消费者要在这类产品中找出质量可靠、安全有保障的产品，成本往往很高，他们理性的、本能的办法就是整体抛弃，以减少风险。

（六）危害管理的复杂性

农产品种类多、生产周期长、产业链条复杂、区域跨度大，农产品质量安全管理涉及多学科、多领域、多环节、多部门，控制技术相对复杂。加之一些国家和地区农业生产规模小，生产经营者素质不高，致使农产品质量安全管理的难度进一步加大。

案例分析

案例中花生仁霉变产生黄曲霉毒素引起的质量安全问题来源于生物性危害。黄曲霉毒素是一种毒性极强的物质，致癌力居首位。当人摄入量大时，可发生急性中毒，出现急性肝炎、出血性坏死、肝细胞脂肪变性和胆管增生。微量持续摄入，可造成慢性中毒、生长障碍，引起纤维性病变，致使纤维组织增生。在天然污染的食品中，以黄曲霉毒素 B_1 最为多见，其毒性和致癌性也最强。生产企业如果使用劣质的原料，如发霉的花生、菜籽、玉米等生产食用油，则有可能造成黄曲霉毒素超标，对消费者的身体健康造成威胁。

任务总结

农产品质量安全，是指农产品质量符合保障人的健康、安全的要求，以及农产品内在品质和外观满足储运、加工、消费、出口等方面的能力。农产品质量安全管理包括两个层面的管理活动，一是政府宏观层面的监管，二是生产者微观层面的管理。农产品质量安全的危害主要来源于三大类：生物性危害，包括微生物、寄生虫及虫卵、昆虫等；化学性危害，包括农药、重金属、食品添加剂、其他有害化学物质等；物理性危害，包括固体杂质、放射性污染等。农产品质量安全危害具有直接性、隐蔽性、累积性、多环节性、传递性、复杂性的特点。因此，只有全方位地加强监督管理，才能更好地保证农产品质量安全。

分组讨论

1. 农产品质量安全的内涵。

2. 农产品质量安全危害的主要来源。

3. 农产品质量安全危害的特点。

业务技能训练一

农产品质量危害来源识别

1. 实训背景资料

查找不同类别的农产品质量安全危害来源案例，完成实训内容。

2. 实训目标

学生能够根据所查资料进行分类整理，了解农产品危害来源。

3. 实训准备

（1）全班学生分组，每组成员控制在3～5人。

（2）以组为单位进行资料收集。

（3）教师进行现场指导，体现以学生为主体的教学特色。

4. 实训步骤

（1）制订实训计划，组员分工明确。

（2）收集有关农产品质量危害来源分类的相关知识。

（3）根据某农产品质量危害来源分类查找不同危害来源农产品质量安全案例（每类查找1～2个）。

（4）撰写实训报告。

5. 实训效果评价（见表6－1）

表6－1　农产品质量安全与体系认证实训效果评价

考评内容	考评标准	分值（分）	自我评价（分）	小组评价（分）	教师评价（分）	实际得分（分）
实训完成情况	实训计划制订适宜	10				
	组员分工合理	10				
	收集资料丰富	10				
	实训报告规范，标准分类准确	50				
其他	态度积极、遵守纪律、有团队协作精神	20				
合计		100				

注：实际得分＝自我评价×20%＋小组评价×30%＋教师评价×50%。

知识拓展

GB 2761—2017 食品安全国家标准　食品中真菌毒素限量

任务二　HACCP 的概念、特点及原理

案例引入

我国已获得 4700 张食品安全 HACCP 认证证书

在第十四届全国 HACCP（危害分析和关键控制点）应用与认证研讨会暨“同线同标同质”工作推进会中，国家认监委副主任刘卫军在会上介绍，截至 2016 年，我国已获得 HACCP 认证证书 4700 张，获证组织 4500 家，有 5000 家出口食品企业的 HACCP 体系通过了检验检疫机构的官方验证。

HACCP 体系是国际上共同认可和接受的食品安全保证体系，主要对食品生产、加工等关键环节的各类安全风险进行分析和监控。经过近 20 年的努力，我国已经建立起有中国特色的食品生产企业 HACCP 官方验证和认证管理制度。2015 年 11 月，国家认监委与“全球食品安全倡议”组织（GFSI）签署了合作协议，我国 HACCP 制度正式获得 GFSI 承认，这标志着我国食品安全认证制度首次获得国际主流行业组织承认，进一步提升了我国出口食品安全水平和对外贸易便利化程度。

资料来源：光明网，2016－09－20，http：//politics. gmw. cn/2016－09/20/content_22069877. htm。

问题：HACCP 对我国农产品安全质量的提升发挥了哪些积极作用？

知识准备

作为质量安全管理和保证的重要手段，质量安全认证是国际通行做法。发达国家在农产品质量安全认证方面起步较早，普遍建立了相对完备的认证体系和认证工作程序。我国随着农业进入发展新阶段，特别是加入 WTO 后，对农产品质量安全的要求越来越严格，农产品质量安全认证也正以前所未有的速度快速展开。

一、HACCP 概念和特点

（一）概念

危害分析与关键控制点（Hazard Analysis Critical Control Point，HACCP），是一个以预防食品安全为基础的食品安全生产、质量控制的保证体系。食品法典委员会（CAC）对 HACCP 的定义：一个确定、评估和控制那些重要的食品安全危害的系统。它由食品的危害分析（Hazard Analysis，HA）和关键控制点（Critical Control Points，CCP）两部分组成，首先运用食品工艺学、食品微生物学、质量管理和危险性评价等有关原理和方法，对食品原料、加工直至最终食用产品等过程实际存在和潜在性的危害进行分析判定，找出与最终产品质量有影响的关键控制环节，然后针对每一关键控制点采取相应的预防、控制以及纠正措施，使食品的危险性减少到最低限度，最终达到产品有较高安全性的目的。

HACCP 体系是一种建立在良好操作规范（GMP）和卫生标准操作规程（SSOP）基础之上的控制危害的预防性体系，它比 GMP 前进了一步，包括从原材料到餐桌整个过程的危害控制。另外，与其他质量管理体系相比，HACCP 可以将主要精力放在影响食品安全的关键加工点上，而不是在每一个环节都投入很多精力，这样在实施中更为有效。目前，HACCP 被国际权威机构认可为控制食源性疾病、确保食品安全有效的方法，已被世界上越来越多的国家所采用。

（二）特点

HACCP 是一个逻辑性控制和评价系统，与其他质量体系相比，其具有简便易行、合理高效的特点。

1. 具有全面性

HACCP 是一种系统化方法，涉及食品安全的所有方面（从原材料要求到最终产品的使用），它能够鉴别出目前所能够预见到的危害。

2. 以预防为重点

使用 HACCP 防止危害进入食品，变追溯性最终产品检验方法为预防性质量保证方法。

3. 提高产品质量

HACCP 体系能有效控制食品质量，并使产品更具竞争性。

4. 使企业产生良好的经济效益

通过预防措施减少损失，降低成本。

5. 提高政府监督管理工作效率

食品监管职能部门和机构可将精力集中到最容易发生危害的环节上，通过检查

HACCP 监控记录和纠偏记录，可了解工厂的所有情况。

二、HACCP 的由来和发展

（一）HACCP 的由来

HACCP 由美国太空总署（NASA）、陆军 Natick 实验室和美国皮尔斯柏利（Pills—Bury）公司共同发展而成。20 世纪 60 年代，Pills—Bury 公司为给美国太空项目提供 100% 安全的太空食品，研发了一个预防性体系，这个体系可以尽可能早地对环境、原料、加工过程、储存和流通等环节进行控制，实践证明，该体系的实施可有效防止生产过程中危害的发生，这就是 HACCP 的雏形。1971 年，皮尔斯柏利公司在美国食品保护会议上首次提出 HACCP，几年后美国食品与药物管理局（FDA）采纳 HACCP 并将其作为酸性与低酸性罐头食品法规的制定基础。之后，美国加利福尼亚州的一个家禽综合加工企业 Poster 农场于 1972 年建立了自己的 HACCP 系统，对禽蛋的孵化、饲料的配置、饲养的安全管理、零售肉的温度测试、禽肉加工制品等都严格控制了各种危害因素。1974 年以后，HACCP 概念已大量出现在科技文献中。

（二）HACCP 在国内外的发展

HACCP 在发达国家发展较快，美国是最早应用 HACCP 原理的国家，并在食品加工制造中强制性实施 HACCP 的监督与立法工作。加拿大、英国、新西兰等国家已在食品生产与加工业中全面应用 HACCP 体系。欧盟肉和水产品中实施 HACCP 制度。日本、澳大利亚、泰国等国家都相继发布其实施 HACCP 原理的法规和办法。

为规范世界各国对 HACCP 系统的应用，FAO/WHO 食品法典委员会（CAC）1993 年发布了《HACCP 体系应用准则》，1997 年 6 月做了修改，形成了新版的法典指南，即《HACCP 体系及其应用准则》，使 HACCP 成为国际性的食品生产管理体系和标准，对促进 HACCP 系统的普遍应用和更好地解决食品生产存在的安全问题起到重要作用。根据 WHO 的协议，FAO/WHO 食品法典委员会所制定的法典规范或准则，被视为衡量各国食品是否符合卫生与安全要求的尺度。现在，HACCP 已成为世界公认的有效保证食品安全卫生的质量保证系统，成为国际自由贸易的“绿色通行证”。

HACCP 于 20 世纪 80 年代传入中国。为了提高出口食品质量，适应国际贸易要求，有利于中国对外贸易的进行，从 1990 年起，国家进出口商品检验局科学技术委员会食品专业技术委员会开始对肉类、禽类、蜂产品、对虾、烤鳗、柑橘、芦笋罐头、花生、冷冻小食品 9 种食品的加工如何应用 HACCP 体系进行研究，制定了《在出口食品生产中建立“危害分析与关键控制点”质量管理体系的导则》，出台了 9 种食品 HACCP 系统管理的具体实施方案，同时在 40 多家出口企业中试行，取得了突出的效果和经济效益。1994 年 11 月，原国家商检局发布了经修订的《出口食品厂、库卫生要求》，明确规定出口食品厂、库应当建立保证食品卫生的质量体系，并制定质量手册，其中很多内容是按 HACCP 原理制定的。2002 年卫生部下发了《食品企业 HACCP 实施指南》，国家认监委发布了《食品生产企业危害分析和关键控制点 HACCP 管理体系认证管理规定》，在所有食品企业推行 HACCP 体系。2005 年 7 月 1 日颁布施行的《保健食品注册管理办法（试行）》，首次将保健食品 GMP 认证制度纳入强制性规定，HACCP 认证纳入推荐性认证范围。2005 年 12 月 21 日“十五”国家重大科技专项“食品安全关键技术”课题之一的“食品企业和餐饮业 HACCP 体系的建立和实施”课题，通过了科技部组织的专家组验收。该课题构建了从官方执法机构、国家认可机构、认证机构到食品企业、餐饮业自身实施的 HACCP 评价体系，形成了一系列科学实用的食品企业和餐饮业 HACCP 体系建立和实施指南，提出了国家和政府部门对 HACCP 体系建立和实施的宏观政策框架建议等，标志着中国初步建立了规范统一的食品企业和餐饮业 HACCP 体系基础模式。

前沿聚焦

《中国 HACCP 应用发展报告》白皮书首次发布

2015 年 6 月 9 日，在世界认可日上，中国国家认证认可监督管理委员会首次发布了《中国 HACCP 应用发展报告》白皮书，对我国 HACCP 的研究、应用和推广，以及官方验证和第三方认证等情况进行了全面深入的介绍和阐述。

危害分析与关键控制点（HACCP）体系是目前国际公认的最科学有效的食品安全控制体系。经过近 30 年的发展，中国 HACCP 的理论研究和应用推广都走在了世界前列。《中国 HACCP 应用发展报告》白皮书强调，中国应用 HACCP 体系已步入世界先进行列，为提高中国食品安全整体保障水平发挥了重要作用。

从国家法律层面上看，《中华人民共和国食品安全法》明确鼓励企业积极采用 HACCP 体系提高食品安全管理水平。

从主管机构上看，国家认监委是国务院授权的统一管理 HACCP 认证、验证、监督管理和综合协调认证认可工作的主管机构。

从标准层面上看，中国 HACCP 的相关国家和行业标准累计达 30 多个，涵盖了从食品生产、加工、流通到最终消费的各个环节。

从企业应用层面上看，我国现获得 HACCP 认证的食品企业达 4000 余家，通过出入境检验检疫机构 HACCP 官方验证的出口食品生产企业达 6000 家。

随着国内 HACCP 的全面推广，形成了以《中华人民共和国食品安全法》为基础，以国家认监委为主导，以各项标准为依据，以企业有效实施为重点的 HACCP 应用和认证体系。

资料来源：食品伙伴网，2015－06－10，http：//news.foodmate.net/2015/06/313281.html。

三、HACCP与ISO 9000、GMP、SSOP、ISO 22000的相互关系

（一）ISO 9000与HACCP体系的关系

HACCP体系在应用上与ISO 9000体系是兼容的，它们都是确保食品安全的良好管理系统。ISO 9000体系与HACCP体系可视为互补性关系，在满足顾客需求时各有独到之处，而当两个体系结合在一起时，效果将更好。HACCP体系可以独立认证，也可以作为其他认证的补充，适用于保证食品安全的质量管理体系。尽管ISO 9000体系与HACCP体系存在一定的紧密联系，但两者之间也存在着一定的区别，见表6－2：

表6－2　ISO 9000体系与HACCP体系的区别

项目	ISO 9000体系	HACCP体系
适用范围	适用于各行各业	适用于食品行业
目标	强调质量能满足顾客要求	强调食品卫生，避免消费者受到伤害
标准	ISO 9000族系列标准	企业根据所在国政府的法规和规定要求生产产品
标准内容	内容广，涉及设计、开发、生产、安装和服务	内容窄，以生产过程的控制为主
监控对象	无特殊监控对象	有特殊监控对象，如病原菌
实施	自愿性	由自愿逐步过渡到强制

（二）GMP、SSOP与HACCP的关系

1. GMP与HACCP的关系

“GMP”是英文Good Manufacturing Practice的缩写，中文意思是“良好作业规范”或“优良制造标准”，是一种特别注重在生产过程中实施对产品质量与卫生安全进行自主性管理的制度。它是一套适用于制药、食品等行业的强制性标准，要求企业在原料、人员、设施设备、生产过程、包装运输、质量控制等方面按国家有关法规达到卫生质量要求，形成一套可操作的作业规范来帮助企业改善企业卫生环境，及时发现生产过程中存在的问题，加以改善。

GMP和HACCP系统都是为保证食品安全和卫生而制定的一系列措施和规定。GMP是适用于所有相同类型产品的食品生产企业的原则，而HACCP则依食品生产厂及其生

产过程不同而不同。GMP体现了食品企业卫生质量管理的普遍原则，而HACCP则是针对每一个企业生产过程的特殊原则。

GMP的内容是全面的，它对食品生产过程中的各个环节、各个方面都制定出了具体的要求，是一个全面的质量保证系统。HACCP则突出对重点环节的控制，以点带面来保证整个食品加工过程中食品的安全。形象地说，GMP如同一张预防各种食品危害发生的“网”，而HACCP则是其中的“纲”。

从GMP和HACCP各自的特点来看，GMP是对食品企业生产条件、生产工艺、生产行为和卫生管理提出的规范性要求，而HACCP则是动态的食品卫生管理方法；GMP的要求是硬性的、固定的，而HACCP的要求是灵活的、可调的。

GMP和HACCP在食品企业卫生管理中所起的作用是相辅相成的。通过HACCP系统，我们可以找出GMP要求中的关键项目；通过运行HACCP系统，可以控制这些关键项目达到标准要求。掌握HACCP的原理和方法，还可以使监督人员、企业管理人员具备敏锐的判断力和危害评估能力，有助于GMP的制定和实施。GMP是食品企业必须达到的生产条件和行为规范，企业只有在实施GMP规定的基础之上才可使HACCP系统有效运行。

2. SSOP与HACCP体系的关系

SSOP（Sanitation Standard Operation Procedures）是卫生标准操作程序的简称，是食品企业为了满足食品安全的要求在卫生环境和加工要求等方面所需实施的具体程序，是食品企业明确在食品生产中如何做到清洗、消毒、卫生保持的指导性文件。SSOP和GMP是进行HACCP认证的基础。

完整的食品安全控制体系，必须包括HACCP计划及作为前提条件的GMP和卫生标准操作程序SSOP。HACCP计划是建立在危害分析的基础上的，特定的关键控制点必须被监测，以确保该步骤或工序处于受控状态，使任何潜在的食品安全危害都得以预防、消除或降低到一个可接受的水平。书面的HACCP计划规定了具体加工过程的各个关键控制点，同时具体报述了关键限值、监测方法、纠偏措施、验证程序和记录保持，以此确保关键控制点得到有效控制，从而保证食品安全。

SSOP是维持卫生状况的程序，一般与整个加工设施或一个区域有关，不仅仅限于某一特定的加工步骤或关键控制点，一些危害可以通过SSOP得到最好的控制。将某一危害的控制交给SSOP来控制，与HACCP相比，并不是降低其重要性，而是由SSOP来控制更合适一些。有时同一个危害可能由HACCP和SSOP共同来控制，如由HACCP计划控制病原微生物的杀灭，由SSOP控制病源微生物的二次污染等。

3. GMP、SSOP与HACCP间的区别与联系

（1）GMP、SSOP与HACCP间的区别

①概念不同。GMP是指政府制定颁布的强制性的食品生产、储存卫生法规。SSOP是企业建立、维护和实施的良好的卫生计划，对食品生产的环境、加工的卫

生、人员的健康进行控制。HACCP 是用来控制食品安全危害的一种重要管理体系，指食品安全危害能够被控制的，能预防、消除或降低到可以接受水平的一个点、步骤或过程。

②实施的主体不同。GMP 的制定主体是政府机关，GMP 是一种法律法规，是政府对食品生产企业的最低要求。SSOP 制定的主体是食品生产企业，SSOP 是企业内部执行的文件并通过企业自己来实施，编写的内容无所谓对错，重要的是应易于实施，并尽可能按照 GMP 的要求实施。因此，在企业制定自己的 SSOP 时，要根据企业的实际情况进行具体分析。HACCP 制定的主体是食品生产企业，它强调企业本身的作用，HACCP 是一种简便、合理而专业性又很强的先进的食品安全质量控制体系。

③实行的文本形式不同。GMP 要有一定的法律法规文本，形成一定的文件供食品生产企业执行。例如，根据国际食品贸易的要求，原国家商检局于 1984 年制定了《出口食品厂、库最低卫生要求》。SSOP 也应编写自己的相应文本，但应以 GMP 为基础，充分达到 GMP 的各项要求。例如，食品生产企业自己编制的卫生操作控制文件。HACCP 强调一种技术、一种重要管理体系，是对关键控制点的控制文件，当食品生产企业的 SSOP 控制得很好时，HACCP 不一定形成文件。

④控制的内容不同。GMP 的控制内容包括原料及加工用水、采购、运输、设施、卫生管理要求、检验、储存、个人卫生 8 个方面。例如，洗手池、更衣室等硬件的控制。SSOP 的控制内容包括生产条件、生产环境造成的影响，至少有生产用水（冰）、食品接触表面、交叉污染、清洗与消毒、污染物污染、有毒化学物质、雇员健康与卫生控制、虫害防治 8 个方面。例如，加工用水、工器具的卫生控制。HACCP 控制食品加工工艺过程中关键控制点造成的危害，是对一个工艺、一个点进行的控制，涉及面更广，它包括 7 个基本原理，只有 SSOP 不能有效控制时，才由 HACCP 进行控制。例如，速冻食品企业，在“包装”这一加工步骤，由加工人员卫生造成的生物危害（致病菌），可以运用 SSOP 进行控制，而在 HACCP 中不再控制。再如，冻肉在生产之前，由于活猪在饲喂过程中食用了含有化学物品（农兽残）的饲料，通过 SSOP 不能有效控制，则应在 HACCP 中进行控制。

⑤三者反映的内容不同。GMP 所列出的内容是企业必须执行的标准、程序要求，反映了政府对食品生产企业卫生法规、食品生产环境、生产过程和储运过程的品质控制，尽可能从规章制度上严格控制食品的安全。SSOP 所列出的内容则反映了企业正在执行的保护食品安全卫生的行动，强调食品生产车间、环境、人员及与食品有接触的器具、设备中可能存在危害的预防及清洁措施。HACCP 是预防性的食品卫生安全系统，不具有反映性，强调预防性的措施，更具操作性，具有较高的经济效益和社会效益。

（2）GMP、SSOP 与 HACCP 间的联系

①三者是相辅相成的，都是对食品安全卫生进行控制。GMP 是政府制定的具有强制性要求的标准。SSOP 是以 GMP 为基础，通过在企业中实施 SSOP 来充分达到 GMP

的各项要求。对企业来说，SSOP 比 GMP 更具操作性、针对性。HACCP 是建立在 GMP、SSOP 基础之上的安全卫生预防体系，具有更强的科学性、针对性、高效性。

②实施的目标相同，具有互补性。GMP、SSOP、HACCP 实施的目标都是使食品最大可能符合人类食用安全。由 GMP、SSOP 控制的有关部分，在 HACCP 中不再进行控制。相反，GMP、SSOP 所不能有效控制的部分，都要在 HACCP 中进行危害分析，对关键点进行控制。当然，HACCP 不是零风险，其并不能保证完全消灭所有的危害。

（三）ISO 22000 与 HACCP 体系的关系

为满足各国开展食品安全管理体系认证的需要，国际标准化组织农产食品技术委员会（ISO/TC34）成立了 WG8 工作组，参照质量/环境管理体系国际标准（ISO 9001/ISO 14001），于 2005 年 9 月发布了食品安全管理体系国际标准（ISO 22000：2005）。这是国际标准化组织发布的继 ISO 9000 和 ISO 14000 后用于合格评定的第三个管理体系国际标准。ISO 22000 将国际上最新的管理理念与食品安全控制的有效工具——HACCP 原理有效融合，在全球范围内产生了广泛而又深远的影响。我国国家质量监督检验检疫总局和国家标准化管理委员会于 2006 年 3 月 1 日发布，2006 年 7 月 1 日实施，并于 2006 年 9 月 16 日出版的《食品安全管理体系　食品链中各类组织的要求》（GB/T 22000—2006）等同采用了该标准。

HACCP 原理奠定了保障食品安全性最可靠的科学基础，但它也存在着一些不足和缺陷：强调在管理中进行事前危害分析，引入数据和对关键过程进行监控，但忽视了它应置身于一个完善的、系统的和严密的管理体系才能更好地发挥作用。以 HACCP 原理为基础制定的 ISO 22000 食品安全管理体系标准，正是为了弥补这些不足，在广泛吸收 ISO 9001 质量管理体系基本原则和过程方法的基础上产生的，是对 HACCP 原理的丰富和完善。ISO 22000 标准为食品企业提供了一个系统化的食品安全管理体系框架。ISO 22000 标准在整合 HACCP 原理和国际食品法典委员会 CAC 制定的 HACCP 实施步骤的基础上，明确提出了建立前提方案的要求。ISO 22000 包括了整个食品链，也是唯一由大多数 ISO 成员国批准生效的国际标准。

四、HACCP 的基本原理

HACCP 体系是鉴别特定的危害并规定控制危害措施的体系，对质量的控制不是在最终检验环节，而是在生产过程各环节。从 HACCP 名称可以明确看出，它主要包括 HA（危害分析）和 CCP（关键控制点）。HACCP 体系经过实际应用与完善，已被 FAO/WHO 食品法典委员会（CAC）所确认，其由以下 7 个基本原理组成：

（一）危害分析

危害是指引起食品不安全的各种因素。显著危害是指一旦发生对消费者产生不可接受的健康风险的因素。危害分析是确定与食品生产各阶段（从原料生产到消费）有关的潜在危害性及其程度，并制定具体有效的控制措施。危害分析是建立 HACCP 的基础。

（二）确定关键控制点

关键控制点（Critical Control Points，CCP）是指能对一个或多个危害因素实施控制措施的点、步骤或工序，它们可能是食品生产加工过程中的某一操作方法或流程，也可能是食品生产加工的某一场所或设备。例如，原料生产收获与选择、加工、产品配方、设备清洗、储运、雇员与环境卫生等都可能是关键控制点。通过危害分析确定的每一个危害，必然有一个或多个关键控制点来控制，使潜在的食品危害被预防、消除或减少到可以接受的水平。

（三）建立关键限值

1. 关键限值

关键限值（Critical Limit，CL）是与一个 CCP 相联系的每个预防措施都必须满足的标准，是确保食品安全的界限。安全水平有数量的内涵，包括温度、时间、物理尺寸、湿度、水分活度、pH、有效氯、细菌总数等。每个 CCP 必须有一个或多个 CL 值用于显著危害，一旦操作中偏离了 CL 值，可能导致产品的不安全，因此，必须采取相应的纠正措施使之达到极限要求。

2. 操作限值

操作限值（Operational Limit，OL）是操作人员用以降低偏离的风险的标准，是比 CL 更严格的限值。

（四）关键控制点的监控

监控是指实施一系列有计划的测量或观察措施，用以评估 CCP 是否处于控制之下，使其为将来验证程序时的应用做好精确记录。监控计划包括监控对象、监控方法、监控频率、监控记录和负责人等内容。

（五）建立纠偏措施

当控制过程发现某一特定 CCP 正超出控制范围时应采取纠偏措施。在制订 HACCP 计划时，就要有预见性地制定纠偏措施，以便于现场纠正偏离，确保 CCP 处于控制之下。

（六）记录保持程序

建立有效的记录程序，对 HACCP 体系加以记录。

（七）验证程序

验证是除监控方法外用来确定 HACCP 体系是否按计划运作或计划是否需要修改所使用的方法、程序或检测。验证程序的正确制定和执行，是 HACCP 计划成功实施的基础，验证的目的是提高置信水平。

五、实施 HACCP 体系的必备条件

（一）必备程序

实施 HACCP 体系的目的是预防和控制所有与食品相关的危害，它不是一个独立的程序，而是全面质量管理体系的一部分，它要求食品企业应首先具备在卫生环境下对食品进行加工的生产条件，以及为符合国家现有法律法规规定而建立的食品质量管理基础，包括良好操作规范（GMP）、良好卫生操作（GHP）或卫生标准操作程序（SSOP），以及完善的设备维护保养计划、员工教育培训计划等，其中，GMP 和 SSOP 是 HACCP 的必备程序，是实施 HACCP 的基础，离开了 GMP 和 SSOP 的 HACCP 将起不到预防和控制食品安全的作用。

（二）人员的素质要求

人员是 HACCP 体系成功实施的重要条件。HACCP 对人员的要求主要体现在以下几个方面：

（1）HACCP 计划的制订需要各类人员的通力合作。负责制订 HACCP 计划以及实施和验证 HACCP 体系的 HACCP 小组，其人员构成应包括企业具体管理 HACCP 计划实施的领导、生产技术人员、工程技术人员、质量管理人员以及其他必要人员。

（2）人员应具备所需的相关专业知识和经验，必须经过 HACCP 原理、食品生产原理与技术、GMP、SSOP 等相关知识的全面培训，以胜任各自的工作。

（3）所有人员都应具有较强的责任心和认真、实事求是的工作态度，在操作中严格执行 HACCP 计划中的操作程序，如实记录工作中的差错。

（三）产品标识和可追溯性

产品必须有标识，不仅能使消费者知道有关产品的信息，而且还应使消费者明确使用产品的可能性。可追溯性是保障食品安全的关键要求之一。在可能发生某种危险时，风险管理人员应当能够认定有关食品，迅速准确地禁售、禁用危险产品，通知消费者或负责监测食品的单位和个人，必要时沿整个食物链追溯问题的起源，并加以纠正。就此而言，通过可追溯性研究，风险管理人员可以明确认定有危险的产品，以此限制风险对消费者的影响范围，从而限制有关措施的经济影响。产品的可追溯性包括

以下两个基本要素：

（1）能够确定生产过程的输入（原料、包装、设备等）以及这些输入的来源。

（2）能够确定产品已发往的位置。

（四）建立产品回收程序

建立产品回收程序的目的，是保证产品在任何时候都能够在市场上回收，能有效、快速和完全地进入调查程序。因此，企业建立产品回收程序后，还要定期对回收程序的有效性进行验证。

案例分析

案例中的HACCP被国际权威机构认可为控制食源性疾病，确保食品安全有效的方法，被世界上越来越多的国家所采用。我国截至2016年已获得HACCP认证证书4700张，获证组织4500家，有5000家出口食品企业的HACCP体系通过了检验检疫机构的官方验证。我国在应用HACCP体系上已步入世界先进行列，为提高中国食品安全整体保障水平发挥了重要作用。从国家法律层面来看，《中华人民共和国食品安全法》明确鼓励企业积极采用HACCP体系提高食品安全管理水平。从主管机构来看，国家认监委是国务院授权的统一管理HACCP认证、验证、监督管理和综合协调认证认可工作的主管机构。从标准层面来看，中国HACCP的相关国家和行业标准累计达30多个，涵盖了从食品生产、加工、流通到最终消费的各个环节。随着国内HACCP的全面推广，我国形成了以《中华人民共和国食品安全法》为基础，以国家认监委为主导，以各项标准为依据，以企业有效实施为重点的HACCP应用和认证体系。经过近30年的发展，中国HACCP的理论研究和应用推广都走在了世界前列。未来我国将进一步做好出口食品企业备案采信第三方认证深化改革，帮助引导出口备案企业建立实施具有食品防护功能的HACCP体系。同时，扩大国际互认范围，减少贸易壁垒，提高便利化水平，积极推动“一处认证、全球认可”，在构建“一带一路”国际认证认可合作机制上下好先手棋，赢得主动权。

任务总结

危害分析与关键控制点（HACCP），是一个以预防食品安全为基础的食品安全生产、质量控制的保证体系。它由食品的危害分析（HA）和关键控制点（CCP）两部分组成。HACCP体系是一种建立在良好操作规范（GMP）和卫生标准操作规程（SSOP）基础之上的控制危害的预防性体系，它比GMP前进了一步，包括从原材料到餐桌整个过程的危害控制，与其他质量体系相比，其具有全面性、以预防为重点、提高产品品质、使企业产生良好的经济效益、提高政府监督管理工作效率等特点，主要用于食品行业。HACCP 主要包括 7 个基本原理，即危害分析、确定关键控制点、建立关键限值、关键控制点的监控、建立纠偏措施、记录保持程序、验证程序。实施 HACCP 体系，必须具备必备程序、人员的素质要求、产品的标志和可追溯性、建立产品回收程序等必备条件。目前，HACCP 被国际权威机构认可为控制食源性疾病，确保食品安全有效的方法，其被世界上越来越多的国家所采用。

分组讨论

1. HACCP 的由来和发展。
2. HACCP 与 ISO 9000、GMP、SSOP、ISO 22000 的相互关系。
3. HACCP 的基本原理。
4. 实施 HACCP 体系的必备条件。

业务技能训练二

HACCP 体系企业调研

1. 实训背景资料

调研经过 HACCP 认证的某农产品生产企业，通过访谈、资料查阅等形式收集相关资料，完成实训调研报告。

2. 实训目标

学生能够根据现场调研和收集的资料进行分类整理，了解企业在 HACCP 实施过程中存在的问题，提出对策建议。

3. 实训准备

（1）全班学生分组，每组成员控制在 3 ~ 5 人。

（2）以组为单位进行调研、资料收集。

（3）教师进行现场指导，体现以学生为主体的教学特色。

4. 实训步骤

（1）制订实训计划，组员分工明确。

（2）收集 HACCP 相关资料、企业背景资料。

（3）编制访谈提纲，进行企业实地访谈调研。

（4）撰写调研报告。

5. 实训效果评价（见表6－3）

表6－3 **HACCP体系调研实训效果评价**

考评内容	考评标准	分值（分）	自我评价（分）	小组评价（分）	教师评价（分）	实际得分（分）
实训完成情况	实训计划制订适宜	10				
	组员分工合理	10				
	收集资料丰富	10				
	调研报告规范，对策及建议可行，且有一定的实用价值	50				
其他	态度积极、遵守纪律、有团队协作精神	20				
合计		100				

注：实际得分＝自我评价×20%＋小组评价×30%＋教师评价×50%。

知识拓展

《危害分析与关键控制点（HACCP）体系 食品生产企业通用要求》（GB/T 27341—2009）

《出口中小食品企业HACCP应用指南》（SN/T 4422—2016）

任务三 HACCP计划的制订、实施与认证

案例引入

野生食用菌企业如何建立HACCP体系

纪录片《舌尖上的中国》第一集《自然的馈赠》中，介绍的首味食材就是松茸。该片的热播催生了松茸热，一时间松茸等野生食用菌因其珍稀性和特有的营养价值受到人们的追捧。野生食用菌采摘、生产加工是四川藏区的重要产业之一，建立并实施以HACCP体系为核心，符合产品特性、行业特点和藏区特色的食品质量安全管理体系，推动藏区野生食用菌产品扩大出口，契合中央精准扶贫的思路，将有益于推动藏区群众增收致富。

HACCP 体系是当今世界上公认的能有效控制食品安全危害的预防性控制措施，是近年来主要食品贸易国家和地区采取的技术性贸易措施的重要内容，同时，《中华人民共和国食品安全法》第四十八条规定：“国家鼓励食品生产经营企业符合良好生产规范要求，实施危害分析与关键控制点体系，提高食品安全管理水平。”针对四川藏区速冻野生食用菌生产加工现状，制定一套以 HACCP 为核心，能有效控制危害、简单易行、较低成本的食品安全管理体系，是亟待研究和解决的问题。

资料来源：中国食品科技网，2016－01－15，14：47：00，http：//www. tech－food. com/kndata/detail/k0193069. htm。

问题：你对建立一套适合四川藏区速冻野生食用菌生产加工现状的 HACCP 体系有何建议？你认为建立该体系有哪些难点？

知识准备

一、HACCP 计划实施的步骤

（一）组建 HACCP 工作小组

HACCP 工作小组应包括产品质量控制、生产管理、卫生管理、检验、产品研制、采购、仓储和设备维修等各方面的专业人员。

HACCP 工作小组的成员应具备该产品相关的专业知识和技能，必须经过 GMP、SSOP、HACCP 原则、制订 HACCP 计划工作步骤、危害分析及预防措施、相关企业 HACCP 计划等内容的培训，并经考核合格。

HACCP 工作小组的主要职责有制订、修改、确认、监督、实施及验证 HACCP 计划，以及对企业员工进行 HACCP 培训，编制 HACCP 管理体系的各种文件等。

（二）确定 HACCP 体系的目的与范围

HACCP 是控制食品安全质量的管理体系，在建立该体系之前应首先确定其实施的目的和范围，例如，整个体系是要控制所有危害还是某方面的危害，是针对企业的所有产品还是某一类产品，是针对生产过程还是也包括流通环节、消费环节等。只有明确 HACCP 的重点部分，在编制计划时才能正确识别危害、确定关键控制点。

（三）产品描述

HACCP 计划编制工作的首要任务是，对实施 HACCP 系统管理的产品进行描述。描述的内容包括产品名称（说明生产过程类型），原、辅材料的商品名称、学名和特点，成分（如蛋白质、氨基酸等），理化性质（包括水分活度、pH 值、硬度、流变性等），加工方式（如产品加热及冷冻、干燥、盐渍、杀菌到什么程度等），包装系统（密封、真空、气调等），储运（冻藏、冷藏、常温储藏等），销售条件（如干、湿度与温度要求等）、销售方式和销售区域，所要求的储存期限（保质期、保存期、货架期等），有关食品安全的流行病学资料，产品的预期用途、消费人群和食用方式等。

（四）绘制和验证产品工艺流程图

产品工艺流程图可对加工过程进行全面和简洁的说明，对危害分析与关键控制点的确定有很大帮助。产品工艺流程图应在全面了解加工全过程的基础上绘制，应详细反映产品加工过程的每一步骤。流程图应包括的主要内容：原料和辅料及包装材料的详细资料，加工、运输、储存等环节所有影响食品安全的工序及与食品安全有关的信息（如设备、温度、pH 值等），工厂人流、物流图，流通、消费者意见等。

流程图的准确性对危害分析的影响很大，如果某一生产步骤被疏忽，就很可能使显著的安全问题不被记录。因此，应将绘制的工艺流程图与实际操作过程进行认真比对（现场验证），以确保与实际加工过程一致。

（五）危害分析

危害分析是 HACCP 系统最重要的一环，HACCP 小组对照工艺流程图以自由讨论的方式对加工过程的每一步骤进行危害识别，对每一种危害的危险性（危害可能发生的概率或可能性）进行分析评价，确定危害的种类和严重性，找出危害的来源，并提出预防和控制危害的措施。

食品对人体健康产生危害的因素有生物（致病性或产毒的微生物、寄生虫、有毒动植物等）、化学（杀虫剂、杀菌剂、清洁剂、抗生素、重金属、添加剂等）或物理（各类固体杂质）污染物。

危害的严重性指危害因素存在的多少或所致后果程度的大小。危害程度可分为高、中、低和忽略不计几个等级。例如，一般引起疾病的危害可分为威胁生命（严重食物中毒、恶性传染病等）、后果严重或慢性病（一般食物中毒或慢性中毒）、中等或轻微疾病（病程短、病症轻微）。

危害识别的方法有对既往资料进行分析、现场实地观测、实验采样检测等。

（六）确定关键控制点（CCP）

1. CCP 的特征

食品加工过程中有许多可能引起危害的环节，但并不是每一个都是 CCP，只有作为显著的危害而且能够被控制的点，才被认为是关键控制点。对危害的控制，有以下几种情况。

（1）危害能被预防

例如，通过控制原料接收步骤等预防原料中的农药残留量超标。

（2）危害能被消除

例如，杀菌步骤能杀灭病原菌，金属探测装置能将所有金属碎片检出分离等。

（3）危害能被降低到可接受的水平

例如，通过对贝类暂养或净化，使某些微生物危害降低到可接受水平。

原则上关键控制点所确定的危害都是在后面的步骤中不能被消除或控制的危害。

2. CCP 的确定方法

确定 CCP 的方法有很多，例如，用 CCP 判断树来确定或用危害发生的可能性和严重性来确定。

CCP 判断树（见图 6－1）是能有效确定关键控制点的分析程序，其方法是依次回答针对每一个危害的一系列逻辑问题，这样最后就能决定某一步骤是否是 CCP 了。

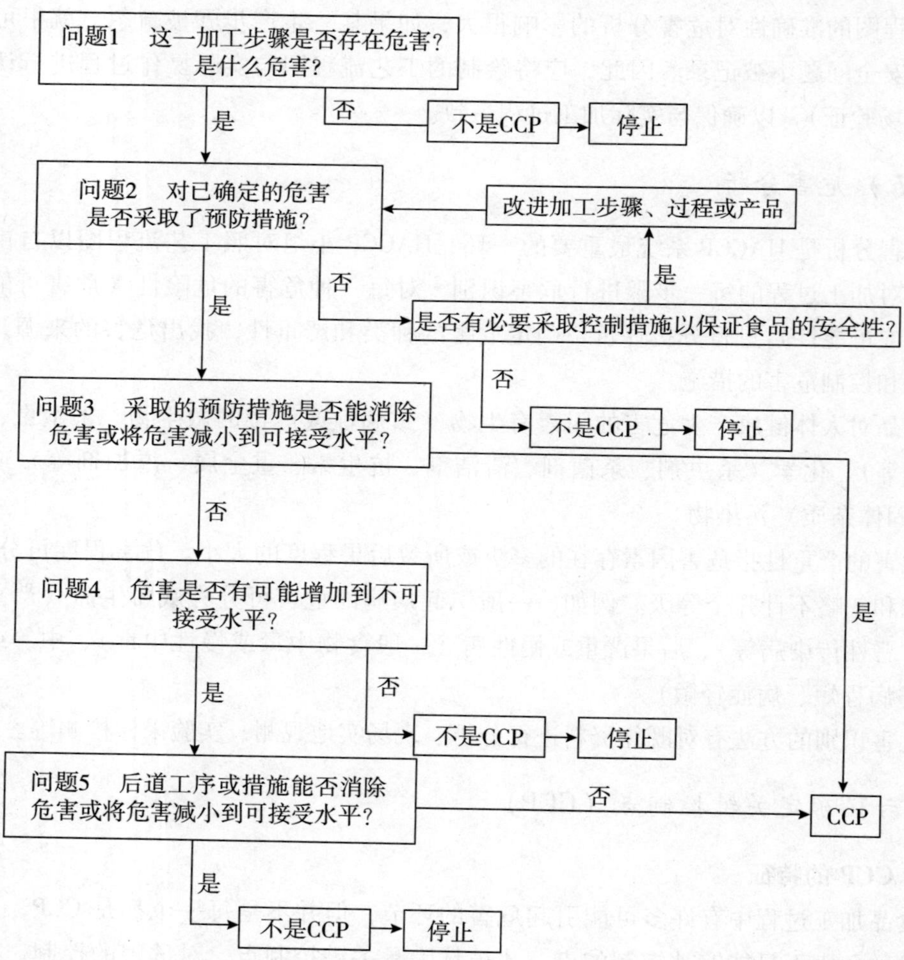

图 6－1　CCP 判断树

关键控制点应根据不同产品的特点、配方、加工工艺、设备、GMP 和 SSOP 等条件具体确定。一个危害可由一个或多个关键控制点控制到可接受水平；同样，一个关键控制点可以控制一个或多个危害。一个 HACCP 体系的关键控制点数量一般应控制在 6 个以内。

（七）建立关键限值（CL）

在掌握了每一个 CCP 潜在危害的详细知识，清楚了与 CCP 相关的所有因素，充分了解了各项预防措施的影响因素后，就可以确定每一个因素中安全与不安全的标准了，即可以设定 CCP 的关键限值了。通常用物理参数和可以快速测定的化学参数来表示关键限值，其指标包括温度、时间、湿度、pH、水分活性、含盐量、含糖量、物理参数、可滴定酸度、有效氯、添加剂含量，以及感官指标如外观和气味等。关键限值的确定要注意以下几点：

（1）关键限值的确定应以科学为依据，可来源于科学刊物、法规性指南、专家建议、试验研究等。关键限值应能确实表明 CCP 是可控制的并满足相应国家标准的要求。确定关键限值的依据和参考资料应作为 HACCP 方案支持文件的一部分，必须以文件的形式保存，以便于确认。这些文件应包括相关的法律和法规要求、国家或国际标准、实验数据、专家意见、参考文献等。

（2）建立 CL 应做到合理、适宜、适用和可操作性强，如果过严，会造成即使没有发生影响到食品安全的危害也采取纠正措施的情况；如果过松，又会产生不安全产品。

（3）好的 CL 应是直观、易于监测的，只会出现少量不合格产品，并可通过纠正措施加以控制，同时，这些措施不是 GMP 或 SSOP 程序中的措施。

（4）在实际生产中，为了对 CCP 进行有效控制，可以在关键限值内设定操作限值（OL）和操作标准。操作限值可作为辅助措施用于指示加工过程的偏差，这样在 CCP 超过关键限值以前就可以进行调节以维持控制了。确定 OL 时，应考虑正常的误差，例如，油炸锅温度最小偏差为 2℃，OL 应确定大于 CL 至少 2℃，否则无法操作。

（八）建立监控程序

对每一个关键控制点进行分析后建立监控程序，以确保达到关键限值的要求，是 HACCP 的重点工作之一，这是保证质量安全的关键措施。监控程序包括以下内容：

（1）监控内容（对象）

监控内容（对象）是针对 CCP 而确定的加工过程或可以测量的特性，如温度、时间、水分活性值等。

（2）监控方法

包括在线检测和终端检测两类方法。要求使用快速检测方法，因为关键限值的偏差必须要快速判定，确保及时采取纠偏行动以降低损失。一般采用视觉观察法、仪表测量法等方法。例如，时间—观察法、温度—温度计法、水分活度—水分活度仪法、pH—pH 计法。

(3) 监控设备

例如，温、湿度计、钟表、天平、pH 计、水分活度计、化学分析设备等。

(4) 监控频率

如每批、每小时、连续等。如有可能，应采取连续监控。连续监控对许多物理或化学参数来说都是可行的。如果监测不是连续进行的，那么监测的数量或频率应确保关键控制点是在可控之下。

(5) 监控人员

监控人员是授权的检查人员，如流水线上的人员、设备操作者、监督员、维修人员、质量保证人员等。负责监控 CCP 的人员必须接受有关 CCP 监控技术的培训，完全理解 CCP 监控的重要性，能及时进行监控活动，准确报告每次监控工作，随时报告违反关键限值的情况，以便及时采取纠偏行动。

监控程序必须能及时发现关键控制点可能偏离关键限值的趋势，并及时提供信息，以防事故恶化。提倡在发现有偏差趋势时就及时采取纠偏措施，以防事故发生。监测数据应有专业人员评价，以保证执行正确的纠偏措施。所有监测记录都必须有监测人员和审核人员的签字。

(九) 建立纠偏措施

食品生产过程中，HACCP 计划的每一个 CCP 都可能发生偏离其关键限值的情况，这时候要立即采取纠正措施，迅速调整，以维持控制。因此，对每一个关键控制点，都应预先建立相应的纠偏措施，以便在出现偏离时实施。

1. 纠偏措施的主要内容

纠偏措施包括两项主要内容：

(1) 制定使工艺重新处于控制之中的措施。

(2) 拟定 CCP 失控时期生产食品的处理办法，包括将失控的产品进行隔离、扣留、评估其安全性、退回原料、原辅材料及半成品等移作他用、重新加工（杀菌）和销毁产品等。

2. 纠偏措施要经有关权威部门认可

当出现偏差时，操作者应及时停止生产，保留所有不合格品并通知工厂质量控制人员。当 CCP 失去控制时，立即使用经批准的可替代原工艺的备用工艺。在执行纠偏措施时，对不合格产品，要及时处理。纠偏措施实施后，CCP 一旦恢复控制，就要对这一系统进行审核，以防再出现偏差。

3. 纠偏过程记录

整个纠偏行动过程应做详细的记录：

（1）产品描述、隔离或扣留产品数量；

（2）偏离描述；

（3）所采取的纠偏行动（包括失控产品的处理）；

（4）纠偏行动的负责人姓名；

（5）必要时提供评估的结果。

（十）建立验证程序

验证的目的是通过一定方法确认制订的 HACCP 计划是否有效，验证程序包括对 CCP 的验证和对 HACCP 体系的验证。

1. 对 CCP 的验证

（1）必须对 CCP 制定相应的验证程序，以保证其控制措施的有效性和 HACCP 实施与计划的一致性。CCP 验证包括对 CCP 的校准、监控和纠正记录的监督复查，以及针对性的取样和检测。

（2）对监控设备进行校准是保证监控测量准确度的基础。对监控设备的校准要有详细记录，并定期对校准记录进行复查，复查内容包括校准日期、校准方法和校准结果。

（3）确定专人对每一个 CCP 的记录（包括监控记录和纠正记录）进行定期复查，以验证 HACCP 计划是否被有效实施。

（4）对原料、半成品和产品要进行针对性的抽样检测，例如，对原料的检测是对原料供应商提供的质量保证进行验证。

2. 对 HACCP 体系的验证

HACCP 体系的验证就是检查 HACCP 计划是否有效，以及所规定的各种措施是否被有效实施。验证活动分为两类：一类是内部验证，由企业自己组织进行；另一类是外部验证，由被认可的认证机构进行，即认证。

（1）验证的频率应足以确认 HACCP 体系有效运行，每年至少进行一次或在系统发生故障、产品原材料或加工过程发生显著改变或发现了新的危害时进行。

（2）HACCP 体系的验证活动内容：检查产品说明和生产流程图的准确性；检查 CCP 是否按 HACCP 的要求被监控；监控活动是否在 HACCP 计划规定的场所执行；监控活动是否按照 HACCP 计划规定的频率执行；当监控表明发生了偏离关键限制的情况时是否执行了纠偏行动；设备是否按照 HACCP 计划规定的频率进行了校准；工艺过程是否在既定的关键限值内操作；检查记录是否准确和是否按照要求的时间来完成等。

（十一）建立 HACCP 文件和记录管理系统

必须建立有效的（HACCP）文件和记录管理系统，以证明 HACCP 体系有效运行、产品安全及符合现行法律法规的要求。制订 HACCP 计划和执行过程应有文件记录。需保存的记录包括以下内容：

（1）危害分析小结

包括书面的危害分析工作单和用于进行危害分析和建立关键限值的任何信息的记录。支持文件包括制定抑制细菌性病原体生长的方法时所使用的充足的资料、建立产品安全货架寿命所使用的资料，以及在确定杀死细菌性病原体加热强度时所使用的资料。除了数据以外，支持文件也可以包含向有关顾问和专家进行咨询的信件。

（2）HACCP 计划

包括 HACCP 工作小组名单及相关的责任、产品描述，经确认的生产工艺流程和 HACCP 小结。HACCP 小结应包括产品名称、CCP 所处的步骤和危害的名称、关键限值、监控措施、纠偏措施、验证程序和保持记录的程序。

（3）HACCP 计划实施过程中发生的所有记录

包括关键控制点监控记录、纠偏措施记录、验证记录等。

（4）其他支持性文件

例如，验证记录、HACCP 计划的修订等。

HACCP 计划和实施记录必须含有特定的信息，要求记录完整，必须包括监控过程中获得的实际数据和记录结果。在现场观察到的加工信息和其他信息必须及时记录，写明记录时间，有操作者和审核者的签名。记录应由专人保管，保存到规定的时间，随时可供审核。

二、HACCP 认证程序

第三方认证机构的 HACCP 认证，不仅可以为企业食品安全控制水平提供有力佐证，而且将促进企业 HACCP 体系的持续改善，尤其将有效提高顾客对企业食品安全控制的信任水平。在国际食品贸易中，越来越多的进口国官方或客户要求供方企业建立 HACCP 体系并提供相关认证证书，否则产品将不被接受。HACCP 体系认证通常分为四个阶段，即企业申请阶段、认证审核阶段、证书保持阶段、复审换证阶段。

（一）企业申请阶段

企业按照我国卫生部发布的《食品企业 HACCP 实施指南》建立 HACCP 体系，然后向可以开展 HACCP 的认证机构申请 HACCP 认证。

企业申请 HACCP 认证必须注意选择经国家认可的、具备资格和资深专业背景的第三方认证机构，这样才能确保认证的权威性及证书效力，确保认证结果与产品消费国官方验证体系相衔接。在我国，根据国务院的有关规定，国家认监委负责全国 HACCP 管理体系认证认可工作的统一管理、监督和综合协调工作，监督管理 HACCP 管理体系的实施和出入境检验检疫机构的验证工作，负责调整和公布《出口食品卫生注册需要评审 HACCP 管理体系的产品目录》。其下属机构中国国家进出口企业认证认可委员会（CNAB）负责 HACCP 认证机构认可工作的实施。

认证机构将对申请方提供的认证申请书、文件资料、双方约定的审核依据等内容进行评估。认证机构将根据自身专业资源及 CNAB 授权的审核业务范围决定受理企业的申请，并与申请方签署认证合同。

资料链接

HACCP 认证审核依据有哪些

HACCP 认证审核依据包括国家认监委 2002 年第 3 号文件《食品生产企业危害分析和关键控制点（HACCP）管理体系认证管理规定》的要求；国际食品法典委员会（CAC）《危害分析和关键控制点（HACCP）体系及其应用准则》的要求；相关法律法规要求。

在认证机构受理企业申请后，申请企业应提交与 HACCP 体系相关的程序文件和资料，例如，危害分析、HACCP 计划表、确定 CCP 点的科学依据、厂区平面图、生产工艺流程图、车间布局图等。申请企业还应声明已充分运行了 HACCP 体系。认证机构对企业提供和传授的所有资料和信息负有保密责任。认证费将根据企业规模、认证产品的品种、工艺、安全风险及审核所需人员及天数按照 CNAB 制定的标准计算。

前沿聚焦

我国 HACCP 认证获国际组织 GFSI 认可

国家认监委与“全球食品安全倡议”组织签署合作协议，根据协议，“全球食品安全倡议”组织正式承认中国的危害分析与关键控制点（HACCP）认证制度。我国将有超过 4000 家获得认证的国内食品生产企业直接受益，从而降低贸易成本并提升在国际市场的品牌声誉。

“全球食品安全倡议”（GFSI）是由世界各国与食品供应链相关的零售商、生产商、服务提供商及食品安全专家组成的国际性行业合作组织，在全球食品供应链体系中发挥着重要影响，其会员企业总贸易额约占全球食品贸易总额的 65%。会员企业包括美国沃尔玛、可口可乐，法国达能，日本永旺等大型跨国公司。该协议的签订，标志着我国食品安全认证制度首次获得国际主流行业组织承认。

国家认监委与“全球食品安全倡议”合作协议的签订，意味着中国获得 HACCP 认证的食品生产企业在进入 GFSI 成员的供应链的时候不再需要成员的再次审核，或者不用再去申请那些昂贵的国外认证。这是发展中国家第一个被 GFSI 承认的食品安全制度，意味着我国的食品生产企业生产的食品能够进入国际主流的高端市场。

资料来源：食品伙伴网，2015－11－14，http：//www.foodmate.net/zhiliang/haccp/165311.html。

（二）认证审核阶段

认证机构受理申请后将确定审核小组，并按照拟订的审核计划对申请方的HACCP体系进行初访和审核，鉴于HACCP体系审核的技术深度，审核小组通常包括熟悉审核产品生产的专业审核员，专业审核员是那些具有特定食品生产加工背景并从事以HACCP为基础的食品安全体系认证的审核员。必要时审核小组还会聘请技术专家对审核过程提供技术指导。申请方聘请的食品安全顾问可以作为观察员参加审核过程。

HACCP体系的审核过程通常分为两个阶段，第一阶段对文件进行审核，包括SSOP计划、GMP程序、员工培训计划、设备保养计划、HACCP计划等。这一阶段的评审一般需要在申请方的现场进行，以便审核组收集更多的必要信息。审核组根据收集的信息资料进行独立的危害分析，在此基础上与申请方达成关键控制点（CCP）判定眼光的一致。审核小组将听取申请方有关信息的反馈，并与申请方就第二阶段的审核细节达成一致。第二阶段审核必须在审核方的现场进行。审核组将主要评价HACCP体系、GMP或SSOP的适宜性、符合性、有效性。其中，会对CCP的监控、纠正措施、验证、监控人员的培训教育，以及在新的危害产生时体系是否能自觉地进行危害分析并有效控制等方面给予特别注意。

现场审核结束，审核小组将根据审核情况向申请方提交不符合项报告，申请方应在规定时间内采取有效的纠正措施，并经审核小组验证后关闭不符合项，同时，审核小组将最终审核结果提交认证机构做出认证决定，认证机构将向申请人颁发认证证书。

（三）证书保持阶段

鉴于HACCP是一个安全控制体系，因此，其认证证书有效期通常最多为一年，获证企业应在证书有效期内保证HACCP体系的持续运行，同时必须接受认证机构至少每半年一次的监督审核。如果获证方在证书有效期内对其以HACCP为基础的食品安全体系进行了重大更改，应通知认证机构，认证机构将视情况增加监督认证频次或安排复审。

（四）复审换证阶段

认证机构将在获证企业HACCP证书有效期结束前安排体系的复审，通过复审认证机构将向获证企业换发新的认证证书。

此外，根据法律法规及顾客的要求，在证书有效期内，获证方还可能接受官方及顾客对 HACCP 体系的验证。

案例分析

针对本案例，要建立一套适合四川藏区速冻野生食用菌生产加工现状的 HACCP 体系，有以下几点建议：一是四川藏区野生菌加工工艺的成熟程度与建立 HACCP 体系的要求相适应。准确的工艺流程图是进行危害分析的关键。但就四川藏区及其他西部地区来说，现阶段来自国内发达地区或国外同类企业的生产工艺中，企业自身对引进外来生产工艺的理解、消化与该企业自身运行 HACCP 体系的有效性至关重要。二是企业的 HACCP 体系在运行监控上必须有强有力的配套支持。野生菌加工关键控制点需要进行监控，就需要有相应的配套设备，但在云南和西部地区，资金的缺乏和重利意识，使相当部分企业在监控设备的配套方面十分落后。三是企业各项记录设计要有可操作性。质量体系的运行离不开相关的质量记录。尽管许多食品生产加工企业已进行了多年的质量管理，记录也已延续了多年，甚至国内一些专业出版物上对各类企业的质量记录均有详细的范本可供借鉴，但是记录设计如何与工艺、管理相结合，让具体的操作人员能实事求是地填写，仍需研究。四是注意加强对人员的培养。企业无论是确立一个生产工艺，还是建立 HACCP 体系，均需寻找相关的资料做支持，有时还需要进行大量的中小试验。现代国际贸易更是瞬息万变，新型食品、新工艺层出不穷，对人员素质、相关信息及技术的要求越来越高。以上难点无论是对四川藏区检验检疫部门还是对出口食品生产企业来说，都是亟须解决的问题。

任务总结

HACCP 计划的制订和实施主要包括以下步骤：组建 HACCP 工作小组、确定 HACCP 体系的目的与范围、产品描述、绘制和验证产品工艺流程图、危害分析、确定关键控制点 CCP、建立关键限值（CL）、建立监控程序、建立纠偏措施、建立验证程序、建立 HACCP 文件和记录管理系统。在 HACCP 计划的制订和实施过程中，应注意结合企业实际情况。

分组讨论

1. HACCP 计划实施的步骤。
2. HACCP 认证程序。

业务技能训练三

某企业产品 HACCP 计划的制订

1. 实训背景资料

调研经过 HACCP 认证的某农产品生产企业，通过访谈、资料查阅等形式收集相关资料，完成实训方案。

2. 实训目标

学生能够根据现场调研和收集的资料进行分类整理，了解企业 HACCP 计划制订与实施的步骤，写出 HACCP 计划制订与实施方案。

3. 实训准备

（1）全班学生分组，每组成员控制在 3 ~ 5 人。

（2）以组为单位进行调研、资料收集。

（3）教师进行现场指导，体现以学生为主体的教学特色。

4. 实训步骤

（1）制订实训计划，组员分工明确。

（2）收集 HACCP 相关资料、企业产品生产背景资料。

（3）编制 HACCP 计划实施访谈提纲，进行企业实地访谈调研。

（4）撰写 HACCP 计划制订与实施方案。

5. 实训效果评价（见表 6－4）

表 6－4　　HACCP 计划制订、实施与认证实训效果评价

考评内容	考评标准	分值（分）	自我评价（分）	小组评价（分）	教师评价（分）	实际得分（分）
实训完成情况	实训计划制订适宜	10				
	组员分工合理	10				
	收集资料丰富	10				
	方案格式规范，制订与实施步骤合理，危害分析与关键控制点分析准确	50				
其他	态度积极、遵守纪律、有团队协作精神	20				
合计		100				

注：实际得分 = 自我评价 ×20% + 小组评价 ×30% + 教师评价 ×50%。

知识拓展

《食品企业HACCP实施指南》

《食品生产企业危害分析与关键控制点（HACCP）管理体系认证管理规定》

《危害分析与关键控制点（HACCP）体系 食品生产企业通用要求》（GB/T 27341—2009）

思考练习题

一、选择题

1. 保障农产品质量安全，一靠(　　)，二靠(　　)。

A. 保护　　B. 生产　　C. 维持　　D. 监管

2. 下列属于农产品危害管理复杂性的有(　　)。

A. 种类多　　B. 生产周期长

C. 产业链条复杂　　D. 区域跨度大

3. 关键控制点的监控计划包括(　　)。

A. 监控对象　　B. 监控方法

C. 监控频率　　D. 监控记录和负责人等内容

4. (　　)和(　　)是HACCP的必备程序。

A. GHP　　B. GMP　　C. SSOP　　D. MAP

5. HACCP产品描述的内容包括(　　)。

A. 产品名称

B. 原、辅材料的商品名称、学名和特点

C. 成分

D. 理化性质等

二、判断题

1. 农产品的安全主要是指防范农药残留、兽药残留、重金属污染等对动植物和环境的危害。(　　)

2. 抗生素残留可引起人体病原菌对多种抗生素产生抗药性。(　　)

3. 农产品从农田到餐桌，要经过农业产地环境、农业投入品使用、收割屠宰、储藏运输、保鲜、包装等多个环节。(　　)

4. 危害分析是建立HACCP的保证。(　　)

5. 验证是除监控方法外用来确定HACCP体系是否按计划运作或计划是否需要修改所使用的前提。(　　)

6. 实施 HACCP 体系的目的是预防和控制所有与食品相关的危害，它是一个独立的程序。 ( )

7. 企业建立产品回收程序后，还要定期对回收程序的有效性进行验证。 ( )

8. HACCP 是控制食品安全质量的管理体系，在建立该体系之前应首先确定实施的目的和范围。 ( )

9. 危害的严重性指危害因素存在的多少或所致后果程度的大小。危害程度可分为高、中、低三个等级。 ( )

10. 一个 HACCP 体系的关键控制点数量一般应控制在 6 个以内。 ( )

三、名词解释

1. 农产品质量安全　2. 生物性危害　3. HACCP　4. 关键控制点

四、简答题

1. 农产品质量安全危害的主要来源。

2. 农产品质量安全危害的特点。

3. HACCP 的特点。

4. HACCP 对人员的要求。

5. 说说 HACCP 计划实施的步骤。

项目七　农产品贸易

学习目标

知识目标：

1. 了解农产品国际贸易的地位与作用；
2. 掌握世界农产品贸易的现状与特点；
3. 了解世界主要农产品贸易的格局；
4. 了解我国农产品贸易政策及其变化；
5. 了解其他国家或地区（美、日、欧盟、印度、巴西）农产品贸易政策的构成及特点；
6. 掌握我国进出口贸易的现状及特点。

技能目标：

1. 能够根据我国农产品贸易的现状、特点及趋势，针对某一特定农产品提出其产业发展的建议；
2. 能够分析我国农产品贸易纠纷的特点及原因，针对特定农产品贸易政策案例，提出解决农产品贸易纠纷的对策方案；
3. 能够根据我国农产品出口贸易现状，提出促进某一农产品（或地区）对外贸易发展的建议方案；
4. 能够根据我国农产品进口贸易现状，提出某一农产品（或地区）进口特点及趋势分析报告。

任务一　农产品贸易概述

案例引入

欧盟农业补贴政策的制度创新及变化趋势

WTO规则把农业补贴政策划分为三种类型：绿色补贴政策、蓝色补贴政策和黄色补贴政策。绿色补贴政策下的农业补贴对农产品贸易价格不产生扭曲作用，包括对农业科技、农业基础设施和农业生态环境的补贴。蓝色补贴政策是指对农业生产经营者给予的不与其生产经营相挂钩的直接补贴，这种补贴对农产品贸易价格产生的扭曲作用不大。黄色补贴政策下的农业补贴会对农产品贸易价格产生较大的扭曲作用，包括价格支持和农产品出口补贴。因为绿色补贴政策对农产品贸易价格不产生扭曲作用，所以可享受豁免权，蓝色补贴政策和黄色补贴政策对农产品贸易价格产生扭曲作用，需逐步削减甚至取消。欧盟原农产品价格支持补贴政策属黄色补贴政策，需要削减和禁止，为了既适应 WTO 规则的要求又不削弱对农业的支持，欧盟对原农产品价格支持补贴政策进行了制度创新，摒弃过去的价格支持体系，而把环境保护作为农业补贴政策的核心内容，从而实现了由价格补贴到环保补贴的转变。2003 年以前，欧盟长期实行保护价收购制度，当市场价格低于保护价时，政府就进行干预性收购。这样做，一方面使得欧盟内部的农产品市场价格远远高于国际市场价格，从而不得不采取高进口关税加以保护；另一方面，也造成了大量的过剩和补贴，最多时农业补贴占到了欧盟预算的 70% 以上。农业高补贴既让欧盟财政难以为继，也招致了 WTO 谈判中的争端问题。

2013 年，欧盟又进一步调整完善了上述政策，确定了 2014—2020 年的政策方向、补贴标准和补贴预算总额。改革的总体方向保持不变，仍实行脱钩补贴，更加强化了补贴对土地的关联性，要求农民注意保护土地和环境；更突出市场导向，取消了对食糖、葡萄酒和牛奶的生产限制；在直接补贴和农村发展的两类补贴资金使用方面，允许在一定幅度内相互替代使用等。

另一个很重要的变化是，逐步改变目前各个成员国补贴强度（每公顷土地补贴金额）很不平衡的情况。目标是到 2020 年把目前的差距缩小 1/3，把补贴额度最低国家的补贴水平提高到每公顷 200 欧元。

当前，在原有的 17 个成员中，葡萄牙最低为 174 欧元，希腊最高为 544 欧元；而在新增的 12 个成员中，立陶宛最低为 83 欧元，马耳他最高为 494 欧元。补贴强度不同，是因为各个成员国的补贴总量是根据改革前的基期补贴数额确定的。欧盟的补贴平均值为每公顷 260 欧元，相当于每亩人民币 130 元左右。

根据“共同农业政策”2014—2020 年改革计划，欧盟“蓝箱”补贴支出将有所增加，主要用于一些与生产挂钩的或部分挂钩的补贴项目。

资料来源：（1）王广深，侯石安．从价格支持到环保补贴——欧盟农业生态补贴政策启示［J］. 农家参谋（种业大观），2010（4）.

（2）柯炳生．美国与欧盟最新农业补贴政策及启示［J］. 中国改革，2017（3）.

问题：（1）结合案例背景资料，说说欧盟农业补贴政策的分类及特点。

（2）结合 2017 年中央一号文件，分析欧盟农业补贴政策的变化趋势对我国农业补贴政策发展的启示。

知识准备

一、农产品国际贸易的含义

农产品国际贸易是指世界上不同国家或地区之间农产品的买卖活动，其主要由进口和出口两个部分组成，也称农产品进出口贸易。广义的农产品包括农作物、畜产品、水产品和林产品，狭义的农产品则仅指农作物和畜产品，国际贸易中的农产品通常就狭义而言。

二、农产品国际贸易的地位和作用

我国是农业大国，农产品对外贸易在我国对外贸易中占有举足轻重的地位，其状况直接影响到整个对外贸易活动乃至整个国民经济的发展。农产品经营的好坏直接关系到农民的切身利益，主要涉及就业、家庭收入等，还关系到国家经济增长、社会和谐稳定等宏观方面。入世后，我国大幅度提高了农业对外开放程度，农产品贸易快速发展，贸易规模不断扩大，国内外两个市场相互影响日益加深。我国农产品贸易规模持续快速扩大，贸易地位和影响不断提高。我国农产品贸易总额由2001年的279亿美元增长到2015年的1875.6亿美元，增加了5.7倍，年均增长14.6%。其中，进口额由118.5亿美元增长到1168.8亿美元，增加了8.9倍，年均增长17.8%；出口额由160.5亿美元增长到706.8亿美元，增加了3.4倍，年均增长11.2%。2016年，我国农产品贸易总额基本稳定，结构逐步优化，竞争力有所提升。2016年我国全年进出口额达到1845.6亿美元，同比略减1.6%；出口额729.9亿美元，同比增长3.3%；进口额1115.7亿美元，同比减少4.5%；贸易逆差385.8亿美元，同比减少16.5%。

农产品贸易快速发展对促进国内农业持续稳定发展发挥了十分重要的作用。土地密集型产品的进口有效增加了农产品供给，缓解了国内农业资源的压力，为农业结构战略调整提供了空间。劳动力密集型优势农产品的出口，拓宽了农民就业增收的渠道，促进了农业增效、农民增收。但是，农业是高度依赖自然资源的产业，我国农业规模小、组织化程度低、基础竞争力不强，加之缺乏有效的调控手段，一些农产品进口对特定产业的发展造成了较大的影响。当前，国际农产品市场越来越受到气候变化、生物质能源、投机资本等非传统因素的影响，呈现出波动性和不确定性加剧的趋势。因此，随着我国农产品净进口范围的扩大、进口量的增加，农产品贸易对我国农业的影响将更为广泛、深刻和直接。

三、世界农产品贸易的现状与特点

全球主要的棉花进口国家包括孟加拉国、越南和中国，2016年，孟加拉国的棉花进口量为136万吨，占全球棉花总进口量的17%；越南的棉花进口量为118万吨，占全球棉花总进口量的15%；中国的棉花进口量为105万吨，占全球棉花总进口量的13%。全球棉花出口量2012—2014年有所下降，2015—2017年缓慢上升，预计2017年全球棉花出口量为819万吨。

据联合国粮农组织（FAO）发布的月度报告显示，2017—2018年度全球谷物贸易预计为3.91亿吨，比上年减少500万吨或1.2%。这将是全球谷物贸易量4年来的首次下滑，降幅主要在于小麦、玉米和高粱进口需求的预期减少。

欧盟委员会发布的数据显示，2016年8月到2017年7月年度里，欧盟农产品出口达到1353亿欧元，比2016年增加5%。

2016—2017年度欧盟的小麦及其他谷物出口价值降幅最大，其中，小麦出口收入同比减少16.23亿欧元或24%，其他谷物出口收入减少8.28亿欧元或34%。

2016—2017年度欧盟的小麦进口金额同样下滑，同比减少3.63亿欧元或24%。不过，与2016年相比，欧盟棕榈油进口金额增加10.87亿欧元或21%，除大豆以外的油籽进口金额同比增加7.96亿欧元或24%，脂肪酸进口增加6.23亿欧元或42%。

（一）农产品贸易顺差占比近一半

2016年欧盟农产品贸易顺差188亿欧元，占欧盟货物贸易顺差总额（393亿欧元）的近一半。与2015年相比，2016年欧盟农产品出口额增加了17亿欧元，其中，对美国和中国的出口增长最多，分别增加了12.6亿欧元和10.6亿欧元。

（二）产品、市场相对集中

欧盟统计局2017年5月17日发布的数据显示，2016年，欧盟农产品进出口总值2630亿欧元。食品占欧盟出口农产品的54%，蔬菜占25%，畜禽产品占21%；而在欧盟进口农产品中，蔬菜占51%，食品和畜禽产品分别占29%和20%。欧盟农产品的主要出口目的地是美国，占其农产品出口额的16%，其后依次是中国（8%）和瑞士（6%）；欧盟进口农产品主要来自美国和巴西，分别占其农产品进口额的9%，其后是挪威、阿根廷和中国（均为5%）。

四、世界农产品贸易的格局

（一）美国农产品贸易格局

2017财年美国农产品出口1405亿美元，比2016年增加近109亿美元，创下历史第三高点。美国农产品贸易顺差达到213亿美元，比2016年的166亿美元增加近30%。中国成为美国最大的出口客户，美国对中国的农产品出口收入达到220亿美元，其次是加拿大，出口收入达到204亿美元。美国对墨西哥的农产品出口收入达到186亿美元，同比增加6%；对日本的出口增加12%，达到118亿美元。

在美国农产品的十大市场中，美国对欧盟的出口收入达到116亿美元，对韩国出口69亿美元，对中国香港出口40亿美元，对中国台湾出口34亿美元，对印尼出口30亿美元，对菲律宾出口26亿美元。

2017财年美国大宗商品出口达到创纪录的1.59亿吨，同比增加11%；出口产值达到514亿美元，同比增加16%，这主要受益于大豆出口的带动。2017财年美国大豆出口量达到创纪录的6000万吨，价值240亿美元。玉米、小麦和棉花出口收入同样增加，其中，棉花出口收入同比增加70%，达到59亿美元；小麦出口增加21%，达到62亿美元；玉米出口增加6%，达到97亿美元。

美国是中国进口农产品的主要来源国之一，美国向中国出口的农产品内部结构中，占比较高的主要农产品分别是油籽（大豆）、谷物（高粱）、酒糟蛋白、乳制品等。而中国出口的农产品金额占比较高的分类有水、海产品及其制品，蔬菜、水果、干果及其制品等。其中，水、海产品和鲜、干果及坚果出口额分别增长2.2%和6.7%；蔬菜出口增速较快，同比增长约14.9%。

（二）荷兰农产品贸易格局

2017年，荷兰农产品出口额达917亿欧元，比2016年增长7.25%；农产品进口额达626亿欧元，比2016年增长9%；农产品贸易顺差达291亿欧元，比2016年增长近4%，均创历史最高纪录。荷兰农产品出口主要集中在园艺（包括鲜切花、植物、苗木和球茎花卉等，出口额91亿欧元）、乳制品（89亿欧元）、肉类（83亿欧元）、蔬菜（67亿欧元）和水果（54亿欧元）等。德国是荷兰农产品最重要的出口伙伴，其次分别是比利时、英国、法国、意大利等国，中国排名第8。荷兰一直保持着全球第二大农产品出口国地位，仅次于美国。

（三）欧盟农产品贸易格局

2016—2017年度欧盟的小麦及其他谷物出口价值降幅最大，其中，小麦出口收入同比减少16.23亿欧元或24%，其他谷物出口收入减少8.28亿欧元或34%。2016—2017年度欧盟的小麦进口金额同样下滑，同比减少3.63亿欧元或24%。不过与2016年相比，欧盟棕榈油进口金额增加10.87亿欧元或21%，除大豆以外的油籽进口金额同比增加7.96亿欧元或24%，脂肪酸进口增加6.23亿欧元或42%。

（四）智利农产品贸易格局

2016年中智两国贸易额达313.6亿美元，是协定实施前2005年的4.4倍。从2012年起，中国已从协定实施前的智利第二大贸易伙伴、第三大出口市场和第四大进口来源地，成为并一直保持为智利第一大贸易伙伴、第一大出口市场和第一大进口来源地，智利则成为中国在拉美地区的第三大贸易伙伴。

智利的车厘子、葡萄酒、三文鱼等农产品陆续登陆中国市场，丰富了中国消费者的餐桌。目前，智利已成为中国鲜果第一大来源国、葡萄酒第二大来源国。

（五）澳大利亚农产品贸易格局

2016—2017 财年，澳大利亚农业对 GDP 贡献最大，占到 0.5 个百分点，增速领先其他 19 个行业，农业产值同比劲增 23%。

2016—2017 财年，澳大利亚农业出口额达 500 亿澳元以上，占商品和服务出口总额近 14%，对比 5 年前的 410 亿澳元，涨幅达 22%。

澳大利亚农业和资源经济和科学局（ABARES）表示，2017 财年农产品出口额预估超过 480 亿澳元；渔业产品出口额约为 14 亿澳元；林业产品出口额达 30 亿澳元以上，保持突出增长态势。

谷物和活畜出口额分别贡献了近 100 亿澳元，其他农产品的表现也很瞩目，例如，豆类植物出口额超过 30 亿澳元，红酒出口额达 24 亿澳元，坚果出口额为 8.22 亿澳元，柑橘出口额超过 3.3 亿澳元。

随着贸易渠道的拓宽，近几年澳大利亚葡萄酒行业取得了长足发展，2017—2018 财年，预计全澳葡萄酒出口额将增长至 25 亿澳元，出口量超过 8 亿升。澳大利亚葡萄酒管理局（Wine Australia）发布的出口报告显示，截至 2017 年 9 月的过去一年，葡萄酒出口量增长 9%，达 7.99 亿升，出口额攀升 13%，已达到 24.4 亿澳元。

据澳大利亚葡萄酒管理局数据，截至 2016 年 9 月，中国市场超过美国，成为全球红酒进口额最高的国家。

资料链接

澳大利亚与多国竞争中国食品市场

作为农业大国，澳大利亚正力图从中国的食品消费繁荣中分得更大份额，却面临着欧美和新西兰食品生产商的激烈竞争。

澳大利亚农业、资源经济及科技局新发布的研究称，预计 2050 年中国的粮食支出将达到 1.75 万亿美元，比 2009 年增加一倍。中国在基础性食品如谷物、家禽、猪肉和蔬菜方面的国内供应能力巨大，但众多城市中产消费者对优质肉类和乳品的需求不断增加，这给全球的生产商带来了庞大机遇。

澳大利亚的优势在于“干净、绿色”的声誉，且距中国东部沿海大消费市场较近。但生产成本高和缺少规模，令澳大利亚无法就某些高增长种类满足中国需求。与此同时，竞争对手如美国、巴西、荷兰、德国、法国、丹麦和新西兰，也在积极满足中国无论是对低价值还是高价值食品的需求。

新西兰已与中国签署自贸协定，确立到2020年对华双边贸易额达300亿新西兰元。相比澳大利亚和中国的1250亿澳元，该数字不大，但新西兰的出口主要是食品，最多的是乳制品。而澳大利亚对中国800亿澳元的出口中约85%是铁矿石、煤炭、油气等资源，农产品出口约70亿澳元，其中仅20亿澳元是食品，还主要是大麦和小麦，且澳大利亚尚未与中国签订自贸协定。

美国是世界上最大的食品出口国，2012年其农产品出口达1450亿美元，其中，约250亿美元的农产品流向中国，主要是大豆，还有谷物、肉类、鱼、家禽和乳产品。荷兰是世界上第二大食品出口国，其与中国的农产品贸易也在日益增加。中国目前是仅次于美国和俄罗斯的荷兰第三大食品出口目的地。此外，德国和法国也在通过直接出口或鼓励中国投资进入欧洲食品行业来寻求扩大对中国食品的供应。

前沿聚焦

中国和马尔代夫签署自由贸易协定

2017年12月7日，中国和马尔代夫签署《中华人民共和国政府和马尔代夫共和国政府自由贸易协定》（以下简称《协定》）。

中马自贸协定是我国商签的第16个自贸协定，也是马尔代夫对外签署的首个双边自贸协定。协定的签署，既是党的十九大提出的“促进自由贸易区建设，推动建设开放型世界经济”的最新成果，也是双方按照领导人共识，巩固和加强两国面向未来的全面友好合作伙伴关系的重要举措，树立了规模差异巨大的国家间开展互利合作的典范，在两国经贸发展史上具有里程碑意义，将有力推动双边经贸关系取得更大发展。

中马自贸协定谈判于2015年12月启动，并于2017年9月结束。该《协定》涵盖货物贸易、服务贸易、投资、经济技术合作等内容，实现了全面、高水平和互利共赢的谈判目标，将为双方贸易投资自由化和便利化提供坚实的制度保障，有助于促进双方深化有关领域务实合作，不断增进两国企业和人民福祉。

在货物贸易方面，双方同意最终实现零关税的产品税目数和进口额占比均接近96%，我国对马方出口的绝大部分工业品及花卉、蔬菜等农产品将从中获益。马方绝大部分鱼水产品等优势出口产品也将享受零关税待遇。在服务贸易方面，双方将在各自世贸组织承诺基础上，相互进一步开放服务部门。在投资方面，双方承诺相互给予对方投资者及其投资以准入后国民待遇和最惠国待遇，鼓励双向投资并为其提供便利和有效保护。与此同时，双方还在原产地规则、海关程序与贸易便利化、贸易救济、技术性贸易壁垒和卫生与植物卫生措施等众多领域达成广泛共识。

案例分析

案例中 WTO 规则把农业补贴政策划分为三种类型：绿色补贴政策、蓝色补贴政策和黄色补贴政策。绿色补贴政策下的农业补贴对农产品贸易价格不产生扭曲作用，包括对农业科技、农业基础设施和农业生态环境的补贴。蓝色补贴政策是指对农业生产经营者给予的不与其生产经营相挂钩的直接补贴，这种补贴对农产品贸易价格产生的扭曲作用不大。黄色补贴政策下的农业补贴对农产品贸易价格产生较大的扭曲作用，它包括价格支持和农产品出口补贴。

2017 年中央“一号文件”明确指出，统筹利用国际市场，优化国内农产品供给结构，健全公平竞争的农产品进口市场环境。健全农产品贸易反补贴、反倾销和保障措施法律法规，依法对进口农产品开展贸易救济调查；进一步提高农业补贴政策的指向性和精准性，重点补主产区、适度规模经营、农民收入、绿色生态；深入推进农业“三项补贴”制度改革；完善粮食主产区利益补偿机制，稳定产粮大县奖励政策，调整产粮大省奖励资金使用范围，盘活粮食风险基金；完善农机购置补贴政策，加大对粮棉油糖和饲草料生产全程机械化所需机具的补贴力度；深入实施新一轮草原生态保护补助奖励政策；健全林业补贴政策，扩大湿地生态效益补偿实施范围。

任务总结

农产品国际贸易是指世界上不同国家或地区之间农产品的买卖活动，其主要由进口和出口两个部分组成，也称农产品进出口贸易。国际贸易中的农产品通常仅指农作物和畜产品。

我国是农业大国，农产品对外贸易在我国对外贸易中占有举足轻重的地位，其状况直接影响到整个对外贸易活动乃至整个国民经济的发展。随着我国农产品净进口范围的扩大、进口量的增加，农产品贸易对我国农业的影响将更为广泛、深刻和直接。

分组讨论

1. 农产品国际贸易的地位和作用。
2. 世界农产品贸易的现状与特点。
3. 世界主要农产品贸易的格局。

业务技能训练一

世界苹果产业预测与分析

1. 实训背景资料

苹果是世界四大水果之一，产量仅次于香蕉，而在中国，苹果是第一大水果，产量远超柑橘类水果，是香蕉产量的3.5倍、葡萄产量的近4倍。近年来中国踊跃推动特点农业工业发展，苹果工业发展程度一直晋升，产品品质不断进步，产品构造得到优化，市场竞争力持续增强。目前，中国已成为世界上最大的苹果出产国，种植面积和总产量均占全世界的50%左右，鲜食花费量与加工花费量逐年增加，苹果出口位居世界前列，中国正从苹果出产大国向苹果工业强国迈进。

中国人均水果消费量为198克/日，美国为303克/日，意大利为426克/日。受益于饮食结构的变化，中国的水果消费量将持续增加。但由于经济增长缓慢，我国水果价格较上年有所下降。另外，由于电子商务发展的主要目标为高收入消费群体和年轻人，大城市的进口水果消费量持续迅速增加。例如，据海关数据显示，上海每年进口1.5亿~1.8亿元（0.236~0.283亿美元）的新鲜水果，年增加近40%。

预计中国对美国原产地的所有品种苹果授予市场准入后，中国2015/2016年度苹果进口量将继续飙升近50%，达到10万吨。美国是中国继智利之后的第二大苹果供应商。随着供应价格的降低，2015/2016年度中国的苹果出口量预计回升20%，增至90万吨。此前，价格上涨已经限制了中国的苹果出口。

智利的苹果产量有所反弹，中国的产量也继续呈现上升趋势，因此，预计2016/2017年的全球苹果产量将增长120万吨，增至7760万吨。智利、中国和美国的出口量有所增加，这抵消了俄罗斯禁止进口某些国家的苹果带来的持续性影响。总体来说，全球贸易量预测将略有上升，增至660万吨。

（1）中国

由于新投产果树的产量逐渐增加，将可以抵消陕西和山东等重要苹果产区因天气造成的损失，预计中国的苹果产量将再度增长，增加90万吨，达到4350万吨，出口量也将增加15万吨，增至130万吨。出口量增加是因为较低的价格促使对价格敏感的亚洲市场——尤其是孟加拉国、印度尼西亚和泰国——的出口量有所增加。由于中国市场上对美国和南半球供应商提供的更高质量的水果有着持续性的高需求，预计进口量将增加7800吨，增至85000吨。

（2）欧洲

由于天气原因，中欧和东欧的欧盟成员国受到重大损失，抵消了波兰的创纪录产量，预计欧盟的苹果产量将略有下降，降至1260万吨。由于俄罗斯将继续在2017年禁止欧盟国家的苹果进口，预计白俄罗斯、中东和北非对欧洲的出口量将维持在160万吨不变。由于南半球国家对欧洲的出口量有所增加，欧洲的苹果进口量预计将继续从2014/2015年度缓慢复苏，上升11000吨，升至46万吨。

（3）美国

美国的苹果产量预计将增加147000吨，达到460万吨，这是因为西部和中部各州的产量有所增加，抵消了东部各州因4月霜冻和夏季干旱而遭受的损失。可用出口量有所增加，因此预计出口量将有所增加，从77000吨增至855000吨，进口量降至17万吨。

（4）俄罗斯

俄罗斯的生产条件良好，预计产量将增长2%，达到130万吨。其中，商业产量预计增长4%，达到57.2万吨，占总产量的近40%。由于俄罗斯继续禁止某些国家产品的进口，预计进口量将进一步下降，减少21000吨，降至72万吨，达到11年来最低水平。然而，俄罗斯仍是全球最大的苹果进口国。

（5）南非

预计南非的产量将达到98万吨，创下新纪录，这是因为苹果的种植条件恢复正常，新种果树全面投产。预计可出口量的增加将推动出口量增加21000吨，增至创纪录水平55吨。

（6）新西兰

因为果园进入生产周期中的大年，外加天气条件有利于成功开花授粉，预测新西兰的产量将略有上升，预计增至创纪录的56.7万吨。在扩大了对亚洲市场的贸易后，预计出口量也将继续呈上升趋势，达到创纪录的36.5万吨。新西兰专注于亚洲市场，专门为亚洲种植的品种已开始投产。

（7）南美洲

预计智利的产量将上升13万吨，升至140万吨，这是因为冬季低温小时数有所增加及果树同时开花。预计更高的产量将推动出口量的增长，增加9万吨，增至75万吨。出口到最大市场欧洲和美国的数量将增加。

虽然智利的产量有所反弹，但预计阿根廷的产量将保持在65万吨，这是因为苹果的种植面积继续下降，而且一些果园受到了9月霜冻的影响。预计出口量保持稳定，保持在10万吨不变，最大市场为巴西、俄罗斯和欧盟。

资料来源：2016/2017年度全球苹果产业预测，http：//www.freshplaza.cn/article/5110。

2. 实训目标

了解世界苹果生产和贸易的格局；掌握我国苹果出口贸易的现状、特点及趋势；

能够结合所学知识，根据对世界苹果生产与贸易的分析以及中国苹果产业中存在的主要问题，提出中国苹果产业策略调整的建议。

3. 实训准备

（1）全班学生随机分组，每组成员控制在5人左右（小组人数尽量为单数）。每组推选一名学生作为组长，组长对组内成员进行任务分工和协调。

（2）器材准备：能够上网的机房或多媒体教室、签字笔、A4纸、相机（拍照像素高的手机也可以）。

4. 实训步骤

（1）利用图书馆、网络收集有关我国苹果生产、对外贸易的资料；

（2）各小组对收集的资料进行分类、汇总；

（3）小组讨论，结合技能训练背景资料，提出中国苹果产业策略调整的建议（要求对讨论过程进行文字记录、录像）；

（4）各小组选派一名代表说明建议内容及理由，其他小组参与评价；

（5）教师点评各小组建议内容，给出修改建议；

（6）根据小组评价和修改建议，各小组在组长带领下分工完成建议内容（小组提交的建议方案内容不少于2000字）；

（7）各小组建议方案以Word文档和PPT两种形式提交。

5. 实训效果评价（见表7-1）

表7-1　农产品贸易实训效果评价

考评内容	考评标准	分值（分）	自我评价（分）	小组评价（分）	教师评价（分）	实际得分（分）
实训完成情况	讨论过程成员的参与程度	10				
	建议内容的针对性	20				
	建议内容的合理性	50				
其他	态度积极、遵守纪律、有团队协作精神	20				
合计		100				

注：实际得分=自我评价×20%+小组评价×30%+教师评价×50%。

知识拓展

2018年“中央一号”文件

任务二　农产品贸易政策

案例引入

欧盟农产品贸易相关政策摘要

2015年10月，欧盟委员会为欧盟颁布了一项新的贸易和投资政策——《贸易惠及所有：迈向更负责任的贸易和投资政策》。新政策旨在为全球价值链、服务贸易和电子商务的发展提供支持。主要目标包括降低非关税壁垒，增加服务贸易，在促进跨境服务提供的技术改进中受益，以及认识到劳动力流动和专业资质互认的重要性。在积极参与世贸组织的同时，欧盟还在继续推进货物和服务贸易、知识产权、投资、政府采购、能源和原材料的获取、通关和贸易便利化、竞争以及监管合作等领域贸易协定的谈判。加拿大与欧盟于2016年10月签署了《综合性经济与贸易协定》。《欧盟—新加坡自由贸易协定》正在等待批准，欧盟法院将就一个欧盟拥有管辖权的问题提出意见。许多其他贸易和投资协定的谈判也在进行之中。

欧盟对关税同盟拥有专属权限，成员国的海关管理部门则负责共同海关立法的实施。实际上所有海关程序都是电子化的，可以在1小时内办理完毕，很少会需要纸质表格。新的《欧盟海关法典》的主要条款于2016年5月1日生效，取代了1992年制订的《共同体海关法典》。《欧盟海关法典》旨在实现海关程序的简化和现代化，使相关规则符合欧盟条约，并推进信息技术程序的协调。

《欧盟海关法典》带来了以下变化：完善了授权经营者项目（2015年该项目已覆盖14000个经营者，占进口总额的71%）；简化了海关仓库、自由区和临时储存系统；完善了共同风险管理框架；将关税约束信息的有效期降低至3年，并对进口商产生约束力；到2020年逐步采用电子海关系统；精简并重新组织原产地规则与海关估价。

2016年的简单平均最惠国实施税率为6.3%，比2014年略低，原因是欧盟采用了范围更大的《信息技术协定》产品清单并调整了其命名方法。农产品（世贸组织定义）的税率仍比非农产品（4.3%）高（简单平均税率为14.1%）。此外，更多的农产品受非从价关税的约束，且同一产品类别内部与不同产品类别之间往往存在显著的差异。欧盟对自由贸易协定项下的特惠贸易以及“普惠制”“超普惠制”和“除武器外全部免税”制度项下的非互惠性优惠做出了全面的安排。“普惠制”和“超普惠制”适用于欧盟9414个税号的6000多个税号，其中，大部分产品根据“超普惠制”享受免税，约半数产品根据“普惠制”享受免税。特定国家的覆盖范围因欧盟每3年实施一次的审议而异。

根据欧盟委员会2013年通过的《动植物卫生综合计划》，欧盟于2016年出台了关于动物卫生、植物病虫害和官方控制的新立法。该计划旨在通过把近70项不同的立法措施整合为4项，实现现有食品链立法的简化和现代化。

2013年起对共同农业政策实施的改革自2015年以来已得到充分落实。根据共同农业政策，各成员国对确定本国范围内用于不同直接付款计划和农村发展的资金规模有一定的灵活性。尽管大多数直接支付计划都不与当前生产挂钩，自愿挂钩的支持计划可以达到本国直接支付总额的15%或经欧盟委员会批准的更高比例；或者，发生减损时，成员国最多允许使用300万欧元。此外，有3个成员还规定了棉花的直接支付。针对俄罗斯联邦为禁止从欧盟进口某些产品而采取的措施，欧盟采取了若干临时措施来支持乳制品、畜牧业、水果和蔬菜生产者，其中，包括市场支持措施。自2013年7月起未提供出口退税，尽管欧盟在出口补贴通报中通报了超出生产配额之外生产的糖。糖的生产配额将从2017年9月底起废除。牛奶的生产配额将从2015年3月底起废除。

资料来源：世贸组织对欧盟进行第十三次贸易政策审议，http://sms.mofcom.gov.cn/article/u/bb/201710/20171002656341.shtml。

问题：(1) 结合案例背景资料，对欧盟农产品贸易相关政策进行评价。

(2) 比较我国、美国、欧盟、日本农产品贸易政策的构成及特点。

知识准备

农产品贸易是国际贸易体系的重要组成部分，具有极为敏感、复杂的特点。从2005年起，我国农业在加入WTO谈判中争取的过渡期已基本结束，农产品贸易环境日趋复杂，市场风险日益加大。

一、我国农产品贸易政策及其变化

影响农产品贸易问题的因素纷繁复杂，既包括一些非经济因素，如气候、自然灾害、政治利益、生物安全、环境保护等，也包括一些总体经济因素，如人口增长、收入增长、石油价格等，而贸易政策则是制约农产品国际贸易的直接原因。广义的农产品贸易政策不仅包括农产品进出口政策，也包含影响贸易的国内农业支持政策。由于农业的弱势地位，各国农业支持政策和农产品贸易政策都带有强烈的保护色彩。

农产品贸易保护政策是政府采取的对农产品贸易有直接和间接影响的政策措施，主要包括市场准入政策、国内支持政策、出口补贴、其他政策。入世后，我国的农业政策及农业贸易政策受多边贸易协定的限制，在农产品关税、关税配额、出口竞争和国有贸易等问题上不得不按照《中国加入世界贸易组织法律文件》的相关规定和承诺对现有的措施进行调整，不能再使用出口补贴。

（一）市场准入政策

市场准入政策，如关税、配额、国有贸易、反倾销、反补贴。

（二）国内支持政策

国内支持政策主要包括绿箱政策、黄箱政策等。

（三）出口退税、出口加工的进口关税减免等

我国最初的出口竞争政策主要包括出口补贴、外汇留存、出口退税及用于出口的进口关税减免。随着贸易体制改革的深化，在1994年后，出口竞争政策主要是出口退税、出口加工的进口关税减免及支持出口的金融手段。

（四）其他政策

其他政策，如动植物检验检疫措施（SPS）等。

当前我国针对农产品反倾销的法律法规不够完善，掌握WTO规则并有极强英语能力的专业人才匮乏，同时也没有在全球范围内获得“市场经济国家”的地位，这就要求我国政府尽快出台和完善相关反倾销的法律法规，在法律层面上为出口企业提供保障。

二、其他国家或地区农产品贸易政策的构成及特点

（一）美国

20世纪90年代，在世界农产品贸易自由化的趋势以及美国财政预算紧张的双重约束下，美国在1996年《农场法案》中实施了市场化导向的改革。1998—2001年，美国农业陷入困境，促使政府再次增加农业补贴，扭转了1996年《农场法案》自由化改革的趋势。2002年和2008年的《农场法案》，均延续了增加农业补贴的趋势，这使美国农产品贸易政策的保护程度进一步提高。

从美国农产品贸易政策发展历程来看，第一，农产品生产过剩是长期困扰美国政策制定者的难题。第二，美国农业非常依赖出口市场，农产品贸易政策与出口市场的变化密切相关。第三，美国农业保护政策经历了不同时期的变化，政府也尽力做着改革的努力，农业保护的基本方向仍未得到改变。第四，农业干预政策扭曲了农产品市场运行机制，农产品价格不能真实反映农产品的生产成本。同时，农业价格支持政策使美国农产品价格高于世界价格水平，需要依靠贸易保护政策才能维持国内价格水平，同时也需要出口补贴政策促进农产品出口。

美国农产品贸易政策是其国内各农业利益集团相互博弈与妥协的结果，利益集团的游说博弈使美国农产品贸易政策在维护保护政策和市场化改革之间摇摆不定，但总体上仍以农产品贸易保护政策为主要特征。

美国农产品贸易政策的不同措施体现了不同程度的保护水平，对不同农产品的保护程度也不尽相同。针对糖和乳制品等缺乏竞争力的产品，美国政府实施关税配额管理进行进口保护；而对生产过剩的农产品，政府采取出口补贴政策，以低于国内市场的价格出口。作为农产品出口计划，粮食援助不仅在一定程度上缓解了贫困国家的饥饿状况，而且扩大了美国在这些国家的政治影响，同时也促进了农产品出口，维护了美国农业的利益。

国内支持政策是美国农产品贸易政策的核心内容，市场准入和出口补贴在某种程度上是为了维护国内支持政策的有效性而设立的。因此，美国农产品贸易政策调整和改革的重心在于国内支持政策。美国农业补贴政策的实质是由美国政府将资源转移给农业部门的政策行为。农业补贴把收入从消费者和纳税人转移到农场主和土地所有者手中，维护了农业生产者的利益，使消费者（高农产品价格）和纳税人（税收转移）的利益受损。农业补贴使农业生产缺乏效率，价格支持政策使粮食等主要作物的价格维持在较高水平，诱导生产者使用过多的资源生产粮食，导致国内粮食生产过剩，政府不得不运用出口补贴来解决粮食生产过剩问题。

美国农产品贸易政策不仅体现在《农场法案》的条款中，也体现在美国政府在多边、区域和双边自由贸易协定中参加的农产品贸易谈判上。在 WTO 多边贸易谈判中，美国坚持削减农业补贴要以其他成员削减补贴和扩大市场准入为条件，这种僵硬的谈判态度是 WTO 农产品贸易谈判停滞不前的主要原因之一。在 WTO 争端解决机制下，美国的农业补贴政策受到了其他谈判成员的批评，巴西挑战美国农业补贴政策，对美国农产品贸易政策的调整施加了压力。在 WTO 农产品贸易谈判陷入僵局的形势下，美国积极进行区域和双边贸易谈判，目的是扩大谈判方的农产品市场准入，拓展美国农产品出口市场。在 FTA 谈判的农业议题中，美国政府明确了农业补贴问题不在双边谈判范围之内，表明其最关注的是谈判对方的农产品市场准入问题。

美国农产品贸易政策尽管在维护国内农业发展和农场主收入等方面发挥着“安全网”的作用，但也存在着诸多负面影响。美国农产品贸易保护政策不仅增加了政府财政负担，也不利于美国农业的可持续发展和农产品国际竞争力的提高，同时对世界其他国家的农业生产者利益带来损失，不利于 WTO 农产品贸易谈判的进展，并导致农产品贸易争端频频发生。

（二）日本

2017 年 1—6 月日本食品和农产品出口额达到 3786 亿日元，同比增加 4.5%。2017 年上半年日本大米、牛肉和茶叶出口形势向好。近年来日本料理在海外各国受到欢迎，对日本食品和农产品的出口起到促进作用。据统计，日本含加工食品在内的农产品出口额为2284亿日元，同比增加2%。其中，大米出口额达15亿日元（5600吨），同比增加27%；牛肉达78亿日元，同比增加57%；茶叶出口额达68亿日元，同比增加27%；苹果因2016年青森县减产，出口量价同比齐跌3成。林产品在中国和美国销量增加，出口总额达173亿日元，同比增加34%；水产品出口额达1328亿日元，同比增加6%。

日本政府计划到2019年农产品出口额达到1万亿日元，为此年均增加率要达到10%以上。

日本有关农产品贸易的政策和法律以《农业基本法》为中心，以有关食品卫生及安全的法律、完备的进出口管理法律体系以及关税法体系为辅助，以经济产业省、农林水产省、厚生省、食品安全委员会等为执行机构，形成了一个健全的、发达的体系。

1.《农业基本法》

1999年7月，日本国会通过了新的《食品、农业、农村基本法》（即“新基本法”），同时废止了1961年制定的《农业基本法》。“新基本法”是为了解决旧基本法累积下来的国内农业问题，以及为适应WTO农业协定规则的要求而出台的。其中，农产品贸易政策的调整，基本反映在围绕这部法律而展开的一系列改革当中，概括起来主要包括转变农业在国内的支持方式，将国内支持政策从价格补贴向强化农业生产能力的方向调整；改革农产品关税。

2. 有关食品卫生和安全的法律

厚生劳动省早在1947年就制定了《食品卫生法》《食品卫生法施行令》等法规。为了贯彻和实施这些法规，日本还设立了食品安全局、食品卫生协会、卫生保健所等管理和监督机构。在发生疯牛病及进口蔬菜残留农药等问题后，日本政府进一步完善了食品安全法规和管理体制。1995年以来，日本先后对《食品卫生法》进行了十多次修改，并在2003年5月23日颁布了《食品安全基本法》。另外，在内阁府设立了食品安全委员会，直接向首相负责，以便对涉及食品安全的事务进行管理。农林水产省也设立“食品安全危机管理小组”，建立内部联络体制，负责应对突发性重大食品安全问题。

3. 进出口管理的法律体系

日本进口管理的法律体系包括《外汇及外贸法》和政府公布的相关政令、省令及告示、进口注意事项等。因为进口贸易受到不断变化的国际经济形势的影响，所以《外汇及外贸法》只对进口贸易管理的一些基本事项进行了规定，其他具体规定以随时更新的《进口令》《进口规则》等政令、省令等形式公布，由经济产业省及其他有关机构共同对进口实施管理。出口方面，农林水产省制定了《出口贸易管理令》，主要包括农产品出口限制、技术提供限制和出口的事后审查等内容。

4. 关税法体系

日本关税法体系主要由《关税法》《关税定率法》《关税临时措施法》构成。其中,《关税法》是关税行政的基本法,规定了关税的征收、进出口货物通关以及与此相关的船舶进出港手续及保税制度等。《关税定率法》详细规定了关税税率及计税价格的确定方法、关税的减免或退还、反倾销关税等特殊关税制度。《关税临时措施法》规定的是一些短期性、临时性的关税税率、关税减免及退税制度、普惠关税制度等,是《关税定率法》的补充。此外,对于特殊的例外事项,则由《集装箱特例法》等进行规范。

5. 执行机构

日本与农业和农产品贸易管理有关的政府部门和机构,主要包括经济产业省、农林水产省、厚生省、食品安全委员会。其中,经济产业省是日本政府管理进口贸易的主管部门,拥有许可审批等权限。农林水产省和厚生劳动省是食品安全管理主体,日本农产品质量安全管理工作由二者共同负责,按照生产、加工、销售等不同环节分别确定各自管理职责,直接面向农产品的生产者、加工者、销售者和消费者。

日本有关农产品贸易的政策与法律形成了自己的特点,具体体现:一是继续维持高关税壁垒,非关税壁垒繁多,隐蔽性强;二是利用立法手段加快技术标准和法规的更新,以实施严格的进口管理;三是精心利用特殊保障条款(SSG)"触发器"规则的灰色区域。

(三)欧盟

欧盟是一个巨大的开放型经济体,其 GDP 达 147110 亿欧元,总人口 5.08 亿人。根据欧委会报告,2016 年欧盟农产品出口创新高,达到 1307 亿欧元,农产品进口下降 1.5%,至 1120 亿欧元,分别占欧盟当年货物出口额和进口额的 7.5%和 6.6%。

欧盟农产品贸易月报显示,2016/2017 年度,欧盟对美国的农产品出口同比增加 8%,对日本的出口同比增加 14%,对韩国的出口同比增加 33%,对俄罗斯的出口同比增加 12%,对中国的出口同比增加 5%。另外,欧盟对越南、瑞士和中国香港地区的出口增幅也超过 2 亿欧元。不过,欧盟对北非和中东地区的出口下滑,其中,对沙特阿拉伯的出口减少 11%,对阿尔及利亚的出口减少 8%,对摩洛哥的出口减少 12%。

1. 关税

欧盟实行共同关税制度,执行统一关税税率和管理制度。成员国在欧盟内实行关税同盟,也就是从第三方进口的货物,在欧盟内实行统一关税。一旦某种进口货物在某成员国清关后,即可在整个欧盟内部自由流动。

英国"脱欧"后,如英国和欧盟不能及时达成自贸协定,新的贸易壁垒就会出现。英国脱离欧洲关税联盟后,来自欧盟的农产品价格将大幅上涨,可能导致英国消费者减少购买来自欧盟的农产品。欧盟受损失最大的行业可能是水果、蔬菜、牛肉、乳品和葡萄酒，这些产品在对英出口食品和农产品中占比较大。德国、法国、西班牙、比利时、荷兰和爱尔兰因对英出口农产品较多而尤为关注上述自贸协定谈判。例如，爱尔兰超过1/3的农产品及食品出口英国，牛肉、乳品出口占比更高。因此，欧委会应在2019年及2020年预算中提供足够的危机管理工具，以便向受到严重影响的农民提供援助。

2. 技术性壁垒以及卫生与植物卫生措施

欧盟的技术法规体系是世界上最完整、最复杂的技术性贸易措施体系。近年来，欧盟颁布了大量技术法规和标准，并制定了相应的合格评定程序，其中有的要求苛刻，甚至缺乏充分科学依据，直接或间接地构成了对第三国特别是针对包括中国在内的发展中国家的技术性壁垒。

在卫生与植物卫生措施方面，欧盟对食品安全问题给予了较大关注。欧盟依靠其较强的科技实力，制定了较高的食品安全标准，其食品安全保障体系日益繁杂。同时，欧盟要求无论食品是在本地生产还是来自任何欧盟以外的其他国家，都必须满足欧盟关于食品安全方面的标准。对于很多出口国，尤其是经济欠发达国家，其产品有时根本达不到欧盟的要求，欧盟较高的食品安全标准就构成了实质性的进入限制。

3. 贸易救济措施

贸易救济措施包括对进口产品实施的反倾销、反补贴和保障措施。不合理地使用或滥用这些救济措施，会对进口产品形成贸易壁垒。目前，我国是世界上出口产品被反倾销最多的国家，国外针对我国出口产品采取的保障措施数量，也呈现不断上升势头。实践中，一些WTO成员滥用反倾销、反补贴和保障措施，严重阻碍了我国出口贸易的发展。我国对欧盟出口农产品遇到的主要反倾销案件，包括橘子罐头反倾销案、冷冻草莓反倾销案等。

（四）印度

印度是WTO创始国之一，其政府和相关农业部门一方面积极调整国内农业生产及农产品贸易政策以符合WTO《农业协议》总体规则与要求，另一方面要为国内农业健康、稳定、快速发展提供更多支持和保护。因此，政府在农产品贸易政策选择和实施中表现谨慎。中央层面制定和实施的农业政策，遵循了确保粮食自给自足和稳定消费者购买价格等原则，其中，与贸易密切相关的主要有关税措施和进出口限制等。

1. 农产品进口贸易政策

印度对农产品进口保护逐渐减少，但仍利用农产品贸易政策支持其粮食自给自足和价格稳定的总目标。关税作为印度农产品贸易政策的主要工具，一直处于不断调整阶段，以确保国内主要产品充足供应。

长期以来，政府对所有农产品实施从价税，关税税率从0到182%，受高关税保护的农产品集中在税则（HS）第22章（饮料、酒精及醋）、第21章（杂项食品）、第9

章（咖啡和茶）、第15章（动物或植物油脂）和第10章（谷类）。2007年实施的农业最惠国关税从40.7%上升至40.8%，约束税率为117.2%。与高额约束关税相比，大多数农产品实施税率较低，约89%的产品实施关税水平等于或低于50%，9.4%的产品实施税率在50%～100%，1.3%的产品（主要是酒精饮料）实施税率超过150%。对大部分产品而言，实施税率和约束税率差距从10%到300%不等，因此，印度可提高部分农产品关税标准税率。根据海关法第14条第2款规定，政府采用"参考价格"而不采用进口商报价计算适用于棕榈油、棕榈液油及初榨豆油等产品的进口关税。

2017年1月13日，印度发布《食品安全标准（进口）操作指南》，该《指南》共包括13个部分：术语和定义；进口许可；进口食品的报关；特殊用途进口食品的报关；进口食品的储存、检测、取样；进口食品的实验室取样分析；基于风险的食品进口报关计划；食品进口的限制；食品机构；海关授权；审核过程；拒收食品与样品的处理；关于标志不规范食品的处理。

2017年3月9日，印度发布了2017版《食品安全标准（进口）条例》，该条例共包括8个部分：前言；食品进口的批准；食品进口的官方许可；食品进口的官方许可的特殊规定；进口食品的储存和取样；进口食品的实验室分析；基于风险的食品进口许可计划；食品进口的禁止和限制。

2. 农产品出口贸易政策

（1）出口限制方面

已逐步取消出口禁令、出口许可证和其他限制出口措施，绝大多数农产品出口不受限制。为保证国内供给充足和价格稳定，政府对一些重要产品采取限制出口政策。2007年2月为遏制国内价格上涨禁止小麦出口。出于卫生、环境和宗教等因素考虑，禁止出口某些农产品。需出口许可证的农产品有活动物及特定的畜产品、种子、海藻和其他藻类、食物残渣和废物，以及蚕和蚕种等；仍执行国有贸易政策的产品包括洋葱和树胶等；在2006年税则中被取消出口税率的农产品包括咖啡、香料和烟草等。

（2）出口鼓励方面

2002—2007年外贸政策中采取了一系列促进农产品出口的措施。设立了农业出口区，由中央和省政府提供援助，农业部协助提供延伸服务和投入，农业大学提供研发支持，国家园艺局协助建立冷冻储藏设施以扩大农产品出口。2004年提出的特殊农产品计划，旨在促进水果、蔬菜、花卉、林副产品、乳品、家禽及其附加产品出口。政府对出口的激励手段是进口税信贷，相当于5%的离岸价格出口值。

（五）巴西

巴西农产品对中国市场的出口蕴含着巨大的潜力，两国在农业领域具有较强的互补性。2013年，中国首次超过欧盟成为巴西农产品最大的出口目的地。

2016年，中国共进口了208.3亿美元的巴西农产品。虽然和2015年的212.8亿美元相比下降了2.1%，但中国仍然是巴西农产品的最大进口国。2017年1—8月，巴西农产品出口总额为654.33亿美元，同比增长8.3%。其中，对华出口达205.45亿美元，占其总量的31.4%。中国成为巴西第一大农产品出口目的地国。巴西对中国出口量的增长主要是由于大豆出口量的提高，1—8月巴西对中国大豆出口量为4430万吨。

近年来，巴西农产品出口在国际市场上表现突出，这主要得益于其农业贸易政策的成功。

1. 以市场调节为主的政府有限支持

巴西农产品供求主要由市场来调节，政府支持和促进农产品生产和贸易的各项政策是有选择性的、辅助性的，但却起到非常重要的支持和促进作用。目前，巴西主要的大宗农产品现货价格，或是由农产品现货交易市场拍卖价确定，或是参照掌握该农产品市场份额最大州的售价而定。同时，大宗农产品现货定价也参考巴西期货交易所和美国芝加哥期货交易所的同种挂牌农产品远期合约价格的现时报价，而远期价格则主要参照巴西期货交易所和美国芝加哥期货交易所的同种挂牌农产品远期合约价格。

巴西政府对农产品生产和贸易一直采取价格保护政策。不过，巴西政府对农产品生产和贸易采用价格保护政策的形式、内容和途径是随国际、国内形势的变化而有一个变化过程的。巴西政府支持和促进农产品生产和贸易的主要政策和措施，包括价格保护、农村信贷、投资、保险和税收政策等。

2. 农产品最低保护价格政策

长期对农产品生产和消费的价格控制使巴西财政预算资金迅速增长，并由此加剧了通货膨胀。在这种情况下，巴西政府开始改革价格保护体系，转而施行最低保护价政策，以调节农产品供求价格和地区产销均衡，保护农产品生产者和消费者利益。2003年以后，最低保护价的确定依据主要是产品的生产成本，几种主要农产品的价格也有了重大调整。

3. 农村信贷优惠政策

巴西的农村信贷制度主要是交易和存储信贷。这种交易和存储信贷的主要形式：一是向农业生产者提供联邦政府短期优惠贷款。20世纪90年代中期以后，联邦政府贷款一般只提供政府购买计划所覆盖的产品，贷款规模取决于产品的最低价格，只允许以现金偿还，期限一般为90~240天，以180天居多。二是向农产品加工者提供联邦政府贷款，一般提供给设定最低价格的商品或商品加工者。这种贷款的一个重要特点是，只有农产品加工者支付给生产者的价格等于或高于规定的最低保证价格时才可以申请这种贷款。贷款规模可以达到借款者加工能力的50%，而对合作社的加工者则可以达到100%。

4. 政府农业投资、保险和税收政策

为降低农业生产风险，政府以生产成本为限，与农民各自负担保险金的50%，并对农业备耕、种植、管理、销售4个阶段进行保险。同时，在巴西的税收政策中对农业部门有很多优惠政策，主要是鼓励农产品出口和限制农产品进口。

5. 对出口多元化和自由化的支持和促进政策

巴西农产品对外贸易遵循国际市场价值规律和世界贸易组织规则，同时，政府采取积极的农产品出口贸易的支持和促进政策，主要表现：一是政府鼓励农产品出口和限制农产品进口的税收政策。巴西对用于出口的原材料和半加工产品免税，从法律上规定了咖啡、食糖、酒及相关产品的出口可以免税，这有效地促进了巴西农产品的出口。二是政府出面开拓多元化和自由化的国际出口市场。目前，巴西除积极发展传统的拉美和欧美出口目标市场外，正积极努力开拓中国等亚洲出口市场，以利于扩大农产品出口，规避风险。三是政府按照农产品进口国政府规定要求加强出口农产品检验，向农产品进口国政府落实农产品动植物卫生检疫协定。四是加强对进口产品的反倾销调查，品种之多、频率之密集，尤其引人注目。这些政策措施有力地促进了巴西在国际上有比较优势的农产品大量、顺利、持续出口，增加了外贸收入。

巴西各种规模庞大、人数众多、独立性强的农业生产者协会和农业合作社在促进农产品生产和出口中发挥了重要作用。它们为会员和社员提供信贷融资、机器生产、技术改造、病虫害防治、市场信息、销售出口咨询和服务。同时，为国家制定农产品贸易政策和谈判战略提供建议。

资料链接

江西南丰蜜橘打通欧盟贸易壁垒　时隔3年重返欧盟市场

2017年11月13日，来自“华夏蜜橘之乡”江西省抚州市南丰县的中国地理标志产品之一——南丰蜜橘时隔3年重返欧盟市场。

11月10日，经检验检疫合格后，重约19吨、货值5.2万美元的南丰蜜橘“乘”船漂洋过海出口至英国。

南丰蜜橘是“中国地理标志产品”“中国驰名商标”“中国名牌农产品”和“绿色食品”。2017年，南丰县蜜橘总产量将突破30亿斤，出口量将达4亿斤，直接或间接远销东南亚、中东、北美等100多个国家和地区。

英国是中国蜜橘出口的高端市场，蜜橘售价较东南亚等传统市场高出近一倍。近年来，受雨水多、欧洲对中国输欧蜜橘采取加严检验措施等多种因素影响，南丰蜜橘已绝迹欧盟市场3年。

为帮助南丰蜜橘重返欧盟市场，检验检疫部门积极组织专家研究应对国外技术贸易壁垒，密切关注英国法规标准制定修改动态，加强风险预警信息收集整理，帮扶指导蜜橘种植企业按照英国相关法规要求进行种植，保障输欧蜜橘的质量安全。

南丰蜜橘口感酸甜，英国人喜欢将其作为圣诞礼物送给朋友。因此，圣诞节之前将陆续出口约80吨蜜橘至英国。

南丰蜜橘不但重返欧盟市场，还有望拓展美国、日本等发达国家市场。此外，南丰蜜橘的“中欧班列”将于11月首发，蜜橘将运往俄罗斯等地，预计2017年出口产值突破2亿美元。

资料来源：中国新闻网，http：//www. chinanews. com/cj/2017/11 - 13/8375447. shtml。

前沿聚焦

警惕“蓝色贸易壁垒”对我国劳动密集型企业的影响

“蓝色贸易壁垒”，亦称劳工标准贸易壁垒或社会条款壁垒，简称“蓝色壁垒”，是对劳动保障、劳动者待遇、劳工权利、劳动标准等方面规定的总称。近年来，由于欧美金融危机的不断爆发和扩散，各国贸易保护主义重新抬头。经过对原有的“关税贸易壁垒”“技术贸易壁垒”等贸易壁垒形式的不断翻新，打着关心劳工身心健康和权益的社会责任标准“SA 8000”等新的“蓝色贸易壁垒”，不仅迎合了西方国家所谓的“保护人权和环境”的“主流”理念，可以提升销售商及其产品在公众和消费者中的品牌影响力，更是抑制了广大发展中国家——特别是中国——的劳动力成本这一竞争优势，达到了保护本国产业的目的。

近年来，越来越多的出口企业被欧美采购商要求通过社会责任认证或者接受社会责任验厂，才能获得出口订单。而这些企业一般都是行业内中上游的企业，在多年的市场竞争中产品质量较好，主打欧美市场；同时，大多数属于劳动密集型企业，生产工艺中劳动力使用密集，企业的国际竞争优势主要来自国内较低的劳动力成本；另外，由于产品型号多、规格差异大、标准不统一，生产过程的自动化改造难度大、进展慢。这类企业都处于转型升级的初期，其发展现状导致其屡屡被“蓝色壁垒”“追尾”。

“蓝色贸易壁垒”对制造企业的影响十分深远，SA 8000等“蓝色壁垒”的推行将在西方发达国家的消费者心目中进一步强化这一观念，即承担企业责任、经过SA 8000等认证的产品具有更严格的社会责任方面的道义标准，欧美发达国家的产品可以借此突出和中国出口产品的差异，进而拉开产品层次，并在提高中国产品进入西方发达国家市场准入门槛的同时，进一步增加中国产品以自主品牌出口的难度。

虽然“蓝色贸易壁垒”的表现形式种类较多，但是从目前来看，中国出口生产企业经常碰到的以接受国外客户的工厂审核和要求通过社会责任工厂认证两种为主。与之前国外“技术贸易壁垒”中常见的接受国外客户工厂审核和通过产品质量认证等相比，这两者看似类似和简单，实际操作中却给出口企业带来巨大的麻烦。以社会责任标准“SA 8000”为例，其制定者为美国的“社会责任国际”组织和欧美的一些跨国公司和其他国际组织，因此，其在制定时主要是从西方的惯性思维、保护劳工权益和维护其既得利益等角度出发，有意忽视甚至刻意忽略了中国等一些发展中国家的法律法规和实际情况，导致一些条款不科学，一些具体内容难以操作，甚至存在给出口制造企业造成重大经济损失的巨大漏洞。

企业在申请SA 8000认证期间，需接受第三方认证机构对本公司规章制度、人事记录，包括合同、工资等方面内容的审核，但现在一些认证公司从业人员素质良莠不齐，对标准中的部分条款存在过度解读甚至错误理解的问题，此外，这些认证公司的从业人员普遍存在随时离职的情况，且极有可能在离职后直接到竞争对手公司任职，从而导致本公司核心商业机密外泄。

与此同时，申请认证的企业除了增加评估现行状况、制定系统原则和程序、控制和记录所需的时间成本，以及采取补救措施所形成的成本，即减少工作时间、提高工资待遇、改善工作与生活环境等所带来的成本以外，还要承担高昂的认证、审查以及不断进行控制和监督审查的费用，极大地增加了企业的生产成本，降低了出口产品的市场竞争力。

纵观SA 8000等标准的要求，虽然存在着重大的缺陷和不利于我国外贸出口之处，但是其在制定时所引用的《国际劳工组织公约》《联合国儿童福利公约》和《世界人权宣言》等的一些要求，也具有合理的成分。从目前我国出口制造业的发展来看，推进产业转型升级、提升设备自动化程度以及“机器换人”等，将是一个必然的趋势。然而，生产一线的相关员工仍是制造业不可或缺的重要组成部分。因此，每一家出口生产企业均应去芜存菁，学习和借鉴SA 8000等标准要求中的合理内容，通过提升企业员工的工作环境，保护每一位员工的相关权益，激发员工的工作积极性和企业归属感。

在我国劳动力成本优势消退的背景下，相关出口企业应转变“产值为王”的理念，树立“技术为王、品牌为王”的意识，促进经济转型和结构调整。全面引入现代企业管理理念，改变家族式、作坊式粗放管理方式，有条件的企业应积极采用ERP、PLM等生产管理信息化工具，提高生产效率，降低劳动强度。企业还要对照SA 8000标准对症下药，努力改进劳工工作环境和生活环境，改变“劳工标准低，劳工权益保护不充分”的不良国际形象，最终实现“中国制造”在国际市场的完美转型。

资料来源：中国贸易救济网，http：//www. cacs. mofcom. gov. cn/cacs/newcommon/details. aspx？ navid = &articleId = 133955。

案例分析

美国农产品贸易政策的不同措施体现了不同程度的保护水平，对不同农产品的保护程度也不尽相同。针对糖和乳制品等缺乏竞争力的产品，美国政府实施关税配额管理进行进口保护；而对生产过剩的农产品，政府采取出口补贴政策，以低于国内市场的价格出口。作为农产品出口计划，粮食援助不仅在一定程度上缓解了贫困国家的饥饿状况，而且扩大了美国在这些国家的政治影响，同时也促进了农产品出口，维护了美国农业的利益。

案例中欧盟的技术法规体系是世界上最完整、最复杂的技术性贸易措施体系。近年来，欧盟颁布了大量技术法规和标准，并制定了相应的合格评定程序，其中有的要求苛刻，甚至缺乏充分科学依据，直接或间接地构成了对第三国特别是针对包括中国在内的发展中国家的技术性壁垒。

日本有关农产品贸易的政策和法律以《农业基本法》为中心，以有关食品卫生及安全的法律、完备的进出口管理法律体系以及关税法体系为辅助，以经济产业省、农林水产省、厚生省、食品安全委员会等为执行机构，形成了一个健全的、发达的体系。

任务总结

贸易政策是制约农产品国际贸易的直接原因，农产品贸易政策有广义与狭义之分。广义的农产品贸易政策不仅包括农产品进出口政策，也包含影响贸易的国内农业支持政策。由于农业的弱势地位，各国农业支持政策和农产品贸易政策都带有强烈的保护色彩。农产品贸易保护政策是政府采取的对农产品贸易有直接和间接影响的政策措施，主要包括市场准入政策、国内支持政策、出口补贴、其他政策。

分组讨论

1. 我国农产品贸易政策及其变化。
2. 美国农产品贸易政策的构成及特点。
3. 日本农产品贸易政策的构成及特点。
4. 欧盟农产品贸易政策的构成及特点。

业务技能训练二

我国农产品贸易纠纷的特点及原因

1. 背景资料

农产品贸易是我国贸易的重要组成部分，它的发展直接影响着我国经济的稳定发展，特别是农产品贸易纠纷问题比农产品贸易的比重还要大，它已经成为我国国际贸易健康发展的突出问题，需要国家相关部门及时解决。

●农产品贸易纠纷的特点

农产品贸易在我国整个对外贸易中不断增长，但农产品贸易纠纷问题不容乐观。产生这种情况的因素多变，致使我国的贸易纠纷呈现高发态势。具体分析，我国农产品贸易纠纷有以下三个特点：第一，农产品贸易纠纷涉及的农产品种类繁多，涉及面广，由贸易纠纷引起的农产品的数量和金额不断升高，导致我国农产品的进出口贸易发展受到阻碍。第二，农产品贸易纠纷所涉及的国家比较多，随着经济发展程度的加深，这种纠纷越发严重。例如，美国、加拿大、印度等对我国的反倾销控诉比例不断升高，并且反倾销的税率也不断升高，目前已达119%～267%，致使中国失去原有的市场份额。第三，农产品贸易纠纷逐渐向政治化方向发展，双边关系对贸易纠纷的解决具有重要作用。

●产生农产品贸易纠纷的原因

☞农产品贸易操作复杂、限制繁多

农产品进入国际市场受到许多方面的限制，并且操作过程也非常复杂，如市场准入、动植物的安全检查、卫生检查、国内的支持等，它们中间的任何一个环节都可能引起贸易纠纷，解决起来也比较复杂。例如，欧盟国家以我国动物源性食品中的抗生素含量超标，从而禁止与我国动物源性食品的贸易，使我国失去了动物源性食品的市场，对我国经济造成一定的损失。

☞技术差异的限制

农产品贸易中对技术的要求也比较高。我国加入WTO以来，出口贸易的直接限制减少，但是各种间接限制却日益突出，如卫生标准、安全标准、技术标准等。其中，技术差异已经成为农产品贸易的重要障碍。以茶叶为例，茶叶在我国的出口贸易中占的比重较大，它在整个市场中的竞争力也在不断增强，但是欧盟提高了茶叶中禁止使用的农药的种类，由原来的29种增加到了现在的62种，并且有些农药的标准较之前提高了100倍之多。

☞农产品贸易的出口市场比较集中

我国的农产品贸易出口市场相对比较集中，一般分布在亚洲的各个地区。我国农产品贸易出口至亚洲各地的占据整个中国农产品的68.9%，日本市场就占据了亚洲市场的41%，可见我国农产品出口市场集中的程度，其直接结果就是国内的各个企业之间相互竞争，降低价格，造成各国提出倾销申诉。

☞贸易自由化产生的必然结果

WTO在农业方面制定了《农业协定》，它对农产品的自由化贸易有一定的促进作用，但是由于这些相关协议制定不完善，造成这些协议在执行上有一定偏差，形成各种矛盾，导致各种农产品贸易纠纷。

2. 实训目标

了解我国农产品贸易政策及其变化，了解美国、日本、欧盟等国家（地区）农产品贸易政策的构成及特点，能够结合所学知识分析我国农产品贸易纠纷的特点及原因，针对特定农产品贸易政策案例提出解决农产品贸易纠纷的对策方案。

3. 实训准备

（1）全班学生随机分组，每组成员控制在5人左右（小组人数尽量为单数）。每组推选一名学生作为组长，组长对组内成员进行任务分工和协调。

（2）器材准备：能够上网的机房或多媒体教室、签字笔、A4纸、相机（拍照像素高的手机也可以）。

4. 实训步骤

（1）利用图书馆、网络收集有关农产品贸易政策、农产品贸易纠纷的资料；

（2）各小组对收集的资料进行分类、汇总；

（3）小组讨论，结合技能训练背景资料，针对特定农产品贸易政策案例提出解决农产品贸易纠纷的对策方案（要求对讨论过程进行文字记录、录像）；

（4）各小组选派一名代表说明方案内容及理由，其他小组参与评价；

（5）教师点评各小组建议内容，给出修改建议；

（6）根据小组评价和修改建议方案，各小组在组长带领下分工完成方案内容（小组提交的建议方案内容应不少于1500字）；

（7）各小组方案以Word文档和PPT两种形式提交。

5. 实训效果评价（见表7-2）

表7-2　农产品贸易政策实训效果评价

考评内容	考评标准	分值（分）	自我评价（分）	小组评价（分）	教师评价（分）	实际得分（分）
实训完成情况	讨论过程成员的参与程度	10				
	建议内容的针对性	20				
	建议内容的合理性	50				
其他	态度积极、遵守纪律、有团队协作精神	20				
合计		100				

注：实际得分 = 自我评价 ×20% + 小组评价 ×30% + 教师评价 ×50%。

知识拓展

欧盟农产品贸易政策

美国农产品贸易政策
日本农产品贸易政策

任务三 我国农产品出口贸易

案例引入

农产品出口集聚新动能

深化供给侧改革，努力形成差异化竞争优势，培育国际品牌，正成为我国农产品出口行业转型升级的方向，部分农产品企业经营重见起色，恢复了生机。从2015年第四季度到2017年第二季度，我国农产品出口已连续7个季度保持正增长。尽管农产品出口增速已从中国“入世”以来的年均两位数回落到个位数，但从出口市场、出口产品结构的变化可以看出我国农产品出口正在集聚新动能。2017年我国农产品出口依然呈现企稳向好的态势，农产品出口总体表现良好，预计全年农产品出口增速在3%左右。

目前，我国农产品出口市场多元化战略取得了实质性进展。农产品出口增长不再完全依赖日本等前五大传统市场。随着我国与韩国、澳大利亚等国签署自贸协议，企业纷纷对这些市场进行深度开发，为形成出口新动能打下基础。

新兴市场为农产品出口提供了多个支点，2017年1—7月，我国农产品出口增速超过两位数的新兴市场包括加拿大、墨西哥、印度、巴基斯坦、南非、沙特、哈萨克斯坦、土耳其等。

自2013年“一带一路”倡议提出以来，我国对“一带一路”沿线国家农产品贸易保持较快增长。“一带一路”建设有力提振了农产品企业的出口信心。

财政部宣布，自2016年9月1日起，将玉米淀粉、酒精等玉米深加工产品的增值税出口退税率恢复至13%，有利扩大出口。政府部门梳理出126项进出口环节收费项目，减轻企业负担110多亿元，食品法检项目基本做到了零收费。统计显示，2016年，我国对“一带一路”沿线国家农产品出口额合计为226.6亿美元，占我国对全球农产品出口的31.2%，比2015年增长3.9%。

政策利好，使“一带一路”建设为我国加强与东北亚、中亚、南亚、中东等地的农产品经贸关系打下了良好的基础。

资料来源：农产品出口集聚新动能，http://www.cacs.mofcom.gov.cn/cacs/newcommon/details.aspx?navid=B11&articleid=150427。

问题：(1) 什么是“一带一路”倡议?

(2)“一带一路”倡议对我国出口农产品有哪些作用?

知识准备

一、我国农产品出口贸易现状

2017 年 1—11 月，我国农产品出口 677. 0 亿美元，增长 3. 1%；贸易逆差 464. 5 亿美元，增长 35. 3%。具体增减变化见表 7 - 3。

表 7 - 3　　2017 年 1—11 月我国农产品出口额同比增减百分比

序号	农产品类别	出口额（亿美元）	同比增（+）减（-）（%）
1	谷物	7. 1	+56. 9
2	食用油籽	14. 3	+12. 8
3	蔬菜	139. 7	+5. 1
4	水果	61. 5	-1. 4
5	畜产品	57. 0	+12. 3
6	水产品	189. 6	+1. 3

资料来源：2017 年 1—11 月我国农产品进出口情况，http: //jiuban. moa. gov. cn/zwllm/jcyj/201712/t20171229_5991995. htm。

二、我国农产品出口贸易的特点

(一) 出口市场结构特点

亚洲仍是我国农产品第一大出口市场，市场份额略有减少，但对欧洲、北美洲出口市场份额有不同程度的增加。我国农产品尤其是谷物、肉类、蔬菜、水产品等的出口市场主要集中在亚洲国家和地区，欧洲是我国农产品的第二大出口市场，北美洲为我国农产品的第三大出口市场。

(二) 出口格局特点

以蔬菜、畜产品、水产品为代表的劳动密集型农产品出口继续保持较快的增长态势，这主要是因为我国农产品的质量不断提高，而且价格具有比较优势。

总体而言，过去有优势的大宗农产品出口价格竞争力下降，过去出口量较大的部分农产品出口幅度缩小，出口产品结构由以土地密集型农产品为主转向以劳动和资本密集型农产品为主，当前具有出口潜力的农产品的市场开拓能力不强。

（三）“一带一路”倡议为我国农产品出口贸易带来新的发展机遇

一方面，有助于扩大我国农产品出口规模，以解决部分农产品供过于求、销路不畅的问题；另一方面，有助于调整和优化我国农业产业结构。“一带一路”沿线许多国家都是发展中国家，其农业经济技术水平落后于我国，在农业领域开展国际产能合作具有可行性。我国与“一带一路”沿线其他国家和地区在农产品领域具有较强的贸易互补性，减少中国对特定地区或国家出口过分依赖的潜在风险，有助于保障我国粮食安全。

三、我国农产品出口贸易中存在的问题

（一）农产品出口深加工不足、技术创新不足以及附加值不高是制约我国农产品贸易发展的根本因素

我国是一个农业大国，但不是农业强国，农产品贸易的发展离不开强大农业的支撑。但人多地少的客观现实阻碍了我国农业向规模化、产业化和标准化方向迈进。而以家庭为经营单位的中国农业，分散的小规模经营不能对农产品加工业产生强大的需求和推动作用，这使得农产品的深加工业发展缓慢、现有的加工企业技术创新后劲不足，以及加工产品附加值低等不利于中国农产品贸易发展的现实情况产生。

（二）产品质量严重影响我国农产品在国际市场上的份额

近年来，随着环保意识和健康意识的不断提高，人们对农产品质量的要求不断提高。产品质量的高低是影响农产品贸易持续发展的关键因素，我国现行的农产品质量安全标准与国际标准还有很大差距，在贸易保护主义抬头的国际背景下，农产品进口国会通过对进口农产品质量安全制定较高标准来实施贸易保护，这样的非关税壁垒严重削弱了我国农产品的比较优势，贸易水平受到极大影响。

（三）农产品出口管理体制的不完善使国内农产品出口企业盲目竞争，制约了农产品贸易的优化升级

良好、健康的国内竞争秩序是推动农产品贸易行业优化升级的重要保障。但当前我国的农产品出口管理体制不能将贸易各参与主体有机、协调地联系起来，众多分散经营的农户不能及时得到有效的市场信息，出口企业为了短期利益放弃了对农产品深加工方面的投入，从而一方面导致农户的产品不能得到及时销售，打击了他们从事农业生产的积极性，另一方面使得经济资源不能得到最有效的利用，造成经济资源的浪费，最终阻碍了农产品贸易的优化升级。

四、加快发展我国农产品出口贸易的建议

（一）鼓励农产品出口企业进行深层次加工，提高国际市场的竞争力

通过加大对农产品功能的开发，挖掘出其更深的潜在价值，提高我国农产品在国际市场上的竞争力。建立一个加工层次明晰、市场定位准确和产品价值充分利用的农产品加工管理体系，将我国特有的文化和产品特点融入其中，以此来开创我国农产品贸易新局面。

（二）加快农产品质量标准体系建设，降低非关税壁垒对我国农产品出口的影响

通过借鉴国外农产品质量标准的可用之处，结合我国农产品生产的现实情况，制定出一套既能保障农产品生产规模又符合国际要求的农产品质量标准体系，这是我国促进农产品贸易、促进农业发展的当务之急。此外，还要制定一套能够将上述质量标准体系严格执行下去的相关配套规则，保证出口的农产品能真实地达到标准要求。

（三）完善农产品出口管理体制

应鼓励产品加工度深、质量高的企业进行农产品贸易，并给予一定优惠。农产品出口企业盲目竞争，不但会导致出口产品的质量越来越低，而且对国内的经济资源也是一种浪费。我国的一个基本国情就是资源比较稀缺，如果不能提高这些稀缺资源的利用效率，那么在国际竞争市场上我国将很难取得有利的地位。为此，我国必须建立一个合理的出口管理体制，为农产品出口企业营造积极向上的国内竞争秩序。

资料链接

中国作为农业大国，农产品产值和规模一直稳居世界前列。在过去，中国跨境电商出口一直以工业品为主，农产品主要以传统一般贸易方式出口，但近几年农产品以跨境电商方式出口的量正在逐渐上升，这成为跨境电商出口的一抹新亮点。2017 年上半年，我国农产品进出口额 961.4 亿美元，同比增长 10.0%。其中，出口 349.2 亿美元，进口 612.2 亿美元。

中国的农产品在供应端一直保持着较为稳定的产出。2016 年，中国粮食产量 61624 万吨，谷物产量 56517 万吨，茶叶产量 241 万吨，增产 7.4%，随着农产品生物基因改良、农业机械化应用和农业管理水平的提升，中国农产品产量和单位

效率将进一步提升。农产品在供应端的稳定增长，是实现农产品跨境流通的基础条件之一。

得益于中国电子商务的蓬勃发展，农产品经营主体对互联网、零售、跨境交易的应用水平正在逐步提升。很多跨境农产品出口的卖家都在天猫淘宝上从事农产品零售，尽管内贸零售和跨境零售在实操上存在不小差异，但是经过天猫淘宝的经营，很多农产品出口卖家突破了传统农产品流通零售的思维。

从政策导向上看，一是2016年和2017年中央"一号文件"都强调农产品国际贸易，提出要加大对农产品出口的支持力度，巩固农产品出口传统优势，培育新的竞争优势，扩大特色和高附加值农产品出口。鼓励扩大优势农产品出口，加大海外推介力度。二是"一带一路"倡议推动农产品出口。以"一带一路"沿线及周边国家和地区为重点，支持农业企业开展跨国经营，建立境外生产基地和加工、仓储物流设施，培育具有国际竞争力的大企业大集团。

资料来源：农产品出海，这事靠谱吗 http：//www. cifnews. com/article/30056。

前沿聚焦

大蒜这么贵，凭啥还能出口上百个国家

我国大蒜无论是从品质上还是从外观上均优于国外大蒜。由于大蒜具有较高的食用与药用价值，作为一种调味品和保健食品，其越来越受到国内外消费者的青睐。加之国内劳动力成本相对较低，这些因素使得我国大蒜在国际市场上具有较强的竞争力，出口数量逐年增长。

受国内高蒜价影响，虽然2016年大蒜出口受到一定抑制，但2017年大蒜出口将逐步走出冷淡期，出口贸易呈恢复性增长，预计将达到195万吨，同比增长约15%。

随着储藏、保鲜及运输条件的不断完善，我国大蒜出口已从当初仅局限在周边国家，发展到了印度尼西亚、越南、马来西亚、美国、泰国、日本、韩国等全球150多个国家和地区，出口品种以蒜头、保鲜大蒜、干大蒜、醋腌大蒜、冷冻大蒜和盐水大蒜等低附加值产品为主，深加工产品出口量相对较小。

从国别看，印度尼西亚是我国大蒜出口主销市场，约占总出口量的26%，对印度尼西亚的出口价格将直接影响到我国大蒜的整体出口价格，销往越南、马来西亚、美国和巴西的大蒜，分别占总出口量的9.1%、7.5%、7.1%和5.9%。

资料来源：大蒜这么贵，凭啥还能出口上百个国家 http：//www. sohu. com/a/145078633_ 428984。

案例分析

从案例中看出，“一带一路”倡议是“丝绸之路经济带”和“21 世纪海上丝绸之路”合并后的简称。“一带一路”贯穿欧亚大陆，东边连接亚太经济圈，西边进入欧洲经济圈。无论是发展经济、改善民生，还是应对危机、加快调整，许多沿线国家和地区同我国都有着共同利益。推进“一带一路”建设，要本着互利共赢的原则同沿线国家和地区开展合作，让沿线国家和地区得益于我国的发展。

“一带一路”倡议有助于扩大农产品出口规模；有助于调整农业产业结构，发展国际产能合作；有助于实现进口市场多元化，更好地保障国内粮食安全。

任务总结

我国农产品出口额，除 2009 年出现比上一年降低的情况以外，2000—2013 年呈现出逐步上升的规律。我国农产品尤其是谷物、肉类、蔬菜、水产品等的出口市场，主要集中在亚洲国家和地区，以蔬菜、畜产品、水产品为代表的劳动密集型农产品出口继续保持着较快的增长态势。加快发展我国农产品出口贸易，一是需要鼓励农产品出口企业进行深层次加工，提高国际市场的竞争力；二是要加快农产品质量标准体系建设，降低非关税壁垒对我国农产品出口的影响；三是要完善农产品出口管理体制，为农产品出口企业营造积极向上的国内竞争秩序。

分组讨论

1. 我国农产品出口贸易的现状及特点。
2. 我国农产品出口贸易中存在的问题。
3. 加快发展我国农产品出口贸易发展的建议。

业务技能训练三

甘肃：“一带一路”带动农产品出口大增长

1. 背景资料

2015 年 1—10 月，甘肃省累计出口农产品 20.1 亿元，较 2014 年同期增长 18.9%。甘肃省农产品出口国家和地区由 2014 年的 103 个上升至 110 个。

甘肃省农产品出口主要沿着两条方向，其中，沿着“21世纪海上丝绸之路”，东盟国家尤其是泰国、越南等东南亚国家，成为甘肃农产品的主攻方向。据海关统计显示，甘肃省对马来西亚农产品出口居所有目标市场首位，出口额为2.6亿元，增长22.5%。2017年甘肃省进出口同比增长20.3%，其中，出口增长24.7%。2017年1—11月，全省农产品出口18.03亿元，占出口总值的18.2%，高出全国农产品出口所占比重15个百分点。

沿着“丝绸之路经济带”，甘肃省对中亚和东欧国家的农产品出口额度也增加明显。2015年12月初，甘肃省在哈萨克斯坦第一大城市阿拉木图建设的特色农产品集散中心竣工开业，该集散中心拥有24600吨保鲜库和1000多平方米展销厅，将为甘肃省果蔬等特色农产品直接出口哈萨克斯坦及其他中亚国家提供保鲜仓储设施保障。

甘肃出口农产品中，水果和蔬菜种子为主体，特别是洋葱、马铃薯、苹果等在国际市场广受欢迎，大部分农产品呈现量价齐增态势。据统计，2015年前10个月甘肃省鲜苹果出口额增长59.3%，均价增长21.4%；蔬菜种子出口增长1.9倍，均价增长2.6倍。

资料来源：甘肃：“一带一路”带动农产品出口大增长，http：//news. xinhuanet. com/fortune/2015 －12/22/c_ 1117535468. htm。

2. 实训目标

了解我国出口贸易的现状及问题；掌握我国出口贸易的特点及趋势；能够根据我国出口贸易现状，结合所学知识，提出促进甘肃省农产品对外贸易发展的建议方案。

3. 实训准备

（1）全班学生随机分组，每组成员控制在5人左右（小组人数尽量为单数）。每组推选一名学生作为组长，组长对组内成员进行任务分工和协调。

（2）器材准备：能够上网的机房或多媒体教室、签字笔、A4纸、相机（拍照像素高的手机也可以）。

4. 实训步骤

（1）利用图书馆、网络收集有关我国农产品出口贸易的资料，重点收集甘肃省农产品出口贸易的有关资料；

（2）各小组对收集的资料进行分类、汇总；

（3）小组讨论，结合技能训练背景资料提出促进甘肃省农产品对外贸易发展的建议方案框架（要求对讨论过程进行文字记录、录像）；

（4）各小组选派一名代表说明框架内容及理由，其他小组参与评价；

（5）教师点评各小组建议方案框架，给出修改建议；

（6）根据小组评价和修改建议，各小组在组长带领下分工完成建议方案（小组提交的建议方案内容应不少于3000字）；

（7）各小组建议方案以 Word 文档和 PPT 两种形式提交。

5. 实训效果评价（见表 7－4）

表 7－4　农产品出口贸易实训效果评价

考评内容	考评标准	分值（分）	自我评价（分）	小组评价（分）	教师评价（分）	实际得分（分）
实训完成情况	讨论过程成员的参与程度	10				
	建议方案的针对性	20				
	建议方案的合理性	50				
其他	态度积极、遵守纪律、有团队协作精神	20				
合计		100				

注：实际得分＝自我评价×20%＋小组评价×30%＋教师评价×50%。

知识拓展

企业境外投资管理办法

中国四大自贸区

出口作物类农产品监管链评价要求

任务四　我国农产品进口贸易

案例引入

2017 年我国农产品进口增幅明显大于出口

国际农产品市场对国内影响进一步加大，农产品进口继续保持较快增长态势。2017 年我国农产品贸易额、进口额和出口额均创历史新高，国际国内市场联动进一步增强，受需求拉动和进口价格优势驱动，农产品进口增幅明显大于出口，贸易逆差持续扩大。1—11 月，我国农产品贸易额 1818.5 亿美元，同比增长 9.8%，其中，出口额 677.0 亿美元，增长 3.1%；进口额 1141.5 亿美元，增长 14.2%；贸易逆差 464.5 亿美元，增长 35.3%。大豆仍是农产品进口的第一大品种，进口量达到 8599.0 万吨，同比增长15.8%；受国内消费升级拉动，鳕鱼、墨鱼及鱿鱼等特色水产品进口快速增长，樱桃、葡萄、柑橘、榴莲、香蕉等特色水果进口保持高位。

资料来源：2017年我国农产品进口增幅明显大于出口，http：//sannong. cctv. com/2018/01/17/ARTI3aVtF5nSEkdZ6EL3oMR6180117. shtml。

问题：我国依赖国际农产品市场的原因是什么？该如何看待这一问题？

知识准备

一、我国农产品进口贸易现状

随着国内农产品市场开放程度的持续扩大以及与国际市场联系的不断加深，我国农产品的国际贸易规模处于稳步扩大态势。我国已成为世界第三大农产品贸易国、第四大农产品出口国和第二大农产品进口国。农产品进口额从2000年的112.5亿美元增加到2016年的1115.7亿美元。2017年1—11月，我国农产品进口额1141.5亿美元，同比增长14.2%；贸易逆差464.5亿美元，同比增长35.3%。2017年1—11月，我国农产品进口额同比增减情况见表7－5。

表7－5　2017年1—11月我国农产品进口额同比增减百分比

序号	农产品类别	进口额（亿美元）	同比增（+）减（－）情况（%）
1	谷物	59.2	+12.2
2	棉花	21.6	+44.3
3	食糖	10.2	－3.5
4	食用油籽	387.9	+17.8
5	食用植物油	50.9	+17.0
5	水果	56.9	+17.2
7	蔬菜	4.8	+0.6
8	畜产品	232.4	+9.0
9	水产品	103.4	+20.8

资料来源：2017年1—11月我国农产品进出口情况，http：//www. gov. cn/xinwen/2018－01/02/content_5252481. htm。

农产品贸易进口额的不断增加，说明我国经济对外开放和参与国际分工的程度越来越高，这对充分利用国际经济资源以及借鉴国外先进的农业发展模式来发展我国农业无疑具有重要的推动作用。同时，也会在一定程度上促进其他各国与我国在农业领域的合作，对经济的共同发展具有重要的实际意义。

二、我国农产品进口贸易的特点

（一）国内供给侧结构性改革发力，谷物进口下降

2016年，我国谷物进口2199.7万吨，同比下降32.8%；出口63.6万吨，同比增长19.5%。其中，小麦产品进口量达341.2万吨，同比增长13.5%；稻谷产品进口量达356.2万吨，同比增长5.5%；玉米产品进口量达316.8万吨，同比下降33.0%；大麦产品进口为500.5万吨，同比下降53.4%；高粱产品进口量为664.8万吨，同比下降37.9%。

小麦和稻谷进口的增加源于国内外价差的不断扩大。澳大利亚、美国和加拿大是中国小麦前三大进口来源国，分别占中国小麦进口总量的40.3%、25.3%和25.2%。稻谷进口量排前3位的国家分别是越南、泰国和巴基斯坦，分别占中国稻谷进口总量的45.4%、26.9%和19.8%。受国内玉米调结构、去库存等政策的影响，玉米进口需求锐减。2016年，虽然国内玉米销区价格仍然持续高于墨西哥湾2号黄玉米到岸税后价格，但国内取消玉米临时收储政策，玉米价格下跌，导致国内外价差不断缩小，到2016年12月仅为260元/吨，进口玉米价格优势降低。由于国内玉米价格优势显著，且供给宽松，作为玉米替代品的高粱、大麦的进口同时下降。

（二）受国内外价差缩小以及国内库存充足影响，棉花进口下降

2016年，我国棉花进口量额齐跌。其中，进口量为124.0万吨，进口额为17.8亿美元，同比分别下降29.5%和34.7%。

国内外棉花价差不断缩小，国际棉花失去价格优势，是棉花进口下降的主要原因。随着国内储备棉投放政策的调整，以及取消棉花临时收储政策而改为目标价格补贴政策，国内棉价下跌。但同期国际棉价相对稳定，从而国内外棉花价差不断缩小，国内棉花销售价格自2015年1月起低于进口棉到岸税后价，到2016年9月国内棉价较进口棉到岸税后价低668元/吨，至2016年第四季度，国内棉花销售价格有所上涨，与进口棉的价差为297~755元/吨。另外，由于前期棉花大量进口以及国内大量抛售国储棉，市场库存原料较为充足，这在一定程度上也抑制了棉花进口。

（三）受供需等因素影响，食用油籽进口量增额减少，食用植物油进出口同比双降

2016年，我国食用油籽进口呈量增额减态势：进口量为8952.9万吨，同比增长2.2%；进口额为370.4亿美元，同比下降3.5%。其中，大豆进口8391.3万吨，同比增长2.7%；油菜籽进口356.6万吨，同比下降20.2%。大豆进口增加主要受国际大宗

商品价格普遍下跌及国内需求的影响。油菜籽进口下降，主要是由于国际油菜种植面积和产量均下降，同时，国内油籽压榨工厂持续亏损，市场需求减弱。

我国食用植物油进出口呈现量额同降趋势。其中，进口量为688.4万吨，进口额为50.5亿美元，分别同比下降18.0%和15.6%；贸易逆差达48.9亿美元，同比下降15.5%。分品种看，棕榈油进口447.8万吨，同比下降24.2%；菜籽油进口70.0万吨，同比下降14.1%；葵花籽油和红花油进口95.7万吨，同比增长47.0%；豆油进口56.0万吨，同比下降31.5%。

（四）主产国减产导致国际糖价止跌回升，国内库存积压严重，进口减少

2016年我国食糖进口呈量额齐降态势。其中，进口量为306.2万吨，同比下降36.8%；进口额为11.7亿美元，同比下降34.0%。主要受全球糖市步入减产周期影响，几大主产国减产导致食糖进口均价止跌回升。2016年，泰国白糖到珠江三角洲的到岸税后价从1月的3912元/吨一度涨至10月的5544元/吨，11月之后有所回降，全年均价为4649元/吨；国内甘蔗价格在种植面积减少及减产的影响下也稳步上涨，但涨幅较国际糖价小。因此，2016年前10个月，食糖国内外价差不断缩小，但2016年11月后，受国际糖价下跌、国内糖价继续上涨态势影响，国内外糖价价差再次拉大。

（五）受国内供给影响，畜产品进口有所下降

2016年，我国畜产品进口量为887.0万吨，同比增长29.3%，进口额达234.0亿美元，同比增长14.5%；贸易逆差177.6亿美元，同比增长22.0%。其中，猪肉进口162.0万吨，同比增长1.1倍；猪杂碎进口149.1万吨，同比增长82.5%；牛肉进口58.0万吨，同比增长22.4%；羊肉进口22.0万吨，同比下降1.3%；奶粉进口84.6万吨，同比增长15.2%。猪肉进口增加主要是由于2016年上半年我国猪肉价格大涨，致使国内外价差较大，进口猪肉价格优势明显。同时，国际市场猪肉消费疲软，主要猪肉出口国对中国市场给予重视。羊肉进口减少主要是因为国内羊肉价格下降，进口羊肉的价格优势不显著，此外，国内经济增长压力大，羊肉市场相对处于高价位，市场消费疲软，也在一定程度上抑制了羊肉进口。牛肉进口增加，一方面是因为中国消费者对优质牛肉的需求不断增长，但国内产能普遍不足，难以满足居民日益增长的消费需求；另一方面是因为进口牛肉具有价格优势。此外，国内居民对食品营养健康的关注度逐渐提升，进口肉类在质量安全方面具有优势。

三、我国农产品进口贸易存在的问题

（一）进口结构以初级产品为主，对国内产业形成一定压力

农产品进口的快速发展，对于调剂国内市场余缺、保证农产品有效供给发挥了积

极作用。但我国农产品进口结构中，初级产品的比重较高，主要进口大豆、棉花等土地密集型农产品，这些产品对国内产业形成一定冲击。此外，东盟的热带水果和食糖、澳大利亚羊毛等农产品的竞争力较强，对我相关产品构成威胁。

（二）我国农产品进口贸易面临“内忧外患”

“内忧”来自我国对主要农产品需求的减少，尤其是受禽流感对养殖业的冲击影响，我国对玉米等饲料农产品的需求有所下滑。“外患”一方面来自国际市场农产品价格的不断下行，另一方面转基因食品问题也对我国农产品的进口起到一定的限制作用。可见，价格和需求的变化是影响农产品进口的主要因素，而政策导向和商品品质也对农产品的进口产生了一定影响。

四、发展我国农产品进口贸易的建议

随着我国城镇化进程的不断推进，耕地面积的减少使我国农业发展面临着三大的挑战，在农产品国内需求增长强劲、国内农业发展缓慢和国内外价差不断扩大的新形势下，我们应当把粮食安全放在首位，坚持科技兴农，保护和提高我国粮食和重点农产品的生产能力和品质；同时，要灵活运用市场平衡机制，从政策层面加以扶持，缩小国内外农产品的价格差距。只有这样，才能达到更好地发挥利用进口调节农产品余缺的重要作用。

资料链接

财税新政对农产品进口的影响

自2017年7月1日起，增值税“四档变三档”，农产品增值税调整为11%，购进抵扣项调整。新增值税对农产品进口成本约降低1.7%~2%：大豆、植物油、白糖实行保障措施关税，增值税影响不大。

自2017年7月1日起，纳税人购进农产品，按下列规定抵扣进项税额：

（1）纳税人购进农产品，取得一般纳税人开具的增值税专用发票或海关进口增值税专用缴款书的，以增值税专用发票或海关进口增值税专用缴款书上注明的增值税额为进项税额。

（2）从按照简易计税方法依照3%征收率计算缴纳增值税的小规模纳税人取得增值税专用发票的，以增值税专用发票上注明的金额和11%的扣除率计算进项税额。

（3）取得（开具）农产品销售发票或收购发票的，以农产品销售发票或收购发票上注明的农产品买价和11%的扣除率计算进项税额。

纳税人从批发、零售环节购进适用免征增值税政策的蔬菜、部分鲜活肉蛋而取得的普通发票，不得作为计算抵扣进项税额的凭证。

所称销售发票，是指农业生产者销售自产农产品适用免征增值税政策而开具的普通发票。

（4）营业税改征增值税试点期间，纳税人购进用于生产销售或委托受托加工17%税率货物的农产品维持原扣除力度不变。

加计扣除农产品进项税额＝当期生产领用农产品已按11%税率（扣除率）抵扣税额÷11%×（简并税率前的扣除率－11%）

资料来源：财税新政对农产品进口和加工的影响，http：//finance. sina. com. cn/money/future/fmnews/2017－06－07/doc－ifyfuzny3815631. shtml。

前沿聚焦

2018我国农产品市场：价格平缓　进口增长

展望2018年形势，在全球农产品供需继续保持总体宽松格局和我国农业供给侧结构性改革深入推进的大背景下，国内农产品市场运行有望继续保持总体平稳态势，但随着国际国内市场联动加深，国际汇率变化、贸易政策调整等外部不确定性因素叠加，我国农产品市场形势将更加复杂。预计随着粮食最低收购价下调，2018年稻谷小麦优质优价、市场购销两旺的特征将更为明显；玉米库存消化可能进一步加快，价格将在市场供求调节下小幅波动；油料、棉花、食糖等进口可能有所增加，部分品种下行压力加大；鲜活农产品预计总体平稳，牛羊肉等畜产品价格有望稳中有升。

资料来源：2018我国农产品市场：价格平缓　进口增长，http：//news. 21food. cn/21/2823652. html。

案例分析

从案例中可以看出，国际农产品市场对我国进出口影响进一步加大。当下，在有限的资源环境约束下，国内农业生产经营方式若无根本性变革，农产品有效供给无法最大程度实现，则农产品进口将成为常态，其原因是多方面的：一是国内产品缺乏价格竞争优势；二是进口刚性需求量逐渐加大；三是消费升级推涨进口需求；四是国内农产品结构性短缺。

当前，面对国内农产品刚需压力日益增大，以及水、耕地等自然资源日渐紧缺的情况，大力推进农业生产“走出去”战略，积极开展农业对外投资，不仅是加大农产品供给能力、缓解国内农产品供给矛盾的重要手段之一，也是获取战略物资资源、获得重要技术信息、克服贸易壁垒、优化生产要素组合、提升我国农产品国际竞争力的重要途径。

任务总结

随着国内农产品市场开放程度的持续扩大，以及与国际市场联系的不断加深，我国农产品的国际贸易规模处于稳步扩大的状态。我国已成为世界上第三大农产品贸易国、第四大农产品出口国和第二大农产品进口国。

农产品贸易进口额的不断扩大，说明我国经济对外开放和参与国际分工的程度越来越高，这对充分利用国际经济资源以及借鉴国外先进的农业发展模式来发展我国的农业，无疑具有重要的推动作用。

分组讨论

1. 我国农产品进口贸易的现状。
2. 我国农产品进口贸易的特点。
3. 我国农产品进口贸易存在的问题。
4. 发展我国农产品进口贸易的建议。

业务技能训练四

2017 年玉米市场回顾及 2018 年预测展望

1. 背景资料

中国海关总署发布的月度统计数据显示，2017 年 7 月中国进口玉米 913583 吨，比 2016 年同期大幅增加 3051.96%。2017 年 10 月中国玉米进口量为 7 万吨，比 2016 年同期的 14464 吨增长 404%。2017 年 1—10 月玉米累计进口量 235 万吨，比 2016 年同期累计进口量减少 21.5%。

玉米价格市场化后，内外价差曾一度由正转负，进口优势减弱。据统计，2017 年 1—11 月玉米的 5 种主要替代品累计进口 2015 万吨，同比仅仅减少 0.51%。除大麦累计进口 828 万吨、小麦累计进口 421 万吨，同比分别大幅增加 80.83% 和 32.39% 外，其余替代品进口量均有所下降，玉米累计进口 237 万吨、高粱累计进口 490 万吨、酒糟蛋白累计进口 38 万吨，同比分别下降 22.37%、24.06%、87.16%。尽管进口玉米和高粱价格吸引力不比往年，但大麦和小麦进口的大幅增加限制了进口总量的实际减少额度。截至2017年年底，广东港玉米现货价格已站上1900元/吨，内外“剪刀差”再度恢复至300元/吨以上。在美玉米持续低迷而国内现货趋紧的情况下，内外价差有扩大态势，预计2018年进口替代将有所增加。

中国农业部发布的供需数据显示，2017/2018年度中国玉米进口预测数据上调至120万吨，比早先预测值高出20万吨，因为国内玉米价格飙升，鼓励买家采购便宜的进口玉米。

中国农业部预计2017/2018年度（10月到次年9月）中国玉米期末库存短缺437万吨，相比之下，上月预测短缺为457万吨。

2017年10月，国家发改委公布的2018年玉米进口关税配额量为720万吨。

资料来源：2017玉米年度策略报告，http：//www. feedtrade. com. cn/yumi/forecast/2086413. html。

中国将2017/2018年度玉米进口数据上调至120万吨，http：//finance. sina. com. cn/money/future/agri/2018 – 01 – 16/doc – ifyqqciz7990864. shtml。

2. 实训目标

了解我国进口贸易的现状及问题；掌握我国进口贸易存在的问题及改进建议；能够根据我国玉米进口贸易现状，结合所学知识，提出近三年我国玉米进口特点及趋势分析报告。

3. 实训准备

（1）全班学生随机分组，每组成员控制在5人左右（小组人数尽量为单数）。每组推选一名学生作为组长，组长对组内成员进行任务分工和协调。

（2）器材准备：能够上网的机房或多媒体教室、签字笔、A4纸、相机（拍照像素高的手机也可以）。

4. 实训步骤

（1）利用图书馆、网络收集有关我国农产品进口贸易的资料，重点收集近三年我国玉米进口的有关资料；

（2）各小组对收集的资料进行分类、汇总；

（3）小组讨论，结合技能训练背景资料，提出近三年我国玉米进口特点及趋势分析报告的框架（要求对讨论过程进行文字记录、录像）；

（4）各小组选派一名代表说明框架内容及理由，其他小组参与评价；

（5）教师点评各小组分析报告框架，给出修改建议；

（6）根据小组评价和修改建议，各小组在组长带领下分工完成分析报告（小组提交的报告内容应不少于2000字）；

（7）各小组分析报告以Word文档和PPT两种形式提交。

5. 实训效果评价（见表 7－6）

表 7－6　　农产品进口贸易实训效果评价

考评内容	考评标准	分值（分）	自我评价（分）	小组评价（分）	教师评价（分）	实际得分（分）
实训完成情况	讨论过程成员的参与程度	10				
	分析报告的针对性	20				
	分析报告的合理性	50				
其他	态度积极、遵守纪律、有团队协作精神	20				
合计		100				

注：实际得分 = 自我评价 ×20% + 小组评价 ×30% + 教师评价 ×50%。

知识拓展

关于加快转变农业发展方式的意见

关于促进跨境电子商务健康快速发展的指导意见

关于加强公益性农产品市场体系建设的指导意见

思考练习题

一、简答题

1. 你如何理解广义和狭义上的农产品贸易？
2. 请举例说明农产品贸易对我国农业的影响。
3. 请说明影响农产品贸易问题的因素。
4. 试分析我国农产品出口贸易现状。
5. 试分析我国农产品的主要出口市场。
6. 试分析我国农产品进口贸易现状。
7. 请分析国内供给侧结构性改革对我国农产品进口贸易的影响。

二、资料题

印度尼西亚政府《进口植源性新鲜食品安全法规》对我国农产品出口的影响

《进口植源性新鲜食品安全法规》是印度尼西亚政府 2015 年颁布的第 4 号农业部

长令，并从2016年2月17日起正式实施。随着贸易全球化进程的不断推进，越来越多的新兴市场国家也跟随欧美步伐，不断利用技术性贸易措施强化进口商品管制。据不完全统计，仅2016年，东盟国家通过WTO网站发布的有关食品、农产品的各类技术性贸易措施就达70余条。

按照印度尼西亚政府《进口植源性新鲜食品安全法规》规定，出口到印度尼西亚的103种果蔬等农产品必须来自通过印度尼西亚食品安全体系认证的国家，或随附印度尼西亚官方认可实验室的检测报告。但我国仅有十余家实验室得到认可，这意味着大量出口企业的农产品面临着需在印度尼西亚本土实验室进行农残、重金属等项目检测，合格后方可出口，不仅费用高昂，通关烦琐，滞港风险大大增加，还极可能遭遇被判定为不合格而引发退运等事件。

修订后的新规主要有两方面的变化：一是产品范围由原来的103种减少为100种，枣、可可豆、橄榄3类农产品被删除；二是放宽了进口农产品的准入条件。

与修订前的规定相比，对于出口印度尼西亚的农产品，如果出口国食品安全管理体系得到印度尼西亚的官方认可，企业只需提供“预先声明”；如果出口国食品安全体系没有得到印度尼西亚官方认可但出口国的检测实验室得到印度尼西亚官方认可，则需提供“预先声明”和“实验室检测报告”。而此次修订增加了一个放宽的选项：如果出口国的食品安全体系和实验室都没有得到印度尼西亚官方认可，企业也可提供“预先声明”和“出口国官方或认证机构出具的食品安全证书”获得进口许可，该条款意味着企业可以选择的检测机构大大增加。

此外，新版法规也对证书格式内容进行了规定，要求“食品安全证书”必须由英文书写，并声明相关产品适用于人类食用等。

资料来源：新政出台 农产品出口或迎来新机，http：//www.zj.xinhuanet.com/nb-jyjxw/20170320/3681881_c.html。

要求：结合上述资料和所学相关内容，分析印度尼西亚政府《进口植源性新鲜食品安全法规》对我国农产品出口的影响。

参考文献

［1］孙玉民，罗明．畜禽肉品学［M］．济南：山东科学出版社，1993.

［2］陈文汉．商品学［M］．北京：机械工业出版社，2014.

［3］高海生．假冒伪劣食品感官鉴别［M］．北京：化学工业出版社，2015.

［4］薛璐，刘爱国．食品商品学［M］．北京：化学工业出版社，2009.

［5］侯红漫．食品安全学［M］．北京：中国轻工业出版社，2014.

［6］张天琪．农产品物流管理与实务［M］．北京：中国财富出版社，2013.

［7］庄佩芬．农产品国际贸易［M］．北京：对外经济贸易大学出版社，2011.

［8］倪洪兴．农业贸易研究（2009—2013）［M］．北京：中国农业出版社，2014.

［9］王传，史晓丽，周超，等．WTO 农业协定与农产品贸易规则［M］．北京：北京大学出版社，2009.

［10］郝玉柱，原玲玲．我国大宗农产品国际竞争力研究［M］．北京：中国经济出版社，2013.

［11］赵敏．农产品物流［M］．北京：中国物资出版社，2007.

［12］张敏．农产品物流与运营实务［M］．北京：中国物资出版社，2009.

［13］张志乔．生鲜农产品营销与物流［M］．北京：北京大学出版社，2012.

［14］周洁红，许莹．农产品物流管理［M］．杭州：浙江大学出版社，2011.

［15］章建浩．生鲜食品储藏保鲜包装技术［M］．北京：化学工业出版社，2009.

［16］邓汝春．冷链物流运营实务［M］．北京：中国物资出版社，2007.

［17］李家福，高崇学．农产品储藏加工技术［M］．北京：农业出版社，1998.

［18］黄茂洪．农村粮食储藏［M］．太原：山西人民出版社，1985.

［19］国家粮食储备局储运管理司．中国粮食储藏大全［M］．重庆：重庆大学出版社，1994.

［20］王若兰．粮食储运安全与技术管理［M］．北京：化学工业出版社，2005.

［21］张敏．粮食储藏学［M］．北京：科学出版社，2016.

［22］刘宝林．食品冷冻冷藏学［M］．北京：中国农业出版社，2010.

［23］于学军，张国治．冷冻冷藏食品的储藏与运输［M］．北京：化学工业出版社，2007.

[24] 吕金虎．食品冷冻冷藏技术与设备［M］．广州：华南理工大学出版社，2011.

[25] 鲍琳．食品冷冻冷藏技术［M］．北京：中国轻工业出版社，2016.

[26] 杨先芬，杨风光，王金英．农产品储藏与加工［M］．北京：中国农业出版社，1998.

[27] 程月英．果蔬储藏技术［M］．北京：化学工业出版社，2008.

[28] 杨福馨．农产品保鲜包装技术［M］．北京：化学工业出版社，2004.

[29] 于海杰，王广峰．果蔬储藏加工技术［M］．北京：中国质检出版社，中国标准出版社，2017.

[30] 吴光红，等．水产品加工工艺与配方［M］．北京：化学工业出版社，2001.

[31] 熊善柏．水产品保鲜储运与检验［M］．北京：化学工业出版社，2007.

[32] 彭增起，刘承初，邓尚贵．水产品加工学［M］．北京：中国轻工业出版社，2010.

[33] 吴旭东，赵红雪，许志扬．名优水产品养殖技术［M］．银川：宁夏人民出版社，2009.

[34] 汪之和．水产品加工与利用［M］．北京：化学工业出版社，2003.

[35] 王朝瑾，张钦江，谈向东．水产品保鲜与运输实用技术问答［M］．北京：化学工业出版社，2006.

[36] 彭增起，刘承初，邓尚贵．水产品加工学［M］．北京：中国轻工业出版社，2017.

[37] 韩一军．2015 年中国农产品贸易发展特点及展望［J］．农业展望，2016（3）：70－75.

[38] 姜楠，韩一军，刘泽莹．2013 年世界畜产品市场形势与 2014 年展望［J］．农业展望，2014（4）：4－9.

[39] 国际货币基金组织．世界经济展望［EB/OL］．2017－01－16.

[40] 联合国粮食及农业组织．世界谷物供应依然充足，2017 年小麦作物有望保持在平均水平以上，但不及去年［EB/OL］．2017－03－02.

[41] International Cotton Advisory Committee. Cotton Prices May Fall in Second Half of 2016/17 due to Increased Supply［EB/OL］．2017－01－03.

[42] 农业部农产品贸易办公室，农业部农业贸易促进中心．2016 中国农产品贸易发展报告［M］．北京：中国农业出版社，2016.